Handbuch für Schöffen

von

C. A. Voitus,
Königl. Preuß. Obertribunalsrath a. D.

Berlin.
Druck und Verlag von G. Reimer.
1879.

Vorwort.

Es ist nicht zu bezweifeln, daß überall darauf Bedacht genommen werden wird, zu dem Schöffenamte solche Männer auszuwählen, denen derjenige Grad von Bildung beiwohnt, dessen es bedarf, um die Bedeutung der mit demselben verbundenen Pflichten erkennen und dieselben, ohne Gefährdung des Interesse der Strafrechtspflege, erfüllen zu können.

Gleichwohl wird die Wahl unausbleiblich in der überwiegenden Mehrzahl der Fälle auf Männer fallen, welche mit den Einrichtungen der Strafjustiz mehr oder minder unbekannt sind, für die mithin die Aufgabe, sich bei dem strafrechtlichen Verfahren und bei der Verhängung der gesetzlichen Strafe über einen für schuldig befundenen Angeklagten gleich dem rechtsgelehrten Amtsrichter zu betheiligen, mit erheblichen Schwierigkeiten verknüpft sein wird. Hinsichtlich des der Urtheilsfällung vorangehenden Verfahrens werden diese zwar durch längere Uebung, unter wohlwollendem Beirath des Amtsrichters, leichter zu überwinden sein; die Anwendung der Strafgesetze auf die vor die Schöffengerichte gehörenden Vergehen und Uebertretungen setzt aber nicht nur die Kenntniß des Inhalts der betreffenden Vorschriften, sondern in einem gewissen Maße auch solche Rechtskenntnisse voraus, welche aus den einzelnen strafgesetzlichen Bestimmungen allein nicht zu schöpfen sind. Es gilt dies insbesondere von den Begriffen, welche die Gesetze mit den darin vorkommenden technischen Ausdrücken verbinden, sowie auch von den hinsichtlich der Auslegung und Anwendung von Strafgesetzen als allgemein giltig in der Strafjustiz anerkannten generellen Grundsätzen.

In diesen Beziehungen wird sich bei der Mehrzahl der Schöffen das Bedürfniß einer — von gelehrtem Beiwerk möglichst frei zu haltenden — Anleitung fühlbar machen. Es darf deshalb angenommen werden, daß eine literarische Arbeit, welche darauf abzielt, ihnen bei der Erfüllung ihrer wichtigen, mit schwerwiegender moralischer Verantwortlichkeit und vielseitigen Opfern für sie verknüpften Amtspflichten einige Hülfe zu gewähren — vorausgesetzt, daß das Werk diesem Zwecke entspricht — willkommen sein werde.

Bei der Bestimmung der Grenzen, sowohl der aus der Strafprozeßordnung, dem Gerichtsverfassungsgesetz, dem Reichs-Strafgesetzbuch und den neben diesem bestehenden Reichs-Strafgesetzen in das „Handbuch" aufzunehmenden Bestimmungen, als auch der denselben beizufügenden erläuternden Bemerkungen war, neben möglichster Vermeidung eines hohen Kostenpreises, zu berücksichtigen, daß der Gebrauch des Buches den Schöffen in demselben Grade erleichtert wird, als sein Inhalt nicht über das ihnen bei ihrer gewöhnlichen und regelmäßigen amtlichen Geschäftsthätigkeit Wissenswerthe hinausgeht.

Es sind deshalb nicht nur die auf bürgerliche Rechtsstreitigkeiten (Civilprozeß) und auf das schwurgerichtliche Verfahren bezüglichen Bestimmungen, sondern auch solche Vorschriften fortgelassen, welche die ausschließlich dem Amtsrichter — im Gegensatze zu den Schöffen — vorbehaltene Amtsthätigkeit, insbesondere das der „Hauptverhandlung“ vorangehende und ihr nachfolgende Verfahren betreffen. Dahin gehören die Bestimmungen über die Unzulässigkeit der Einleitung eines Strafverfahrens wegen Mangels des in mehreren Fällen vom Gesetz erforderten Antrages des durch die Strafthat Verletzten, wegen Verjährung u. s. w.; ferner die Vorschriften über die Ladung des Angeklagten, der Zeugen u. s. w.; über die Verkündung und Zustellung von Entscheidungen und die gegen die letzteren zulässigen Rechtsmittel; ferner über Durchsuchung, Beschlagnahme von Gegenständen, Verhaftung und Strafvollstreckung. Auch solche gesetzliche Bestimmungen sind ausgeschieden, welche nur in seltenen Ausnahmefällen in den Sitzungen der Schöffengerichte zur Anwendung kommen können, wie z. B. die Vorschriften über die Wiederaufnahme eines durch rechtskräftiges Urtheil geschlossenen Verfahrens, über die örtliche Zuständigkeit der Gerichte, im Gegensatze zu der sachlichen (§§ 27—29. 75 Ger.-Verf.-Ges.). Sind derartige Bestimmungen in vereinzelten Fällen im schöffengerichtlichen Verfahren anzuwenden, so wird die Bibliothek des Amtsgerichts genügende Gelegenheit darbieten, um, neben dem betreffenden Gesetzbuche selbst, erforderlichen Falls die darauf bezüglichen Kommentare einzusehen. Die bloße Möglichkeit des Eintritts solcher Fälle schien mir die Aufnahme der betreffenden Gesetze in das „Handbuch“ nicht zu rechtfertigen.

In Uebereinstimmung hiermit sind auch aus einer Anzahl in das „Handbuch“ aufgenommener §§ solche Stellen fortgeblieben, welche Vorschriften enthalten, die auf die Amtsthätigkeit der Schöffen keinen Bezug haben, deren Kenntniß ihnen mithin entbehrlich ist. Dahin gehören Bestimmungen über das Verfahren außerhalb der Hauptverhandlung oder in den höheren Instanzen und vor den Geschworenen, Anweisungen für den Amtsrichter, Androhung von Strafen, auf welche von den Schöffen nicht erkannt werden darf u. dergl. Es ist das geschehen in Betreff I. der Str.-Pr.-Ordn. in den §§ 25. 33. 50. 92. 144. 149. 262. 270. 275. 319. 418. 424. 429. 431. 435. 437. 444. 452. 453. 459. 465. 470. 472. 477. 497. 498. 501. 503. II. des Ger.-Verf.-Ges. in den §§ 40. 51. 55. 72. 198—200. III. des Str.-Ges.-B. in den §§ 16. 27. 40. 43. 44. 152. —

Durch das Einschließen mehrerer Paragraphen in Parenthese ist angedeutet, daß die Vorschriften derselben zwar nicht bei den Schöffengerichten zur Anwendung kommen, aber zum Verständniß der ihnen unmittelbar vorangehenden oder nachfolgenden §§ dienen.

Ferner empfahl es sich, Kritiken der Zweckmäßigkeit in der Str.-Pr.-Ordn. und im Ger.-Verf.-Ges. enthaltener Vorschriften — wie sie in dem von mir im J. 1877 herausgegebenen Kommentar zur Str.-Pr.-Ordn. vielfach enthalten sind — hier gänzlich ausscheiden zu lassen, und die Mittheilung der Entstehungsgeschichte der einzelnen Bestimmungen, insbesondere der Ergebnisse der Berathungen der Reichstags-Justizkommission und des Reichstages, auf solche Fälle zu beschränken, wo durch die Kenntniß derselben das richtige Verständniß der Vorschrift bedingt ist.

Bei den in der schöffengerichtlichen Praxis am häufigsten zur Anwendung zu bringenden Strafgesetzen ist eine Anzahl seither ergangener darauf bezüglicher Entscheidungen letzter Instanz mit Rücksicht auf den Werth, welchen die Gerichte bei ihrer Rechtsprechung, behufs Herbeiführung möglichst gleichmäßiger strafrechtlicher Urtheile mit Recht auf dieselben legen, in den Noten mitgetheilt worden. Daß dabei vorzugsweise Erkenntnisse des Preuß. Obertribunals berücksichtigt worden sind, hat seinen Grund lediglich darin, daß diesem Gericht ein ungleich größerer Geschäftsumfang, als den obersten Gerichtshöfen der übrigen Bundesstaaten zufiel, die Sammlungen seiner Entscheidungen daher hinsichtlich aller Rechtsfragen die reichste Auswahl darboten.

Den wenigen Bestimmungen der Einführungs-Gesetze zur Str.-Pr.-Ordn. und dem Ger.-Verf.-Ges., welche in der schöffengerichtlichen Praxis möglicher Weise zur Erwägung kommen können, sind besondere Abschnitte im „Handbuch" nicht gewidmet; sie sind vielmehr denjenigen §§ der beiden Gesetze, auf welche sie Bezug haben, an geeigneten Stellen in den Noten beigefügt worden. —

Empfahl es sich, aus den oben angegebenen Gründen einerseits, aus dem Handbuche solche Vorschriften fortzulassen, welche nur in seltenen Fällen von den Schöffen zur Anwendung zu bringen sind, so erschien es doch andererseits als eine unerläßliche Pflicht, diejenigen Bestimmungen, welche sie bei ihrer regelmäßigen Amtsverwaltung nicht entbehren können, nicht blos aufzunehmen, sondern auch danach zu streben, ihnen das Verständniß derselben sowohl hinsichtlich des in der Hauptverhandlung stattfindenden Verfahrens, als auch in Bezug auf den wichtigsten und zugleich überwiegend schwersten Theil ihrer Amtsthätigkeit: der Urtheilsfällung, zu erleichtern.

Das Rechts-Institut der Schöffengerichte würde der Vorwurf innerer Unwahrheit mit Recht treffen, wenn die Schöffen bei der nach dem Abschlusse der Verhandlungen eintretenden Berathung und der Abgabe ihrer Stimme ohne selbständige Prüfung und Beurtheilung, den vom Amtsrichter über das Ergebniß derselben und die daran zu knüpfenden Folgen ausgesprochenen Ansichten folgten. Sollen sie aber nicht bloß bei der Frage, ob der Angekl. der ihm zur Last gelegten That schuldig sei und bei Abmessung der Höhe der Strafe ein eigenes Urtheil sich zu bilden vermögen, sondern auch im Stande sein, selbst zu prüfen, ob auf das durch Geständniß oder Beweisaufnahme festgestellte Sachverhältniß ein Strafgesetz, und welches, Anwendung finde, so muß ein auf Förderung ersprießlicher Verwaltung des Schöffenamts abzielendes Handbuch außer der Bekanntmachung der Schöffen mit dem Wortlaute der von ihnen anzuwendenden strafrechtlichen Vorschriften auch, wo erforderlich, deren Sinn — wenn auch in engen Grenzen — verdeutlichen. Solche Anleitungen, welche sich darauf beschränken, ihnen einen oberflächlichen Ueberblick ihrer Geschäftsthätigkeit zu gewähren, können sie zwar in den Stand setzen, ihren Obliegenheiten in der Hauptverhandlung mechanisch tadelfrei nachzukommen, nicht aber, das ihnen vom Gesetz anvertraute Amt: über ihre Mitbürger als Strafrichter zu Gericht zu sitzen, so, wie es die Wichtigkeit und ernste Bedeutung desselben erfordert, zu verwalten.

Die auf das strafrechtliche Verfahren bis zur Urtheilsfällung bezüglichen Bestimmungen der Str.-Pr.-Ordn. und des Ger.-Verf.-Ges. waren von den im Strafgesetzbuch und den neben diesem bestehenden Reichs-Strafgesetzen enthaltenen Vorschriften, welche darüber entscheiden, ob eine durch jenes Verfahren als vom Angekl. verübt festgestellte That strafbar, und welche Strafe nach Art und Maß unter den vorwaltenden Umständen über denselben zu verhängen sei, zu trennen: Jene bilden den ersten, diese den zweiten Theil des Handbuchs. Dieser letztere umfaßt in seiner ersten Abtheilung die in dem

Strafgesetzbuch, in der zweiten die in den übrigen Reichs-Strafgesetzen enthaltenen Bestimmungen, soweit sie nach den §§ 27—29 und 75 des Ger.-Verf.-Ges. bei den Schöffengerichten zur Anwendung kommen können.

Aus dieser zweiten Abtheilung waren jedoch — um aus den oben angegebenen Gründen eine Ausdehnung des „Handbuchs" über den nach den gewöhnlichen Geschäften der Schöffengerichte zu bemessenden Bedarf der Schöffen hinaus zu vermeiden — diejenigen Gesetze auszuscheiden, welche solche Vergehen und Uebertretungen betreffen, für deren Untersuchung und Bestrafung zunächst die Verwaltungs-Behörden zuständig sind, mit denen mithin die Schöffengerichte erst befaßt werden können, wenn der durch einen Strafbescheid der Verwaltungsbehörde Verurtheilte gegen denselben — erfahrungsmäßig ausnahmsweise — auf gerichtliche Entscheidung anträgt (§§ 459. 460 StPO.).

Dahin gehören erstens solche Strafbestimmungen, rücksichtlich deren in dem betreffenden Reichsgesetz ein besonderes Verfahren vor einer speziell bezeichneten Verwaltungsbehörde ausdrücklich angeordnet ist. Es sind dies z. B. die in den §§ 34 folg. des Ges. v. 28. Okt. 1871 enthaltenen Vorschriften über Post- und Portodefraudationen. Zweitens gehören dahin die Strafvorschriften wegen Zuwiderhandelns gegen die Bestimmungen über die Erhebung öffentlicher Abgaben und Gefälle, in Betreff deren der § 6 Nr. 3 des Einführ.-Ges. in Verbindung mit § 459 folg. der Str.-Pr.-Ordn. das Strafverfahren im Verwaltungswege, welches — wie es in den Mot. zur Str.-Pr.-Ordn. S. 244 heißt — „wohl in allen deutschen Staaten besteht", auch ferner fortbestehen läßt. Solche Strafvorschriften sind — neben vielen anderen — beispielsweise enthalten im Gesetz vom 12. Oktober 1867, betreffend die

Erhebung einer Abgabe von Salz (BGBl. S. 41); vom 26. Mai 1868, die Besteuerung des Tabacks betr. (BGBl. S. 319).

Wie in den Vorbemerkungen zu dem zweiten Theil des „Handbuchs" näher dargelegt, sind nach den §§ 2 folg. des Einführ.-Ges. zum StGB. (BGBl. v. 1870 S. 195) solche Strafgesetze der einzelnen Bundesländer — im Gegensatze zu Reichsgesetzen — in Kraft geblieben, welche Materien betreffen, die im Strafgesetzbuch unberührt geblieben sind; namentlich gewisse Forst- und Feld-Polizei-Vorschriften über den Holz- (Forst-) Diebstahl. Diese mußten jedoch in dem „Handbuche" ausnahmslos unberücksichtigt bleiben, da eine vollständige Zusammenstellung derselben aus den Gesetzsammlungen sämmtlicher Bundesländer — selbst wenn sie ausführbar gewesen wäre — dem Buche eine übermäßige Ausdehnung gegeben hätte.

In der dem ersten Theile vorangeschickten „Einleitung" ist bemerkt, daß die auf den Strafprozeß bezüglichen Vorschriften nicht sämmtlich in der Str.-Pr.-Ordn., vielmehr zum Theil auch im Ger.-Verf.-Ges. enthalten sind. Es beruht dies auf der Zufälligkeit, daß gleichzeitig mit der Str.-Pr.-Ordn. auch die Civil-Pr.-Ordn. im Bundesrathe und Reichstage vorbereitet wurde, wobei es für zweckmäßig erachtet worden ist, solche Bestimmungen, welche für die eine, wie für die andere der beiden Prozeßordnungen gleichmäßig zu erlassen waren, nicht in jede derselben an geeigneter Stelle einzufügen und auf diese Weise sowohl die Str.-Pr.-Ordn. als die Civil-Pr.-Ordn. als ein vollständiges, alle dahin gehörende Vorschriften enthaltendes Ganzes zu redigiren, vielmehr aus jenen, den beiden Prozeßordnungen gemeinsamen Bestimmungen ein besonderes dieselben ergänzendes Gerichtsverfassungsgesetz zu bilden. Ein ähnliches Verfahren auch für das „Handbuch" beizubehalten, also die Vorschriften der Str.-Pr.-Ordn. und des Ger.-Ver.-Ges. von einander getrennt in gesonderten Abschnitten zu behandeln, konnte sich nicht empfehlen. Soll das Buch seinen Zweck erfüllen, so muß es alle auf das schöffengerichtliche Verfahren bezüglichen Materien in logischer Ordnung in der Weise auf einander folgen lassen, wie geschehen sein würde, wenn die Str.-Pr.-Ordn. im Bundesrathe und Reichstage unabhängig von der Civil.-Pr.-Ordn. bearbeitet und redigirt worden wäre. Nur so kann die Beziehung, in welcher die durch die Ueberschriften bezeichneten Gegenstände der einzelnen Abschnitte des „Handbuchs" zu einander stehen und ihre Bedeutung für das strafrechtliche Verfahren den Schöffen veranschaulicht werden. Die entgegengesetzte Anordnung würde beispielsweise zur Folge haben, daß die auf die Berathung und Abstimmung der Richter über die Schuld des Angekl. und die über ihn zu verhängende Strafe bezüglichen Vorschriften den Bestimmungen über die Hauptverhandlung vorangeschickt würden, obgleich sie erst nach dem Abschlusse der letzteren zur Anwendung kommen können. Eine Schwierigkeit hinsichtlich des Auffindens der einzelnen §§ der Str.-Pr.-Ordn. bzhw. des Ger.-Verf.-Ges. wird aus der gewählten Einrichtung bei der verhältnißmäßig geringen Zahl der aus dem letzteren aufgenommenen Vorschriften bei der Benutzung des Buches überhaupt kaum erwachsen; jedenfalls würde sie durch einen Blick in das, außer dem Sachregister beigefügte Paragraphen-Register ohne Zeitaufwand behoben werden.

Die den Zahlen der einzelnen §§ beigefügten Buchstaben G. und St. machen ersichtlich, ob der § aus dem Gerichtsverfassungsgesetz oder aus der Strafprozeßordnung entnommen ist. —

Daß das Handbuch auf wissenschaftlichen Werth keinen Anspruch macht, bedarf wohl kaum der Erwähnung. Dasselbe verfolgt ausschließlich das Ziel, auf möglichst praktischem Wege die Aufgabe der Schöffen zu erleichtern. Nur in so weit, als es sich diesem Ziele nähert, kann es sich möglicherweise mittelbar auch der Strafrechtspflege dienstbar erweisen.

Dessau, im August 1879.

Voitus.

Einleitung.

In den Ländern, welche jetzt das Deutsche Reich bilden, bestand seit Jahrhunderten bis in die neueste Zeit im Betreff des Strafprozesses, d. h. des auf die Ermittelung gesetzlich strafbarer Handlungen und die Bestrafung des Thäters gerichteten Verfahrens, eine vielseitige Ungleichmäßigkeit. Dieselbe hatte ihre Veranlassung theils in der Verschiedenheit der Grundsätze, welche bei der Gesetzgebung leitend waren, theils in den in den einzelnen Ländern in Bezug auf die Strafjustiz von Alters her bestandenen und festgehaltenen Einrichtungen.

Nur die wesentlichsten dieser Verschiedenheiten mögen hier hervorgehoben werden.

Während in einem Theile der Länder die Strafgerichtsbarkeit nur im Namen der Landesherren ausgeübt wurde, bestand in anderen neben dieser landesherrlichen Gerichtsbarkeit noch bis zum Inkrafttreten der Reichs-Strafprozeßordnung die standesherrliche, die städtische und die ritterschaftliche Patrimonialgerichtsbarkeit, welche von den Inhabern derselben als ein selbstständig ihnen zustehendes Recht entweder — wenn sie die Befähigung zum Richteramte erlangt hatten — persönlich, oder durch von ihnen besoldete Richter ausgeübt wurde.

In mehreren Staaten bestanden schon vor der Einführung der Str.-Pr.-Ordn. als Gerichte erster Instanz Geschworenen- und Schöffengerichte, bei welchen auch nichtrechtsgelehrte Männer als Richter betheiligt waren; wogegen in anderen Ländern nur durch Juristen die Untersuchungen geführt und die Urtheile gefällt wurden.

In der Mehrzahl der jetzigen Bundesstaaten war schon seit längerer Zeit die Strafrechtspflege in weiteren oder engeren Grenzen eine öffentliche, d. h. es wurde dem Angeklagten Gelegenheit gegeben, sich vor seinen Richtern, unter Zulassung des Publikums persönlich über die ihm zur Last gelegte strafbare Handlung zu erklären; es wurde der Beweis über seine Schuld, sowie der von ihm beantragte Vertheidigungsbeweis öffentlich erhoben und das Urtheil öffentlich verkündet. In anderen Ländern bestand dagegen geheimes Verfahren: Eine Gerichtsperson verhörte den Beschuldigten zu Protokoll und erhob den Beweis durch Vernehmung von Zeugen, Sachverständigen u. s. w., wonächst das erkennende Gericht auf Grund der so entstandenen, die betreffenden Verhandlungen enthaltenden Akten das Urtheil fällte, ohne mit dem Angeklagten persönlich verhandelt zu haben.

Im Zusammenhange hiermit bestand eine andere Verschiedenheit des Strafverfahrens darin, daß in einem Theile der deutschen Länder die strafbaren Handlungen von den Gerichten nur auf Antrag einer besonderen Anklagebehörde (Staatsanwaltschaft) geahndet wurden, während in anderen eine solche Behörde nicht bestand, die Gerichte vielmehr, sobald sie von der Verübung eines Delikts glaubhaft Nachricht erhielten, zu weiteren Nachforschungen und geeigneten Falls zur Eröffnung einer Untersuchung gegen den Verdächtigen von Amtswegen verpflichtet waren.

Auch darin wichen die Vorschriften des Strafprozesses von einander ab, daß in manchen deutschen Staaten die Richter bei der Prüfung, ob und von wem ein Delikt verübt worden sei, an bestimmte Beweisregeln gebunden waren, beispielsweise eine Thatsache beim Bestreiten Seitens des Angeklagten nur dann für erwiesen annehmen durften, wenn dieselbe von zwei eidlich abgehörten Zeugen auf Grund eigener Wahrnehmung bekundet worden war; wogegen in anderen Staaten die Richter, unabhängig von solchen Beweisregeln, nach ihrer aus den Verhören des Angeklagten und dem Ergebniß des etwa erhobenen Beweises geschöpften freien Ueberzeugung urtheilten.

Diese wesentlichen Verschiedenheiten in der Ausübung der Strafrechtspflege — an welche sich eine erhebliche Anzahl minder wichtiger anreihen ließe — stand in so grellem Widerspruch mit dem seit dem Bestehen des Norddeutschen Bundes und demnächst Deutschen Reichs allseitig als unerläßlich anerkannten Bestreben, so weit möglich nach allen Richtungen hin Einheit in der Gerichtsverfassung und dem prozessualischen Verfahren sämmtlicher Bundesstaaten einzuführen, daß schon bei den Berathungen über die Verfassung des Deutschen Bundes Veranlassung genommen wurde, die Nothwendigkeit der Herbeiführung gleichmäßiger Einrichtung geltend zu machen, in Folge dessen im Art. 4 Nr. 13 der „Verfassung des Deutschen Bundes" (Bundesgesetzblatt v. 1870 S. 627), und damit übereinstimmend im Art. 4 Nr. 13 der „Verfassung des Deutschen Reichs" (Reichsgesetzblatt v. 1871 S. 65) unter die der Beaufsichtigung Seitens des Reichs und der Gesetzgebung desselben unterliegenden Angelegenheiten „die gemeinsame Gesetzgebung über das Strafrecht und das gerichtliche Verfahren" aufgenommen wurde.

Hinsichtlich der materiellen Strafgesetzgebung, d. h. der gesetzlichen Vorschriften darüber, welche Handlungen als strafbar gelten, und mit welchen Strafen sie zu ahnden sind, ist jenes Ziel durch das Strafgesetzbuch für das Deutsche Reich vom 15. Mai 1871 (Reichsgesetzbl. v. 1871 S. 127, in Elsaß-Lothringen durch kaiserl. Verordn. vom 30. August 1871, Gesetzblatt für Elsaß-Lothringen Nr. 14 S. 255 publicirt) und die durch das Gesetz vom 26. Februar 1876 (Reichsgesetzbl. v. 1876 S. 25) herbeigeführten Abänderungen und Ergänzungen desselben erreicht worden, welche letzteren in eine gleichzeitig durch das Reichsgesetzbl. S. 40 veröffentlichte neue Ausgabe des Strafgesetzbuchs aufgenommen sind.

Außer den in demselben enthaltenen Vorschriften sind, gleichfalls für sämmtliche Bundesstaaten, auch diejenigen strafrechtlichen Bestimmungen verbindlich, welche sich in den im Bundes- und Reichsgesetzblatt publicirten besonderen Gesetzen befinden.

Das im gleichen Maße dringende Bedürfniß einer für alle Staaten des Reichs geltenden Strafprozeßordnung war schon im Jahre 1868 im Reichstage des Norddeutschen Bundes zur Sprache gekommen. Am 21. Februar 1870 beschloß der Bundesrath, den Bundeskanzler um Vermittelung der Ausarbeitung eines Entwurfs zu einem Gerichtsverfassungsgesetze und einer Strafprozeßordnung zu ersuchen. Die in Folge dessen ausgearbeiteten und demnächst dem Reichstage vorgelegten Entwürfe zu beiden Gesetzen wurden von diesem einer aus 28 Mitgliedern desselben bestehenden Kommission („Reichstags-Justizkommission"; „Reichs-Justizkommission") überwiesen, welche der Berathung derselben 170 Sitzungen widmete, denen Kommissarien des Bundesraths beiwohnten.

Die von dieser Kommission theils unter Zustimmung der Bundesraths-Kommissarien, theils gegen deren Widerspruch gefaßten, alle Paragraphen der Regierungsentwürfe umfassenden Beschlüsse wurden in „Zusammenstellungen" zur Kenntniß des Bundesraths gebracht und demnächst in den Reichstags-Sitzungen zum Gegenstande von

Berathungen gemacht, durch welche eine Vereinbarung über das „Gerichtsverfassungsgesetz" und die „Strafprozeßordnung", wie sie demnächst durch das Reichsgesetzblatt unter dem 27. Januar, bzhw. 1. Februar 1877 als Reichsgesetze publicirt worden sind, zwischen dem Bundesrathe und dem Reichstage erzielt worden ist.

Daß die Strafprozeßordnung die auf das strafgerichtliche Verfahren bezüglichen Vorschriften nicht vollständig enthält, ein Theil derselben — die Gerichtsbarkeit, Einrichtung der Gerichte und der Staatsanwaltschaft, sachliche Zuständigkeit der verschiedenen Gerichte für die durch die Strafgesetze mit Strafe bedrohten Handlungen, Oeffentlichkeit der Gerichtssitzungen u. s. w. — vielmehr in ein besonderes Gerichtsverfassungsgesetz aufgenommen worden sind, ist bereits im „Vorwort" angeführt.

Durch jene beiden Gesetze — die Strafprozeßordnung und das Gerichtsverfassungsgesetz — sind alle oben erwähnten in den verschiedenen Bundesstaaten bezüglich des strafrechtlichen Verfahrens bestandenen Unterschiede aufgehoben; dieselben sind für sämmtliche Bundesländer gemeinsam in der Weise verbindlich, daß — abgesehen von einzelnen geringfügigen Ausnahmen — weder die bisher in denselben gültig gewesenen den Strafprozeß betreffenden Vorschriften ferner zur Anwendung kommen, noch neue darauf bezügliche Gesetze in den einzelnen Bundesstaaten gegeben werden dürfen. —

Die Einrichtungen des Strafprozesses im Allgemeinen und die Gestaltung des in schöffengerichtlichen Untersuchungen zu beobachtenden Verfahrens ergeben sich — soweit die betreffenden Bestimmungen nicht den Amtsrichter allein angehen — aus den in das „Handbuch" aufgenommenen Vorschriften von selbst. Nur die wesentlichsten Grundlagen mögen hier hervorgehoben werden.

I. Die Untersuchung und Aburtheilung der Strafsachen in der ersten Instanz gebührt sowohl in Betreff der im StGB. als der in den übrigen Reichsgesetzen und in solchen Landesgesetzen mit Strafe bedrohten Handlungen, welche nach den Bestimmungen der Reichsgesetzgebung in Kraft bestehen:

1. den Schöffengerichten hinsichtlich der „Uebertretungen" (§ 1 Abs. 3 StGB.) und gewisser „Vergehen" leichterer Art; letztere theils unbedingt, theils auf Grund specieller Ueberweisung Seitens des Landgerichts (§ 1 Abs. 2 StGB.; §§ 27. 73—75 GVG.);

2. den Landgerichten in Bezug auf die übrigen Vergehen und gewisse minder schwere „Verbrechen" (§ 1 Abs. 1 StGB.; §§ 73. 74 StPO.);

3. den Schwurgerichten bezüglich der übrigen Verbrechen;

4. dem Reichsgericht wegen des Verbrechens des Hochverraths und des Landesverraths gegen den Kaiser oder das Reich.

Das in diesen Beziehungen hier ausschließlich ins Auge zu fassende Schöffengericht besteht aus einem rechtsgelehrten, als Staatsbeamter angestellten Amtsrichter und zwei Schöffen. Die Theilnahme der Letzteren an der Strafrechtspflege beschränkt sich jedoch auf die „Hauptverhandlung" (§§ 225—275 StPO.) d. h. auf das öffentliche mündliche Verfahren, in welchem über die von dem Amtsanwalt (dem Staatsanwalt des Schöffengerichts) wegen einer bestimmten strafbaren Handlung erhobene Anklage durch Vernehmung des Beschuldigten und erforderlichen Falls Erhebung des Beweises mittels Abhörung von Zeugen und Sachverständigen, Vorlegung von Urkunden u. s. w. Verhandlung gepflogen und demnächst das Urtheil, welches den Angekl. freispricht oder zu Strafe verurtheilt, gefällt und bekannt gemacht wird.

Die dieser Hauptverhandlung vorangehenden, dieselbe vorbereitenden Geschäfte fallen dem Amtsrichter allein zu. Sobald daher der Amtsanwalt eine Anklage bei dem Amtsrichter einreicht, hat Letzterer ohne Zuziehung von Schöffen zu prüfen: ob die dem Angekl. zur Last gelegte Handlung durch ein Gesetz mit Strafe bedroht ist, ob die Anklageschrift genügende Beweismittel für den Fall seines Leugnens enthält, und ob der beantragten Untersuchung (Eröffnung des Hauptverfahrens, § 201 StPO.) andere Gründe z. B. Verjährung, Mangel des Antrages des Verletzten in Fällen, wo solcher erforderlich ist, und dergl. entgegenstehen.

Entscheidet der AR. sich für die Eröffnung des Hauptverfahrens, so hat er ferner allein darüber zu bestimmen, ob der Angekl. zu verhaften, welche Gegenstände als Beweismittel für die Untersuchung in Beschlag zu nehmen seien, ob die Aufnahme eines Augenscheins vor der Hauptverhandlung nothwendig sei, welche Belastungs- oder von dem Angekl. nach seiner Bekanntmachung mit der Anklage bezeichnete Entlastungs-Zeugen zu der Hauptverhandlung vorzuladen seien u. s. w.

Auch die nach erfolgter Aburtheilung der Sache erforderlichen Verfügungen — wie Aufhebung der Haft des freigesprochenen Angekl. und der angeordneten Beschlagnahmen von Gegenständen, Zurückgabe gestohlener Sachen an den Bestohlenen und dergl. — liegen dem Amtsrichter ohne Betheiligung der Schöffen, deren amtliche Verpflichtungen und Befugnisse mit dem Schlusse der Hauptverhandlung aufhören, allein ob.

In der Hauptverhandlung dagegen wirken die Schöffen bei allen zu fassenden Beschlüssen — mit alleiniger Ausnahme solcher Anordnungen, welche die Str.-Pr.-Ordn. und das Ger.-Verf.-Ges. dem Amtsrichter, als dem Vorsitzenden des Schöffengerichts, ausdrücklich vorbehalten hat (vergl. die §§ 227. 230. 238. 240. 247 StPO.; §§ 176. 181 Ger.-Verf.-Ges.) — so wie bei der Fällung des Urtheils und der Feststellung der in dasselbe aufzunehmenden Entscheidungsgründe, in gleicher Weise mit, wie der Amtsrichter, so daß, wenn die Stimmen Beider mit einander übereinstimmend von der des AR. abweichen, die ihrigen entscheidend sind, gleichviel ob das Gesetz, wie z. B. in den §§ 227. 235. 236. 241. 243 StPO. und den §§ 173. 178 Ger.-Verf.-Ges., die Zuständigkeit des Gerichts ausdrücklich ausspricht, oder dieselbe dadurch mittelbar anerkennt, daß es sie nicht dem Vorsitzenden vorbehält.

Auch an die von dem AR. bei der Entscheidung über die Eröffnung des Hauptverfahrens oder bei der Vorbereitung der Hauptverhandlung erlassenen Verfügungen sind die Schöffen, insoweit dieselben auf das Urtheil unmittelbar oder mittelbar von Einfluß sind, nicht gebunden. Hält z. B. ein Schöffe die Vernehmung eines in der Anklageschrift, oder von dem Angeklagten nach seiner Bekanntmachung mit der Anklage bezeichneten Zeugen, dessen Ladung der AR., weil er die von demselben zu bekundenden Thatsachen für unerheblich erachtete, unterlassen hat, für nothwendig, so ist er berechtigt, die Ladung desselben und, falls sein Erscheinen in derselben Hauptverhandlung nicht ausführbar ist, deren Aussetzung zu beantragen, und Abstimmung über diesen Antrag zu verlangen. Ein Schöffe darf ferner der Zulassung eines anderen, als des im § 138 Abs. 1 StPO. bezeichneten Vertheidigers, auch wenn derselbe von dem AR. in einer der Hauptverhandlung vorangegangenen gerichtlichen Verhandlung oder Verfügung bereits zur Wahrnehmung der Rechte des Angekl. verstattet worden ist, widersprechen; ferner das Erscheinen eines Angekl. in der Hauptverhandlung verlangen, auch wenn der AR. ihn davon entbunden hat (§ 232 StPO.), so wie auch den Antrag auf Aufhebung der von dem AR. über den Angekl. verhängten Haft stellen, wenn er die von dem AR. als Gründe der Verhaftung aktenkundig gemachten Thatsachen nach Lage der Sache zur Rechtfertigung derselben nicht für geeignet hält und eine sofortige Aburtheilung der Sache wegen Nothwendigkeit der Aussetzung der Hauptverhandlung nicht erfolgen kann.

II. Gegenstand des in der Hauptverhandlung zu fällenden Urtheils darf — mit Ausnahme des im § 265 StPO. bezeichneten Falles — nur die in der Anklage bezeichnete That des Angekl. sein, auch wenn sich in der Hauptverhandlung herausstellt, daß diesem zwar nicht jene That, wohl aber eine andere strafbare Handlung zur Last fällt, oder daß er sich einer solchen noch außer jener schuldig gemacht hat.

Dagegen ist das Gericht befugt, die That von einem anderen rechtlichen Gesichtspunkte aus zu beurtheilen, als in der Anklageschrift, oder auch in derjenigen Verfügung geschehen ist, durch welche der AR., abweichend von der der Anklageschrift zum Grunde liegenden Rechtsansicht, die Untersuchung eingeleitet (das Hauptverfahren eröffnet) hat; es darf also beispielsweise die Strafe der „Unterschlagung" (§ 246 StGB.) über den Angekl. verhängen, während die Anklageschrift, bzhw. die Einleitungsverfügung, die That für einen Diebstahl (§ 242 StGB.) erachtet hat.

Mit der Fällung und Verkündung des Urtheils endet die Thätigkeit der Schöffen (vergl. jedoch Note 2 zu § 275 St.).

III. Es ist ferner hervorzuheben, daß die StPO. von dem ihr zum Grunde liegenden Princip, wonach die Einleitung eines gerichtlichen Strafverfahrens durch die Erhebung einer Anklage Seitens der dazu berufenen StAschft. bedingt ist, in Bezug auf die Rüge von Körperverletzungen und Beleidigungen in Fällen, wo das StGB. die Bestrafung nicht von Amtswegen, sondern nur auf Antrag eintreten läßt, dem Verletzten gestattet, sowohl mit Umgehung der StAschft. im Wege der Privatklage die Bestrafung des Thäters sowie auch die Zuerkennung einer Buße bei dem Strafgericht zu beantragen (§§ 444 folg.) als auch einer von der StAschft. erhobenen öffentlichen Klage sich anzuschließen. § 446.

IV. Die StPO. läßt ferner von der Regel, daß eine Bestrafung der zur Zuständigkeit der Schöffengerichte gehörigen Vergehen und Uebertretungen die Mitwirkung von Schöffen erfordert, in den §§ 447 folg. eine Ausnahme dahin eintreten, daß das Amtsgericht auf schriftlichen Antrag der StAschft. einen Strafbefehl an den Angekl. erläßt, welcher bei ausbleibendem Einspruche des Letzteren vollstreckbar wird, während bei rechtzeitig erfolgter Erhebung des Einspruchs das regelmäßige Verfahren unter Zuziehung der Schöffen eintritt.

V. Hinsichtlich der am Tage des Inkrafttretens der StPO. bei den Gerichten anhängigen Untersuchungen bestimmt der § 8 des Einführ.-Ges. zur StPO., daß für das weitere Verfahren, sofern ein

Endurtheil erster Instanz noch nicht ergangen ist, die Vorschriften der StPO. maßgebend sind. Die Mitwirkung der Schöffen tritt daher in solchen Untersuchungen auch dann ein, wenn in dem nach den betreffenden Landesgesetzen eingeleiteten Verfahren bereits eine Beweisaufnahme stattgefunden hat, und nur noch der Schlußtermin abzuhalten gewesen wäre.

Für die Auslegung der Gesetze gilt als allgemeine Regel, daß die im Sprachgebrauche gewöhnliche Bedeutung der Worte in Verbindung mit den in vorangehenden und nachfolgenden §§ enthaltenen Bestimmungen zunächst maßgebend ist, da davon auszugehen ist, daß das Gesetz dasjenige habe ausdrücken sollen, was seine Worte nach ihrem gewöhnlichen Sinne bedeuten. Nur, wenn sich dem Richter ein Anhalt zu der Annahme darbietet, daß die Wortfassung einer Vorschrift der bei derselben leitend gewesenen Absicht nicht entspreche, hat er bei ihrer Anwendung diese Absicht für entscheidend zu erachten. Beispielsweise führen im § 123 Abs. 3 StGB. die Worte: „von einer mit Waffen versehenen Person" zu der Auslegung, daß das Beisichführen von Waffen die schärfere Strafe unbedingt, also auch dann nach sich ziehen solle, wenn dasselbe nach der Ansicht des Richters zu dem Vergehen außer aller Beziehung stehe, der Angekl. z. B. in seiner Eigenschaft als Beamter zum Tragen einer bestimmten Waffe auch außerhalb seines Dienstes verpflichtet sei. Gleichwohl wird der Richter in einem solchen Falle in seinem Rechte sein, wenn er den Abs. 3 aus dem in der Note 11 zu jenem § angegebenen Grunde außer Anwendung läßt.

Die in dem „Handbuch" bei der Erläuterung der Bestimmungen der StPO. und des Ger.-Verf.-Ges. mehrfach in Bezug genommenen „Motive" zu den den Berathungen dieser Gesetze in der Reichstags-Just.-Kom. und im Reichstage selbst zum Grunde gelegten oben erwähnten Entwürfen verdienen bei der Auslegung zweifelhafter Vorschriften Berücksichtigung, wenn die betreffende Vorschrift unverändert aus dem Entwurf in das Gesetz übergegangen ist.

Den gleichfalls an einzelnen Stellen mitgetheilten, bei den Berathungen der Gesetze in der R.-Just.-Kom. abgegebenen Erklärungen wird ein Gewicht bei der Auslegung der Gesetze nur beigelegt werden dürfen, wenn die Zustimmung der Mehrheit der Mitglieder der Kommission zu denselben festgestellt und Seitens der Vertreter der Regierungen Einverständniß mit denselben zu erkennen gegeben und im Reichstage selbst Widerspruch dagegen nicht erhoben ist.

Besondere Rücksicht werden die Schöffen bei der Anwendung gesetzlicher Vorschriften auf die darauf bezüglichen Aussprüche des Reichsgerichts zu nehmen haben. Zwar sind sie in ihrem Rechte, wenn sie bei ihren Abstimmungen sich lediglich von ihrer eigenen Ansicht über den Sinn eines Gesetzes ohne Rücksicht auf eine mit derselben in Widerspruch stehende Entscheidung des Reichsgerichts leiten lassen. Allein neben dem inneren Werthe, welcher einer bei dem höchsten Gerichtshofe, gestützt auf die Grundsätze der Rechtstheorie und der Gesetzauslegung ergangenen Entscheidung beiwohnt, kommt in Betracht, daß es für eine Aufgabe vorzugsweise der Strafgerichtshöfe gilt, Gleichmäßigkeit in der gesammten strafgerichtlichen Praxis anzustreben. Je häufiger die Urtheile der Gerichte durch Erkenntnisse höherer Instanz abgeändert werden, um so mehr leidet nicht nur das Ansehen der Ersteren, sondern es wird auch das Vertrauen des Publikums selbst erschüttert, wenn die von dem einen Gerichtshofe für strafbar erachtete That von dem anderen für gesetzlich erlaubt erklärt wird.

Abkürzungen.

AAnw. Amtsanwalt.
Abs. Absatz.
AG. Amtsgericht.
Angekl. Angeklagter.
AR. Amtsrichter.
Art. Artikel.
B. Band.
BGBl. Bundesgesetzblatt.
bzhw. beziehungsweise.
Einf.-G. Einführungsgesetz.
G. Gerichtsverfassungsgesetz.
GO. Gewerbeordnung.
Ges. Gesetz.
Goltd. A. Goltdammers Archiv für Strafrecht.
JK. und Just.-Komm. Reichs-Justiz-Kommission.
Mot. Motive zu den Entwürfen des Ger.-Verf.-Ges. und der Str.-Pr.-Ordn.
O. Ordnung.
Prot. Protokolle der Reichs-Justizkommission.
RGBl. Reichsgesetzblatt.
s. siehe.
S. vor einer Zahl: Seite.
s. g. so genannt.
s. h. soll heißen.
Sch. Schöffen.
SchG. Schöffengericht.
StPO. und St. Strafprozeßordnung.
StA. Staatsanwalt.
StAschft. Staatsanwaltschaft.
StGB. Strafgesetzbuch.
Sten. Ber. Stenographische Berichte des Reichstags.
Utf. Untersuchung.
Vergl. Vergleiche.

Uebersicht des Inhalts.

I. Strafprozeßordnung nebst den dieselbe ergänzenden Vorschriften des Gerichtsverfassungsgesetzes.

II. Strafgesetzbuch.

III. Neben dem Strafgesetzbuche geltende Reichs-Strafgesetze.

Paragraphen-Register.

I.
Strafprozeßordnung.

II.
Gerichtsverfassungsgesetz.

III.

Strafgesetzbuch.

Erster Theil.

Strafprozeßordnung.

Gerichtsbarkeit.

§ 12 G.

Die ordentliche streitige Gerichtsbarkeit wird durch Amtsgerichte und Landgerichte, durch Oberlandesgerichte und durch das Reichsgericht ausgeübt.

Die hier nicht erwähnten Schöffen- und Schwurgerichte werden als Zubehör der Amts- bezw. der Landgerichte angesehen.

§ 13 G.

Vor die ordentlichen Gerichte gehören alle bürgerlichen Rechtsstreitigkeiten und Strafsachen, für welche nicht entweder die Zuständigkeit von Verwaltungsbehörden oder Verwaltungsgerichten begründet ist, oder reichsgesetzlich besondere Gerichte bestellt oder zugelassen sind*.

* Dahin gehören insbesondere die in einzelnen Bundesstaaten bereits bestehenden und später zu errichtenden Gewerbegerichte, denen z. B. in Bezug auf die Rüge von Ruhestörungen in den Werkstätten, ferner von ungebührlichem Verhalten der Lehrlinge gegenüber dem Meister, sowie wegen Uebertretungen gewerbepolizeilicher Vorschriften Strafgerichtsbarkeit zusteht.

Sachliche Zuständigkeit der Gerichte.

§ 1 St.

Die sachliche* Zuständigkeit der Gerichte wird durch das Gesetz über die Gerichtsverfassung bestimmt.

* Das Gesetz unterscheidet zwischen der örtlichen und der sachlichen Zuständigkeit. Die erstere setzt voraus, daß die den Gegenstand der Untersuchung bildende That innerhalb der Grenzen des dem Gericht für seine Thätigkeit angewiesenen lokalen Sprengels (Jurisdiktions-Bezirk) verübt worden sei, oder der Angeschuldigte zur Zeit der Erhebung der Klage (bei

Schöffengerichten: Einreichung der Anklageschrift) seinen Wohnsitz habe. Die sachliche Zuständigkeit ist dadurch bedingt, daß die strafbare Handlung hinsichtlich ihrer Art und der Schwere der in den Strafgesetzen für sie bestimmten Strafe, derjenigen Klasse von Gerichten, zu denen das von der Staatsanwaltschaft angerufene Gericht gehört (Schöffengericht, Landgericht, Schwurgericht, Reichsgericht) zur Untersuchung und Aburtheilung in erster Instanz zugetheilt sei.

Die Grenzen dieser sachlichen Zuständigkeit sind für die Schöffengerichte im § 27 G. gezogen. Die in diesem § bezeichneten Uebertretungen und Vergehen fallen denselben allgemein und unbedingt zu. Außerdem gehören vor die Sch.=Ger. diejenigen Strafsachen, welche ihnen auf Grund des § 75 G. vom Landgericht zur Verhandlung und Entscheidung überwiesen werden. § 29 G.

§ 3 St.

Ein Zusammenhang (von Strafsachen) ist vorhanden, wenn eine Person mehrerer strafbarer Handlungen beschuldigt wird, oder wenn bei einer strafbaren Handlung mehrere Personen als Thäter, Theilnehmer, Begünstiger oder Hehler beschuldigt werden.

Im Betreff der Begriffe: „Theilnehmer", „Begünstiger", „Hehler" vergl. §§ 47—49 und 257—262 StGB.

§ 4 St.

Eine Verbindung zusammenhängender oder eine Trennung verbundener Strafsachen kann auch nach Eröffnung der Untersuchung auf Antrag der Staatsanwaltschaft oder des Angeschuldigten oder von Amtswegen durch gerichtlichen Beschluß angeordnet werden*.

Zuständig für den Beschluß ist dasjenige Gericht, zu dessen Bezirk die übrigen Gerichte gehören. In Ermangelung eines hiernach zuständigen Gerichts erfolgt die Beschlußfassung durch das gemeinschaftliche obere Gericht.

* Wie sich aus dem Abs. 2 ergiebt, ist hier der Fall vorausgesetzt, daß für die einzelnen zusammenhängenden Strafsachen verschiedene Gerichte zuständig sind. Der „Beschluß" kann daher nicht von einem Schöffengerichte, sondern nur von einem Landgerichte oder höheren Gerichte ausgehen.

Sind die mehreren Strafsachen behufs ihrer Verbindung einem Schöffengerichte überwiesen worden, so wird dasselbe dennoch bei der Berathung über die Urtheilsfällung eine derselben von der gemeinschaftlichen Aburtheilung auszuschließen und sie an das nach den Bestimmungen des G. zuständige Gericht abzugeben in dem Falle befugt sein, wenn besondere Umstände die Trennung nothwendig erscheinen lassen, z. B. der Urtheilsfällung über Einen der Angeklagten langwierige Krankheit desselben entgegensteht, während im Betreff der übrigen die Verhandlung und Aburtheilung stattfinden kann.

Amtsgerichte.

§ 22 G.

Den Amtsgerichten stehen Einzelrichter vor.

Ist ein Amtsgericht mit mehreren Richtern besetzt, so wird einem derselben von der Landesjustizverwaltung die allgemeine Dienstaufsicht übertragen. Jeder Amtsrichter erledigt die ihm obliegenden Geschäfte als Einzelrichter.

Schöffengerichte.

§ 25 G.

Für die Verhandlung und Entscheidung von Strafsachen werden bei den Amtsgerichten Schöffengerichte gebildet.

§ 26 G.

Die Schöffengerichte bestehen aus dem Amtsrichter als Vorsitzenden und zwei Schöffen.

§ 27 G.

Die Schöffengerichte sind zuständig: *

1. für alle Uebertretungen[1-3],
2. für diejenigen Vergehen, welche nur mit Gefängniß von höchstens drei Monaten, oder Geldstrafe von höchstens sechshundert Mark, allein oder neben Haft, oder in Verbindung mit einander, oder in Verbindung mit Einziehung bedroht[4] sind[5], mit Ausnahme der im § 320 des Strafgesetzbuchs und der im § 74 dieses Gesetzes bezeichneten Vergehen[6-9];
3. für die nur auf Antrag zu verfolgenden Beleidigungen und Körperverletzungen, wenn die Verfolgung im Wege der Privatklage geschieht[10].
4. für das Vergehen des Diebstahls im Falle des § 242 des Strafgesetzbuchs, wenn der Werth des Gestohlenen fünfundzwanzig Mark nicht übersteigt[11];
5. für das Vergehen der Unterschlagung im Falle des § 246 des Strafgesetzbuchs, wenn der Werth des

Unterschlagenen[12] fünfundzwanzig Mark nicht übersteigt;

6. für das Vergehen des Betruges im Falle des § 263 des Strafgesetzbuchs, wenn der Schaden fünfundzwanzig Mark nicht übersteigt;
7. für das Vergehen der Sachbeschädigung im Falle des § 303 des Strafgesetzbuchs, wenn der Schaden fünfundzwanzig Mark nicht übersteigt;
8. für das Vergehen der Begünstigung und für das Vergehen der Hehlerei in den Fällen des § 258 Nr. 1 und des § 259 des Strafgesetzbuchs, wenn die Handlung[13], auf welche sich die Begünstigung oder die Hehlerei bezieht, zur Zuständigkeit der Schöffengerichte gehört.

* Der § 3 des Einführ.-Ges. zur St. enthält im Abs. 3 die Bestimmung: Die Landesgesetze können verordnen, daß Forst- und Feldrügesachen durch die Amtsgerichte in einem besonderen Verfahren, sowie ohne Zuziehung von Schöffen verhandelt und entschieden werden.

1. Unter „Uebertretungen" sind hier diejenigen in dem StGB. und in Reichs- und Landesgesetzen vorkommenden Delikte zu verstehen, welche mit einer Strafe bedroht sind, die sich innerhalb der aus dem StGB. sich ergebenden Grenze der „Uebertretungen" hält. In entsprechender Weise ist der Begriff „Vergehen" bei Nr. 2 aufzufassen. Vergl. StGB. §§ 1. 18. 360 folg.

2. Macht das Strafgesetz die Höhe einer Geldstrafe — wie z. B. bei der Hinterziehung öffentlicher Abgaben und Gefälle (Steuer- und Zoll-Defraudationen) — in jedem einzelnen Falle von dem defraudirten Betrage in der Weise abhängig, daß es den doppelten, vierfachen ꝛc. Betrag der widerrechtlich nicht entrichteten Summe als Strafe bestimmt, so tritt die Zuständigkeit des Schöffengerichts ein, wenn nach Maßgabe jenes Betrages die gegen den Angeklagten zu erkennende Strafe die Summe von 150 Mark nicht übersteigen kann. Denn die Worte des § 1 Abs. 3 des StGB.: Eine mit Geldstrafe bis zu 150 Mark bedrohte Handlung, sind dahin aufzufassen, daß für den Begriff „Uebertretung" die individuelle Handlung unter denjenigen thatsächlichen Umständen, wie sie dem Angekl. zur Last gelegt wird, entscheidend sein soll.

3. Ist der Angekl. mehrerer selbständiger Uebertretungen (reale Konkurrenz) beschuldigt, deren Gesammtstrafe das im § 1 StGB. Abs. 3 bezeichnete Maß überschreitet, so wird dadurch die Zuständigkeit des Schöffengerichts nicht ausgeschlossen. Dasselbe hat vielmehr die Höhe der Strafe nach den im § 74 StGB. angegebenen Grundsätzen zu bemessen. S. die Note zu § 16 StGB.

4. Die Worte: „oder in Verbindung mit Einziehung bedroht sind", sind auch auf „Gefängniß" zu beziehen, da die Einziehung auch in Verbindung mit von Schöffengerichten zu erkennenden Gefängnißstrafen eintritt. (§§ 42. 148. 152. 292. 295 StGB.) Hinsichtlich der Fälle, in welchen an Stelle des nicht mehr vorhandenen Gegenstandes der Einziehung der Werth desselben für verfallen zu erklären ist, s. die Noten zu § 16 des Preßgesetzes und § 20 des Sozialistengesetzes.

5. Läßt das Strafgesetz die Wahl zwischen einer Geldstrafe von höchstens 600 Mrk. und einer 3 Monate übersteigenden Gefängnißstrafe, oder zwischen einer Gefängnißstrafe von höchstens 3 Monaten, und einer 600 Mrk. übersteigenden Geldstrafe, so bleibt der § 27 Nr. 2 außer Anwendung, und nur in den geeigneten Fällen (§§ 116. 293. 300 StGB.) die Ueberweisung nach § 75 G. zulässig.

Ist eine das Maß des § 27 Nr. 2 nicht übersteigende Strafe nur ausnahmsweise für den Fall des Vorhandenseins „mildernder Umstände" nachgelassen, so ist das Schöffengericht unzuständig.

Daß nach den Vorschriften des StGB. (§§ 28 u. 29) die im Gesetz bis zur Höhe von 600 Mrk. angedrohte Geldstrafe im Falle der Nichtbeitreibbarkeit der letzteren in eine den dreimonatigen Zeitraum übersteigende Freiheitsstrafe umgewandelt werden kann, schließt die Zuständigkeit des Schöffengerichts nicht aus.

6. Abweichend von dem in der Note 2 in Bezug auf die durch Zuwiderhandlungen gegen die Vorschriften über die Erhebung öffentlicher Abgaben und Gefälle begangenen Uebertretungen entwickelten Grundsatze, fallen Vergehen der dort bezeichneten Art, auch wenn die Strafe der Hinterziehung nach Maßgabe des Gegenstandes den Betrag von 600 Mrk. nicht übersteigt, nicht auf Grund der Nr. 2 des § 27 G. unter die Zuständigkeit des Schöffengerichts, vielmehr bedarf es, um dasselbe, wenn die in Aussicht stehende Strafe 150 Mrk. übersteigt, mit der Sache zu befassen, einer Ueberweisung seitens des Landgerichts auf Grund des § 75 Nr. 15 G. wie dies die Hinweisung des Schlußsatzes des Abs. 2 daselbst auf den § 27 Nr. 2 G. ergiebt. Anderer Meinung ist Keller: „Das Ger.Verf.-G." S. 51 Nr. 9. Er bezieht die Nr. 15 des § 75 auf solche Fälle, wo der Betrag der hinterzogenen Abgabe nicht mehr ermittelt werden kann und daher eine dem Ermessen Spielraum lassende Strafe eintritt.

7. Das hinsichtlich des Zusammentreffens mehrerer strafbarer Handlungen in der Note 3 in Bezug auf Uebertretungen Gesagte greift auch bei Nr. 2 Platz.

8. Vergehen, auf welche die Bestimmung unter Nr. 2 Anwendung findet, enthält das StGB. in den §§ 121 Abs. 2. 123 Abs. 1. 148. 292 in Verbindung mit §§ 295. 299. Der § 337 ist jetzt durch den § 67 des Ges. vom 6. Februar 1875 (RGBl. S. 23) ersetzt —; ferner die Gewerbeordn. in den §§ 147 folg.; die Seemannsordnung in den §§ 81. 86. 94; das Impfges. im § 17; das Ges. betr. das Urheberrecht an Werken der bildenden Künste, § 6 Nr. 1; Ges. über die eingeschriebenen Hülfskassen § 34; Ges. betr. Zuwiderhandl. gegen die zur Abwehr der Rinderpest erlassenen Vieheinfuhr-Verbote § 3; Sozialistenges. §§ 17 u. 20.

9. Die im Betreff des § 320 StGB. angeordnete Ausnahme von der Vorschrift der Nr. 2 hat nur auf die Zuständigkeit des SchG. Bezug, schließt daher die Ueberweisung auf Grund des § 75 Nr. 14 nicht aus. Um diese Ueberweisung zu verhindern, hätte der § im § 74 G. angeführt, oder, wie dieser §, im § 75 erwähnt werden müssen.

10. Vergl. die §§ 414 folg. St. und die §§ 185. 194 und 223. 224 und 230 — 233 StGB. Die Höhe der geforderten Buße ändert in der Zuständigkeit des Schöffengerichts nichts. Note 2 zu § 188 StGB.

Die mittelst der Presse verübten Beleidigungen sind von der Vorschrift unter Nr. 3 nicht ausgeschlossen.

Hinsichtlich der Zulässigkeit der Ueberweisung der auf öffentliche Anklagen wegen Beleidigungen und Körperverletzungen eingeleiteten Untersuchungen vergl. § 75 Nr. 4 und 5.

Die Worte: „wenn die Verfolgung im Wege der Privatklage geschieht", sind gleichbedeutend mit: wenn die Eröffnung der Untersuchung auf Privatklage erfolgt. Uebernimmt daher die StAschft auf Grund des § 417 Abs. 2 St. die Sache, so wird dadurch in der Zuständigkeit des Schöffengerichts nichts geändert.

11. Der Werth von 25 Mrk. hat hier und bei den Nrn. 5—8 lediglich in Bezug auf die Zuständigkeitsfrage Bedeutung. Auf das Recht und die Pflicht des SchG. die Strafe des Angekl. nach Maßgabe des Gesammtergebnisses der Hauptverhandlung zu bestimmen, bleibt er ohne Einfluß. Wird daher die Rücksicht auf die Geringfügigkeit des Gegenstandes des Diebstahls, der Unterschlagung u. s. w., welche in der Regel ein geringeres Strafmaß rechtfertigen wird, durch solche in der Hauptverhandlung hervortretende Umstände, welche die Strafbarkeit des Angekl. erhöhen, überwogen, so darf das SchG. ihn selbst zum höchsten Maße der gesetzlichen Strafe verurtheilen. Dasselbe hat auch auf die in den betreffenden Gesetzen lediglich als eine Folge der durch das Vergehen an den Tag gelegten verwerflichen Gesinnung, bzw. im Interesse des Publikums, angedrohten Nebenstrafen zu erkennen.

Maßgebend für den Werth ist der Zeitpunkt der stattgehabten Verübung des Vergehens; der bei einer erst später erfolgenden Abschätzung des Gegenstandes sich ergebende Werth wird jedoch so lange für entscheidend zu erachten sein, als nicht Umstände hervortreten, welche auf einen Unterschied zwischen dem Werthe zu jener früheren und dieser späteren Zeit schließen lassen.

Die Höhe des Werths hat der Amtsanwalt in der Anklageschrift anzugeben, erforderlichen Falls glaubhaft zu machen. Hat eine hierauf bezügliche Ermittelung Seitens des Amtsrichters im Vorverfahren nicht stattgefunden, und hegt das SchG. in der Hauptverhandlung über die Richtigkeit der Angabe des Amtsanwalts Zweifel, so wird mit Rücksicht auf die Vorschrift des § 28 G. eine Feststellung des Werths Seitens des durch das Vergehen Verletzten oder durch Sachverständige nicht zu vermeiden sein. Doch empfiehlt es sich, bei der Prüfung des Werths nicht eine strenge Beweisführung zu erfordern, sondern das auf Erfahrungen des täglichen Lebens geleitete Ermessen eintreten zu lassen.

Wird der Angekl. nicht eines vollendeten, sondern eines versuchten Vergehens beschuldigt, und bieten die vorwaltenden Umstände einen Anhalt dafür, daß die Absicht des Angeklagten auf einen bestimmten Gegenstand gerichtet gewesen sei, dessen Werth 25 Mrk. nicht übersteigt, nicht dar, oder ist der Gegenstand des Vergehens nicht mehr vorhanden, sein Werth auch selbst nicht ungefähr anderweit zu ermitteln, so dürfte das Schöffengericht für zuständig zu erachten sein. Zu der Auslegung, daß die Zuständigkeit des Landgerichts die Regel, die des SchG. die Ausnahme bilde, und demzufolge in den vorgedachten beiden Fällen die Zuständigkeit des letzteren ausgeschlossen sei, bieten die Worte: „wenn — nicht übersteigt" keinen genügenden Anlaß dar; sie unterliegen ungezwungen der Auffassung, daß sie, ohne auf das Verhältniß von Regel und Ausnahme hindeuten zu wollen, lediglich die Grenzen zwischen der landgerichtlichen und der schöffengerichtlichen Zuständigkeit festzustellen bestimmt sind. Hiervon ausgegangen ist aber für die Zuständigkeit des SchG. in derartigen Fällen geltend zu machen, daß die Geringfügigkeit des Gegenstandes eines Diebstahls u. s. w. nach der allgemeinen Strafrechts-Theorie für einen Milderungsgrund gilt, mithin, Mangels der Ermittelung eines höheren Werths des Gegenstandes, zu Gunsten des Angekl. (in favorem defensionis) anzunehmen ist, daß derselbe 25 Mrk. nicht überstiegen habe. Allerdings ist eine solche dem Angekl. günstige Vermuthung zunächst nur durch die Rücksicht auf die Strafabmessung geboten; doch fehlt es an einem ausreichenden Grunde, um bei der Prüfung der Zuständigkeit von der entgegengesetzten Annahme bezüglich des Werths des Gegenstandes des Vergehens auszugehen.

Das vorstehend in Bezug auf Nr. 4 Gesagte greift auch bei den Nrn. 5—7 Platz.

12. Hiernach ist für die Zuständigkeit nicht der Betrag des von dem Angekl. angestrebten rechtswidrigen Vermögensvortheils, sondern der des Schadens maßgebend, welcher dem durch das Vergehen Verletzten zugefügt worden ist.

13. Zu Nr. 8. Die Worte: „wenn die Handlung" u. s. w. lassen die Auslegung zu, daß, wenn die Zuständigkeit des SchG. bezüglich des Diebes und des Betrügers aus dem Grunde ausscheidet, weil dieselben bereits früher zwei Mal wegen gleichen Vergehens bestraft worden sind (§§ 244. 264 StGB) die Zuständigkeit des Landgerichts auch hinsichtlich des Begünstigers und Hehlers selbst dann eintrete, wenn die Untersuchung gegen dieselben nicht mit der gegen den Dieb, bzhw. Betrüger, einzuleitenden verbunden werde. Dies ist jedoch nicht der Sinn des §; vielmehr wird, wenn z. B. die Untersuchung gegen die Letzteren wegen ihrer Abwesenheit, ihres Todes u. s. w. nicht anhängig gemacht werden kann, gegen die Ersteren das SchG. für zuständig zu erachten sein.

§ 28 G.

Ist die Zuständigkeit des Schöffengerichts durch den Werth einer Sache oder den Betrag eines Schadens bedingt[1] und stellt sich in der Hauptverhandlung heraus[2], daß der Werth oder Schaden mehr als fünfundzwanzig Mark beträgt, so hat das Gericht seine Unzuständigkeit nur dann auszusprechen, wenn aus anderen Gründen die Aussetzung[3] der Verhandlung geboten erscheint.

1. Vergl. § 27 Nr. 4—7 G.

2. Dieser Fall kann auch eintreten, wenn sich in der Hauptverhandlung ergiebt, daß der Angekl. bei der Ausübung des den Gegenstand der Anklage bildenden Diebstahls mehr Gegenstände, als in der Anklageschrift angenommen worden, entwandt hat, und die gestohlenen Gegenstände zusammen den Werth von 25 Mrk. übersteigen.

3. Eine Aussetzung der Verhandlung im Sinne dieses § findet statt, wenn die Anberaumung eines anderen Termins nöthig wird. Der Grund für diese Bestimmung des § ist darin zu suchen, daß, wenn ohnehin eine Erneuerung der Hauptverhandlung nicht zu vermeiden ist, es geboten erscheint, dieselbe demjenigen Gericht, vor welches die Sache nach den Vorschriften über die Zuständigkeit gehört, zu überlassen. Es ist deshalb auch gleichgiltig, ob der Grund der Aussetzung in dem Beschluß des Gerichts, eine in der gegenwärtigen Hauptverhandlung nicht ausführbare Beweisaufnahme zu veranlassen, in der Vorschrift des § 264 Abs. 3 St., in der plötzlichen Erkrankung des Amtsrichters oder eines Schöffen, oder worin sonst besteht.

Fehlt es an einem Grunde zur Aussetzung der Hauptverhandlung, so erkennt das SchG., wie hoch auch der Werth des Gegenstandes des Vergehens in derselben ermittelt werden möge.

§ 29 G.

Vor die Schöffengerichte gehören auch diejenigen Strafsachen, deren Verhandlung und Entscheidung ihnen nach den Bestimmungen des fünften Titels von den Strafkammern der Landgerichte überwiesen wird*.

* Die betreffende Vorschrift enthält der § 75 G. Vergl. die Noten zu demselben und das in der Einleitung in Bezug auf die „Ueberweisung" Gesagte.

§ 30 G.

Insoweit das Gesetz nicht Ausnahmen bestimmt¹, üben die Schöffen während der Hauptverhandlung das Richteramt im vollen Umfange und mit gleichem Stimmrechte wie die Amtsrichter aus und nehmen auch an denjenigen, im Laufe einer Hauptverhandlung zu erlassenden Entscheidungen Theil, welche in keiner Beziehung zu der Urtheilsfällung stehen, und welche auch ohne vorgängige mündliche Verhandlung erlassen werden können.

Die außerhalb der Hauptverhandlung erforderlichen Entscheidungen werden von dem Amtsrichter erlassen².

1. Solche Ausnahmen enthalten die §§ 53. 54. 56 G., welche bestimmen, daß der Amtsrichter über die von einem Schöffen (in der Hauptverhandlung geltend gemachten) Ablehnungsgründe, ferner über den Antrag eines solchen auf Entbindung von der Dienstleistung an dem Sitzungstage und über Pflichtwidrigkeiten der Schöffen allein Beschluß zu fassen hat. Dasselbe gilt nach § 31 St. von der Entscheidung über die Ausschließung und Ablehnung eines Schöffen, sowie von den, dem Vorsitzenden (Amtsrichter) in den §§ 176 Abs. 2. 177. 181 G. in Bezug auf „Oeffentlichkeit und Sitzungspolizei" vorbehaltenen Anordnungen, wogegen die Schöffen an den im § 176 Abs. 1 und den §§ 178—180 G. und im § 230 St. bezeichneten Beschlüssen Theil nehmen.

Sind in der Hauptverhandlung der Amtsrichter einer- und die Schöffen andererseits uneinig darüber, ob die Letzteren an einer Entscheidung Theil zu nehmen haben oder nicht, so wird eine Abstimmung darüber nicht zulässig, vielmehr — unter Aussetzung der Verhandlung — die Entscheidung des Landgerichts einzuholen sein. Vergl. § 72 G.

2. Zu den „außerhalb" der Hauptverhandlung erforderlichen Entscheidungen gehören auch die nach derselben zu erlassenden. Zu diesen werden jedoch nicht solche Entscheidungen zu rechnen sein, durch welche der Amtsrichter mit den in der Hauptverhandlung unter Betheiligung der Schöffen ergangenen Beschlüssen in Widerspruch treten würde, wie z. B. Willfahrung eines Antrages auf Niederschlagung einer nach § 179 G. beschlossenen Ordnungsstrafe. In einem solchen Verfahren würde eine unzulässige Aufhebung eines Kollegialbeschlusses durch ein einzelnes Mitglied des Kollegii liegen; der Amtsrichter würde in der Lage sein, einen Beschluß, bei welchem er in der Minderheit geblieben, auf Grund seiner Ueberzeugung von der Unrichtigkeit desselben aufzuheben. Daß dies vom Gesetz beabsichtigt worden sei,

ist nicht anzunehmen. Der Amtsrichter dürfte daher in einem solchen Falle den Antragsteller auf den Weg der Beschwerde gegen den Beschluß des SchG. zu verweisen haben.

§ 31 G.

Das Amt eines Schöffen ist ein Ehrenamt. Dasselbe kann nur von einem Deutschen* versehen werden.

* Daß er dem Staate angehöre, in welchem er zum Schöffenamte berufen wird (§ 2 Gesetz vom 1. Juni 1870 RGB. S. 355), ist nicht erforderlich; seine Pflicht zur Uebernahme desselben wird durch seine Eigenschaft als Deutscher und Einwohner des betreffenden Bundesstaats begründet. Vergl. § 33 Nr. 2 G. Daß der Schöffe der deutschen Sprache mächtig sein müsse, um bei einer in dieser Sprache geführten Verhandlung zu fungiren, wird als selbstverständlich vom Gesetz vorausgesetzt sein.

§ 32 G.

Unfähig* zu dem Amte eines Schöffen sind:

1. Personen, welche die Befähigung in Folge strafgerichtlicher Verurtheilung verloren haben;
2. Personen, gegen welche das Hauptverfahren wegen eines Verbrechens oder Vergehens eröffnet ist, das die Aberkennung der bürgerlichen Ehrenrechte oder der Fähigkeit zur Bekleidung öffentlicher Aemter zur Folge haben kann;
3. Personen, welche in Folge gerichtlicher Anordnung in der Verfügung über ihr Vermögen beschränkt sind.

* Die in diesem § aufgeführten Personen sind unbedingt (absolut) zum Schöffenamte unfähig. Werden sie gleichwohl zu demselben herangezogen, so unterliegt die Verhandlung und das Urtheil der Vernichtung. In Verbindung mit dieser Vorschrift stehen die §§ 22 und 31 St.

Im Gegensatze zu den Gründen unbedingter Unfähigkeit stehen die in den §§ 33. 34 G. aufgeführten persönlichen Verhältnisse, welche Anlaß gegeben haben, die Berufung der dort bezeichneten Personen zu Schöffen im Gesetz zu untersagen.

§ 33 G.

Zu dem Amte eines Schöffen sollen nicht berufen werden:

1. Personen, welche zur Zeit der Aufstellung der Urliste das dreißigste Lebensjahr noch nicht vollendet haben;
2. Personen, welche zur Zeit der Aufstellung der Urliste den Wohnsitz in der Gemeinde¹ noch nicht zwei volle Jahre haben;
3. Personen, welche für sich oder ihre Familie* Armenunterstützung aus öffentlichen Mitteln empfangen

oder in den drei letzten Jahren, von Aufstellung der Urliste zurückgerechnet, empfangen haben;
4. Personen, welche wegen geistiger oder körperlicher Gebrechen zu dem Amte nicht geeignet sind;
5. Dienstboten.

1. Bzw. in einem solchen Verbande, welcher einer „Gemeinde" im Sinne des Gesetzes gleichsteht.

2. Unter „Familie" werden hier diejenigen Personen zu verstehen sein, für deren Unterhalt der Betreffende nach Vorschrift der Gesetze zu sorgen hat.

Werden Personen, auf welche die vorstehenden Bestimmungen Anwendung finden, zum Schöffenamte berufen, so sind sie berechtigt, die Zurücknahme der Verfügung, erforderlichen Falls unter Glaubhaftmachung der ihrer Weigerung zum Grunde liegenden Thatsachen, von dem Amtsgerichte zu verlangen.

§ 34 G.

Zu dem Amte eines Schöffen sollen ferner nicht berufen werden:
1. Minister;
2. Mitglieder der Senate der freien Hansestädte;
3. Reichsbeamte, welche jederzeit einstweilig in den Ruhestand versetzt werden können;
4. Staatsbeamte, welche auf Grund der Landesgesetze jederzeit einstweilig in den Ruhestand versetzt werden können;
5. richterliche Beamte und Beamte der Staatsanwaltschaft;
6. gerichtliche und polizeiliche Vollstreckungsbeamte;
7. Religionsdiener;
8. Volksschullehrer;
9. dem aktiven Heere oder der aktiven Marine angehörende Militärpersonen.

Die Landesgesetze können außer den vorbezeichneten Beamten höhere Verwaltungsbeamte bezeichnen, welche zu dem Amte eines Schöffen nicht berufen werden sollen.

§ 35 G.

Die Berufung zum Amte eines Schöffen dürfen ablehnen[1]:
1. Mitglieder einer deutschen gesetzgebenden Versammlung;
2. Personen, welche im letzten Geschäftsjahre die Verpflichtung eines Geschworenen, oder an wenigstens

fünf Sitzungstagen die Verpflichtung eines Schöffen erfüllt haben[2];

3. Aerzte[3];
4. Apotheker, welche keine Gehülfen haben[4];
5. Personen, welche das fünfundsechzigste Lebensjahr zur Zeit der Aufstellung der Urliste vollendet haben oder dasselbe bis zum Ablaufe des Geschäftsjahres vollenden würden;
6. Personen, welche glaubhaft machen, daß sie den mit der Ausübung des Amts verbundenen Aufwand zu tragen nicht vermögen[5, 6].

1. Während die in den §§ 33. 34 bezeichneten persönlichen Verhältnisse von Amtswegen zu berücksichtigen sind, bedarf es Seitens der hier benannten Personen eines Antrages auf Entbindung von dem Schöffenamte.

2. Die Tage, an denen ein Schöffe auf Grund des § 54 G. von der Dienstleistung entbunden worden ist, werden in die Zahl fünf nach den Worten und der Absicht des Gesetzes selbst dann nicht einzurechnen sein, wenn ein anderer Schöffe für ihn eingetreten ist. Vergl. § 43 Abs. 2 G.

3. Unter „Aerzte“ werden hier im Hinblick auf § 29 der Gewerbe-O. vom 21. Juni 1869 (S. Theil II, 2. Abth. bei § 147) und in Erwägung, daß das Gesetz bei dieser Vorschrift das Interesse des Publikums — nicht der Aerzte — wahrnimmt, alle in jenem § der Gew.-O. aufgeführten Klassen von Aerzten zu verstehen sein.

4. Die Mehrzahl „keine Gehülfen“ steht hier für die Einheit: „keinen Gehülfen“.

5. Vergl. hinsichtlich a. der Frist zur Geltendmachung der Ablehnungsgründe § 53 G., b. der Bestrafung der Vorschützung unwahrer Entschuldigungsgründe § 138 StGB.

6. In Verbindung mit den Vorschriften dieses § steht der § 97 G., welcher verordnet:

Niemand soll für dasselbe Geschäftsjahr als Geschworener und als Schöffe bestimmt werden.

Ist dies dennoch geschehen, oder ist Jemand für dasselbe Geschäftsjahr in mehreren Bezirken zu diesen Aemtern bestimmt worden*, so hat der Einberufene dasjenige Amt zu übernehmen, zu welchem er zuerst einberufen wird.

* In Folge mehrerer Domizile desselben, oder irrthümlich

§ 36 G.

Der Vorsteher einer jeden Gemeinde oder eines landesgesetzlich der Gemeinde gleichstehenden Verbandes hat alljährlich ein Verzeichniß der in der Gemeinde wohnhaften Personen, welche zu dem Schöffenamte berufen werden können, aufzustellen (Urliste).

Die Urliste ist in der Gemeinde eine Woche lang zu Jedermanns Einsicht auszulegen. Der Zeitpunkt der Auslegung ist vorher öffentlich bekannt zu machen.

§ 37 G.

Gegen die Richtigkeit oder Vollständigkeit der Urliste kann innerhalb der einwöchigen Frist schriftlich oder zu Protokoll Einsprache erhoben werden*.

* Die Einsprache wird sowohl bei dem Gemeindevorsteher als bei dem Amtsrichter erhoben werden dürfen.

§ 40 G.

Bei dem Amtsgerichte tritt alljährlich ein Ausschuß zusammen.

Der Ausschuß besteht aus dem Amtsrichter als Vorsitzenden und einem von der Landesregierung zu bestimmenden Staatsverwaltungsbeamten, sowie sieben Vertrauensmännern als Beisitzern.

§ 41 G.

Der Ausschuß entscheidet über die gegen die Urliste erhobenen Einsprachen. Die Entscheidungen sind zu Protokoll zu vermerken. Beschwerde findet nicht statt.

§ 42 G.

Aus der berichtigten Urliste wählt der Ausschuß für das nächste Geschäftsjahr:

1. die erforderliche Zahl von Schöffen;
2. die erforderliche Zahl derjenigen Personen, welche in der von dem Ausschusse festzusetzenden Reihenfolge an die Stelle wegfallender Schöffen treten (Hülfsschöffen). Die Wahl ist auf Personen zu richten, welche am Sitze des Amtsgerichts oder in dessen nächster Umgebung wohnen.

§ 43 G.

Die für jedes Amtsgericht erforderliche Zahl von Hauptschöffen und Hülfsschöffen wird durch die Landesjustizverwaltung bestimmt.

Die Bestimmung der Zahl der Hauptschöffen erfolgt in der Art, daß voraussichtlich Jeder höchstens zu fünf ordentlichen Sitzungstagen im Jahre herangezogen wird.

§ 45 G.

Die Tage der ordentlichen Sitzungen des Schöffengerichts werden für das ganze Jahr im voraus festgestellt.

Die Reihenfolge, in welcher die Hauptschöffen an den einzelnen ordentlichen Sitzungen des Jahres Theil nehmen, wird durch Ausloosung in öffentlicher Sitzung des Amtsgerichts bestimmt. Das Loos zieht der Amtsrichter.

Ueber die Ausloosung wird von dem Gerichtsschreiber ein Protokoll aufgenommen.

§ 46 G.

Der Amtsrichter setzt die Schöffen von ihrer Ausloosung und von den Sitzungstagen, an welchen sie in Thätigkeit zu treten haben, unter Hinweis auf die gesetzlichen Folgen des Ausbleibens in Kenntniß[1].

In gleicher Weise werden die im Laufe des Geschäftsjahres einzuberufenden Schöffen[2] benachrichtigt.

1. Es dürfte sich empfehlen, den Schöffen demnächst vor ihren betreffenden Sitzungen von den in denselben zu verhandelnden Untersuchungen, unter Namhaftmachung der dabei als Angekl., Privatkläger u. s. w. betheiligten Personen, so zeitig Nachricht zu geben, daß sie von einem etwa nach §§ 22 u. 31 St ihre Mitwirkung ausschließenden Umstande zur Vermeidung einer Verzögerung der Verhandlung — geeigneten Falls unter Beifügung einer Bescheinigung — Anzeige leisten, bzw. sich mit den auf die betreffenden Delikte bezüglichen gesetzlichen Vorschriften bekannt machen können.

2. Haupt- und Hülfsschöffen §§ 42 u. 48 G.

§ 47 G.

Eine Aenderung in der (in einer Sitzung des Amtsgerichts für die ordentlichen Sitzungen, an welchen die Hauptschöffen während des ganzen Geschäftsjahres Theil zu nehmen haben, durch das Loos) bestimmten Reihenfolge kann auf übereinstimmenden Antrag der betheiligten Schöffen von dem Amtsrichter bewilligt werden*, sofern die in den betreffenden Sitzungen zu verhandelnden Sachen noch nicht bestimmt sind. Der Antrag und die Bewilligung sind aktenkundig zu machen.

* Hiernach ist der nach Ausweis der Protok. der Just.-Komm. S. 245 in einzelnen Bundesländern ohne Einwilligung des Richters durch Vereinbarung der Schöffen unter sich zulässige Tausch, bzw. die dauernde Uebernahme der Funktionen eines Schöffen Seitens eines anderen, unstatthaft.

Der Antrag wird auch mündlich gestellt werden dürfen, in welchem Falle der ertheilte Bescheid zu den Akten zu vermerken ist.

§ 49 G.

Wird zu einzelnen Sitzungen die Zuziehung anderer als der zunächst berufenen Schöffen erforderlich[1], so erfolgt dieselbe aus der Zahl der Hülfsschöffen nach der Reihenfolge[2] der Jahresliste.

Würde durch die Berufung der letzteren[3] eine Vertagung der Verhandlung oder eine erhebliche Verzögerung ihres Beginnes nothwendig, so sind die nicht am Sitze des Gerichts wohnenden Hülfsschöffen zu übergehen.

1. Ob ein solcher Fall vorliegt, wird der Amtsrichter — geeigneten Falls nach Anhörung der StAschft. — unter Berücksichtigung der vorwaltenden Umstände nach billigem Ermessen zu entscheiden haben. Jedenfalls ist er berechtigt, über die Wahrheit der von einem Schöffen angeführten Hinderungsgründe eine Bescheinigung zu erfordern. — Die Bestimmung bezieht sich in gleicher Weise auf ordentliche, wie auf außerordentliche Sitzungen, sowie auch auf den Fall gänzlichen Fortfalls des Schöffen (§ 42 Nr. 2 und §§ 52. 53 G.). Vergl. auch die Schlußbemerkung zu § 52 G. Es wird in einem solchen Falle für jede Sitzung, in welcher der Schöffe noch hätte fungiren müssen, ein anderer Hülfsschöffe nach der Reihenfolge einzuberufen sein.

2. Zur Vermeidung von Willkürlichkeiten bei der Auswahl.

3. Es müßte wohl heißen: „Würde durch die Berufung nach der Reihenfolge u. s. w. Es ist der Fall in's Auge gefaßt, wenn derjenige Hülfsschöffe, welcher nach der in Gemäßheit des § 42 festgesetzten Reihenfolge einberufen werden müßte, nicht am Sitze des Gerichts oder in dessen nächster Nähe wohnt.

§ 50 G.

Erstreckt sich die Dauer einer Sitzung über die Zeit hinaus, für welche der Schöffe zunächst einberufen ist*, so hat er bis zur Beendigung der Sitzung seine Amtsthätigkeit fortzusetzen.

* Es kann der Fall eintreten, daß eine Sache an dem für sie bestimmten Tage wegen ihrer Weitläuftigkeit oder in Folge einer Unterbrechung der Verhandlung nicht zu Ende geführt werden kann. — Vergl. auch die Note zu § 228 St.

§ 51 G.

Die Beeidigung der Schöffen erfolgt bei ihrer ersten Dienstleistung in öffentlicher Sitzung. Sie gilt für die Dauer des Geschäftsjahres.

Der Vorsitzende richtet an die zu Beeidigenden die Worte:

> „Sie schwören bei Gott dem Allmächtigen und Allwissenden, die Pflichten eines Schöffen getreulich zu erfüllen und Ihre Stimmen nach bestem Wissen und Gewissen abzugeben.“

Die Schöffen leisten den Eid, indem Jeder einzeln die Worte spricht:

„ich schwöre es, so wahr mir Gott helfe".

Der Schwörende soll bei der Eidesleistung die rechte Hand erheben.

Ist ein Schöffe Mitglied einer Religionsgesellschaft, welcher das Gesetz den Gebrauch gewisser Betheuerungsformeln an Stelle des Eides gestattet, so wird die Abgabe einer Erklärung unter der Betheuerungsformel dieser Religionsgesellschaft der Eidesleistung gleich geachtet.

§ 52 G.

Wenn die Unfähigkeit einer als Schöffe in die Jahresliste aufgenommenen Person eintritt oder bekannt wird, so ist der Name derselben von der Liste zu streichen.

Ein Schöffe, hinsichtlich dessen nach seiner Aufnahme in die Jahresliste andere Umstände eintreten oder bekannt werden[1], bei deren Vorhandensein eine Berufung zum Schöffenamte nicht erfolgen soll, ist zur Dienstleistung ferner nicht heranzuziehen.

Die Entscheidung erfolgt[2] durch den Amtsrichter nach Anhörung der Staatsanwaltschaft und des betheiligten Schöffen.

Beschwerde findet nicht statt[3].

1. Hat in den Fällen des § 33 Nr. 1 u. 2 G. der zu Unrecht einberufene Schöffe schon an Sitzungen Theil genommen und ist inzwischen die Vollendung des 30. Lebensjahres, bzhw. der Ablauf der zweijährigen Frist, eingetreten, so wird die Ausführung der Vorschrift zwar unzweckmäßig erscheinen, gleichwohl bei der Unbedingtheit der Fassung nicht umgangen werden dürfen.

2. Das die Entscheidung bedingende Thatsächliche wird in geeigneter Weise festzustellen, und im Falle des unberücksichtigt gebliebenen Widerspruchs dem Schöffen die mit Gründen zu versehende Entscheidung mitzutheilen sein. Der Anspruch des Schöffen hierauf ist hier um so unabweislicher, als der Amtsrichter, selbst gegen die Ansicht der StAschft., die Ausschließung des Schöffen anordnen darf, während im Falle des § 40 G. ein Kollegium von mindestens 5 Personen entscheidet.

3. Also selbst in dem Falle nicht, wenn die Entscheidung aus Rechtsgründen — unrichtige Auslegung der Vorschriften der §§ 32—34 G. — angefochten wird.

Der Fall, wenn der Schöffe im Laufe des Geschäftsjahres seinen Wohnsitz außerhalb des Amtsgerichtsbezirks verlegt, ist im Gesetz nicht vorgesehen. Abs. 2 des § wird auf denselben Anwendung finden.

§ 53 G.

Ablehnungsgründe sind nur zu berücksichtigen, wenn sie innerhalb einer Woche, nachdem der betheiligte Schöffe von seiner Einberufung in Kenntniß gesetzt worden ist, von demselben geltend gemacht werden[1,2]. Fällt ihre Entstehung oder Bekanntwerdung in eine spätere Zeit[3], so ist die Frist erst von diesem Zeitpunkte zu berechnen.

Der Amtsrichter entscheidet über das Gesuch nach Anhörung der Staatsanwaltschaft. Beschwerde findet nicht statt.

1. In der im § 37 G. angegebenen Form.

2. Es ist zulässig und zweckmäßig, die Ablehnungsgründe schon gegen die „Urliste" geltend zu machen. Vergl. auch § 35 G.

3. Dies wird z. B. im Falle des § 35 Nr. 1 G., ferner, wenn der Apotheker erst im Laufe des Geschäftsjahres den Gehülfen verliert (§ 35 Nr 3) nicht aber dann zutreffen, wenn die Vollendung des 65. Lebensjahres erst während des Laufs des Geschäftsjahres eintritt, da der Schöffe diesen, ihm schon bei der Einberufung bekannt gewesenen Umstand sofort hätte geltend machen müssen.

§ 54 G.

Der Amtsrichter kann einen Schöffen auf dessen Antrag wegen eingetretener Hinderungsgründe* von der Dienstleistung an bestimmten Sitzungstagen entbinden.

Die Entbindung der Schöffen von der Dienstleistung kann davon abhängig gemacht werden, daß ein anderer für das Dienstjahr bestimmter Schöffe für ihn eintritt.

* Nicht also ohne solche, aus bloßer Willfährigkeit. Erforderlichen Falls sind die Hinderungsgründe glaubhaft zu machen.

§ 55 G.

Die Schöffen erhalten Vergütung der Reisekosten.

§ 56 G.

Schöffen — welche ohne genügende Entschuldigung zu den Sitzungen nicht rechtzeitig sich einfinden oder ihren Obliegenheiten in anderer Weise sich entziehen, sind zu einer Ordnungsstrafe von fünf bis zu eintausend Mark, sowie in die verursachten Kosten zu verurtheilen.

Die Verurtheilung wird durch den Amtsrichter nach Anhörung der Staatsanwaltschaft ausgesprochen. Erfolgt nachträglich genügende Entschuldigung, so kann die Verurtheilung ganz oder theilweise zurückgenommen werden. Gegen die Entscheidungen findet Beschwerde von Seiten des Verurtheilten nach den Vorschriften der Strafprozeßordnung statt.

Vergl. § 46 G. und § 138 StGB.

Landgerichte.

§ 59 G.

Bei den Landgerichten werden Civil- und Strafkammern gebildet.

§ 72 G.

Die Strafkammern sind zuständig für diejenigen die Voruntersuchung und deren Ergebnisse betreffenden Entscheidungen, welche nach den Vorschriften der Strafprozeßordnung von dem Gerichte zu erlassen sind; sie entscheiden über Beschwerden gegen Verfügungen des Untersuchungsrichters und des Amtsrichters, sowie gegen Entscheidungen der Schöffengerichte.

§ 73 G.

Die Strafkammern sind als erkennende Gerichte zuständig:

1. für die Vergehen, welche nicht zur Zuständigkeit der Schöffengerichte gehören;
2. für diejenigen Verbrechen, welche mit Zuchthaus von höchstens fünf Jahren, allein oder in Verbindung mit anderen Strafen bedroht sind. Diese Bestimmung findet nicht Anwendung in den Fällen der §§ 86. 100 und 106 des Strafgesetzbuchs;
3. für die Verbrechen der Personen, welche zur Zeit der That das achtzehnte Lebensjahr noch nicht vollendet hatten;
4. für das Verbrechen der Unzucht im Falle des § 176 Nr. 3 des Strafgesetzbuchs;
5. für die Verbrechen des Diebstahls in den Fällen der §§ 243 und 244 des Strafgesetzbuchs;
6. für das Verbrechen der Hehlerei in den Fällen der §§ 260 und 261 des Strafgesetzbuchs;
7. für das Verbrechen des Betruges im Falle des § 264 des Strafgesetzbuchs.

§ 74 G.

Die Strafkammern sind als erkennende Gerichte ausschließlich zuständig:

1. für Zuwiderhandlungen gegen das Gesetz vom

25. Oktober 1867, betreffend die Nationalität der Kauffahrteischiffe ꝛc.;
2. für die nach Artikel 206, 249 und 249a des Gesetzes vom 11. Juni 1870, betreffend die Kommanditgesellschaften auf Aktien und die Aktiengesellschaften, strafbaren Handlungen;
3. für Zuwiderhandlungen gegen die Bestimmungen der §§ 1, 2 und 3 des Gesetzes vom 8. Juni 1871, betreffend die Inhaberpapiere mit Prämien;
4. für die nach § 67 und § 69 des Gesetzes vom 6. Februar 1875, betreffend die Beurkundung des Personenstandes ꝛc., strafbaren Handlungen;
5. für die nach § 59 des Bankgesetzes vom 14. März 1875 strafbaren Handlungen.

Nachdem das Gesetz im § 73 für diejenigen Vergehen, welche nicht zur Zuständigkeit der SchG. (§ 27) gehören, sowie für bestimmt bezeichnete Verbrechen, die Landgerichte für zuständig erklärt hat, überweist es der ausschließlichen Zuständigkeit derselben durch den § 74 auch eine Anzahl solcher Vergehen, für welche nach der Vorschrift des § 27 Nr. 2 die SchG. zuständig sein würden. Der Grund für diese Bestimmung ist vorzugsweise in der Besonderheit der Art jener Vergehen zu suchen.

§ 75 G.

Die Strafkammer kann bei Eröffnung des Hauptverfahrens wegen der Vergehen:
1. des Widerstandes gegen die Staatsgewalt in den Fällen der §§ 113, 114, 117 Abs. 1[1] und des § 120 des Strafgesetzbuchs;
2. wider die öffentliche Ordnung in den Fällen des § 123 Abs. 3 und des § 137 des Strafgesetzbuchs;
3. wider die Sittlichkeit im Falle des § 183 des Strafgesetzbuchs;
4. der Beleidigung und der Körperverletzung in den Fällen der nur auf Antrag eintretenden Verfolgung[2,3];
5. der Körperverletzung im Falle des § 223a des Strafgesetzbuchs[2];
6. des Diebstahls im Falle des § 242 des Strafgesetzbuchs;
7. der Unterschlagung im Falle des § 246 des Strafgesetzbuchs;
8. der Begünstigung;

9. der Hehlerei in den Fällen des § 258 Nr. 1 und des § 259 des Strafgesetzbuchs;
10. des Betruges im Falle des § 263 des Strafgesetzbuchs;
11. des strafbaren Eigennutzes in den Fällen der §§ 288 und 298 des Strafgesetzbuchs;
12. der Sachbeschädigung in den Fällen der §§ 303 und 304 des Strafgesetzbuchs

und

13. wegen der gemeingefährlichen Vergehen in den Fällen des § 327 Abs. 1 und des § 328 Abs. 1 des Strafgesetzbuchs;

ferner

14. wegen derjenigen Vergehen, welche nur mit Gefängnißstrafe von höchstens sechs Monaten oder Geldstrafe von höchstens eintausendfünfhundert Mark, allein oder in Verbindung mit einander oder in Verbindung mit Einziehung bedroht sind, mit Ausnahme der in den §§ 128, 271[4], 296a, 301, 331 und 347 des Strafgesetzbuchs und der im § 74 dieses Gesetzes bezeichneten Vergehen;

sowie

15[5]. wegen solcher Zuwiderhandlungen gegen die Vorschriften über die Erhebung öffentlicher Abgaben und Gefälle, deren Strafe in dem mehrfachen Betrage einer hinterzogenen Abgabe oder einer anderen Leistung besteht;

auf Antrag der Staatsanwaltschaft die Verhandlung und Entscheidung dem Schöffengerichte, soweit dieses nicht schon zuständig ist, überweisen, wenn nach den Umständen des Falles anzunehmen ist, daß wegen des Vergehens auf keine andere und höhere Strafe, als auf die im § 27 Nr. 2 bezeichnete und auf keine höhere Buße als sechshundert Mark zu erkennen sein werde[6].

Beschwerde findet nicht statt.

Hat im Falle der Nr. 15 die Verwaltungsbehörde die öffentliche Klage erhoben, so steht ihr der Antrag auf Ueberweisung an das Schöffengericht in gleicher Weise wie der Staatsanwaltschaft zu.

1. Zu Nr. 1. Auch der Abs. 3 des § 117 StGB. ist im Falle erfolgter Ueberweisung vom SchG. zur Anwendung zu bringen.

Zu Nr. 2. Für das im § 123 Abs. 1 StGB. bezeichnete Vergehen ist das SchG. nach § 27 Nr. 2 G. zuständig.

Vergl. bei den in diesem § in Bezug genommenen §§ des StGB. die darauf bezüglichen Noten im 2. Theile des „Handbuchs“.

2. Vergl. zu Nr. 4 u. 5: § 27 Nr. 3.
Zu Nr. 6: § 27 Nr. 4.
Zu Nr. 7: § 27 Nr. 5.
Zu Nr. 8 u. 9: § 27 Nr. 8.
Zu Nr. 10: § 27 Nr. 6.

3. Zu Nr. 4. Diese Vorschrift unterscheidet sich von der des § 27 Nr. 3 dadurch, daß die letztere die Verfolgung im Wege der Privatklage voraussetzt, die erstere dagegen sich auf Fälle erhobener öffentlicher Klage bezieht.

4. Zu Nr. 14. In Bezug auf den § 273 StGB. s. die Note zu diesem §.

5. Zu Nr. 15. Vergl. die Noten 2 und 6 zu § 27 G.

6. Ob diese Ueberweisung zur Folge hat, daß das SchG. auch dann in der Sache das Urtheil zu fällen berechtigt und verpflichtet ist, wenn dasselbe nach den Ergebnissen der Hauptverhandlung der Verschuldung des Angekl. eine das Maß des § 27 Nr. 2 übersteigende Strafe für angemessen erachtet, oder ob dasselbe in einem solchen Falle die Sache durch Beschluß an das Landgericht zurückzugeben hat, ist bestritten. Die Vertheidiger der ersteren Meinung stützen sich darauf, daß eine für jenen Fall die Zurückgabe der Sache anordnende Vorschrift des Entwurfs zum GVGes. von der Reichstags-Justizkommission abgelehnt und demzufolge in das Gesetz nicht aufgenommen worden sei. Dagegen geht die entgegengesetzte Ansicht davon aus, daß die Beseitigung eines Satzes aus dem Entwurfe, da sie aus dem Gesetze selbst nicht ersichtlich sei, die vorliegende Frage nicht entscheide, für die Auslegung des § vielmehr sein Inhalt um so mehr maßgebend sei, als jene Aenderung des Entwurfs gegen den Widerspruch der Bundesregierungen, als des anderen Faktors der Reichsgesetzgebung, erfolgt sei, hiervon ausgegangen aber aus den Worten: „die Strafkammer kann überweisen“, nicht gefolgert werden dürfe, daß das SchG., auch wenn sich die bei der Ueberweisung leitend gewesene Ansicht des Landgerichts über das in Aussicht stehende Strafmaß in der Hauptverhandlung als unbegründet erweise, zur Zurückgabe der Sache an das Landgericht nicht befugt sein solle. Einer solchen durch die Worte des § nicht gerechtfertigten Auslegung desselben stehe nicht bloß entgegen, daß die Vorschrift von den allgemeinen in den §§ 27. 73. 74 G. enthaltenen Bestimmungen über die Zuständigkeit jener beiden Gerichte abweiche, und daher nicht über ihren Wortsinn hinaus ausdehnend interpretirt werden dürfe, sondern auch, daß bei jener Auslegung des § das SchG. die ihm überwiesene Sache — in direktem Widerspruche mit der Vorschrift des § 270 St. — auch dann nicht an das Landgericht würde zurückgeben dürfen, wenn die Hauptverhandlung herausstelle, daß die den Gegenstand der Untersuchung bildende That auch hinsichtlich der Art des Delikts die Zuständigkeit des SchG. überschreite. Es hätte deshalb — wird ausgeführt — um dem SchG. in Fällen des § 75 G. die eventuelle Befugniß zur Zurückgabe der Sache an das Landgericht zu entziehen, einer ausdrücklichen Anordnung im Gesetz bedurft.

Ausschließung und Ablehnung der Gerichtspersonen.

§ 22 St.

Ein Richter ist von der Ausübung des Richteramts kraft Gesetzes ausgeschlossen*:

1. wenn er selbst durch die strafbare Handlung verletzt ist[1, 2];
2. wenn er Ehemann oder Vormund der beschuldigten oder der verletzten Person ist oder gewesen ist[3];
3. wenn er mit dem Beschuldigten oder mit dem Verletzten in gerader Linie verwandt[4], verschwägert[5] oder durch Adoption verbunden, in der Seitenlinie bis zum dritten Grade verwandt oder bis zum zweiten Grade verschwägert ist, auch wenn die Ehe, durch welche die Schwägerschaft begründet ist, nicht mehr besteht;
4. wenn er in der Sache als Beamter der Staatsanwaltschaft[6], als Polizeibeamter, als Anwalt des Verletzten oder als Vertheidiger thätig gewesen ist;
5. wenn er in der Sache als Zeuge oder Sachverständiger vernommen ist[7].

* Dieser § betrifft die Fälle unbedingter (absoluter) Ausschließung einer Gerichtsperson von der Ausübung des Richteramts in einer einzelnen (konkreten) Untersuchung. Sie tritt auf Grund des Gesetzes von selbst ein, während die im § 30 St. behandelten Ablehnungsgründe um berücksichtigt zu werden, von den bei der Untersuchung Betheiligten (Staatsanwalt, Angeklagter, Privatkläger u. s. w.) geltend gemacht werden müssen.

1. Unter diesem Ausdruck ist nicht jeder indirekte dem Richter aus dem Delikt erwachsene oder drohende Nachtheil, vielmehr nur eine unmittelbare Schädigung seiner Rechte zu verstehen. Es wird daher die Vorschrift z. B. nicht Anwendung finden, wenn bei dem Richter eine ihm von einem Dritten in Verwahrung gegebene Sache gestohlen worden ist, und ihm ein Regreßanspruch wegen fahrlässiger Aufbewahrung derselben droht. Auch wird ein Richter, welcher in seiner Eigenschaft als Vorgesetzter (auf Grund des § 196 StGB.) den Strafantrag gestellt hat, zwar unter Umständen abgelehnt werden können, nicht aber von der Ausübung des Richteramts für ausgeschlossen zu erachten sein.

2. Ist das Gericht nur als solches, in seiner Gesammtheit beleidigt, so können die einzelnen Mitglieder desselben bei einer gegen den Beleidiger eröffneten Untersuchung der Regel nach für ausgeschlossen nicht gelten. Dagegen findet die Vorschrift auf einzelne persönlich von der Beleidigung betroffene Mitglieder Anwendung.

3. Gleichviel ob die Ehe durch den Tod oder durch richterliches Urtheil getrennt ist.

4. Verwandtschaft (Blutsverwandtschaft) bezeichnet die Verbindung, welche zwischen mehreren Personen durch Abstammung, 1) in gerader, d. h. aufsteigender und absteigender Linie, also zwischen Eltern und Kindern, Großeltern und Enkeln u. s. w., 2) in der Seitenlinie durch Abstammung von gemeinschaftlichen Stammeltern, somit zwischen Geschwistern, ferner zwischen Onkel und Neffen entsteht. Die Nähe der Verwandtschaft wird nach „Graden" in der Weise berechnet, daß so viel Grade angenommen werden, als Zeugungen zur Herstellung des Verwandtschaftsverhältnisses erforderlich sind. Demgemäß sind Eltern und Kinder im ersten, Großeltern und Enkel im zweiten, Geschwister unter einander im zweiten, Onkel und Neffe im dritten Grade mit einander verwandt.

5. Schwägerschaft heißt das zwischen dem einen Ehegatten und den Blutsverwandten des anderen bestehende Verhältniß. Zwischen den Blutsverwandten des einen und denen des anderen Ehegatten, z. B. dem Bruder des einen und der Schwester des anderen, besteht ein Schwägerschaftsverhältniß nicht.

Hinsichtlich der Grade der Schwägerschaft gilt analog das in der Note 4 in Bezug auf Verwandtschaft Gesagte. Schwiegervater und Schwiegersohn sind daher im ersten, der Ehemann und der Bruder der Ehefrau im zweiten Grade verschwägert. Hiernach schließt das Verhältniß des Richters zu dem Neffen seiner Ehegattin seine richterliche Thätigkeit nicht aus.

6. Die Vorschrift wird auch auf eine stattgehabte Vertretung des Staatsanwalts anwendbar sein.

7. Ob die Vorschrift im einzelnen Falle auch schon bei einem bloßen Antrage auf Vernehmung anzuwenden sei, wollen die Mot. S. 24 davon abhängig gemacht wissen, ob zu der Annahme, daß der Antrag lediglich die Ausschließung des Richters zum Zwecke habe, Grund vorliege oder nicht.

In Erwägung des Grundes (ratio) der Vorschrift dürfte dieselbe auch auf Vernehmungen vor der Staatsanwaltschaft und Polizeibehörde Anwendung finden.

§ 24 St.

Ein Richter kann sowohl in den Fällen, in denen er von der Ausübung des Richteramts kraft Gesetzes ausgeschlossen ist, als auch wegen Besorgniß der Befangenheit abgelehnt werden[1].

Wegen Besorgniß der Befangenheit findet die Ablehnung statt, wenn ein Grund vorliegt[2], welcher geeignet ist, Mißtrauen gegen die Unparteilichkeit eines Richters zu rechtfertigen.

Das Ablehnungsrecht steht der Staatsanwaltschaft, dem Privatkläger[3] und dem Beschuldigten zu. Den zur Ablehnung Berechtigten sind auf Verlangen[4] die zur Mitwirkung bei der Entscheidung berufenen Gerichtspersonen namhaft zu machen.

1. In den Mot. S. 26 ist bemerkt, daß das Gericht als solches nicht, vielmehr nur die einzelnen Richter abgelehnt werden dürfen.

2. Nach freiem Ermessen des zur Entscheidung über das Ablehnungsgesuch berufenen Gerichts Vergl. §§ 27 u. 31 St.
3. Hinsichtlich des sich anschließenden Nebenklägers vergl. § 437 St.
4. Dies Verlangen wird Mangels einer entgegenstehenden Vorschrift vor dem Beginn der Hauptverhandlung geltend gemacht werden müssen.

§ 25 St.

Die Ablehnung eines Richters wegen Besorgniß der Befangenheit ist in der Hauptverhandlung erster Instanz nur bis zur Verlesung des Beschlusses über die Eröffnung des Hauptverfahrens zulässig*.

* Auch wenn dem Ablehnenden der Ablehnungsgrund erst später bekannt geworden ist. Vergl. § 242 Abs. 2 St. Dagegen kann das auf einen gesetzlichen Ausschließungsgrund gestützte Gesuch noch im ganzen Laufe der Hauptverhandlung angebracht werden.
In Fällen, wo eine solche „Verlesung" überhaupt nicht stattfindet (§§ 211. 451 456. 462) dürfte die Ablehnung nach dem Beginne der Vernehmung des Angeschuldigten zur Sache nicht mehr zulässig sein.

§ 26 St.

Das Ablehnungsgesuch ist bei dem Gerichte, welchem der Richter angehört, anzubringen, es kann vor dem Gerichtsschreiber zu Protokoll erklärt werden.

Der Ablehnungsgrund ist glaubhaft zu machen; der Eid ist als Mittel der Glaubhaftmachung ausgeschlossen. Zur Glaubhaftmachung kann auf das Zeugniß des abgelehnten Richters Bezug genommen werden.

Der abgelehnte Richter hat sich über den Ablehnungsgrund dienstlich zu äußern*.

* Der letzte Abs. ist von der JK. hinzugefügt, um die Bedeutung des vorangehend gebrauchten Wortes „Zeugniß" klar zu stellen. Prot. S. 1130. Keinenfalls kann die Behauptung der Befangenheit eines Richters dadurch, daß dieser dieselbe in Abrede stellt, oder die ihr zum Grunde liegenden Thatsachen bestreitet, widerlegt werden; es muß vielmehr in einem solchen Falle die Glaubhaftmachung nur auf anderem Wege erfolgen.

§ 27 St.

Ueber das Ablehnungsgesuch entscheidet das Gericht, welchem der Abgelehnte angehört; wenn dasselbe durch Ausscheiden des abgelehnten Mitglieds beschlußunfähig wird, das zunächst obere Gericht.

Wird ein Untersuchungsrichter oder ein Amtsrichter abgelehnt, so entscheidet das Landgericht*. Einer Entscheidung bedarf es nicht, wenn der Abgelehnte das Ablehnungsgesuch für begründet hält.

* Hiernach hat ein in der Hauptverhandlung gegen den Amtsrichter angebrachtes Ablehnungsgesuch — sofern er dasselbe nicht für begründet hält und seine Vertretung durch einen anderen Amtsrichter desselben Amtsgerichts ausführbar ist — stets die Aussetzung der Verhandlung zur Folge.

§ 30 St.

Das für die Erledigung eines Ablehnungsgesuchs zuständige Gericht hat auch dann zu entscheiden, wenn ein solches Gesuch nicht angebracht ist, ein Richter aber von einem Verhältnisse Anzeige macht, welches seine Ablehnung rechtfertigen könnte*, oder wenn aus anderer Veranlassung Zweifel darüber entstehen, ob ein Richter kraft Gesetzes ausgeschlossen sei.

* Erachtet in einem solchen Falle der Amtsrichter (vergl. § 31) das von einem Schöffen angezeigte Verhältniß zur Rechtfertigung einer Ablehnung desselben nicht für geeignet, so darf der Letztere sich der Theilnahme an der Verhandlung und dem Urtheil nicht entziehen. Treffen die Voraussetzungen des § in Bezug auf den Amtsrichter selbst ein, so wird — da eine ausdehnende Anwendung der singulären Vorschrift des § 27 Abs. 2 nicht zulässig sein dürfte — die Hauptverhandlung auszusetzen und die Entscheidung des Landgerichts einzuholen sein.

§ 31 St.

Die Bestimmungen dieses Abschnitts finden auf Schöffen und Gerichtsschreiber entsprechende Anwendung.

Die Entscheidung über eine Ausschließung oder Ablehnung von Schöffen erfolgt durch den Amtsrichter. Ueber die Ausschließung oder Ablehnurg eines Gerichtsschreibers entscheidet das Gericht* oder der Richter, welchem derselbe beigegeben ist.

* Bei Schöffengerichten mithin in der Hauptverhandlung unter Mitwirkung der Schöffen.

Gerichtliche Entscheidungen und deren Bekanntmachung.

§ 33 St.

Die Entscheidungen* des Gerichts werden, wenn sie im Laufe einer Hauptverhandlung ergehen, nach Anhörung der Betheiligten — erlassen.

* Unter „Entscheidungen“ versteht das Gesetz jede Art der im Strafprozeß vorkommenden richterlichen Anordnungen, also auch prozeßleitende Verfügungen. Unterschieden wird zwischen „Urtheil“, als der das Hauptverfahren abschließenden, sowohl über die Anklage als auch auf eingelegte Rechtsmittel gegen Urtheile in den höheren Instanzen ergehenden Entscheidung und den übrigen Entscheidungen, welche „Beschlüsse“ und „Verfügungen“, der Regel nach mit der Unterscheidung genannt werden, daß erstere von Kollegialgerichten, letztere vom Einzelrichter ausgehen.

Zeugen.

§ 50 St.

Ein ordnungsmäßig geladener Zeuge, welcher nicht erscheint, ist in die durch das Ausbleiben verursachten Kosten, sowie zu einer Geldstrafe bis zu dreihundert Mark, und für den Fall, daß diese nicht beigetrieben werden kann, zur Strafe der Haft bis zu sechs Wochen zu verurtheilen. Auch ist die zwangsweise Vorführung des Zeugen zulässig. Im Falle wiederholten Ausbleibens kann die Strafe noch einmal erkannt werden.

Die Verurtheilung in Strafe und Kosten unterbleibt, wenn das Ausbleiben des Zeugen genügend entschuldigt ist. Erfolgt nachträglich genügende Entschuldigung, so werden die gegen den Zeugen getroffenen Anordnungen wieder aufgehoben.

Die Festsetzung und die Vollstreckung der Strafe gegen eine dem aktiven Heere oder der aktiven Marine angehörende Militärperson erfolgt auf Ersuchen durch das Militärgericht*, die Vorführung einer solchen Person durch Ersuchen der Militärbehörde.

* Dem Militärgericht wird nicht nur die Bestimmung der Strafe nach Art und Maß, sondern auch das Urtheil über die Vorfragen, ob das Ausbleiben für entschuldigt zu erachten, und ferner, ob nachträglich genügende Entschuldigung erfolgt sei, anheimfallen. Es werden daher demselben entweder die Akten zu übersenden, oder die betreffenden Thatsachen speciell mitzutheilen sein. Der Ansicht, daß dem Militärgericht nur die Bemessung der Höhe der vom Strafrichter über den Zeugen verhängten Strafe zustehe, dürfte zunächst der Ausdruck „Festsetzung“ entgegenstehen, welcher nach der mit dem allgemeinen juristischen Sprachgebrauche übereinstimmenden Terminologie der St. (§§ 347. 447. 448. 459. 463; auch G. § 179) sowohl den Beschluß, daß eine Strafe, als auch welche eintreten solle, bedeutet. Dem anomalen Verfahren, wonach von zwei Behörden die eine nur das Urtheil

über die Strafbarkeit im Allgemeinen aussprechen, die andere dagegen nur die Höhe der Strafe zu bestimmen haben würde, steht aber auch das Bedenken entgegen, daß die Gründe für die Strafbarkeit selbst mit den bei Abmessung der Höhe der Strafe zu berücksichtigenden in der Regel im engsten Zusammenhang stehen, sowie ferner, daß das Urtheil darüber, ob die Militärperson eine strafbare Verschuldung trifft, häufig durch die der Militärbehörde anheimfallende Würdigung dienstlicher Verhältnisse abhängen wird. Vergl. die Note 4 zu § 69 St.

§ 51 St.

Zur Verweigerung des Zeugnisses sind berechtigt:

1. der Verlobte des Beschuldigten[1, 2];
2. der Ehegatte des Beschuldigten[1], auch wenn die Ehe nicht mehr besteht;
3. diejenigen, welche mit dem Beschuldigten in gerader Linie[3] verwandt, verschwägert oder durch Adoption verbunden, oder in der Seitenlinie bis zum dritten Grade verwandt oder bis zum zweiten Grade verschwägert sind, auch wenn die Ehe, durch welche die Schwägerschaft begründet ist, nicht mehr besteht.

Die bezeichneten Personen[4] sind vor jeder Vernehmung über ihr Recht zur Verweigerurg des Zeugnisses zu belehren. Sie können den Verzicht auf dieses Recht auch während der Vernehmung widerrufen[5].

1. Nicht also des Privatklägers § 414 folg., auch wenn der Zeuge vom Beschuldigten vorgeschlagen ist.
2. Ob eine als solche anzuerkennende wirkliche Verlobung stattgefunden hat, beurtheilt das Gericht nach den vorwaltenden Umständen. Vergl. auch § 55.
3. Auch außerehelich mütterlicherseits, da die Rechtstheorie und die Gesetze diese Verwandtschaft anerkennen.
4. Es soll also nicht jedem Zeugen die Vorschrift des § bekannt gemacht, die Belehrung vielmehr nur ertheilt werden, wenn ein Verhältniß der dort angegebenen Art dem Gericht, bzhw. Richter bekannt ist, oder aus den Angaben des Zeugen hervorgeht.
5. Einer Belehrung über dies Recht bedarf es nach der Fassung des Abs. 2 nicht. Vergl. die Note zu § 57.
6. Bei der Allgemeinheit der Vorschrift findet sie auch Anwendung, wenn sich der Angekl. auf die in dem § benannten Personen als Vertheidigungszeugen beruft.

§ 52 St.

Zur Verweigerung des Zeugnisses sind ferner berechtigt:

1. Geistliche[1] in Ansehung desjenigen, was ihnen bei Ausübung der Seelsorge anvertraut ist;
2. Vertheidiger des Beschuldigten in Ansehung desjenigen, was ihnen in dieser ihrer Eigenschaft anvertraut ist;

3. Rechtsanwälte und Aerzte[2] in Ansehung desjenigen, was ihnen bei Ausübung ihres Berufs anvertraut ist.

Die unter Nr. 2, 3 bezeichneten Personen dürfen das Zeugniß nicht verweigern, wenn sie von der Verpflichtung zur Verschwiegenheit entbunden sind[3].

1. Aller Konfessionen. Ob sie noch als solche fungiren, wird in Erwägung des Zwecks der Vorschrift gleichgültig sein.

2. Die Vorschrift wird auf innere und Wund-Aerzte zu beschränken sein. Diese Absicht scheint auch bei den Berathungen des § in der RJK. vorgewaltet zu haben. Prot. S. 805. Vergl. die Note 3 zu § 35 G. Die Worte „bei Ausübung" sind nicht gleichbedeutend mit: „bei Gelegenheit", sondern mit: „in Veranlassung" „durch".

3. Wie dies festgestellt werden soll, ist nicht angegeben. So lange dem Gericht ein thatsächlicher Anhalt zur Stellung einer hierauf gerichteten Frage nicht vorliegt, wird eine solche für berechtigt nicht gelten können.

Ist die Mittheilung nicht von dem Beschuldigten, sondern von einem Dritten ausgegangen, so wird ein Zwang zum Zeugniß darüber nur eintreten, wenn Letzterer, nicht aber, wenn nur Ersterer den Zeugen von der Verpflichtung zur Verschwiegenheit entbunden hat.

§ 53 St.

Oeffentliche Beamte, auch wenn sie nicht mehr im Dienste sind, dürfen über Umstände, auf welche sich ihre Pflicht zur Amtsverschwiegenheit bezieht, als Zeugen nur mit Genehmigung[1] ihrer vorgesetzten Dienstbehörde oder der ihnen zuletzt vorgesetzt gewesenen Dienstbehörde vernommen werden. Für den Reichskanzler bedarf es der Genehmigung des Kaisers, für die Minister[2] der Genehmigung des Landesherrn, für die Mitglieder der Senate der freien Hansestädte der Genehmigung des Senats.

Die Genehmigung darf nur versagt werden, wenn die Ablegung des Zeugnisses dem Wohle des Reichs oder eines Bundesstaates Nachtheil bereiten würde.

1. Verweigert der (Staats- oder Kommunal-) Beamte unter Berufung auf seine Verpflichtung zur Verschwiegenheit sein Zeugniß, oder ergiebt sich diese Verpflichtung aus dem Gegenstande seiner Vernehmung von selbst, so ist es Sache des Gerichts, die Genehmigung zur Zeugnißablegung herbeizuführen. Auf eine Begründung der Versagung der Genehmigung Seitens der betreffenden Behörde hat das Gericht keinen Anspruch; es steht ihm nur der Weg der Beschwerde offen.

2. Wie im § 34 G. werden auch hier unter dem Worte „Minister" auch diejenigen Beamten zu verstehen sein, welche ohne den Titel „Minister" zu führen, die Stelle eines solchen einnehmen.

§ 54 St.

Jeder Zeuge kann die Auskunft auf solche Fragen verweigern, deren Beantwortung ihm selbst oder einem der im

§ 51 Nr. 1—3 bezeichneten Angehörigen die Gefahr strafgerichtlicher Verfolgung zuziehen würde*.

* Das rechtliche Urtheil darüber, ob die Beantwortung der Frage den Zeugen einer strafgerichtlichen Verfolgung aussetzen könnte, fällt in der Hauptverhandlung dem Gericht, bei Schöffengerichten unter Betheiligung der Schöffen, anheim. Vergl. § 69 Zeile 1 St. Eine Belehrung des Zeugen über sein Recht zur Zeugnißverweigerung, wie die §§ 51 u. 57 St. sie anordnen, ist hier nicht vorgeschrieben. Ein Antrag, dem Zeugen auch die Auskunft über solche Fragen zu erlassen, deren Beantwortung ihm oder den im § 51 St. bezeichneten Angehörigen zur Schande gereichen könnte, wurde von der IK. abgelehnt. S. 49 u. 53 der Prot. Dies erwogen, wird nach Maßgabe der Worte des § der Zeuge die Auskunft nicht verweigern dürfen, wenn er durch Verjährung, Ablauf der Antragsfrist u. s. w. gegen Strafverfolgung geschützt ist. Dagegen dürfte daraus allein, daß der Zeuge in einer wider ihn wegen desselben Delikts anhängig gewesenen Untersuchung freigesprochen worden, die Verpflichtung zur Ablegung des Zeugnisses nicht herzuleiten sein (§ 402 Nr. 4 St. und § 56 Nr. 3). In Betreff der Vereidung vergl. den § 56 Nr. 3.

Die IK. hatte beschlossen, in einem besonderen § die Bestimmung aufzunehmen: „Wird der Gegenstand einer Strafverfolgung durch den Inhalt einer periodischen Druckschrift gebildet, für welche nach § 20 Abs. 2 des Ges. über die Presse vom 7. Mai 1874 der verantwortliche Redakteur als Thäter haftet, so sind Verleger, Redakteure und Drucker, sowie deren zur Herstellung der Druckschrift verwendetes Hülfspersonal berechtigt, das Zeugniß über die Person des Verfassers und Einsenders zu verweigern". Nachdem dieselbe jedoch Seitens des Plenums des Reichstags in Wegfall gebracht worden, sind in Bezug auf die in jenem Beschlusse bezeichneten Personen in völlig gleicher Weise, wie bei anderen Zeugen, nur die in den §§ 51. 52. 54. 55 enthaltenen Vorschriften maßgebend. (Reichstagsverhandl. vom 20. Dezember 1876, Stenogr. Ber. S. 967.)

§ 55 St.

Die Thatsache, auf welche der Zeuge die Verweigerung des Zeugnisses in den Fällen der §§ 51, 52, 54 stützt, ist auf Verlangen glaubhaft zu machen. Es genügt die eidliche Versicherung des Zeugen*.

* Die Worte: „Es genügt" lassen unbestimmt, ob der Zeuge zur eidlichen Versicherung auf Erfordern verpflichtet, oder — anstatt einer solchen, namentlich im Falle des § 51 St. — zur Beibringung von Bescheinigungen berechtigt, und ferner, ob, wenn der Zeuge sich zur eidlichen Bekräftigung seiner Angabe selbst erbietet, der Richter dennoch eine andere Art der Glaubhaftmachung fordern darf. Auch die Prot. der IK., aus welcher diese Vorschrift hervorgegangen ist, sprechen sich hierüber nicht aus; doch findet sich S. 52 die Bemerkung, daß die Strafe der Zeugnißverweigerung erst eintreten könne, wenn jener Eid verweigert und auch eine andere ausreichende Glaubhaftmachung nicht erfolgt sei.

Es dürfte über diese Fragen das durch die Persönlichkeit des Zeugen und die vorwaltenden Umstände geleitete richterliche Ermessen entscheiden. Insbesondere würde es, zumal auch das Interesse des Vertheidigungsbeweises bei der Auslegung der Vorschrift betheiligt ist, bedenklich sein, dem Zeugen ein unbedingtes Recht beizulegen, die Behauptung, daß durch die Beantwortung ihm vorgelegter Fragen eine der im § 51 St. bezeichneten Personen der Gefahr einer Strafverfolgung ausgesetzt sein würde, eidlich zu erhärten, da die Prüfung ihrer Richtigkeit häufig durch Rechtskenntnisse bedingt ist, der Zeuge z. B. eine Handlung für einen Betrug halten kann, die das Gesetz straflos läßt.

In Bezug auf den § 51 kann der Eid nur die thatsächlichen Momomente, von denen es abhängt, ob eine „Verlobung" und „Adoption" stattgefunden hat, glaubhaft machen.

Auch über die Fassung des Eides, — welcher im Fall des § 54, wenn der Zweck desselben nicht vereitelt werden soll, nicht unbedingt bestimmte Thatsachen zum Gegenstande wird haben können — spricht sich das Gesetz nicht aus (vergl. § 61). Die Normirung desselben nach Maßgabe der vorwaltenden Umstände wird daher dem Gericht anheimfallen.

§ 56 St.

Unbeeidigt sind zu vernehmen[1]:

1. Personen, welche zur Zeit der Vernehmung das sechzehnte Lebensjahr noch nicht vollendet oder wegen mangelnder Verstandesreife oder wegen Verstandesschwäche von dem Wesen und der Bedeutung des Eides keine genügende Vorstellung haben;
2. Personen, welche nach den Bestimmungen der Strafgesetze unfähig sind, als Zeugen eidlich vernommen zu werden;
3. Personen welche hinsichtlich der den Gegenstand der Untersuchung bildenden That als Theilnehmer[2], Begünstiger oder Hehler verdächtig[3] oder bereits verurtheilt sind.

1. Aus der in diesem § getroffenen Anordnung gewisser Ausnahmen folgt, daß die Beeidigung des Zeugen die Regel bildet, und ohne einen im Gesetz anerkannten Grund weder unterbleiben, noch vom Zeugen verweigert werden darf. Vergl. §§ 57. 69 St. Insbesondere kann so wenig die Versicherung des Zeugen, von dem Gegenstande seiner Vernehmung keine Kenntniß zu haben, als die Unerheblichkeit seiner Auslassung berechtigen, von seiner Beeidigung abzustehen, da diese erst den formellen Beweis liefert, daß er nichts, bzhw. nichts Erhebliches zu bekunden vermag. Nur wenn der Amtsanwalt und der Angekl. sich über die Nichtbeeidigung ausdrücklich einverstanden erklären, wird in unbedenklichen Fällen, wenn der Zeuge nichts zur Sache bekundet hat, mit Rücksicht auf § 244 Abs. 1 St. von der Beeidigung Abstand genommen werden dürfen. Vergl. Note 1 Abs. 2 zu § 66.

2. Der Ausdruck „Theilnehmer" umfaßt hier auch den Thäter; die Vorschrift wird daher auch auf Denjenigen Anwendung finden, welcher in einer gegen den Begünstiger oder Hehler anhängigen Untersuchnng der Thäterschaft verdächtig erscheint.

3. Daß des Verdachts ungeachtet eine Strafverfolgung wegen Verjährung, Ablauf der Antragsfrist u. s. w. unstatthaft ist, schließt die Anwendbarkeit der Vorschrift nicht aus. Vergl. auch die Note zu § 54.

§ 57 St.

Stehen Personen zu dem Beschuldigten in einem Verhältnisse, welches sie nach § 51 zur Verweigerung des Zeugnisses berechtigt, so hängt es von dem richterlichen Ermessen ab, ob sie unbeeidigt zu vernehmen oder zu beeidigen sind*.

Dieselben können auch nach der Vernehmung die Beeidigung des Zeugnisses verweigern und sind über dieses Recht zu belehren.

* Es ist hier der Fall vorausgesetzt, daß der Zeuge von seinem Rechte zur Verweigerung des Zeugnisses keinen Gebrauch macht, das Gericht aber für angemessen erachtet hat, die Beeidigung desselben bis zur erfolgten Vernehmung auszusetzen. Auch dann soll der Zeuge noch die eidliche Erhärtung seiner Aussagen verweigern dürfen. Vergl. § 60 St.

Die Belehrung wird mit der im § 51 angeordneten verbunden werden können.

§ 58 St.

Jeder Zeuge ist einzeln und in Abwesenheit der später abzuhörenden Zeugen zu vernehmen.

Eine Gegenüberstellung* mit anderen Zeugen oder mit dem Beschuldigten findet im Vorverfahren nur dann statt, wenn sie ohne Nachtheil für die Sache nicht bis zur Hauptverhandlung ausgesetzt bleiben kann.

* Eine Veranlassung zur Gegenüberstellung von Zeugen in der Hauptverhandlung ist vorzugsweise aus Widersprüchen derselben in Bezug auf die von ihnen bei demselben Vorfalle gemachten Wahrnehmungen insbesondere dann herzunehmen, wenn die Vermuthung eines Mißverständnisses rege wird. In der Regel wird sich der Zweck durch Vorhaltungen, welche dem einen Zeugen über die von den seinigen abweichenden Bekundungen Anderer gemacht werden, erreichen lassen.

Bei den Berathungen in der JK. wurde angenommen, daß es für eine Gegenüberstellung im Sinne des § nicht zu erachten sei, wenn der Angekl. einem Zeugen nur zum Zwecke der Anerkennung seiner Identität vorgestellt werde. Prot. S. 54.

Die Anwesenheit eines bereits abgehörten Zeugen bei der späteren Vernehmung anderer Zeugen ist nicht unstatthaft, aber zu vermeiden, wenn die Art und Weise der Bekundung des ersteren die Vermuthung der Nothwendigkeit nochmaliger Abhörung desselben nach Vernehmung anderer Zeugen erregt. Ist in einem solchen Falle die Beeidigung des Zeugen nicht vor seiner Vernehmung erfolgt, so wird sie bis zur gänzlichen Beendigung seiner Abhörung auszusetzen sein. Vergl. § 60.

An allen hierauf bezüglichen Beschlüssen nehmen die Schöffen Theil.

Der Angekl. und die übrigen Prozeßbetheiligten dürfen der Zeugenvernehmung beiwohnen.

§ 59 St.

Vor der Leistung des Eides hat der Richter den Zeugen in angemessener Weise auf die Bedeutung des Eides hinzuweisen*.

* Ob eine Erklärung des Zeugen, daß seine Ansichten über die Bedeutung des Eides von den Seitens des Richters ausgesprochenen abweiche, zur Aussetzung der Beeidigung des Zeugen Anlaß gebe, wird nach den Umständen des Falles zu beurtheilen sein.

Die Ermahnung kann allen zu vernehmenden Zeugen gegenüber gleichzeitig geschehen.

§ 60 St.

Jeder Zeuge ist einzeln und vor seiner Vernehmung zu beeidigen. Die Beeidigung kann jedoch aus besonderen Gründen, namentlich wenn Bedenken gegen ihre Zulässigkeit obwalten, bis nach Abschluß der Vernehmung ausgesetzt werden.

§ 61 St.

Der vor der Vernehmung zu leistende Eid lautet:
daß Zeuge nach bestem Wissen die reine Wahrheit sagen, nichts verschweigen und nichts hinzusetzen werde;
der nach der Vernehmung zu leistende Eid lautet:
daß Zeuge nach bestem Wissen die reine Wahrheit gesagt, nichts verschwiegen und nichts hinzugesetzt habe.

§ 62 St.

Der Eid beginnt mit den Worten:
„Ich schwöre bei Gott dem Allmächtigen und Allwissenden"
und schließt mit den Worten:
„So wahr mir Gott helfe".

Eine Aenderung dieser Eidesformel oder der Eidesnorm (§ 61), bestehe sie in Auslassungen oder Zusätzen, ist unstatthaft.

§ 63 St.

Der Eid wird mittels Nachsprechens oder Ablesens der die Eidesnorm enthaltenden Eidesformel geleistet. Der Schwörende soll bei der Eidesleistung die rechte Hand erheben.

Stumme, welche schreiben können, leisten den Eid mittels Abschreibens und Unterschreibens der die Eidesnorm enthaltenden Eidesformel.

Stumme, welche nicht schreiben können, leisten den Eid mit Hülfe eines Dolmetschers durch Zeichen.

1. Auf die von Juden zu leistenden Eide findet der § gleichfalls Anwendung.

2. Auch von öffentlichen Beamten, welche über Gegenstände ihres Amts Zeugniß ablegen, ist der Eid in jeder einzelnen Untersuchung zu leisten.

§ 64 St.

Der Eidesleistung wird gleichgeachtet, wenn ein Mitglied einer Religionsgesellschaft, welcher das Gesetz* den Gebrauch gewisser Betheuerungsformeln an Stelle des Eides gestattet, eine Erklärung unter der Betheuerungsformel dieser Religionsgesellschaft abgiebt.

* Bis die Reichsgesetzgebung hierüber Bestimmung getroffen haben wird, werden die betreffenden Gesetze der einzelnen Bundesländer maßgebend sein. Den Beweis der Existenz und des Inhalts eines solchen Gesetzes und der Anwendbarkeit desselben auf ihn, wird der Zeuge zu führen haben. Vergl. § 51 Abs. 4 G.

§ 66 St.

Wird der Zeuge, nachdem er eidlich vernommen worden ist, in demselben Vorverfahren oder in demselben Hauptverfahren* nochmals vernommen, so kann der Richter statt der nochmaligen Beeidigung den Zeugen die Richtigkeit seiner Aussage unter Berufung auf den früher geleisteten Eid versichern lassen.

* Die Frage, ob, wenn ausnahmsweise das Urtheil in der Hauptverhandlung nicht gefällt werden kann, vielmehr nach einer den Zeitraum von vier Tagen übersteigenden Aussetzung einer begonnenen Hauptverhandlung eine neue stattfindet, eine nochmalige Beeidigung der bereits in der früheren beeidigten Zeugen nothwendig sei, wird zu bejahen sein, da die Hauptverhandlung ein in sich abgeschlossenes, die eigentliche Untersuchung bildendes Ganze darstellt, auch der § 228 St. für jenen Fall bestimmt, daß „mit dem Verfahren von neuem zu beginnen sei". In schöffengerichtlichen Untersuchungen wird ohnehin die neue Hauptverhandlung in der Regel vor anderen Schöffen, als den in der früheren thätig gewesenen stattfinden.

§ 67 St.

Die Vernehmung beginnt damit, daß der Zeuge über Vornamen und Zunamen, Alter, Religionsbekenntniß, Stand oder Gewerbe und Wohnort befragt wird. Erforderlichenfalls sind dem Zeugen Fragen über solche Umstände, welche seine Glaubwürdigkeit in der vorliegenden Sache betreffen, insbesondere über seine Beziehungen zu dem Beschuldigten oder dem Verletzten vorzulegen*.

* Bei genügender Veranlassung werden auch über Umstände, welche die Glaubwürdigkeit allgemein ausschließen, Fragen an den Zeugen zu richten sein. Vergl. § 56 Nr. 2 und und die Note zu § 60 St.

§ 68 St.

Der Zeuge ist zu veranlassen, dasjenige, was ihm von dem Gegenstande seiner Vernehmung bekannt ist, im Zusammenhange anzugeben. Vor seiner Vernehmung ist dem Zeugen der Gegenstand der Untersuchung und die Person des Beschuldigten, sofern ein solcher vorhanden ist, zu bezeichnen*.

Zur Aufklärung und zur Vervollständigung der Aussage sowie zur Erforschung des Grundes, auf welchem die Wissenschaft des Zeugen beruht, sind nöthigenfalls weitere Fragen zu stellen.

* Die Worte: „sofern ein solcher vorhanden ist" beziehen sich auf das Vorverfahren. Eine Hauptverhandlung kann ohne das Vorhandensein eines Angekl. niemals stattfinden.

Für das Verfahren bei der Zeugenvernehmung ist die Sachlage jedes einzelnen Falles entscheidend. Wo es zweckmäßig erscheint, sind dem Zeugen Beweisstücke, wie Schriften und dergl. vorzulegen. In Betreff des Protokolls vergl. §§ 271 folg. St.

§ 69 St.

[1]Wird das Zeugniß oder die Eidesleistung ohne gesetzlichen Grund verweigert, so ist der Zeuge in die durch die Weigerung verursachten Kosten, sowie zu einer Geldstrafe bis zu dreihundert Mark und für den Fall, daß diese nicht beigetrieben werden kann, zur Strafe der Haft bis zu sechs Wochen zu verurtheilen[2].

Auch kann zur Erzwingung des Zeugnisses[3] die Haft angeordnet werden, jedoch nicht über die Zeit der Beendigung des Verfahrens in der Instanz, auch nicht über die Zeit von sechs Monaten, und bei Uebertretungen nicht über die Zeit von sechs Wochen hinaus.

Die Befugniß zu diesen Maßregeln steht auch dem Untersuchungsrichter, dem Amtsrichter im Vorverfahren, sowie dem beauftragten und ersuchten Richter zu.

Sind die Maßregeln erschöpft, so können sie in demselben oder in einem anderen Verfahren, welches dieselbe That zum Gegenstande hat, nicht wiederholt werden.

Die Festsetzung[4] und die Vollstreckung der Strafe gegen eine dem aktiven Heere oder der aktiven Marine angehörende Militärperson erfolgt auf Ersuchen durch das Militärgericht.

1. Der Abs. 1 spricht ausschließlich von Strafe für die Zeugniß- oder Eidesverweigerung; der Abs. 2 von der Erzwingung des Zeugnisses. Mit Rücksicht hierauf und da jedem dieser beiden Gegenstände ein besonderer Absatz gewidmet ist, muß — da eine mangelhafte Redaktion nicht vermuthet werden darf — angenommen werden, daß zwischen „Strafe" einer- und „Zwangsmaßregel" andererseits hat unterschieden werden sollen.

Dieser Unterschied wird darin zu suchen sein, daß der erste Abs. auch dann zur Anwendung zu bringen sei, wenn das Ergebniß der anderweiten Beweiserhebung, oder überhaupt die Gestaltung der Sachlage in der Hauptverhandlung, das Zeugniß, um dessen Verweigerung es sich handelt, als entbehrlich herausstellt, es mithin einer Erzwingung desselben (Abs. 2) nicht bedarf. In einem solchen Falle will das Gesetz — so dürfte anzunehmen sein — die Auflehnung des zum Zeugniß Aufgeforderten gegen das Gesetz, die Verweigerung der Erfüllung seiner Bürgerpflicht, rügen. Hiermit stimmt auch der Abs. 1 § 50 St. überein, nach welchem die Strafe gegen den ausgebliebenen Zeugen festzusetzen ist, auch wenn es seiner Vorführung nicht bedarf.

Dagegen nimmt der Abs. 2 des § 69 das Interesse der Strafrechtspflege in Bezug auf die spezielle Untersuchung wahr, in welcher das Zeugniß erfordert wird. Er bezweckt, das verweigerte Zeugniß zu erzwingen, um der Anklage und dem Angeklagten ihr Recht zu Theil werden zu lassen.

Die Strafe des Abs. 1 und die Zwangsmaßregeln des Abs. 2 sind unabhängig von einander. Die erstere ist zu vollstrecken, auch wenn sich der Zeuge demnächst durch die Zwangsmaßregeln zur Ablegung des Zeugnisses bestimmen läßt. Auch ist die Strafe des Abs. 1 nicht dadurch ausgeschlossen, daß bereits wegen Ausbleibens des Zeugen nach § 50 eine Strafe gegen ihn festgesetzt worden ist.

An dieser Unterscheidung zwischen Strafe und „Zwangsmaßregel" festgehalten, folgt dann aber weiter, daß der ausschließlich von der „Strafe" sprechende Abs. 5 nur auf den Abs. 1 bezogen werden darf, die Mitwirkung der Militärbehörde daher hinsichtlich der Zwangsmaßregeln — ähnlich, wie in den Fällen der §§ 178. 179 G. — für fortfallend zu erachten ist.

2. „Verurtheilung" heißt hier: durch Beschluß bzhw. Verfügung festsetzen.

3. Das vom „Zeugniß" Gesagte wird auch auf die „Beeidigung" Anwendung finden.

4. Hier, wo es sich um Anwendung materieller Gesetze handelt, dürfte die Vorfrage, ob die Weigerung gesetzwidrig sei, dem Gericht anheimfallen, und die Militärbehörde nur die Höhe der Strafe zu bestimmen haben. Vergl. Note zu § 50 St.

§ 71 St.

Die Landesherren und die Mitglieder der landesherrlichen Familien sowie die Mitglieder der Fürstlichen Familie Hohenzollern sind in ihrer Wohnung zu vernehmen.

Den Eid leisten dieselben mittels Unterschreibens der die Eidesnorm enthaltenden Eidesformel.

Zur Hauptverhandlung werden sie nicht geladen. Das Protokoll über ihre gerichtliche Vernehmung ist in der Hauptverhandlung zu verlesen.

Sachverständige und Augenschein.

§ 72 St.

Auf Sachverständige finden die Vorschriften des sechsten Abschnitts* über Zeugen entsprechende Anwendung, insoweit nicht in den nachfolgenden Paragraphen abweichende Bestimmungen getroffen sind.

* Es sind dies die §§ 50—69.

Die Vernehmung von Sachverständigen auf Antrag oder von Amtswegen findet statt, wenn zur Ermittelung oder Beurtheilung von Thatsachen oder Zuständen solche — insbesondere technische — Kenntnisse erforderlich sind, welche den Richtern nicht beiwohnen.

§ 73 St.

Die Auswahl der zuzuziehenden Sachverständigen und die Bestimmung ihrer Anzahl erfolgt durch den Richter[1].

Sind für gewisse Arten von Gutachten Sachverständige öffentlich bestellt[2], so sollen andere Personen nur dann gewählt werden, wenn besondere Umstände es erfordern[3].

1. Vergl. § 244.

2. Bei der Allgemeinheit des Ausdrucks wird er auch auf die durch Kommunalbehörden bestellten Anwendung finden.

3. Es gilt dies auch im Betreff der von der StAschft. und dem Angeklagten vorgeschlagenen Sachverständigen.

§ 74 St.

Ein Sachverständiger kann aus denselben Gründen, welche zur Ablehnung eines Richters berechtigen, abgelehnt werden[1]. Ein Ablehnungsgrund kann jedoch nicht daraus entnommen werden, daß der Sachverständige als Zeuge vernommen worden ist.

Das Ablehnungsrecht steht der Staatsanwaltschaft, dem Privatkläger[2] und dem Beschuldigten zu. Die ernannten Sachverständigen sind den zur Ablehnung Berechtigten namhaft zu machen, wenn nicht besondere Umstände entgegenstehen.

Der Ablehnungsgrund ist glaubhaft zu machen; der Eid ist als Mittel zur Glaubhaftmachung ausgeschlossen[3].

1. Vergl. § 24 folg. St. und im Betreff des Dolmetschers § 193 G.

2. Nach § 437 St. ist hierunter auch der Nebenkläger zu verstehen.

3. Die singulären Vorschriften des § 26, Schlußsatz des Abs. 2 und Abs. 3 werden hier nicht Platz greifen, selbst wenn der Abgelehnte Beamter ist.

§ 75 St.

Der zum Sachverständigen Ernannte hat der Ernennung Folge zu leisten, wenn er zur Erstattung von Gutachten der erforderten Art öffentlich[1] bestellt ist, oder wenn er die Wissenschaft, die Kunst oder das Gewerbe[2], deren Kenntniß Voraussetzung der Begutachtung ist, öffentlich zum Erwerbe ausübt, oder wenn er zur Ausübung derselben öffentlich bestellt oder ermächtigt ist.

Zur Erstattung des Gutachtens ist auch derjenige verpflichtet, welcher sich zu derselben[3] vor Gericht bereit erklärt hat.

1. Vergl. Note 2 zu § 73 St.

2. Das Wort ist hier im weiteren, nicht in dem Sinne der Gewerbeordnung zu verstehen.

3. D. h. in der vorliegenden Sache. Vergl. Abs. 1 Zeile 2, wo die Mehrheit: „von Gutachten" gewählt ist.

§ 76 St.

Dieselben Gründe[1], welche einen Zeugen berechtigen, das Zeugniß zu verweigern, berechtigen einen Sachverständigen zur Verweigerung des Gutachtens. Auch aus anderen Gründen[2] kann ein Sachverständiger von der Verpflichtung zur Erstattung des Gutachtens entbunden werden.

Die Vernehmung eines öffentlichen Beamten als Sachverständigen findet nicht statt, wenn die vorgesetzte Behörde des Beamten erklärt, daß die Vernehmung den dienstlichen Interessen Nachtheil bereiten würde[3].

1. Vergl. die §§ 51 folg. St. Aus § 72 wird herzuleiten sein, daß die in den §§ 51 Abs. 2 und 57 vorgeschriebene Belehrung auch den Sachverständigen zu ertheilen sei. Wegen der Bestrafung der Angabe unwahrer Entschuldigungsgründe vergl. § 138 StGB.

2. Die Mot. sagen S. 60: „triftige Gründe", ohne die Gesichtspunkte zu bezeichnen. Es wird daher billiges Ermessen des Richters eintreten.

3. Bei der Allgemeinheit der Fassung des Abs. 2 wird die Vorschrift auch auf Kommunalbeamte zu beziehen sein § 359 StGB. Den Einspruch wird der Sachverständige, wenn ihm an sich die Verpflichtung zur Erstattung des Gutachtens obliegt, nachzuweisen haben.
Siehe auch Note 1 zu § 53 St.

§ 77 St.

Im Falle des Nichterscheinens oder der Weigerung eines zur Erstattung des Gutachtens verpflichteten Sachverständigen wird dieser zum Ersatze der Kosten und zu einer Geldstrafe bis zu dreihundert Mark verurtheilt. Im Falle wiederholten

Ungehorsams kann noch einmal eine Geldstrafe bis zu sechshundert Mark erkannt werden.

Die Festsetzung und die Vollstreckung der Strafe gegen eine dem aktiven Heere oder der aktiven Marine angehörende Militärperson erfolgt auf Ersuchen durch das Militärgericht.

§ 78 St.

Der Richter hat, soweit ihm dies erforderlich erscheint, die Thätigkeit der Sachverständigen zu leiten.

§ 79 St.

Der Sachverständige hat vor[1] Erstattung des Gutachtens einen Eid dahin zu leisten:

daß er das von ihm erforderte Gutachten unparteiisch und nach bestem Wissen und Gewissen erstatten werde.

Ist der Sachverständige für die Erstattung von Gutachten der betreffenden Art im Allgemeinen beeidigt[2], so genügt die Berufung auf den geleisteten Eid.

1. Daß hier der 2. Satz des § 60 St. habe ausgeschlossen werden sollen, ist mit Rücksicht auf § 72 St. nicht anzunehmen.

2. Der sich darauf berufende Sachverständige wird dies bei mangelnder Notorität nachzuweisen haben. Die Beeidigung durch eine Kommunalbehörde dürfte ausreichen.

Die nach Landesgesetzen stattfindende allgemeine Beeidigung der Aerzte, Hebammen u. s. w. auf treue Erfüllung ihrer Berufspflichten entbindet nicht von der Leistung des Sachverständigen-Eides.

§ 80 St.

Dem Sachverständigen kann auf sein Verlangen zur Vorbereitung des Gutachtens durch Vernehmung von Zeugen oder des Beschuldigten weitere Aufklärung verschafft werden.

Zu demselben Zwecke kann ihm gestattet werden, die Akten einzusehen, der Vernehmung von Zeugen oder des Beschuldigten beizuwohnen und an dieselben unmittelbar Fragen zu stellen.

§ 81 St.

Zur Vorbereitung eines Gutachtens über den Geisteszustand des Angeschuldigten kann das Gericht auf Antrag eines Sachverständigen nach Anhörung des Vertheidigers anordnen, daß der Angeschuldigte in eine öffentliche Irrenanstalt gebracht und dort beobachtet werde.

Dem Angeschuldigten, welcher einen Vertheidiger nicht hat, ist ein solcher zu bestellen.

Gegen den Beschluß findet sofortige Beschwerde statt. Dieselbe hat aufschiebende Wirkung.

Die Verwahrung in der Anstalt darf die Dauer von sechs Wochen nicht übersteigen.

§ 82 St.

Im Vorverfahren hängt es von der Anordnung des Richters ab, ob die Sachverständigen ihr Gutachten schriftlich oder mündlich zu erstatten haben.

Es wird aus dieser Vorschrift zu folgern sein, daß, auch wenn der in der Hauptverhandlung abzuhörende Sachverständige für erforderlich erachtet, sein Gutachten schriftlich auszuarbeiten, eine Aussetzung der Verhandlung zu diesem Zwecke nicht statthaft ist, er sich vielmehr auf mündliche Erklärungen zu beschränken hat. Vergl. § 255 St.

§ 83 St.

Der Richter kann eine neue Begutachtung durch dieselben oder durch andere Sachverständige anordnen, wenn er das Gutachten für ungenügend erachtet.

Der Richter kann die Begutachtung durch einen anderen Sachverständigen anordnen, wenn ein Sachverständiger nach Erstattung des Gutachtens mit Erfolg abgelehnt ist.

In wichtigeren Fällen kann das Gutachten einer Fachbehörde eingeholt werden*.

* Da sich die Vorschrift nicht an den ersten Abs. anschließt, sondern nach Einschaltung des Abs. 2 einen besonderen Abs. bildet, unterliegt sie der Auslegung, daß eine vorgängige Vernehmung von Sachverständigen nicht unbedingt erforderlich sei. Mit Rücksicht auf die bisherige Gerichtspraxis ist jedoch anzunehmen, daß ein Obergutachten gemeint ist.

Außer den Fällen der §§ 53 u. 76 Abs. 2 wird einsolches Seitens der Fachbehörde nicht verweigert werden dürfen.

§ 85 St.

Insoweit zum Beweise vergangener Thatsachen oder Zustände, zu deren Wahrnehmung eine besondere Sachkunde erforderlich war, sachkundige Personen zu vernehmen sind, kommen die Vorschriften über den Zeugenbeweis* zur Anwendung.

* Die Mot. zur St. S. 61 finden den Unterschied zwischen Sachverständigen und den hier bezeichneten Personen darin, daß die Ersteren, als Gehülfen des Richters, aus Thatsachen Schlüsse ziehen, während die s. g. sachverständigen Zeugen Wahrnehmungen bekunden, welche eine besondere

Sachkenntniß voraussetzen. Es wird hieraus zu folgern sein, daß der Regel nach die im § 61 St. vorgeschriebene Eidesnorm zur Anwendung zu bringen, und von der sachkundigen Person nur dann, wenn sie unabhängig von den in diesem § bezeichneten Wahnehmungen ein Gutachten abgiebt, ein mit dem Zeugeneide zu verbindender Sachverständigeneid zu leisten sei.

§ 86 St.

Findet die Einnahme eines richterlichen Augenscheins statt, so ist im Protokolle der vorgefundene Sachbestand festzustellen und darüber Auskunft zu geben, welche Spuren oder Merkmale, deren Vorhandensein nach der besonderen Beschaffenheit des Falles vermuthet werden konnte, gefehlt haben*.

* Der Regel nach wird die Aufnahme des richterlichen Augenscheins — worunter die Ermittelung und Feststellung thatsächlicher Umstände durch eigene Sinneswahrnehmung außerhalb der Amtslokale verstanden wird — im Vorbereitungsverfahren durch den Amtsrichter stattfinden. Es ist aber auch nicht ausgeschlossen, daß das SchG. in geeigneten Fällen in der Hauptverhandlung beschließt, sich derselben sofort zu unterziehen.

§ 92 St.

Bei Münzvergehen sind die Münzen oder Papiere erforderlichenfalls derjenigen Behörde* vorzulegen, von welcher echte Münzen oder Papiere dieser Art in Umlauf gesetzt werden. Das Gutachten dieser Behörde ist über die Unechtheit oder Verfälschung sowie darüber einzuholen, in welcher Art die Fälschung muthmaßlich begangen worden sei.

Handelt es sich um ausländische Münzen oder Papiere, so kann an Stelle des Gutachtens der ausländischen Behörde dasjenige einer deutschen erfordert werden.

§ 93 St.

Zur Ermittelung der Echtheit oder Unechtheit eines Schriftstücks, sowie zur Ermittelung des Urhebers desselben kann eine Schriftvergleichung unter Zuziehung von Sachverständigen vorgenommen werden*.

* Das hier hinsichtlich des ganzen Schriftstücks Gesagte wird auch auf einzelne Theile desselben so wie auf anscheinend darin stattgehabte Veränderungen Anwendung finden.

Vertheidigung.

§ 137 St.

Der Beschuldigte kann sich in jeder Lage des Verfahrens des Beistandes eines Vertheidigers bedienen.

Hat der Beschuldigte einen gesetzlichen Vertreter, so kann auch[2,3] dieser selbständig einen Vertheidiger wählen.

1. Auch mehrerer. Vergl. § 226 St.

2. Also Jeder von ihnen. Hierauf scheinen auch die Mot. S. 83 durch die Bemerkung hinzudeuten, daß „selbstverständlich das eigne Recht des Beschuldigten zur Wahl eines Vertheidigers nicht beschränkt werde“.

3. Vergl. auch § 233 St.

§ 138 St.

Zu Vertheidigern können die bei einem deutschen Gerichte zugelassenen Rechtsanwälte sowie die Rechtslehrer an deutschen Hochschulen gewählt werden.

[1]Andere Personen[2] können nur mit Genehmigung des Gerichts[3] und, wenn der Fall einer nothwendigen Vertheidigung vorliegt und der Gewählte nicht zu den Personen gehört, welche zu Vertheidigern bestellt werden dürfen, nur in Gemeinschaft mit einer solchen als Wahlvertheidiger zugelassen werden.

1. Den Zusatz: „andere Personen“ u. s. w. hat die JK. gegen den Widerspruch der Regierungsvertretung beschlossen. Prot. S. 489 folg. Nach demselben ist auch die Zulassung ausländischer Advokaten statthaft. Der naheliegenden Besorgniß eines Mißbrauchs der Vorschrift, insbesondere der Ausbildung einer Vertheidigungs-Winkeladvokatur, wird dadurch vorgebeugt, daß die Zulassung „anderer Personen“ lediglich von dem Gericht, bzhw. Richter, abhängt und für die Zurückweisung, da es sich um eine Ausnahmemaßregel handelt, besondere Rechtfertigungsgründe nicht angegeben zu werden brauchen.

2. Dieser Ausdruck bezeichnet in der St. beide Geschlechter, z. B. § 56 St. Nach den Worten des Gesetzes würde daher die Zulassung von Frauen als Vertheidiger — z. B. einer Mutter für ihr unmündiges Kind — nicht ausgeschlossen sein. Aus dem § 149 St. muß jedoch geschlossen werden, daß dies der Absicht des Gesetzes nicht entspreche, da, wenn das Gesetz den Frauen — abgesehen von ihrer Eigenschaft als Vormünderinnen — selbst die beschränkte Befugniß, als Beistände ihrer Kinder zugelassen zu werden, entzieht (§ 149 St.), nicht anzunehmen ist, daß dasselbe für zulässig gehalten habe, die ungleich weiter reichenden Rechte eines Vertheidigers (§§ 139. 147. 148. 191 St.) durch Frauen ausüben zu lassen. Auch geben die Berathungen über diesen § zu erkennen, daß nur Männer als zulässige Vertheidiger ins Auge gefaßt sind. Prot. der JK. S. 489—495.

3. Bei der Motivirung des Antrags auf Aufnahme des Abs. 2 (Prot. S. 489) ist davon ausgegangen, daß die Genehmigung in jedem einzelnen Falle zu ertheilen, nicht also gewisse „andere Personen“ zur Uebernahme von Vertheidigungen zu konzessioniren seien.

4. Hinsichtlich der Vertretung des Angekl. durch einen Vertheidiger in der Hauptverhandlung vergl. die §§ 233. 427 St.

§ 139 St.

Der als Vertheidiger gewählte Rechtsanwalt kann mit Zustimmung* des Angeklagten die Vertheidigung einem Rechtskundigen, welcher die erste Prüfung für den Justizdienst bestanden hat und in demselben seit mindestens zwei Jahren beschäftigt ist, übertragen.

* Der § enthält eine spezielle Ausnahme von den allgemeinen Vorschriften des § 138. Das Gericht wird daher vor der Zulassung des „Rechtskundigen" als Vertheidiger den Nachweis verlangen dürfen, daß die besondere Voraussetzung, von welcher das Gesetz jene Ausnahme abhängig macht, zutreffe, daß also der „Angeklagte" seine Zustimmung zu der Uebertragung der einem Rechtsanwalt von ihm anvertrauten Vertheidigung an einen Anderen ertheilt, d. h. mittelst ausdrücklicher Erklärung seine Einwilligung in die Substituirung eines ihm namhaft gemachten anderen „Rechtskundigen" ausgesprochen habe, oder sich doch in der Hauptverhandlung damit einverstanden erkläre.

§ 140 St.

Die Vertheidigung ist nothwendig in den Sachen, welche vor dem Reichsgericht in erster Instanz oder vor dem Schwurgerichte zu verhandeln sind.

In Sachen, welche vor dem Landgericht in erster Instanz zu verhandeln sind*, ist die Vertheidigung nothwendig:

1. wenn der Angeschuldigte taub oder stumm ist oder das sechzehnte Lebensjahr noch nicht vollendet hat;
2. wenn ein Verbrechen den Gegenstand der Untersuchung bildet und der Beschuldigte oder sein gesetzlicher Vertreter die Bestellung eines Vertheidigers beantragt.

   Diese Bestimmung findet nicht Anwendung, wenn die strafbare Handlung nur deshalb als ein Verbrechen sich darstellt, weil sie im Rückfall begangen ist.

In den Fällen des Abs. 1 und des Abs. 2 Nr. 1 ist dem Angeschuldigten, welcher einen Vertheidiger noch nicht gewählt hat, ein solcher von Amtswegen zu bestellen, sobald die im § 199 vorgeschriebene Aufforderung stattgefunden hat. In dem Falle des Abs. 2 Nr. 2 ist der Antrag binnen einer Frist von drei Tagen nach der Aufforderung zu stellen.

* Diese Vorschrift wird auch auf die von dem Landgericht auf Grund des § 75 G. dem SchG. überwiesenen Sachen zu beziehen sein. Von der entgegengesetzten Ansicht ausgegangen, würde die Wohlthat des Gesetzes welche vorzugsweise (Nr. 1) darauf abzielt, den Angeklagten gegen mißverständliche Auffassung seiner Auslassungen Seitens des Gerichts, so wie der von dem Vorsitzenden an ihn gerichteten Fragen u. s. w. seinerseits zu schützen, und welche ihm bei der Verhandlung in erster Instanz vor dem mit fünf gelehrten Richtern besetzten Landgericht, hätte zu Theil werden müssen in Folge der Ueberweisung an das SchG. sowohl für die erste, als für die

Berufungs-Instanz fortfallen. Daß dies vom Gesetz beabsichtigt sein sollte, ist nicht anzunehmen. Auch lautet der in der Just.-Komm. gestellte und unverändert angenommene Antrag, welcher der Vorschrift zum Grunde liegt, dahin: „Sachen, welche vor das Landgericht gehören", worunter die der Zuständigkeit des Landgerichts zugewiesenen Sachen zu verstehen sind. Prot. S. 496. II.

§ 141 St.

In anderen als den im § 140 bezeichneten Fällen kann das Gericht und bei vorhandener Dringlichkeit der Vorsitzende desselben auf Antrag oder von Amtswegen einen Vertheidiger bestellen.

§ 143 St.

Die Bestellung ist zurückzunehmen, wenn demnächst ein anderer Vertheidiger gewählt wird und dieser die Wahl annimmt*.

* Dies wird noch im ganzen Laufe der Hauptverhandlung zulässig sein.

§ 144 St.

Die Auswahl des zu bestellenden Vertheidigers erfolgt durch den Vorsitzenden des Gerichts*.

* Diese Vorschrift beschränkt sich auf die Wahl der Person des Vertheidigers, während es sich in den §§ 140. 141 um den Beschluß über die Zuordnung eines Vertheidigers handelt, bei welchem, wenn er ausnahmsweise erst in der Hauptverhandlung zu fassen ist, die Schöffen mitwirken.

§ 145 St.

Wenn in einem Falle, in welchem die Vertheidigung eine nothwendige[1] oder die Bestellung eines Vertheidigers in Gemäßheit des § 141 erfolgt ist, der Vertheidiger in der Hauptverhandlung ausbleibt, sich unzeitig entfernt oder sich weigert, die Vertheidigung zu führen, so hat der Vorsitzende dem Angeklagten sogleich einen anderen Vertheidiger zu bestellen. Das Gericht kann jedoch auch eine Aussetzung der Verhandlung beschließen[2].

Erklärt der neu bestellte Vertheidiger, daß ihm die zur Vorbereitung der Vertheidigung erforderliche Zeit nicht verbleiben würde, so ist die Verhandlung zu unterbrechen oder auszusetzen.

1. Die Bestellung erfolgt auch in den Fällen des Abs. 2 Nr. 1 des § 140 St. nur Mangels eines gewählten Vertheidigers. In jenen Fällen wird daher der § 145 St. auch auf einen Vertheidiger Anwendung finden, welcher die Wahl aktenkundig angenommen hat. Dagegen hält in anderen

Fällen das Ausbleiben des gewählten Vertheidigers die Hauptverhandlung nicht auf.

2. Um für eine neue Hauptverhandlung die Vertheidigung des Angeklagten herbeizuführen.

§ 146 St.

Die Vertheidigung mehrerer Beschuldigter kann, insofern dies der Aufgabe der Vertheidigung nicht widerstreitet[1], durch einen gemeinschaftlichen Vertheidiger geführt werden[2].

1. Hierüber entscheidet in der Hauptverhandlung das SchG. — auch gegen die Ansicht der Angekl. und des Vertheidigers — sowohl im Falle der Wahl, als der erfolgten Bestellung des Letzteren.

2. Danach ist es auch nicht unbedingt unzulässig, für mehrere Angeschuldigte nur Einen Vertheidiger zu bestellen.

§ 149 St.

Der Ehemann einer Angeklagten ist in der Hauptverhandlung als Beistand derselben zuzulassen und auf sein Verlangen zu hören.

Dasselbe gilt von dem Vater, Adoptivvater oder Vormund eines minderjährigen* Angeklagten.

* Dürfte auch auf die in § 56 St. bezeichneten Angekl. Anwendung finden, deren Verstandesreife mangelhaft ist, oder welche an Verstandesschwäche leiden.

Verfahren in erster Instanz.

Oeffentliche Klage.

§ 151 St.

Die Eröffnung einer gerichtlichen Untersuchung ist durch die Erhebung einer Klage* bedingt.

* „Klage" ist der allgemeine Ausdruck für Antrag auf Eröffnung einer Untersuchung. Geht der Antrag von der Staatsanwaltschaft aus, so heißt sie „öffentliche Klage"; stellt ihn die verletzte Privatperson: „Privatklage". Vergl. § 414 folg. St. Der speziellere Begriff ist „Anklage". Die St. versteht darunter den Antrag der StAschft. auf Eröffnung des Hauptverfahrens. Vergl. § 197 St.

§ 152 St.

Zur Erhebung der öffentlichen Klage ist die Staatsanwaltschaft* berufen.

Dieselbe ist, soweit nicht gesetzlich ein Anderes bestimmt ist, verpflichtet, wegen aller gerichtlich strafbaren und verfolgbaren Handlungen einzuschreiten, sofern zureichende thatsächliche Anhaltspunkte vorliegen.

* Bei den SchG. der AAnw.

§ 153 St.

Die Untersuchung und Entscheidung erstreckt sich nur¹ auf die in der Klage bezeichnete That und auf die durch die Klage beschuldigten Personen.

Innerhalb dieser Grenzen sind die Gerichte zu einer selbständigen Thätigkeit berechtigt und verpflichtet; insbesondere sind sie bei Anwendung des Strafgesetzes an die gestellten Anträge nicht gebunden².

1. Diese für das strafgerichtliche Verfahren wesentliche Bestimmung ist ein unabweislicher Ausfluß des Prinzips des Anklageprozesses. Es folgt aus ihr, daß das erkennende Gericht bei der Urtheilsfällung in Bezug auf Personen und strafbare Handlungen die in der Anklage von der StAschft. gezogenen Grenzen in der Weise inne zu halten hat, daß es seine Beurtheilung weder auf Personen, deren Bestrafung die StAschft. nicht beantragt hat, noch auf Handlungen, welche dieselbe nicht zum Gegenstande der Anklage gemacht hat, ausdehnen darf.

2. Dies bezieht sich sowohl auf die dem Gericht, unabhängig von der Ansicht des Staatsanwalts, zustehende Beurtheilung der strafrechtlichen Qualifikation der That, als auf die Bestimmung des Strafmaßes. Das Gericht ist daher z. B. nicht gehindert, eine That, welche der Staatsanwalt unter den Gesichtspunkt einer Unterschlagung gebracht hat, als Diebstahl zu charakterisiren und als solchen zu bestrafen. Auch in Betreff der Beweisführung ist das Sch.Gericht, an die Anträge des Staatsanwalts und des Angekl. nicht gebunden, also weder genöthigt, die von diesen bezeichneten Beweismittel zu benutzen, noch gehindert, anstatt derselben oder daneben, anderen Beweis zu erheben. Nebenumstände, deren in der Anklageschrift keine Erwähnung geschieht, hat das Gericht zu berücksichtigen, auch wenn sie der That einen schwereren Charakter verleihen. Vergl. auch die §§ 243. 244. 264 St.

§ 154 St.

Die öffentliche Klage kann nach Eröffnung der Untersuchung nicht zurückgenommen werden*.

* Die Vorschrift findet auch auf die Zurücknahme Eines von mehreren Anklagepunkten Anwendung. — Vergl. § 451 St.

§ 155 St.

Im Sinne dieses Gesetzes ist:

Angeschuldigter der Beschuldigte, gegen welchen die öffentliche Klage erhoben ist,

Angeklagter der Beschuldigte oder Angeschuldigte, gegen welchen die Eröffnung des Hauptverfahrens beschlossen ist*.

* Von einer Begriffsbestimmung des Ausdruckes „Beschuldigter" hat die JK. Abstand genommen, weil derselbe an verschiedenen Stellen der St. in engerer oder weiterer Bedeutung gebraucht ist. Vergl. die §§ 22 Nr. 2 u. 3. u. 57.

Oeffentlichkeit und Sitzungspolizei.

§ 170 G.

Die Verhandlung vor dem erkennenden Gerichte, einschließlich der Verkündung der Urtheile* und Beschlüsse desselben, erfolgt öffentlich.

* Unter „Urtheil" sind bei der Berathung des § in der JK. hier und im § 174 G. auch die Entscheidungsgründe verstanden worden.

§ 173 G.

In allen Sachen kann durch das Gericht für die Verhandlung oder für einen Theil derselben die Oeffentlichkeit ausgeschlossen werden, wenn sie eine Gefährdung der öffentlichen Ordnung* oder der Sittlichkeit besorgen läßt.

* Nach der Bemerkung der Motive S. 197 erscheint die „öffentliche Ordnung" auch gefährdet, wenn ein Mißbrauch der Oeffentlichkeit durch Störung der Verhandlung zu befürchten ist. — Der Beschluß auf Ausschließung der Oeffentlichkeit kann sowohl beim Beginne der Hauptverhandlung als während derselben ergehen.

§ 174 G.

Die Verkündung des Urtheils erfolgt in jedem Falle öffentlich.

§ 175 G.

Ueber die Ausschließung der Oeffentlichkeit wird in nicht öffentlicher Sitzung verhandelt*.

Der Beschluß, welcher die Oeffentlichkeit ausschließt, muß öffentlich verkündet werden.

* Der Amtsanwalt, der Angekl., der Vertheidiger, der Privatkl. und der Nebenkl. bleiben im Sitzungszimmer anwesend und sind zu hören. Ob die Anwesenheit auch anderen Personen, in deren Interesse die Ausschließung der Oeffentlichkeit beschlossen ist, zu gestatten, und ob auf deren Anträge Rücksicht

zu nehmen sei, wird in ersterer Beziehung vom Vorsitzenden, in letzterer vom Gericht abhängen.

§ 176 G.

Der Zutritt zu öffentlichen Verhandlungen kann unerwachsenen und solchen Personen versagt werden[1], welche sich nicht im Besitze der bürgerlichen Ehrenrechte befinden, oder welche in einer der Würde des Gerichts nicht entsprechenden Weise erscheinen[2].

Zu nicht öffentlichen Verhandlungen kann der Zutritt einzelnen Personen von dem Vorsitzenden gestattet werden.

1. Diese Maßregel würde als „zur Aufrechthaltung der Ordnung" mitgehörig betrachtet und demzufolge nach § 177 G. zu den Befugnissen des Vorsitzenden gerechnet werden können. Da jedoch die Anordnung des Abs. 2 ausdrücklich dem „Vorsitzenden" überwiesen ist, dürfte anzunehmen sein, daß in Bezug auf Abs. 1 der Beschluß dem Gerichte anheimfalle. — Vergl. auch § 184 G.

2. Die Vorschrift wird ungeachtet ihrer allgemeinen Fassung nur auf nicht bei der Sache betheiligte Personen Anwendung finden, auf Beistände und Vertreter des Angekl. mithin nicht auszudehnen sein.

§ 177 G.

Die Aufrechthaltung der Ordnung in der Sitzung liegt dem Vorsitzenden ob.

§ 178 G.

Parteien[1], Beschuldigte, Zeugen, Sachverständige oder bei der Verhandlung nicht betheiligte[2] Personen, welche den zur Aufrechthaltung der Ordnung erlassenen Befehlen nicht gehorchen, können auf Beschluß des Gerichts aus dem Sitzungszimmer entfernt, auch zur Haft abgeführt und während einer in dem Beschlusse zu bestimmenden Zeit, welche vierundzwanzig Stunden nicht übersteigen darf, festgehalten werden[3].

1. Nachdem von der JK. hinter „Parteien" behufs Behebung des Zweifels, ob darunter auch die Beschuldigten zu verstehen seien, das Wort „Beschuldigte" eingeschaltet worden ist, wird der erstere Ausdruck im Strafprozeß ausschließlich auf den Privatkläger und Nebenkläger zu beziehen sein (Prot. S. 683).

Einverständniß herrschte zwischen der JK. und der Regierungsvertretung darüber, daß die Vorschrift in Betreff des Beschuldigten nur außerhalb der Hauptverhandlung maßgebend sei, um demselben das ihm in der St. gewährleistete, durch den § 246 derselben nur modifizirte Recht, der Hauptverhandlung vollständig beizuwohnen, nicht zu verkümmern. Prot. S. 684. Vergl. jedoch § 246 St.

2. Die im § 149 St. erwähnten Beistände, auf welche der Ausdruck „Vertheidiger" im § 180 G. nach den §§ 137 folg. St. keine Anwendung

findet, gehören nicht hierher, sind vielmehr im Sinne des § 178 G. „betheiligt". In Betreff ihrer fehlt es daher in den §§ 178—180 G. an jeder Bestimmung. Dasselbe gilt auch hinsichtlich der gesetzlichen Vertreter, §§ 137 Abs. 2. 140 Abs. 2. 268. 340 St.

3. Bei der Berathung des § in der JK. wurde hervorgehoben, daß die hier angeordneten Maßregeln nicht, wie die des § 179, die Natur einer Strafe hätten, vielmehr nur bezweckten, den Verlauf des geordneten Verfahrens zu sichern (Prot. S. 687). Dem entsprechend werden dieselben auch gegenüber Militärpersonen zulässig sein, zumal es an Vorschriften, wie die in den §§ 50 und 77 St. enthaltenen hier fehlt.

§ 179 G.

Das Gericht[1] kann gegen Parteien, Beschuldigte, Zeugen, Sachverständige oder bei der Verhandlung nicht betheiligte Personen, welche sich in der Sitzung einer Ungebühr[2] schuldig machen, vorbehaltlich der strafgerichtlichen Verfolgung, eine Ordnungsstrafe bis zu einhundert Mark oder bis zu drei Tagen Haft festsetzen und sofort vollstrecken lassen.

1. Während dieser § die sofortige Vollstreckung der Ordnungsstrafe dem Gericht überträgt, soll nach dem § 181 G. der Vorsitzende die Vollstreckung veranlassen. Zur Behebung dieses anscheinenden Widerspruchs dürfte anzunehmen sein, daß das Gericht die sofortige Vollstreckung zu beschließen, der Vorsitzende den zur Ausführung dieses Beschlusses erforderlichen Befehl zu erlassen haben solle.

2. Auch Beleidigungen eines in der Hauptverhandlung fungirenden Beamten werden für „Ungebühr" zu erachten sein.

Die Mot. S. 199 bezeichnen es mit Recht als selbstverständlich, daß bei der Verhängung einer solchen nur disziplinarischen Strafe der § 22 Nr. 1 St. außer Anwendung bleibe.

§ 180 G.

Das Gericht kann gegen einen bei der Verhandlung betheiligten Rechtsanwalt oder Vertheidiger, der sich in der Sitzung einer Ungebühr schuldig macht, vorbehaltlich der strafgerichtlichen oder disziplinaren Verfolgung, eine Ordnungsstrafe bis zu einhundert Mark festsetzen.

§ 181 G.

Die Vollstreckung der vorstehend bezeichneten Ordnungsstrafen hat der Vorsitzende unmittelbar zu veranlassen.

§ 184 G.

Ist eine Ordnungsstrafe wegen Ungebühr festgesetzt, oder eine Person zur Haft abgeführt, oder eine bei der Verhandlung betheiligte Person entfernt worden, so ist der Beschluß des Gerichts und dessen Veranlassung in das Protokoll aufzunehmen*.

* In Bezug auf die im § 176 G. erwähnten Personen ist hier eine Bestimmung nicht getroffen. Doch wird der § auch in dem Falle, wenn eine unter den Zuhörern befindliche Person wegen Mangels der bürgerlichen Ehrenrechte aus dem Gerichtssaal verwiesen ist, die thatsächliche Richtigkeit dieses Vorwurfs aber bestritten hat, Anwendung finden, um ihr Gelegenheit zu geben, ihre Behauptung nachträglich zu beweisen und dies zur Wahrung ihrer Ehre aktenkundig zu machen.

In Betreff des nach der Entfernung des Angeklagten aus dem Sitzungszimmer zu beobachtenden Verfahrens vergl. § 246 Abs. 2 St.

§ 185 G.

Wird eine strafbare Handlung* in der Sitzung begangen, so hat das Gericht den Thatbestand festzustellen und der zuständigen Behörde das darüber aufgenommene Protokoll mitzutheilen. In geeigneten Fällen ist die vorläufige Festnahme des Thäters zu verfügen.

* Es sind hier die in dem StGB. und den besonderen Reichs- und Landesgesetzen mit Strafe bedrohten Handlungen, im Gegensatze zu den in den §§ 179—180 G. bezeichneten Vergehungen, gemeint.

Gerichtssprache.

§ 186 G.

Die Gerichtssprache ist die deutsche*.

* Nach § 12 der Einleitung zum G. werden die für Elsaß-Lothringen geltenden Bestimmungen über die Gerichtssprache durch die Vorschrift des § 186 des G. nicht berührt.

§ 187 G.

Wird unter Betheiligung von Personen verhandelt, welche der deutschen Sprache nicht mächtig sind, so ist ein Dolmetscher zuzuziehen. Die Führung eines Nebenprotokolls in der fremden Sprache findet nicht statt; jedoch sollen Aussagen und Erklärungen in fremder Sprache, wenn und soweit der Richter dies mit Rücksicht auf die Wichtigkeit der Sache für erforderlich erachtet, auch in der fremden Sprache in das Protokoll oder in eine Anlage niedergeschrieben werden. In den dazu geeigneten Fällen soll dem Protokolle eine durch den Dolmetscher zu beglaubigende Uebersetzung beigefügt werden.

Die Zuziehung eines Dolmetschers kann unterbleiben, wenn die betheiligten Personen sämmtlich der fremden Sprache mächtig sind.

§ 188 G.

Zur Verhandlung mit tauben oder stummen Personen ist, sofern nicht eine schriftliche Verständigung* erfolgt, eine Person als Dolmetscher zuzuziehen, mit deren Hülfe die Verständigung in anderer Weise erfolgen kann.

* In der JK. herrschte Einverständniß darüber, daß unter „schriftlicher Verständigung" die schriftliche Stellung der Frage und deren schriftliche Beantwortung Seitens des Stummen, bzhw. Taubstummen, zu verstehen sei. Prot. S. 46.

§ 190 G.

Personen, welche der deutschen Sprache nicht mächtig sind, leisten Eide in der ihnen geläufigen Sprache.

§ 191 G.

Der Dolmetscher hat einen Eid dahin zu leisten:

daß er treu und gewissenhaft übertragen werde.

Ist der Dolmetscher für Uebertragungen der betreffenden Art im allgemeinen beeidigt*, so genügt die Berufung auf den geleisteten Eid.

* Die bei einer Kommunalbehörde erfolgte allgemeine Beeidigung dürfte genügen.

§ 192 G.

Der Dienst des Dolmetschers kann von dem Gerichtsschreiber wahrgenommen werden. Einer besonderen Beeidigung bedarf es nicht.

§ 193 G.

Auf den Dolmetscher finden die Bestimmungen über Ausschließung[1] und Ablehnung[2] der Sachverständigen entsprechende Anwendung[3]. Die Entscheidung erfolgt durch das Gericht oder den Richter, von welchem der Dolmetscher zugezogen ist.

1. Ueber die Ausschließung von Sachverständigen enthalten so wenig die §§ 74 folg. St. als die §§ 371 folg. der Civil-Proz.-O. Bestimmungen. Vergl. § 22 folg. St.
2. Vergl. die Noten zu § 74 St.

3. Vorschriften über die Folgen des Ausbleibens des Dolmetschers oder seiner unberechtigten Weigerung, als Dolmetscher zu fungiren, sowie über die Bedingungen, unter welchen eine Weigerung für begründet zu erachten ist — wie sie in den §§ 75 folg. St. bezüglich der Sachverständigen gegeben sind —, enthält das Gesetz nicht. Es dürften die §§ 73. 75. 76. 239 St. auf Dolmetscher analog Anwendung finden. Die Ausschließung analoger Anwendbarkeit dieser Paragraphen würde zur Folge haben, daß dem Sprachkundigen, auch unter den Voraussetzungen des § 75 St., eine Verpflichtung, als Dolmetscher zu fungiren, nicht obliege. Mit Rücksicht auf die wesentlichen Nachtheile, welche sich hieran für die Strafrechtspflege knüpfen könnten, ist nicht anzunehmen, daß eine solche Auslegung der einschlagenden Vorschriften der Absicht der Gesetzgebung entspreche.

Hauptverhandlung.

§ 225 St.

Die Hauptverhandlung erfolgt in ununterbrochener Gegenwart der zur Urtheilsfindung berufenen Personen sowie der Staatsanwaltschaft und eines* Gerichtsschreibers.

* Die Worte: „eines Gerichtsschreibers" deuten darauf hin daß ein Wechsel in der Person stattfinden dürfe.

§ 226 St.

Es können mehrere Beamte der Staatsanwaltschaft und mehrere Vertheidiger* in der Hauptverhandlung mitwirken und ihre Verrichtungen unter sich theilen.

* Auch für denselben Angekl. Widerstreiten in einem solchen Falle die Anträge derselben einander, so wird die Erklärung des Angekl. für entscheidend zu erachten sein, event. das Gericht zu prüfen haben, welcher Antrag dem Interesse des Angekl. am meisten entspricht.

§ 227 St.

Ueber Anträge[1] auf Aussetzung[2] einer Hauptverhandlung entscheidet das Gericht. Kürzere Unterbrechungen ordnet der Vorsitzende an.

Eine Verhinderung des Vertheidigers giebt, unbeschadet der Bestimmung des § 145, dem Angeklagten kein Recht, die Aussetzung der Verhandlung zu verlangen.

Ist die Frist des § 216 Abs. 1 nicht eingehalten worden, so soll der Vorsitzende den Angeklagten mit der Befugniß, Aussetzung der Verhandlung zu verlangen, bekannt machen.

1. Dasselbe gilt, wenn die Aussetzung z. B. wegen Erkrankung eines der Beamten oder Betheiligten von Amtswegen nöthig erscheint.

2. Die Ausdrücke „Aussetzung", „Unterbrechung" werden in der St. theils gleichbedeutend gebraucht, theils — wie im § 145 St. Abs. 2 — einander gegenübergestellt. Die hier vom Vorsitzenden abhängig gemachten „kürzeren Unterbrechungen" sind solche, welche nicht durch in der Sache selbstliegende Gründe, wie Herbeiholung eines am Orte oder in der Nähe wohnenden Zeugen — worüber das Gericht zu entscheiden hat — sondern durch äußere Veranlassung z. B. Nothwendigkeit, wegen Eintritts der Nacht die Fortsetzung der Sache auf den folgenden Tag zu verschieben (§ 50 G.), Erholung der fungirenden Beamten, momentanes Unwohlsein eines solchen u. s. w. herbeigeführt werden.

§ 228 St.

Eine unterbrochene Hauptverhandlung muß spätestens am vierten Tage* nach der Unterbrechung fortgesetzt werden, widrigenfalls mit dem Verfahren von neuem zu beginnen ist.

* In schöffengerichtlichen Untersuchungen wird, auch wenn sich die Unterbrechung auf zwei oder drei Tage beschränkt, die Erneuerung der Hauptverhandlung die Regel bilden, da die Vorschrift des § 50 G. nicht auf Fälle einer Unterbrechung der Hauptverhandlung im Sinne des § 228 auszudehnen sein dürfte.

§ 229 St.

Gegen einen ausgebliebenen Angeklagten findet eine Hauptverhandlung nicht statt.

Ist das Ausbleiben des Angeklagten nicht genügend entschuldigt[1], so ist die Vorführung anzuordnen oder ein Haftbefehl[2] zu erlassen.

1. Hierüber entscheidet das Gericht, nicht der Vorsitzende.

2. Bleiben die Maßregeln erfolglos und greifen die Vorschriften der §§ 230 Abs. 2 und 231 St. nicht Platz, oder erscheint die Anwesenheit des Angekl. während der ganzen Verhandlung nothwendig, so ist diese auszusetzen. Ob beim Ausbleiben nur Eines von mehreren Angekl. die Verhandlung bezüglich Aller oder nur gegen Jenen zu vertagen sei, beschließt das Gericht nach Maßgabe der Eigenthümlichkeit des Falles.

3. Die St. unterscheidet zwischen dem „Ausbleibenden" und dem „Abwesenden" § 318 folg. Dadurch erklärt sich die negative Ausdrucksweise: „ohne Anwesenheit" z. B. im § 233.

§ 230 St.

Der erschienene Angeklagte darf sich aus der Verhandlung nicht entfernen. Der Vorsitzende kann die geeigneten Maßregeln treffen, um die Entfernung desselben zu verhindern; auch kann er ihn während einer Unterbrechung der Verhandlung in Gewahrsam halten lassen.

Entfernt der Angeklagte sich dennoch, oder bleibt er bei der Fortsetzung einer unterbrochenen[1] Hauptverhandlung aus, so kann diese in seiner Abwesenheit zu Ende geführt werden, wenn seine Vernehmung über die Anklage schon erfolgt war[2] und das Gericht seine fernere Anwesenheit nicht für erforderlich erachtet.

1. Gleichviel, ob es sich um eine kürzere (§ 227 Abs. 1 Satz 2) oder um eine solche handelt, welche einen Gerichtsbeschluß erfordert. Dagegen findet die Vorschrift auf ein neu begonnenes Verfahren (§ 228 Zeile 3) keine Anwendung.

2. Nämlich in der Hauptverhandlung, nicht im Vorverfahren.

Bei der Berathung des § 233 St. herrschte in der JK. Einverständniß darüber, daß derselbe auch auf das nach § 230 Abs. 2 in Abwesenheit des Angekl. statthabende Verfahren Anwendung finde. (Selbstverständlich unter den Voraussetzungen des Schlusses des § 230 St.) Prot. S. 345 und Anlage L zum Prot. vom 12. Oktober 1876.

§ 231 St.

Beim Ausbleiben* des Angeklagten kann zur Hauptverhandlung geschritten werden, wenn die den Gegenstand der Untersuchung bildende That nur mit Geldstrafe, Haft oder Einziehung, allein oder in Verbindung mit einander, bedroht ist.

In solchen Fällen muß der Angeklagte in der Ladung auf die Zulässigkeit dieses Verfahrens ausdrücklich hingewiesen werden.

* Nämlich „unentschuldigten". Vergl. die §§ 229. 452 St. u. § 56 G.

§ 232 St.

Der Angeklagte kann auf seinen Antrag wegen großer Entfernung seines Aufenthaltsorts von der Verpflichtung zum Erscheinen in der Hauptverhandlung entbunden werden, wenn nach dem Ermessen des Gerichts[1] voraussichtlich keine andere Strafe als Freiheitsstrafe bis zu sechs Wochen oder Geldstrafe oder Einziehung, allein oder in Verbindung mit einander, zu erwarten steht[2].

In diesem Falle muß der Angeklagte, wenn seine richterliche Vernehmung nicht schon im Vorverfahren erfolgt ist, durch einen beauftragten oder ersuchten Richter über die Anklage vernommen werden.

Von dem zum Zwecke der Vernehmung anberaumten Termine sind die Staatsanwaltschaft und der Vertheidiger

vorher zu benachrichtigen; ihrer Anwesenheit bei der Vernehmung bedarf es nicht. Das Protokoll über die Vernehmung ist in der Hauptverhandlung zu verlesen.

1. In den zur Zuständigkeit der Schöffengerichte gehörenden Sachen tritt das Ermessen des Amtsrichters ein, da der Beschluß außerhalb der Hauptverhandlung zu fassen und von der Vorschrift des § 30 Abs. 2 G. hier eine Ausnahme nicht verordnet ist.

2. Wie zu verfahren sei, wenn das Gericht in der Hauptverhandlung eine höhere Strafe dem Vergehen des Angeklagten für angemessen erachtet, ist weder im Gesetz ausgesprochen, noch in der JK. zur Sprache gekommen. Die Mot. sagen S. 133: Es verstehe sich von selbst, daß, wenn das Gericht das im § 196 des Entw. (§ 232 der St.) bezeichnete Verfahren eingeschlagen habe, sodann aber in der Hauptverhandlung eine höhere Strafe für angemessen erachte, das persönliche Erscheinen des Angekl. nachträglich angeordnet werden müsse.

Für selbstverständlich dürfte indeß dieser Satz wohl nicht gelten können. Macht das Gesetz die Zulässigkeit des Ausnahmeverfahrens lediglich davon abhängig, daß das Gericht (der Amtsrichter) zur Zeit der Anberaumung der Sitzung zur Hauptverhandlung die Verhängung einer, das im § bezeichnete Maß nicht übersteigenden Strafe voraussieht, ohne dabei anzuordnen, daß der den Angeklagten von dem Erscheinen in der Hauptverhandlung dispensirende Beschluß wieder aufgehoben werden müsse, wenn sich in der Hauptverhandlung auf Grund stattgehabter Beweisaufnahme die Angemessenheit einer höheren Strafe herausstelle, so erscheint es um so bedenklicher, die Nothwendigkeit der persönlichen Vorladung und einer Erneuerung des ganzen Verfahrens als vom Gesetz zweifellos gewollt zu unterstellen, als mit der Wiederholung des Verfahrens der Regel nach eine Vermehrung der Kosten und stets eine Verzögerung der Untersuchung verknüpft sein wird, der Angeklagte aber, welcher unbedingt seine Befreiung vom Erscheinen in der Hauptverhandlung beantragt, keinen Grund zur Klage hat, wenn nach Willfahrung dieses Antrages die, nach der Entwickelung der Sachlage in der Hauptverhandlung als angemessen sich ergebende Strafe über ihn verhängt wird, da er nach dem maßgebenden Wortsinne des § nicht erwarten darf, daß das Gericht die ihm bedingungslos ertheilte Erlaubniß des Ausbleibens aus der Hauptverhandlung zurücknehmen werde, wenn es — innerhalb der Grenzen seiner Zuständigkeit — ein höheres, als das im § angegebene Strafmaß für angemessen erachte.

Hätte der § in der That den in den Mot. vorausgesetzten Sinn haben sollen, so hätte er — wenn nicht eine dem entsprechende ausdrückliche Bestimmung in sich aufnehmen, so doch — mindestens anordnen müssen, daß dem Antrage des Angeklagten unter der demselben bekannt zu machenden Bedingung stattzugeben sei, daß die gegen ihn ohne seine Anwesenheit zu erkennende Strafe die in dem § gesteckten Grenzen nicht überschreiten werde.

Ueberdies beugt der § 235 St. einem dem Angeklagten aus seiner Dispensation vom Erscheinen in der Hauptverhandlung etwa drohenden Nachtheil dadurch vor, daß, wenn das Gericht eine erhebliche Ueberschreitung der Strafgrenzen des § 232 St. für geboten erachtet, es stets in der Lage ist, das persönliche Erscheinen des Angekl. anzuordnen. Empfehlen wird sich dies z. B. im Falle des § 264 St. Eine unbedingte Nothwendigkeit, wie sie die Mot. voraussetzen, dürfte dagegen mit Rücksicht auf vorstehende Bemerkungen nicht anzuerkennen sein.

§ 233 St.

Insoweit die Hauptverhandlung ohne Anwesenheit des Angeklagten stattfinden kann[1], ist letzterer befugt, sich durch einen mit schriftlicher Vollmacht versehenen Vertheidiger vertreten zu lassen[2].

1. S. die §§ 230 Abs. 2—232.

2. Nur solche Personen sind als Vertreter zuzulassen, welche zu Vertheidigern gewählt werden dürfen. Die „anderen Personen" des § 138 Abs. 2 bedürfen der Erlaubniß des Gerichts. Auch Zugeständnisse, welche der Vertreter Namens des Angekl. abgiebt, sind für diesen bindend. Doch muß die Vollmacht der Vertretungs-Befugniß ausdrücklich erwähnen.

§ 235 St.

Das Gericht ist stets* befugt, das persönliche Erscheinen des Angeklagten anzuordnen und dasselbe durch einen Vorführungsbefehl oder Haftbefehl zu erzwingen.

* Also auch im Falle des § 232 St., selbst wenn eine Veränderung der Sachlage, welche eine höhere als die dort bezeichnete Strafe veranlassen könnte, nicht eingetreten ist. Vergl. die Note 2 zu § 232.

§ 236 St.

Das Gericht kann im Falle eines Zusammenhangs zwischen mehreren bei ihm anhängigen Strafsachen die Verbindung derselben zum Zwecke gleichzeitiger Verhandlung anordnen, auch wenn dieser Zusammenhang nicht der im § 3 bezeichnete ist.

Die Vorschrift wird z. B. Anwendung finden, wenn strafbare Handlungen gleichzeitig und in ähnlicher Weise von mehreren Personen begangen sind. An den Vorschriften über die Zuständigkeit der Gerichte ändert dieselbe nichts. — Inwieweit vor der Beschlußfassung die Betheiligten zu hören sind, ergiebt sich aus dem § 33 St.

§ 237 St.

Die Leitung der Verhandlung, die Vernehmung des Angeklagten und die Aufnahme des Beweises erfolgt durch den Vorsitzenden.

Wird eine auf die Sachleitung bezügliche Anordnung des Vorsitzenden[1] von einer bei der Verhandlung betheiligten Person[2] als unzulässig beanstandet, so entscheidet das Gericht.

1. Diese Vorschrift wird nicht ausschließlich auf Anordnungen, sondern auf das Verfahren des Vorsitzenden überhaupt Anwendung finden.

2. Ob amtlich oder nicht amtlich betheiligt, ist gleichgiltig.

§ 238 St.

Die Vernehmung der von der Staatsanwaltschaft und dem Angeklagten benannten Zeugen und Sachverständigen[1] ist der Staatsanwaltschaft und dem Vertheidiger auf deren übereinstimmenden Antrag[2] von dem Vorsitzenden zu überlassen. Bei den von der Staatsanwaltschaft benannten Zeugen und Sachverständigen hat diese, bei den von dem Angeklagten benannten der Vertheidiger in erster Reihe das Recht zur Vernehmung.

1. Nach dieser Wortfassung findet die Vorschrift auf die von Amtswegen geladenen Zeugen und Sachverständigen keine Anwendung.

Es ist zulässig, das Verfahren auf einzelne Zeugen oder Sachverständige zu beschränken. Zustimmung oder Widerspruch des Angekl. selbst ist einflußlos.

2. Der Antrag ist vor dem Beginn der Vernehmung des betreffenden Zeugen bzhw. Sachverständigen zu stellen.

§ 239 St.

Der Vorsitzende hat den beisitzenden Richtern auf Verlangen zu gestatten, Fragen an die Zeugen und Sachverständigen* zu stellen. Dasselbe hat der Vorsitzende der Staatsanwaltschaft, dem Angeklagten und dem Vertheidiger, sowie den Schöffen zu gestatten.

* Auf das Recht, dem Angekl. Fragen unmittelbar vorzulegen, ist die Vorschrift nicht auszudehnen, zumal dem in der Reichs-Justizkommission gestellten Antrage, in diesem § auch des Angekl. vor „Zeugen" zu erwähnen, nicht stattgegeben worden ist (Prot. S. 347 folg. u. 351). Daraus folgt aber nicht, daß die Schöffen und der AAnw. auch nicht die Vorlegung speciell von ihnen bezeichneter Fragen durch den Vorsitzenden beantragen und im Weigerungsfall Entscheidung durch das Gericht verlangen dürften (§ 237 Abs. 2 Note 1 und § 241). Ohne diese Befugniß würden sie den mit Mängeln der Vernehmung des Angekl. für diesen selbst, oder für die Anklage verknüpften Nachtheilen vorzubeugen, außer Stande sein, was nicht beabsichtigt sein kann. Es ist aber auch ferner aus dem § nach seiner Fassung nicht herzuleiten, daß der Amtsrichter nicht befugt sei, den Schöffen und dem AAnw. zu gestatten, dem Angekl. direkt solche Fragen vorzulegen, um die Verweitläuftigung des Verfahrens zu vermeiden, welche mit der erst durch seine Vermittelung erfolgenden Vorlegung beantragter Fragen verbunden ist. Um ihm diese Befugniß zu entziehen, hätte es einer ausdrücklichen Vorschrift bedurft.

§ 240 St.

Demjenigen, welcher im Falle des § 238 Abs. 1 die Befugniß der Vernehmung mißbraucht, kann dieselbe von dem Vorsitzenden entzogen werden.

In den Fällen des § 238 Abs. 1 und des § 239 Abs. 2 kann der Vorsitzende ungeeignete* oder nicht zur Sache gehörige Fragen zurückweisen.

* Unter „ungeeignete" Fragen dürften vorzugsweise solche, welche die Person des Befragten betreffen; unter „nicht zur Sache gehörige" solche zu verstehen sein, welche auf den Gegenstand der Vernehmung keinen Bezug haben.

§ 241 St.

Zweifel über die Zulässigkeit einer Frage entscheidet in allen Fällen das Gericht.

Nach § 198 Abs. 1 G. erfolgen Entscheidungen des Gerichts nach der absoluten Mehrheit der Stimmen. Den Fall gleicher Stimmen und des von dem Vorsitzenden dann zu gebenden Ausschlags kennt das Gesetz nicht. Hieraus folgt, daß auch derjenige Schöffe, dessen Frage der Vorsitzende als ungeeignet oder nicht zur Sache gehörig zurückweist, bei der dem „Gericht" anheimfallenden Entscheidung mitzustimmen hat.

§ 242 St.

Die Hauptverhandlung beginnt mit dem Aufrufe der Zeugen und Sachverständigen[1].

Hieran schließt sich die Vernehmung des Angeklagten über seine persönlichen Verhältnisse und die Verlesung des Beschlusses über die Eröffnung des Hauptverfahrens.

Sodann erfolgt die weitere Vernehmung des Angeklagten nach Maßgabe des § 136[2].

Die Verlesung des Beschlusses und die Vernehmung des Angeklagten geschieht in Abwesenheit der zu vernehmenden Zeugen[3].

1. Nach dem Entwurfe sollte auf den Aufruf der Zeugen und Sachverständigen und die Vernehmung des Angekl. über seine persönlichen Verhältnisse „die Mittheilung des Inhalts der Anklageschrift durch die StAschft." folgen. Das durch die Just.-Komm. herbeigeführte Ausscheiden dieser Mittheilung wird zur Folge haben, daß, da der Verweisungsbeschluß nach den Erfordernissen des § 205, dahin lautend:

„In dem Beschlusse, durch welchen das Hauptverfahren eröffnet wird, ist die dem Angeklagten zur Last gelegte That unter Hervorhebung ihrer gesetzlichen Merkmale und des anzuwendenden Strafgesetzes, sowie das Gericht zu bezeichnen, vor welchem die Hauptverhandlung stattfinden soll".

einen genügenden Ueberblick über das der Anklage zum Grunde liegende Sachverhältniß nicht gewährt, den Schöffen das Verständniß der Zeugenaussagen insbesondere dann wesentlich erschwert wird, wenn der Angekl., wozu er berechtigt ist, die Auslassung über die Anklage verweigert. Den hieraus für einen sachgemäßen Ausgang der Untersuchung zu besorgenden Nachtheilen wird dadurch vorzubeugen sein, daß entweder in Fällen, wo der Verweisungsbeschluß dem Antrage der StAschft. entspricht, der wesentliche Inhalt der Anklageschrift demselben einverleibt wird, oder der Vorsitzende nach Verlesung desselben das Thatsächliche der Anklage verdeutlicht.

2. Der im Abs. 3 in Bezug genommene, die Vernehmung des Angekl. im Vorverfahren betreffende § 136 St. lautet:

Bei Beginn der ersten Vernehmung ist dem Beschuldigten zu eröffnen, welche strafbare Handlung ihm zur Last gelegt wird. Der Beschuldigte ist zu befragen, ob er etwas auf die Beschuldigung erwidern wolle.

Die Vernehmung soll dem Beschuldigten Gelegenheit zur Beseitigung der gegen ihn vorliegenden Verdachtsgründe und zur Geltendmachung der zu seinen Gunsten sprechenden Thatsachen geben.

Bei der ersten Vernehmung des Beschuldigten ist zugleich auf die Ermittelung seiner persönlichen Verhältnisse Bedacht zu nehmen.

Die Hinweisung auf denselben bezweckt, dem Vorsitzenden zu vergegenwärtigen, daß dieser § auch für die Vernehmung des Angekl. in der Hauptverhandlung maßgebend sei, mithin, dem Princip des Anklageprozesses entsprechend, ein Inquiriren gegen den Angekl. nicht zulässig sei. Da jedoch die Vernehmung demselben „Gelegenheit zur Widerlegung der gegen ihn vorliegenden — d. h. der dem Beschlusse über die Eröffnung des Hauptverfahrens zum Grunde liegenden § 201 — Verdachtsgründe geben soll, diese ihm aber durch Verlesung des Beschlusses nicht bekannt gemacht werden (§ 205), so müssen sie ihm durch den AR. vorgehalten werden.

3. Die Anwesenheit der Sachverständigen ist daher zulässig.

§ 243 St.

Nach der Vernehmung des Angeklagten folgt die Beweisaufnahme*.

Es bedarf eines Gerichtsbeschlusses, wenn ein Beweisantrag abgelehnt werden soll[1], oder wenn die Vornahme einer Beweishandlung eine Aussetzung der Hauptverhandlung erforderlich macht.

Das Gericht kann auf Antrag und von Amtswegen[2] die Ladung von Zeugen und Sachverständigen sowie die Herbeischaffung anderer Beweismittel anordnen.

* Für die Schöffengerichte läßt der § 211 St. eine Abweichung von den allgemeinen Vorschriften über das Verfahren in der Hauptverhandlung durch die Bestimmung zu:

„Vor dem Schöffengerichte kann ohne schriftlich erhobene Anklage und ohne eine Entscheidung über die Eröffnung des

Hauptverfahrens zur Hauptverhandlung geschritten werden, wenn der Beschuldigte entweder sich freiwillig stellt oder in Folge einer vorläufigen Festnahme dem Gerichte vorgeführt oder nur wegen Uebertretung verfolgt wird. Der wesentliche Inhalt der Anklage ist in den Fällen der freiwilligen Stellung oder der Vorführung in das Sitzungsprotokoll, anderenfalls in die Ladung des Beschuldigten aufzunehmen."

1. Die Vorschrift wird auch Anwendung finden, wenn der Vorsitzende die Ladung von Zeugen oder Sachverständigen im Vorverfahren abgelehnt hat und der betreffende Antrag in der Hauptverhandlung erneuert wird.

2. Auch einer solchen von Amtswegen zu treffenden Anordnung wird die frühere Seitens des Vorsitzenden erfolgte Ablehnung eines auf die Beweiserhebung gerichteten Antrages nicht entgegenstehen. Vergl. Note 1.

3. Wird eine beantragte Beweiserhebung abgelehnt, so muß das Protokoll ergeben, ob der Beschluß auf thatsächlichen oder rechtlichen Erwägungen beruht.

4. Hinsichtlich des bei Zeugenvernehmungen zu beobachtenden Verfahrens vergl. § 68 St.

§ 244 St.

Die Beweisaufnahme ist auf die sämmtlichen vorgeladenen Zeugen und Sachverständigen sowie auf die anderen herbeigeschafften Beweismittel zu erstrecken. Von der Erhebung einzelner Beweise kann jedoch abgesehen werden, wenn die Staatsanwaltschaft und der Angeklagte hiermit einverstanden sind.

In den Verhandlungen vor den Schöffengerichten und vor den Landgerichten in der Berufungsinstanz, sofern die Verhandlung vor letzteren eine Uebertretung betrifft oder auf erhobene Privatklage erfolgt, bestimmt das Gericht den Umfang der Beweisaufnahme, ohne hierbei durch Anträge, Verzichte oder frühere Beschlüsse gebunden zu sein*.

* Die Verschiedenheit der Vorschrift des Abs. 2 von der des Abs. 1 beruht auf der Zulässigkeit des Rechtsmittels der Berufung gegen schöffengerichtliche Urtheile. Das Schöffengericht ist auch befugt, die Beweisaufnahme gänzlich auszusetzen, wenn sich herausstellt, daß das den Gegenstand der Anklage bildende Delikt verjährt ist, der gesetzlich erforderliche Strafantrag fehlt u. dergl.

§ 245 St.

Eine Beweiserhebung darf nicht deshalb abgelehnt werden, weil das Beweismittel oder die zu beweisende Thatsache zu spät vorgebracht worden sei.

Ist jedoch ein zu vernehmender Zeuge oder Sachverständiger[1] dem Gegner des Antragstellers so spät namhaft gemacht oder eine zu beweisende Thatsache so spät vorgebracht worden, daß es dem Gegner an der zur Einziehung von Erkundigungen erforderlichen Zeit gefehlt hat, so kann derselbe bis zum Schlusse der Beweisaufnahme die Aussetzung der Hauptverhandlung zum Zwecke der Erkundigung beantragen[2].

Dieselbe Befugniß haben die Staatsanwaltschaft und der Angeklagte in Betreff der auf Anordnung des Vorsitzenden oder des Gerichts geladenen Zeugen oder Sachverständigen[3].

Ueber die Anträge entscheidet das Gericht nach freiem Ermessen[4].

1. Im Absatz 1 ist allgemein von der „Beweiserhebung", hier nur von Zeugen und Sachverständigen die Rede. Gleichwohl kann die Nothwendigkeit der Erkundigung in gleichem Maße bei neu beigebrachten Urkunden eintreten. Es ergeben auch so wenig die Mot. S. 138, als die Prot. der JK. S. 375 folg., daß die Vorschrift des Abs. 2 absichtlich auf Zeugen und Sachverständige beschränkt worden sei.

2. Bei der Berathung des § in der JK. faßte die Regierungsvertretung (Prot. S. 955) die Worte „kann beantragen" wohl mit Recht dahin auf, daß dadurch dem Gericht als Regel vorgeschrieben sei, die beantragte Aussetzung zu beschließen, sofern es die Unzulänglichkeit der Zeit zur Erkundigung anerkenne. Doch wird dies nur Platz greifen, wenn die Thatsache bzhw. das Beweismittel für erheblich erachtet wird.

3. Nämlich in Gemäßheit des § 243 Abs. 3.

4. S. § 244 Abs. 2.

§ 246 St.

Das Gericht kann den Angeklagten, wenn zu befürchten ist, daß ein Mitangeklagter oder ein Zeuge bei seiner Vernehmung in Gegenwart des Angeklagten die Wahrheit nicht sagen werde, während dieser Vernehmung aus dem Sitzungszimmer abtreten lassen. Der Vorsitzende hat jedoch den Angeklagten, sobald dieser wieder vorgelassen worden, von dem wesentlichen Inhalt desjenigen zu unterrichten, was während seiner Abwesenheit ausgesagt oder sonst verhandelt worden ist[1].

In gleicher Weise ist zu verfahren, wenn das Gericht wegen ordnungswidrigen Benehmens des Angeklagten zeitweise dessen Entfernung aus dem Sitzungszimmer angeordnet hat.

1. Behauptet der StA. oder der Vertheidiger, daß die Mittheilungen ungenügend oder ungenau seien, so wird das Gericht zu entscheiden haben. Zur Herbeiführung einer solchen Entscheidung werden auch die Schöffen befugt sein.

2. Das Protokoll muß über das auf Grund der Vorschrift des § Geschehene Auskunft geben.

3. Wiewohl sich eine Veranlassung, den Angekl. abtreten zu lassen, in

völlig gleichem Maße, wie bei der Abhörung von Zeugen, auch bei der Vernehmung von Sachverständigen des niederen Handwerkerstandes, Hebammen u. dergl. darbieten kann, erscheint eine Ausdehnung der Vorschrift des § auf diese doch bedenklich, da der im § 72 in Bezug genommene Abschnitt der St. den § 246 nicht mit umfaßt, und die Vorschrift des letzteren eine Abweichung von dem Prinzip der Mündlichkeit des Verfahrens bildet.

§ 247 St.

Die vernommenen Zeugen und Sachverständigen dürfen sich* nur mit Genehmigung oder auf Anweisung des Vorsitzenden von der Gerichtsstelle entfernen. Die Staatsanwaltschaft und der Angeklagte sind vorher zu hören.

* Es wird dies denselben bekannt zu machen sein.

§ 248 St.

Urkunden und andere als Beweismittel dienende* Schriftstücke werden in der Hauptverhandlung verlesen. Dies gilt insbesondere von früher ergangenen Strafurtheilen, von Straflisten und von Auszügen aus Kirchenbüchern und Personenstandsregistern und findet auch Anwendung auf Protokolle über die Einnahme des richterlichen Augenscheins.

* Soweit die §§ 249—255 nicht Beschränkungen ergeben, ist die Verlesung aller Arten von Urkunden, aus denen nach der Ansicht des Gerichts für die Entscheidung etwas hergeleitet werden kann, zulässig. Nach den Grundsätzen der Mündlichkeit des Verfahrens ist es jedoch unstatthaft, Aussagen einer Person zu verlesen, deren Abhörung in der Hauptverhandlung ausführbar ist. § 249. Welche Urkunden und „Schriftstücke" verlesen worden, wird im Protokoll anzugeben sein.

§ 249 St.

Beruht der Beweis einer Thatsache auf der Wahrnehmung einer Person, so ist die letztere in der Hauptverhandlung zu vernehmen. Die Vernehmung darf nicht durch Verlesung des über eine frühere Vernehmung aufgenommenen Protokolls oder einer schriftlichen Erklärung ersetzt werden*.

* Bei der Berathung des § in der J.Komm. herrschte Einverständniß darüber, daß derselbe nur die Verlesung von Vernehmungs-Protokollen, nicht auch anderer Urkunden zu beschränken, bestimmt sei. Prot. S. 381.

§ 250 St.

Ist ein Zeuge, Sachverständiger oder Mitbeschuldigter verstorben oder in Geisteskrankheit verfallen, oder ist sein Aufenthalt nicht zu ermitteln gewesen, so kann das Protokoll über seine frühere[1] richterliche[2] Vernehmung verlesen werden. Dasselbe gilt von den bereits verurtheilten Mitschuldigen.

In den im § 222 bezeichneten Fällen ist die Verlesung des Protokolls über die frühere Vernehmung statthaft, wenn letztere nach Eröffnung des Hauptverfahrens, oder wenn sie in dem Vorverfahren unter Beobachtung der Vorschriften des § 191 erfolgt ist[3].

Die Verlesung kann nur durch Gerichtsbeschluß angeordnet, auch muß der Grund derselben verkündet und bemerkt werden, ob die Beeidigung der vernommenen Personen stattgefunden hat. An den Bestimmungen über die Nothwendigkeit der Beeidigung wird hierdurch für diejenigen Fälle, in denen die nochmalige Vernehmung ausführbar ist, nichts geändert.

1. Ob hierunter nur die in derselben Untersuchung, oder auch die in einem anderen Verfahren stattgehabte, denselben Gegenstand betreffende Vernehmung von Zeugen und Sachverständigen zu verstehen sei, lassen die Mot. zweifelhaft, ist auch nicht Gegenstand der Berathung in der JK. gewesen. Da indeß nach Abs. 3 selbst die Verlesung einer unbeeideten — an sich nicht beweisfähigen — Aussage zulässig ist, auch das Protokoll über die Vernehmung eines „bereits verurtheilten Mitschuldigen" in der Regel in einer früheren Untersuchung aufgenommen sein wird, dürfte es vom Ermessen des Gerichts abhängen, ob ein Protokoll der letzteren Art zu verlesen sei.

2. Nicht also staatsanwaltschaftliche oder polizeiliche.

3. Die in diesem § in Bezug genommenen §§ lauten:

a) § 191. Findet die Einnahme eines Augenscheins statt, so ist der Staatsanwaltschaft, dem Angeschuldigten und dem Vertheidiger die Anwesenheit bei der Verhandlung zu gestatten.

Dasselbe gilt, wenn ein Zeuge oder Sachverständiger vernommen werden soll, welcher voraussichtlich am Erscheinen in der Hauptverhandlung verhindert, oder dessen Erscheinen wegen großer Entfernung besonders erschwert sein wird.

Von den Terminen sind die zur Anwesenheit Berechtigten vorher zu benachrichtigen, soweit dies ohne Aufenthalt für die Sache geschehen kann.

Einen Anspruch auf Anwesenheit hat der nicht auf freiem Fuße befindliche Angeschuldigte nur bei solchen Terminen, welche an der Gerichtsstelle des Orts abgehalten werden, wo er sich in Haft befindet.

Auf die Verlegung eines Termins wegen Verhinderung haben die zur Anwesenheit Berechtigten keinen Anspruch.

b) § 222. Wenn dem Erscheinen eines Zeugen oder

Sachverständigen in der Hauptverhandlung für eine längere oder ungewisse Zeit Krankheit oder Gebrechlichkeit oder andere nicht zu beseitigende Hindernisse entgegenstehen, so kann das Gericht die Vernehmung desselben durch einen beauftragten oder ersuchten Richter anordnen. Die Vernehmung erfolgt, soweit die Beeidigung zulässig ist, eidlich.

Dasselbe gilt, wenn ein Zeuge oder Sachverständiger vernommen werden soll, dessen Erscheinen wegen großer Entfernung besonders erschwert sein wird.

§ 251 St.

[1]Die Aussage eines vor der Hauptverhandlung vernommenen Zeugen[2], welcher erst in der Hauptverhandlung von seinem Rechte, das Zeugniß zu verweigern, Gebrauch macht, darf nicht verlesen werden.

1. Bei der Allgemeinheit seiner Fassung findet der § auch auf den Fall Anwendung, wenn die zur Zeugnisverweigerung berechtigte Person als Vertheidigungszeuge zu Gunsten des Angekl. Zeugniß abgelegt hat, sowie ferner, wenn das zur Zeugnißverweigerung berechtigende Verhältniß, z. B. Verlobung, erst nach der im Vorverfahren erfolgten Vernehmung des Zeugen entstanden ist.

2. Der § spricht nur von Zeugen, und darf mit Rücksicht auf den nur der Vorschriften des sechsten Abschnits erwähnenden § 72 St. zumal bei der Singularität seiner Vorschrift auf Sachverständige um so weniger zur Anwendung kommen, als bei der Berathung in der Just.-Komm. gelegentlich auch der „Sachverständigen" Erwähnung geschah, mithin Veranlassung gegeben war, dieselbe auch auf diese auszudehnen. Prot. S. 381, Antrag zu § 213 des Entwurfs. Vergl. auch Note 3 zu § 246.

§ 252 St.

Erklärt ein Zeuge oder Sachverständiger, daß er sich einer Thatsache nicht mehr erinnert[1], so kann der hierauf bezügliche Theil des Protokolls[2] über seine frühere[3] Vernehmung zur Unterstützung seines Gedächtnisses verlesen werden.

Dasselbe kann geschehen, wenn ein in der Vernehmung hervortretender Widerspruch mit der früheren Aussage nicht auf andere Weise ohne Unterbrechung der Hauptverhandlung festgestellt oder gehoben werden kann.

1. Eine derartige Erklärung des Zeugen darf nicht mißbräuchlich dazu benutzt werden, den Zeugen von der vollständigen Ablegung seines Zeugnisses in der Hauptverhandlung zu entbinden, und an Stelle derselben seine früheren Aussagen zu verlesen. Das im Abs. 1 nachgelassene Verfahren ist vielmehr auf Fälle unbedingter Nothwendigkeit, dem Gedächtniß des Zeugen zu Hülfe zu kommen, zu beschränken.

2. Das in den §§ 250 u. 253 vor „Vernehmung" bzhw. „Protokoll"

stehende Wort „richterliche" fehlt hier. Die Protokolle der JK. S. 959 und die Mot. S. 141 bieten zwar keinen Anhalt zu der Annahme dar, daß dies auf Absicht beruhe; gleichwohl wird es sich mit Rücksicht auf den Zweck der Vorschrift rechtfertigen, dieselbe — mindestens in Fällen des Abs. 1 — auch auf Vernehmungen vor der StAschft. und der Polizeibehörde anzuwenden.

3. Das in der Note 2 zu § 250 Gesagte greift auch hier Platz.

§ 253 St.

Erklärungen des Angeklagten, welche in einem richterlichen* Protokolle enthalten sind, können zum Zwecke der Beweisaufnahme über ein Geständniß verlesen werden.

Dasselbe kann geschehen, wenn ein in der Vernehmung hervortretender Widerspruch mit der früheren Aussage nicht auf andere Weise ohne Unterbrechung der Hauptverhandlung festgestellt oder gehoben werden kann.

* Vergl. die Note 3 zu § 250. Die Mot. bemerken S. 139: „Sei das Geständniß nicht zu gerichtlichem Protokoll abgegeben, so würden diejenigen Personen, in deren Gegenwart das Geständniß erfolgt sei, als Zeugen zu vernehmen sein".

Diese Bemerkung dürfte jedoch, wenn das Geständniß zu staatsanwaltschaftlichem Protokoll abgelegt ist, auf den StA. wegen seiner Stellung als Ankläger keine Anwendung finden.

§ 254 St.

In den Fällen der §§ 252, 253 ist die Verlesung und der Grund derselben auf Antrag der Staatsanwaltschaft oder des Angeklagten im Protokolle zu erwähnen.

§ 255 St.

Die ein Zeugniß oder ein Gutachten enthaltenden Erklärungen öffentlicher Behörden, mit Ausschluß von Leumundszeugnissen[1], desgleichen ärztliche Atteste[2] über Körperverletzungen, welche nicht zu den schweren gehören, können verlesen werden.

Ist das Gutachten einer kollegialen Fachbehörde eingeholt worden, so kann das Gericht die Behörde ersuchen, eines ihrer Mitglieder mit der Vertretung des Gutachtens in der Hauptverhandlung zu beauftragen und dem Gerichte zu bezeichnen.

1. Die Zulässigkeit von Leumunds-Zeugen ist — wie auch die Mot. S. 141 annehmen — durch diese Bestimmung nicht unbedingt ausgeschlossen.

2. Aus der Erwähnung „Körperverletzungen" wird zu folgern sein, daß bei solchen Atteste von Wundärzten ausreichen.

Aerzte sind als solche keine Beamte (Ges. vom 9. Dezember 1869 Nr. 1). Sie stehen vielmehr anderen Sachverständigen gleich. Sofern daher die

Landesgesetze nicht abweichende Bestimmungen enthalten, werden nur solche Atteste Beweiskraft haben, in Bezug auf welche der Sachverständigen-Eid geleistet ist.

§ 256 St.

Nach der Vernehmung eines jeden Zeugen, Sachverständigen oder Mitangeklagten, sowie nach der Verlesung eines jeden Schriftstücks soll der Angeklagte befragt werden, ob er etwas zu erklären habe.

§ 257 St.

Nach dem Schlusse der Beweisaufnahme erhalten die Staatsanwaltschaft und sodann der Angeklagte zu ihren Ausführungen und Anträgen das Wort.

Der Staatsanwaltschaft steht das Recht der Erwiderung zu; dem Angeklagten gebührt das letzte Wort*.

Der Angeklagte ist, auch wenn ein Vertheidiger für ihn gesprochen hat, zu befragen, ob er selbst noch etwas zu seiner Vertheidigung anzuführen habe.

* Auch in Bezug auf die Höhe der zu erkennenden Strafe ist die StAschft. Anträge zu stellen befugt.

§ 258 St.

Einem der Gerichtssprache nicht mächtigen Angeklagten müssen aus den Schlußvorträgen mindestens die Anträge der Staatsanwaltschaft und des Vertheidigers durch den Dolmetscher bekannt gemacht werden*.

Dasselbe gilt von einem tauben Angeklagten, sofern nicht eine schriftliche Verständigung erfolgt.

* Die Aussagen der Zeugen und Sachverständigen müssen einem solchen Angekl. mitgetheilt werden (§§ 186. 187 G.). Der § soll nur den Zweifel beseitigen, ob die Schlußvorträge ihm vollständig mitzutheilen seien, oder ob die Mittheilung der Anträge geeigneten Falls genüge. Prot. der JK. S. 400.

§ 259 St.

Die Hauptverhandlung schließt¹ mit der Erlassung des Urtheils. Das Urtheil kann nur auf Freisprechung, Verurtheilung oder Einstellung des Verfahrens lauten.

Die Einstellung des Verfahrens ist auszusprechen, wenn bei einer nur auf Antrag zu verfolgenden strafbaren Handlung sich ergiebt, daß der erforderliche Antrag nicht vorliegt*, oder wenn der Antrag rechtzeitig zurückgenommen ist.

1. Es ist hier ein definitiver Schluß gemeint. Denn eine Hauptverhandlung kann auch mit der, selbst noch bei der Berathung des Urtheils zulässigen Anordnung einer Nachholung bezüglich der Beweiserhebung schließen.

2. Dasselbe wird gelten, wenn der Antrag verspätet gestellt ist (vergl. die Schlußworte des §).

Die Nothwendigkeit eines Antrages ist im Betreff schöffengerichtlicher Untersuchungen vorgeschrieben in den §§ 123. 172. 189. 194. 247. 263. 288. 292. 299. 300. 303. 370. Nr. 5 u. 6 StGB.

Der § 64 StGB. schreibt vor: Die Zurücknahme des Antrages ist nur in den gesetzlich bestimmten Fällen und nur bis zur Verkündung eines auf Strafe lautenden Urtheils zulässig.

Die rechtzeitige Zurücknahme des Antrages gegen eine der vorbezeichneten Personen (Thäter, Theilnehmer, Begünstiger) hat die Einstellung des Verfahrens auch gegen die Anderen zur Folge.

3. In Fällen, wo die Verurtheilung des Angekl. in erster Instanz wegen mehrerer strafbarer Handlungen erfolgt, die Berufung aber nur in Bezug auf eine oder einzelne derselben eingelegt ist, und in Betreff dieser — sei es durch Freisprechung oder Erhöhung oder Minderung der Strafe — vom Berufungsrichter eine Abänderung beschlossen wird, ist dieser zu einer der Sachlage entsprechenden Bemessung der Gesammtstrafe gänzlich außer Stande, wenn nicht im ersten Urtheil — mindestens in den Gründen desselben — für jede einzelne durch dasselbe bestrafte Handlung das für angemessen erachtete Strafmaß speziell angegeben ist. Denn da vor dem Berufungsrichter in einem solchen Falle in Bezug auf die von der Berufung nicht betroffenen Strafthaten eine Verhandlung, bzhw. Beweisaufnahme nicht stattfindet, er sich also ein eigenes Urtheil darüber, welcher Theil von der im ersten Urtheil erkannten Gesammtstrafe, mit Rücksicht auf die hinsichtlich der einzelnen Delikte vorwaltenden erschwerenden und mildernden Umstände, auf jedes derselben zu rechnen sei, nicht zu bilden vermag, kann ihm ein Anhalt zur Arbitrirung der Höhe der im Berufungsurtheil festzusetzenden Strafe nur auf jenem Wege gewährt werden. Das bezeichnete Verfahren des Schöffengerichts wird sich daher, wenngleich in der St. nicht vorgeschrieben, im Interesse der Strafrechtspflege empfehlen.

§ 260 St.

Ueber das Ergebniß der Beweisaufnahme entscheidet das Gericht nach seiner freien, aus dem Inbegriffe der Verhandlung geschöpften Ueberzeugung.

§ 261 St.

Hängt die Strafbarkeit einer Handlung von der Beurtheilung eines bürgerlichen Rechtsverhältnisses ab, so entscheidet[1] das Strafgericht auch über dieses nach den für das Verfahren und den Beweis in Strafsachen geltenden Vorschriften[2].

Das Gericht ist jedoch befugt, die Untersuchung auszusetzen und einem der Betheiligten zur Erhebung der Civilklage eine Frist zu bestimmen oder das Urtheil des Civilgerichts abzuwarten[3].

1. Selbstverständlich für die Untersuchung, nicht für das civilrechtliche Verhältniß.

2. Der § überweist — wenigstens nach seinen Worten — dem Strafrichter ganz allgemein die Entscheidung auch über das die Strafbarkeit der Handlung bedingende bürgerliche Rechtsverhältniß nach den für das Verfahren und die Beweisführung in Untersuchungssachen geltenden Vorschriften. Derselbe ist daher z. B. in einer auf Grund des § 292 StGB. eingeleiteten Untersuchung über die civilrechtliche Frage, ob dem Angekl. seiner Behauptung gemäß das Recht der Jagdausübung zustehe, zu entscheiden befugt.

Gleichwohl darf an den Worten des Gesetzes nicht ohne Einschränkung festgehalten, es muß vielmehr der Schutz, welchen das durch ein Judikat zwischen Parteien subjektiv festgestellte formelle Recht gewährt, auch vom Strafrichter anerkannt werden.

Ist z. B. durch ein rechtskräftiges im Civilprozeß zwischen A und B ergangenes Urtheil entschieden, daß das Eigenthum an einer Sache dem A, nicht aber dem B zustehe, und wird demnächst A, weil er die im Besitze des B befindlich gewesene Sache nach ergangenem Judikat demselben weggenommen habe (§ 242 StGB.), des Diebstahls angeklagt, so darf der Strafrichter die Frage, ob die Sache nicht in der That dem B und nicht, wie der Civilrichter entschieden, dem A gehört habe, nicht von Neuem zur Prüfung ziehen und, wenn er der ersteren Ansicht ist, den A wegen Diebstahls verurtheilen; er muß vielmehr das Eigenthum des A als dem B gegenüber formell feststehend anerkennen und ihn freisprechen.

Zu diesem Resultat führt auch schon die Erwägung, daß ein Diebstahl ohne die Absicht der Aneignung einer fremden Sache strafrechtlich nicht denkbar ist, diese Absicht aber bei Demjenigen ausscheidet, welchem das Eigenthum an der Sache im geordneten Rechtswege rechtskräftig zugesprochen ist.

Auch die Mot. erkennen an, daß der Strafrichter das durch Judikat — subjektiv unter den Parteien — festgestellte formelle Recht schützen müsse. Dabei bemerken sie, daß es einer ausdrücklichen Vorschrift darüber, unter welchen Voraussetzungen schon die bloße Existenz eines vor der That ergangenen Urtheils auf die Entscheidung des Strafrichters von Einfluß sein müsse, nicht bedurft habe, da diese Frage vom Strafrichter in jedem einzelnen Falle nach allgemeinen Rechtsgrundsätzen beurtheilt und entschieden werden müsse, auch nicht lediglich prozessualischer Natur sei und sich überdies erschöpfende, in allen Fällen gleichmäßig passende Bestimmnngen nicht geben ließen.

3. Der Strafrichter ist, wenn er diesen Weg aus Zweckmäßigkeitsgründen wählt, an das in dem Civilprozeß ergehende Urtheil nicht unbedingt gebunden, darf sich vielmehr bei der Fällung des Strafurtheils von seiner eigenen Ansicht über das civilrechtliche Verhältniß, auch wenn sie von der Entscheidung des Civilrichters abweicht, leiten lassen. Er wird insbesondere dann veranlaßt sein, das Civilprozeß-Urtheil unberücksichtigt zu lassen, wenn der Inhalt der demselben zu Grunde liegenden Akten den Verdacht einer Kollusion der Parteien zum Zwecke der Beeinflussung des Ausganges der Untersuchung erweckt.

Ungeachtet der allgemeinen Fassung der Vorschrift des Abs. 2 wird dieselbe doch in Fällen der Verhaftung des Angekl. außer Anwendung bleiben müssen.

§ 262 St.

Zu einer jeden dem Angeklagten nachtheiligen Entscheidung, welche die Schuldfrage betrifft, ist eine Mehrheit von zwei Drittheilen der Stimmen erforderlich*.

* Die Vorschrift hat für das Schöffengericht nur insofern Bedeutung, als sie ergiebt, daß Stimmeneinheit nicht erforderlich ist.

§ 263 St.

Gegenstand der Urtheilsfindung ist die in der Anklage bezeichnete That, wie sich dieselbe nach dem Ergebnisse der Verhandlung darstellt.

Das Gericht ist an diejenige Beurtheilung der That, welche dem Beschlusse über die Eröffnung des Hauptverfahrens zu Grunde liegt, nicht gebunden*.

* Vergl. § 153 St. Bezüglich der thatsächlichen Unterlage seines Urtheils ist das Gericht an die Klage gebunden. Es darf weder, wenn die Verhandlungen die von der Klage bezeichnete That objektiv oder subjektiv als nicht verübt herausstellen, dagegen eine andere als vom Angeklagten begangen nachweisen, in seinem Urtheil die letztere zum Gegenstande seiner Entscheidung machen, noch auch, wenn die Verhandlungen neben der ersteren eine andere That als vom Angeklagten verübt, ergeben, auch diese zur Beurtheilung ziehen. Vergl. jedoch § 265 St.

Dagegen ist es berechtigt, diejenige That, welche den Gegenstand der Anklage bildet, vom rechtlichen Standpunkte aus anders, als in der Klage oder auch in dem das Hauptverfahren eröffnenden Beschlusse geschehen, zu charakterisiren, z. B. einen Diebstahl anzunehmen, während die Anklage Unterschlagung behauptet, sowie auch, wenn es zwar in der Charakterisirung der That der Anklage, bzhw. jenem Beschlusse, beitritt, dieselbe aber nach den durch die Verhandlungen ermittelten Umständen unter ein härteres Strafgesetz als das dem Beschlusse zum Grunde gelegte fällt — seine Zuständigkeit vorausgesetzt — jenes zur Anwendung zu bringen.

§ 264 St.

Eine Verurtheilung des Angeklagten auf Grund eines anderen[1] als des in dem Beschlusse über die Eröffnung des Hauptverfahrens angeführten Strafgesetzes darf nicht erfolgen, ohne daß der Angeklagte zuvor auf die Veränderung des rechtlichen Gesichtspunktes besonders hingewiesen und ihm Gelegenheit zur Vertheidigung gegeben worden ist.

In gleicher Weise ist zu verfahren, wenn erst in der Verhandlung solche vom Strafgesetze besonders vorgesehene Umstände behauptet werden[2], welche die Strafbarkeit erhöhen.

Bestreitet der Angeklagte, unter der Behauptung, auf die Vertheidigung nicht genügend vorbereitet zu sein, neu hervorgetretene Umstände, welche die Anwendung eines schwereren Strafgesetzes gegen den Angeklagten zulassen als des in dem Beschlusse über die Eröffnung des Hauptverfahrens angeführten, oder welche zu den im zweiten Absatze bezeichneten gehören, so ist auf seinen Antrag die Hauptverhandlung auszusetzen.

Auch sonst hat das Gericht auf Antrag oder von Amtswegen die Hauptverhandlung auszusetzen, falls dies in Folge der veränderten Sachlage zur genügenden Vorbereitung der Anklage oder der Vertheidigung angemessen erscheint.

Auf die in § 244 Abs. 2 bezeichneten Verhandlungen findet die Vorschrift des dritten Absatzes nicht Anwendung.

1. Also nicht bloß schärferen, sondern auch milderen, mit Rücksicht auf die sich dadurch für die Vertheidigung eröffnenden neuen Gesichtspunkte.
2. Oder sich aus der Beweisaufnehme ergeben.
3. Hinsichtlich der Verhandlungen vor den SchG. gründet sich diese Bestimmung auf die Zulässigkeit des Rechtsmittels der Berufung.

§ 265 St.

Wird der Angeklagte im Laufe der Hauptverhandlung noch einer anderen* That beschuldigt, als wegen welcher das Hauptverfahren wider ihn eröffnet worden, so kann dieselbe auf Antrag der Staatsanwaltschaft und mit Zustimmung des Angeklagten zum Gegenstande derselben Aburtheilung gemacht werden.

Diese Bestimmung findet nicht Anwendung, wenn die That als ein Verbrechen sich darstellt oder die Aburtheilung derselben die Zuständigkeit des Gerichts überschreitet.

* Nach Ausweis der Verhandl. der Just.-Komm. sind solche strafbare Handlungen gemeint, die mit dem den Gegenstand der Untersuchung bildenden Delikt gleichartig sind. Prot. S. 460 u. 973.

§ 266 St.

Wird der Angeklagte verurtheilt, so müssen die Urtheilsgründe die für erwiesen erachteten Thatsachen angeben, in welchen die gesetzlichen Merkmale der strafbaren Handlung gefunden werden. Insoweit der Beweis aus anderen Thatsachen gefolgert wird, sollen auch diese Thatsachen angegeben werden.

Waren in der Verhandlung solche vom Strafgesetze besonders vorgesehene Umstände behauptet worden, welche die Strafbarkeit ausschließen, vermindern oder erhöhen, so müssen die Urtheilsgründe sich darüber aussprechen, ob diese Umstände für festgestellt oder für nicht festgestellt erachtet werden.

Die Gründe des Strafurtheils müssen ferner das zur Anwendung gebrachte Strafgesetz bezeichnen und sollen die Umstände anführen, welche für die Zumessung der Strafe bestimmend gewesen sind. Macht das Strafgesetz die Anwendung einer geringeren Strafe von dem Vorhandensein mildernder Umstände im Allgemeinen abhängig, so müssen die Urtheilsgründe die hierüber getroffene Entscheidung ergeben, sofern das Vorhandensein solcher Umstände angenommen, oder einem in der Verhandlung gestellten Antrage entgegen verneint wird.

Wird der Angeklagte freigesprochen, so müssen die Urtheilsgründe ergeben, ob der Angeklagte für nicht überführt, oder ob und aus welchen Gründen die für erwiesen angenommene That für nicht strafbar erachtet worden ist[1].

1. Die Mot. S. 159 bemerken: wenn von den Richtern der eine Theil den Angekl. nicht überführt, der andere einen Strafausschließungsgrund für dargethan erachte, und demzufolge – da eine Verurtheilung durch eine Mehrheit der Stimmen für das „schuldig" des Angekl. bedingt sei, der Mangel einer Einigung über die Gründe der Freisprechung aber nicht zur Verurtheilung führen könne — der Angekl. freizusprechen sei, die Urtheilsgründe sich auf die Angabe würden beschränken müssen, daß das Gericht nicht von der Schuld des Angekl. überzeugt worden sei.

Diese Bemerkung erscheint überzeugend. Die Nothwendigkeit eines solchen Verfahrens dürfte jedoch nur eintreten, wenn sich drei verschiedene Meinungen bilden. Denn, stehen sich nur zwei Meinungen gegenüber, so muß eine derselben die Majorität für sich haben.

2. Wird auf Geldstrafe erkannt, und ist die Beitreibbarkeit nicht zweifellos, so ist es zweckmäßig, im Urtheil zugleich die für den Fall der Nichteinziehbarkeit eintretende Freiheitsstrafe nach Maßgabe der §§ 28. 29. und 78 StGB. festzusetzen. Der hierauf bezügliche § 491 St. lautet:

Kann eine verhängte Geldstrafe nicht beigetrieben werden, und ist die Festsetzung der für diesen Fall eintretenden Freiheitsstrafe unterlassen worden, so ist die Geldstrafe nachträglich von dem Gericht in eine entsprechende Freiheitsstrafe umzuwandeln.

Daß die event. Festsetzung der Freiheitsstrafe auch in solchen Fällen zulässig ist, wo das Gesetz nur Geldstrafe androht, folgt daraus, daß für einzelne derartige Fälle die Umwandlung ausdrücklich verboten ist, z. B. § 24 des Ges. über das Urheberrecht an Schriftwerken v. 11. Juni 1870.

§ 267 St.

Die Verkündung des Urtheils erfolgt durch Verlesung der Urtheilsformel und Eröffnung der Urtheilsgründe am

Schlusse der Verhandlung oder spätestens mit Ablauf einer Woche nach dem Schlusse der Verhandlung. Die Eröffnung der Urtheilsgründe geschieht durch Verlesung oder durch mündliche Mittheilung ihres wesentlichsten Inhalts.

War die Verkündung des Urtheils ausgesetzt*, so sind die Urtheilsgründe vor derselben schriftlich festzustellen.

* Tritt die — möglichst zu vermeidende — Aussetzung der Urtheilsverkündung bei einem SchG. ein, so werden die Schöffen verpflichtet sein, dem Verkündungstermin beizuwohnen, da die Verkündung einen Theil der Hauptverhandlung bildet, der § 50 G. daher analog anwendbar erscheint. Aus der Vorschrift des § 275 St., wonach es der Unterschrift der Schöffen unter dem Urtheil nicht bedarf, ist nicht herzuleiten, daß ihre Gegenwart bei der Urtheilsverkündung nicht erforderlich sei.

Aus den Worten: „durch Verlesung" geht hervor, daß eine mündliche Verkündung des Inhalts des Urtheilstenors unstatthaft ist.

§ 270 St.

Stellt sich nach dem Ergebnisse der Verhandlung[1] die dem Angeklagten zur Last gelegte That als eine solche dar, welche die Zuständigkeit des Gerichts überschreitet, so spricht es durch Beschluß seine Unzuständigkeit aus und verweist die Sache an das zuständige Gericht.

Dieser Beschluß hat die Wirkung eines das Hauptverfahren eröffnenden Beschlusses und muß den Erfordernissen eines solchen entsprechen[2].

Ist der Beschluß von einem Schöffengerichte ergangen, so kann der Angeklagte innerhalb einer bei der Bekanntmachung des Beschlusses zu bestimmenden Frist die Vornahme einzelner Beweiserhebungen vor der Hauptverhandlung beantragen. Ueber den Antrag entscheidet der Vorsitzende des Gerichts, an welches die Sache verwiesen ist.

1. Der Abs. 1 spricht nur von einer Verweisung „nach dem Ergebnisse der Verhandlung", also nach beendeter Verhandlung und Beweisaufnahme. Es kann aber bei den Schöffengerichten auch der Fall eintreten, daß die Schöffen nicht erst — wie bei der Berathung des § in der JK. (Prot. S. 410—418 und 971—981) unterstellt zu sein scheint — im Laufe der Verhandlung, sondern schon bei der Einsicht der Anklage und der Verlesung des Beschlusses über die Eröffnung des Hauptverfahrens (§ 242 Abs. 2), die dem Angekl. zur Last gelegte That rechtlich von einem anderen Gesichtspunkte aus auffassen, als dies Seitens des Amtsrichters bei der Eröffnung des Hauptverfahrens geschehen ist, daß sie z. B. den Raum, in welchem ein Diebstahl verübt worden, für „umschlossen" im Sinne des § 243 Nr. 2 StGB. erachten, während der Amtsrichter entgegengesetzter Ansicht ist, oder doch bei Eröffnung des Hauptverfahrens war.

In einem solchen Falle würde eine vollständige Verhandlung der Sache einschließlich der Beweisaufnahme mindestens dann, wenn die der Anklage zum Grunde liegenden Vorverhandlungen, oder auch die von dem Angekl. beim Beginn der Hauptverhandlung abgegebenen Erklärungen denselben des schwereren Delikts genügend verdächtig erscheinen lassen, zwecklos sein, da sie vor dem Landgerichte in ihrer ganzen Ausdehnung wiederholt werden muß. Unter jenen Voraussetzungen dürfte daher der Beschluß mit der Wirkung des Abs. 2 zu fassen sein, sobald sich herausstellt, daß die Mehrheit der Mitglieder aus Rechtsgründen das Gericht für unzuständig erachtet.

2. Der hierauf bezügliche § 205 St. lautet:

„In dem Beschlusse, durch welchen das Hauptverfahren eröffnet wird, ist die dem Angekl. zur Last gelegte That unter Hervorhebung ihrer gesetzlichen Merkmale und des anzuwendenden Strafgesetzes, sowie das Gericht zu bezeichnen, vor welchem die Hauptverhandlung stattfinden soll.

Das Gericht hat zugleich von Amtswegen über die Anordnung oder Fortdauer der Untersuchungshaft zu beschließen."

3. Die Vorschrift des § 270 findet, wenn sich die Unzuständigkeit des SchG. durch die Verhandlung herausstellt, auch auf den Fall stattgehabter Ueberweisung der Sache an das SchG. (§ 75 G.) Anwendung.

§ 271 St.

Ueber die Hauptverhandlung ist ein Protokoll aufzunehmen und von dem Vorsitzenden und dem Gerichtsschreiber zu unterschreiben.

Ist der Vorsitzende verhindert, so unterschreibt für ihn der älteste beisitzende Richter. Im Falle der Verhinderung des Amtsrichters genügt die Unterschrift des Gerichtsschreibers.

§ 272 St.

Das Protokoll über die Hauptverhandlung enthält:

1. den Ort und den Tag der Verhandlung;
2. die Namen der Richter, Geschworenen und Schöffen, des[1] Beamten der Staatsanwaltschaft, des Gerichtsschreibers und des zugezogenen Dolmetschers;
3. die Bezeichnung der strafbaren Handlung nach der Anklage[2];
4. die Namen der Angeklagten, ihrer Vertheidiger, der Privatkläger, Nebenkläger, gesetzlichen Vertreter, Bevollmächtigten und Beistände;
5. die Angabe, daß öffentlich verhandelt oder die Oeffentlichkeit ausgeschlossen ist[3].

1. Event. der Beamten. Vergl. § 226 St.
2. Nach dem Eröffnungsbeschluß. Vergl. § 270 Note 2.

3. Es bedarf auch der Anführung der Gründe für die erfolgte Ausschließung der Oeffentlichkeit. § 175 G.

§ 273 St.

Das Protokoll muß den Gang und die Ergebnisse der Hauptverhandlung im Wesentlichen wiedergeben und die Beobachtung aller wesentlichen Förmlichkeiten ersichtlich machen, auch die Bezeichnung der verlesenen Schriftstücke, sowie die im Laufe der Verhandlung gestellten Anträge[1], die ergangenen Entscheidungen und die Urtheilsformel enthalten.

Aus der Hauptverhandlung vor dem Schöffengerichte sind außerdem die wesentlichen Ergebnisse der Vernehmungen in das Protokoll aufzunehmen[2].

Kommt es auf die Feststellung eines Vorganges in der Hauptverhandlung oder des Wortlauts einer Aussage oder einer Aeußerung an, so hat der Vorsitzende die vollständige Niederschreibung und Verlesung anzuordnen. In dem Protokoll ist zu bemerken, daß die Verlesung geschehen und die Genehmigung[3] erfolgt ist, oder welche Einwendungen erhoben sind.

1. Auch Behauptungen, wie die im § 266 Abs. 2 St. erwähnten, sowie auch die von den Betheiligten ausgesprochenen Rügen von Formmängeln.

Unter „Entscheidungen" sind hier alle im Laufe der Verhandlung ergehenden Beschlüsse zu verstehen.

2. Es ist hierunter eine möglichst vollständige Wiedergabe dessen zu verstehen, was der Angekl., die Zeugen, Sachverständigen u. s. w. erklärt und bekundet haben. Die Vorschrift gründet sich auf die Zulässigkeit des Rechtsmittels der Berufung gegen schöffengerichtliche Urtheile.

3. Diese Vorschrift dürfte nicht bloß auf den Staatsanwalt und den Angekl., sondern auch auf den Dolmetscher, die Zeugen und Sachverständigen, um deren Aussagen oder Aeußerungen es sich handelt, zu beziehen sein.

§ 274 St.

Die Beobachtung der für die Hauptverhandlung vorgeschriebenen Förmlichkeiten kann nur durch das Protokoll bewiesen werden. Gegen den diese Förmlichkeiten betreffenden Inhalt desselben ist nur der Nachweis der Fälschung zulässig.

§ 275 St.

Das Urtheil mit den Gründen ist binnen drei Tagen[1] nach der Verkündung zu den Akten zu bringen, falls es nicht bereits vollständig in das Protokoll aufgenommen worden ist.

Es ist von den Richtern, welche bei der Entscheidung mitgewirkt haben, zu unterschreiben. Ist ein Richter verhindert, seine Unterschrift beizufügen, so wird dies unter Angabe des Verhinderungsgrundes von dem Vorsitzenden und bei dessen Verhinderung von dem ältesten beisitzenden Richter unter dem Urtheile vermerkt. Der Unterschrift der Schöffen bedarf es nicht[2].

Die Bezeichnung des Tages der Sitzung, sowie die Namen der Richter, der Schöffen[3], des Beamten der Staatsanwaltschaft und des Gerichtsschreibers, welche an der Sitzung Theil genommen haben, sind in das Urtheil aufzunehmen.

1. Ist der Amtsrichter an der Ausarbeitung des nicht in das Protokoll aufgenommenen Urtheils innerhalb dreier Tage — z. B. durch Krankheit — für kurze Zeit verhindert, so wird, da die Fristbestimmung für wesentlich nicht zu erachten ist, eine Verlängerung der Frist zulässig sein. Tritt dagegen die Verhinderung für immer oder voraussichtlich für lange Zeit ein, so wird, da die Redaktion der Urtheilsgründe nicht zu den Funktionen der Schöffen gehört, eine neue Hauptverhandlung stattfinden müssen.

2. Hierdurch ist nur ausgesprochen, daß dieselbe nicht nothwendig ist, nicht aber, daß die Schöffen nicht berechtigt sind, das Urtheil zu unterschreiben, auch wenn es nicht sofort mit den Gründen in das Protokoll aufgenommen wird. Es darf ihnen nicht verschränkt werden, sich von der Uebereinstimmung der in das Urtheil aufgenommenen Gründe mit den von der Mehrheit der Mitglieder des Gerichts der Entscheidung zum Grunde gelegten zu überzeugen. Doch werden sie sich zu diesem Zwecke zu einer ihnen vom Amtsrichter auf ihr Verlangen zu bestimmenden Zeit an der Gerichtsstätte einzufinden haben.

3. Bei den Schöffen wird sich die Reihenfolge nach dem Lebensalter richten. Vergl. § 199 G.

Berathung und Abstimmung.

§ 194 G.

Bei Entscheidungen dürfen Richter nur in der gesetzlich bestimmten Anzahl mitwirken.

Bei Verhandlungen von längerer Dauer kann der Vorsitzende die Zuziehung von Ergänzungsrichtern anordnen, welche der Verhandlung beizuwohnen und im Falle der Verhinderung* eines Richters für denselben einzutreten haben.

Die vorstehenden Bestimmungen finden auch auf Schöffen und Geschworene Anwendung.

* Der Ausdruck „Verhinderung" umfaßt nicht alle voraussichtlich eintretenden Fälle. Die Vorschrift wird auch Platz greifen, wenn ein Schöffe in einer mehrere Sitzungstage in Anspruch nehmenden Sache an einer auf den ersten Tag folgenden Sitzung ohne Hinderungsgrund ausbleibt. § 56 G.

Ob Veranlassung sei, einen Ergänzungs-Richter, Schöffen oder Geschworenen in Funktion treten zu lassen, wird, beim Mangel einer hierauf bezüglichen Vorschrift, in gleicher Weise, wie die Zuziehung, vom Vorsitzenden abhängen.

Daß nur solche Ergänzungsschöffen an der Berathung und Abstimmung Theil nehmen dürfen, welche der ganzen Hauptverhandlung beigewohnt haben, ist selbstverständlich.

§ 195 G.

Die Berathung und Abstimmung des Gerichts erfolgt nicht öffentlich*.

Diese Vorschrift steht der Zulassung der bei dem Gerichte zu ihrer juristischen Ausbildung beschäftigten Personen nicht entgegen.

* Hinsichtlich des Gerichtsschreibers hat zwar in der JK. der Vorsitzende ohne Widerspruch konstatirt, daß derselbe nach der Meinung der Kommission nicht zugegen sein dürfe. Prot. S. 693 und Prot. v. 20. Oktbr. 1876 S. 7. Diese Meinung der Just.-Komm. ist jedoch, da sie im Gesetz keinen Ausdruck gefunden hat, für die Gerichte nicht bindend.

§ 196 G.

Der Vorsitzende leitet die Berathung[1], stellt die Fragen und sammelt die Stimmen.

Meinungsverschiedenheiten über den Gegenstand, die Fassung und die Reihenfolge der Fragen oder über das Ergebniß der Abstimmung entscheidet das Gericht[2].

1. Die Berathung und Abstimmung ist vorweg auf die Vor- (sg. Präjudicial) Fragen bzhw. Einreden, z. B. mangelnde Zurechnungsfähigkeit des Angekl., Nothwehr, Mangel des erforderlichen Strafantrages und dergl. zu richten. Führt diese Abstimmung nicht zur Verweisung der Sache an ein anderes Gericht (§ 270 St.) zur Einstellung des Verfahrens, oder zur Freisprechung des Angekl. (§ 259 St.), bedarf es vielmehr der Entscheidung darüber: ob nach den Ergebnissen der Vernehmung des Angekl. und der stattgehabten Beweisaufnahme der Angekl. zu bestrafen oder freizusprechen sei, so tritt die in der strafgerichtlichen Praxis streitige Frage entgegen: ob über die einzelnen That- und Rechtsfragen getrennt, oder ob „nach Resultaten", also darüber abzustimmen sei, ob nach der gesammten thatsächlichen und rechtlichen Sachlage Strafe über den Angekl. zu verhängen sei oder nicht. Gegen jene erste Abstimmungsart wird mit Recht geltend gemacht, daß bei derselben leicht der Fall eintritt, daß der Angekl. zu Strafe verurtheilt wird, obgleich jeder einzelne bei der Abstimmung betheiligte Richter seine Freisprechung für geboten erachtet. Häufiger als bei den mit fünf Richtern besetzten Spruch-Kollegien würde dieser Uebelstand bei den SchG. eintreten. Ist beispielsweise über die Fragen zu entscheiden:

a. Liegt objektiv eine unter ein Strafgesetz fallende Handlung vor;

b. ist für festgestellt zu erachten, daß dieselbe vom Angekl. verübt worden;
c. war dieser bei der Verübung zurechnungsfähig;

und wird die erste dieser Fragen von Einem der beiden Schöffen, die zweite von dem anderen Schöffen, die dritte von dem Amtsrichter verneint, die Bejahung jeder derselben aber durch die Majorität der beiden übrigen Stimmen entschieden, so muß der Angekl. nach diesem Abstimmungs-Princip verurtheilt werden, obgleich Jeder der drei Votirenden — der Erste, weil er die That für straflos hält, der Zweite, weil er den Beweis gegen den Angekl. vermißt, der Dritte, weil er dessen Unzurechnuugsfähigkeit zur Zeit der That für dargethan erachtet — denselben freisprechen will. Diese Freisprechung wird aber in Fällen dieser Art erzielt, wenn die Abstimmung nach Resultaten erfolgt, also die Frage schließlich dahin gestellt wird, ob der Angekl. zu bestrafen oder freizusprechen sei.

2. Einschließlich der Schöffen.

§ 197 G.

Kein Richter, Schöffe oder Geschworener, darf die Abstimmung über eine Frage verweigern, weil er bei der Abstimmung über eine vorhergegangene Frage in der Minderheit geblieben ist*.

* Nach den Mot. S. 205 soll diese Vorschrift nur den Sinn haben, daß alle Fragen vom ganzen Kollegium zu beantworten sind, nicht aber über die kontroverse Frage entscheiden, ob ein Mitglied sich, wenn es bei einer Vorfrage in der Minderheit geblieben ist, bei ferneren Abstimmungen — richtiger wohl: bei der Schlußabstimmung — berechtigt ist, seinen früheren Standpunkt festzuhalten, oder ob es die betreffende Frage durch den früheren Majoritätsbeschluß für definitiv entschieden anzusehen hat; beispielsweise, ob ein Mitglied, welches die Vorfrage, ob der Angekl. zur Zeit der That zurechnungsfähig gewesen sei, gegen die Mehrheit verneint hat, bei der Schlußabstimmung aus jenem Grunde für Freisprechung stimmen dürfe, oder ob dasselbe die Zurechnungsfähigkeit des Angeklagten für feststehend zu erachten habe. Diese Frage — so heißt es in den Mot. — lasse sich nicht durch positive gesetzliche Vorschriften beantworten und werde nach logischen Grundsätzen in Gemäßheit der Verschiedenheit der Fälle verschieden beantwortet werden müssen.

Wie der Amtsrichter in der Sache selbst zu verfahren habe, wenn ein Schöffe mit der Vorschrift des § in Widerspruch tritt, sagt das Gesetz nicht. Um annehmen zu können, daß die verweigerte Stimme so zu zählen sei, als ob sie zu Gunsten des Angekl. abgegeben sei, dürfte es einer besonderen Vorschrift bedurft haben. Es wird daher, wenn der Schöffe — welcher nach § 56 G. einer Geldstrafe verfällt — bei seiner Weigerung beharrt, die Hauptverhandlung abzubrechen und eine neue, unter Einberufung eines anderen Schöffen anzuberaumen sein.

§ 198 G.

Die Entscheidungen erfolgen, soweit das Gesetz nicht ein Anderes bestimmt, nach der absoluten Mehrheit der Stimmen.

Bilden sich in einer Strafsache, von der Schuldfrage abgesehen, mehr als zwei Meinungen, deren keine die Mehrheit für sich hat, so werden die dem Beschuldigten nachtheiligsten Stimmen den zunächst minder nachtheiligen so lange hinzugerechnet, bis sich eine Mehrheit ergiebt*.

* Diese Vorschrift vereinfacht sich in der Anwendung für Strafsachen wesentlich dadurch, daß sie vorzugsweise bei der Bestimmung des Strafmaßes zur Anwendung kommt. Stimmen z. B. von drei Mitgliedern des SchG. das Erste für 6wöchentliche, das Zweite für 4wöchentliche, das dritte für 3wöchentliche Freiheitsstrafe, so ist auf 4 Wochen zu erkennen, da die Stimme des Ersten der des Zweiten hinzugerechnet wird, in Folge dessen für 4wöchentl. Strafe die Majorität von zwei Stimmen vorhanden ist.

§ 199 G.

Die Reihenfolge bei der Abstimmung richtet sich nach dem Dienstalter, bei den Schöffengerichten nach dem Lebensalter; der jüngste stimmt zuerst, der Vorsitzende zuletzt. Wenn ein Berichterstatter* ernannt ist, so giebt dieser seine Stimme zuerst ab.

* Eine Berichterstattung kann sich auch bei Schöffengerichten in verwickelten Sachen so wie dann empfehlen, wenn die Sache aus der Revisionsinstanz an das Schöffengericht zurückgewiesen ist, und es darauf ankommt, an der rechtlichen Beurtheilung, welche das Revisionsgericht der Aufhebung des früheren Urtheils zum Grunde gelegt hat, auch bei dem neuen Urtheil festzuhalten. Der Amtsrichter wird jedoch in einem solchen Falle die Berichterstattung selbst zu übernehmen haben, da nicht anzunehmen ist, daß das Gesetz die Beauftragung eines Schöffen mit derselben für zulässig erachtet habe, selbst wenn ein solcher dieser Aufgabe gewachsen ist. Doch wird in einem solchen Falle, da die Worte des Gesetzes nicht unterscheiden, der Amtsrichter seine Stimme zuerst abzugeben haben.

§ 200 G.

Schöffen sind verpflichtet, über den Hergang bei der Berathung und Abstimmung Stillschweigen zu beobachten.

Verfahren gegen Abwesende.

§ 318 St.

Ein Beschuldigter gilt als abwesend, wenn sein Aufenthalt unbekannt ist oder, wenn er sich im Ausland aufhält und seine Gestellung vor das zuständige Gericht nicht ausführbar oder nicht angemessen erscheint.

§ 319 St.

Gegen einen Abwesenden kann eine Hauptverhandlung nur dann stattfinden, wenn die den Gegenstand der Untersuchung bildende That nur mit Geldstrafe oder Einziehung, allein oder in Verbindung mit einander bedroht ist.

§ 322 St.

In der Hauptverhandlung kann für den Angeklagten ein Vertheidiger[1] auftreten. Auch Angehörige des ersteren sind, ohne daß sie einer Vollmacht bedürfen, als Vertreter zuzulassen[2].

1. Der Vertheidiger wird schriftliche Vollmacht beibringen müssen. Der § 233 St. findet zwar, da er keine allgemeine Vorschrift enthält, vielmehr nur auf die § 231. 232 St. zu beziehen ist, hier keine direkte Anwendung. Da es jedoch an einem genügenden Grunde zu einer derartigen Unterscheidung zwischen diesem Falle und dem der §§ 233. 418. 427 fehlt, auch die Prot. der JK. (S. 1079—1089) auf eine solche Absicht nicht schließen lassen, dürfte die Verschiedenheit in der Redaktion der beiden §§ auf ein Uebersehen zurückzuführen sein.

2. Aus dem Worte „Vertreter" folgt, daß auch die von den „Angehörigen" abgegebenen Erklärungen vor dem Gericht dieselbe Bedeutung haben, als wären sie vom Angekl. selbst abgegeben. Bei entgegengesetzter Absicht wurde das Gesetz die Worte: „können den Angekl. vertheidigen" gewählt haben. Der Angehörige wird sich daher als solcher glaubhaft auszuweisen haben; auch dürfte hier eine Ausdehnung des Begriffs „Angehörige" über die Definition des § 52 StGB. hinaus nicht zulässig sein. Vergl. dagegen die Note 2 zu § 106 Abs. 1 St.

Geben mehrere erschienene Angehörige von einander abweichende Erklärungen ab, so wird das Gericht die dem Angekl. günstigsten zu berücksichtigen haben.

Betheiligung des Verletzten bei dem Verfahren[1].

Privatklage.

§ 414 St.

Beleidigungen und Körperverletzungen[2] können, soweit die Verfolgung nur auf Antrag eintritt, von dem Verletzten im Wege der Privatklage verfolgt werden, ohne daß es einer vorgängigen Anrufung der Staatsanwaltschaft bedarf.

Die gleiche Befugniß steht denjenigen zu, welchen in den

Strafgesetzen das Recht, selbständig auf Bestrafung anzutragen, beigelegt ist.

Hat der Verletzte einen gesetzlichen Vertreter, so wird die Befugniß zur Erhebung der Privatklage durch diesen und, wenn Korporationen, Gesellschaften und andere Personenvereine, welche als solche in bürgerlichen Rechtsstreitigkeiten klagen können, die Verletzten sind, durch dieselben Personen wahrgenommen, durch welche sie in bürgerlichen Rechtsstreitigkeiten vertreten werden.

1. In diesem Abschnitt macht die St. von der Regel, daß die Gerichte zur Verfolgung strafbarer Handlungen nur durch Anträge der StAschft. veranlaßt werden, im Betreff der nur auf Antrag des Verletzten zu bestrafenden Beleidigungen und Körperverletzungen im Sinne des § 223 StGB. eine Ausnahme, indem sie dem Verletzten, bzhw. seinem Vertreter, gestattet, behufs Herbeiführung der Bestrafung des Thäters und der Geltendmachung des Rechts auf Buße, sowohl ohne vorgängige Anrufung der StAschft. als auch, wenn diese ihr Einschreiten ablehnt, vor dem Strafgericht eine Privatklage anzustellen.

2. Zwischen vorsätzlichen und fahrlässigen Körperverletzungen (§§ 223. 230 StGB.) unterscheidet der § nicht. Unter „Beleidigungen" sind auch Beleidigungen der Amtsehre zu verstehen.

§ 415 St.

Sind wegen derselben strafbaren Handlung mehrere Personen zur Privatklage berechtigt, so ist bei Ausübung dieses Rechts ein Jeder von dem Anderen unabhängig.

Hat jedoch einer der Berechtigten die Privatklage erhoben, so steht den übrigen nur der Beitritt zu dem eingeleiteten Verfahren, und zwar in der Lage zu, in welcher sich dasselbe zur Zeit der Beitrittserklärung befindet[1].

Jede in der Sache selbst ergangene Entscheidung[2] äußert zu Gunsten des Beschuldigten ihre Wirkung auch gegenüber solchen Berechtigten, welche die Privatklage nicht erhoben haben.

1. Aus den Worten dieser Vorschrift müßte gefolgert werden, daß, wenn durch eine fahrlässige Handlung, z. B. unvorsichtige Behandlung eines geladenen Gewehrs, oder durch fahrlässige Vergiftung, mehrere Personen Körperverletzungen erlitten haben, diejenige, welche erst später von der Person des Thäters Kenntniß erlangt, ihres Strafantrages und des ihr nach § 231 StGB. zustehenden Anspruchs auf Buße verlustig gehe, wenn ein anderer, sofort nach dem Vorfall von der Person des Thäters unterrichteter Verletzter eine Privatklage gegen diesen erhoben hat und über dieselbe rechtskräftig erkannt ist, oder doch die Untersuchung sich in einer Lage — Revisionsinstanz — befindet, wo ein Beitritt durch den Nachweis der dem Ersteren zugefügten Körperverletzung und des Kausalnexus zwischen ihr und der That des Angeklagten nach den Vorschriften der St. nicht mehr möglich ist.

Daß in diesem Erfolge der Vorschrift eine Rechtsverletzung anzuerkennen sei, für welche vergebens nach einer Rechtfertigung geforscht wird, scheint keiner Ausführung zu bedürfen.

Aber auch in Bezug auf „Beleidigungen" gefährdet der §, nach seinem Wortsinne aufgefaßt, die Zwecke des StGB. in bedenklicher Weise.

Der § 196 desselben gewährt im Interesse des Staatsdienstes dem amtlichen Vorgesetzten eines beleidigten Beamten innerhalb dreier Monate nach seiner Kenntnißnahme von dem Sachverhältniß (§ 61 StGB.) seinerseits — außer dem unmittelbar Beleidigten — den Strafantrag zu stellen. Dieses Rechts würde er beim Vorhandensein noch eines anderen vom Thäter durch dieselbe Handlung Beleidigten unter den vorgedachten Umständen verlustig gehen, sobald dieser die Privatklage angestellt hat. Selbst die Zurücknahme des Strafantrages Seitens des Privatklägers (§ 194 StGB.) würde diesen Verlust nach sich ziehen.

Diese gegen die Auslegung der Vorschrift des Abs. 2 nach ihrem Wortlaute sprechenden Bedenken dürften es rechtfertigen, wenn die Anwendung desselben auf solche Fälle beschränkt wird, wo es sich um die Verletzung einer und derselben Person handelt, zur Rüge derselben aber verschiedene Personen, wie z. B. im Falle des § 189 StGB., berechtigt sind, und von dem auf den Antrag Eines der Berechtigten eingeleiteten Verfahren die Uebrigen so zeitig innerhalb der ihnen zustehenden Antragsfrist Kenntniß erlangt haben, um in demselben noch ihr Interesse wahrnehmen zu können.

2. Unter „Entscheidung" wird hier — abweichend von der allgemeinen Terminologie der St. — nur „Urtheil" nicht auch „Beschluß" und „Verfügung" zu verstehen sein.

Aber auch in diesem Sinne wird die Vorschrift — welche ohnehin zu Kollusionen zwischen Einem von mehreren Verletzten und dem Thäter Anlaß und Gelegenheit darbietet — nur auf den Fall, wenn die Handlung des Angekl. für nicht strafbar erachtet worden ist, nicht aber dann Anwendung finden, wenn der als Privatklägerin aufgetretenen Person ein Einwand, welcher sie allein betrifft, z. B. Verspätung des Strafantrages, entgegengesetzt worden und deshalb auf Einstellung des Verfahrens erkannt ist. § 259 St.

§ 417 St.

In dem Verfahren auf erhobene Privatklage ist die Staatsanwaltschaft zu einer Mitwirkung nicht verpflichtet; es ist ihr jedoch der zur Hauptverhandlung bestimmte Termin bekannt zu machen.

Auch kann die Staatsanwaltschaft in jeder Lage der Sache bis zum Eintritt der Rechtskraft des Urtheils durch eine ausdrückliche Erklärung die Verfolgung übernehmen. In der Einlegung eines Rechtsmittels ist die Uebernahme der Verfolgung enthalten.

Uebernimmt die Staatsanwaltschaft die Verfolgung, so richtet sich das weitere Verfahren nach den Bestimmungen, welche im zweiten Abschnitte dieses Buchs für den Anschluß des Verletzten als Nebenkläger gegeben sind*.

* §§ 435. 437. 443—446 St.

§ 418 St.

Der Privatkläger kann im Beistand eines Rechtsanwalts erscheinen, oder sich durch einen mit schriftlicher Vollmacht versehenen Rechtsanwalt vertreten lassen*.

* Daß der Privatkläger im Beistande eines Rechtsanwalts erscheinen darf, folgt aus der allgemeinen Rechtstheorie; hierzu bedurfte es daher keiner besonderen Vorschrift. Dies erwogen läßt die Wortfassung die Auslegung zu, daß der Privatkläger nur die Wahl habe, entweder im Beistande eines Rechtsanwalts zu erscheinen, oder sich durch einen solchen vertreten zu lassen, also nicht ohne Beistand in der Hauptverhandlung erscheinen dürfe. Es ist jedoch nicht beabsichtigt, das Recht, ohne Beistand zu erscheinen, dem Privatkläger zu verschränken.

§ 424 St.

Das weitere Verfahren richtet sich nach den Bestimmungen, welche für das Verfahren auf erhobene öffentliche Klage gegeben sind*.

* Vergl. hinsichtlich der unter Betheiligung der Schöffen stattfindenden Hauptverhandlung die §§ 225 folg. St.

§ 425 St.

Insoweit in dem Verfahren auf erhobene öffentliche Klage die Staatsanwaltschaft zuzuziehen und zu hören ist, wird im Verfahren auf erhobene Privatklage der Privatkläger zugezogen und gehört.

§ 427 St.

In der Hauptverhandlung kann auch der Angeklagte im Beistand eines Rechtsanwalts erscheinen oder sich auf Grund einer schriftlichen Vollmacht durch solchen vertreten lassen*.

Die Bestimmung des § 139 findet auf den Anwalt des Klägers wie auf den des Angeklagten Anwendung.

Das Gericht ist befugt, das persönliche Erscheinen des Klägers sowie des Angeklagten anzuordnen, auch den Angeklagten vorführen zu lassen.

* Die in den §§ 137. 138. 141. 149 St. enthaltenen Vorschriften sind durch den § 427, Mangels einer ausdrücklichen hierauf bezüglichen Bestimmung, für ausgeschlossen nicht zu erachten.

§ 428 St.

Bei wechselseitigen Beleidigungen und Körperverletzungen kann der Beschuldigte bis zur Beendigung der Schlußvorträge

(§ 257) in erster Instanz mittels einer Widerklage die Bestrafung des Klägers beantragen.

Ueber Klage und Widerklage ist gleichzeitig zu erkennen.

Die Zurücknahme der Klage ist auf das Verfahren über die Widerklage ohne Einfluß.

1. Die Mot. sagen S. 234 ganz allgemein: „der Beschuldigte kann als Widerkläger auftreten, wenn der Kläger sich gegen den Verkl. einer Beleidigung oder Körperverletzung schuldig gemacht hat". Hieraus dürfte folgen, nicht nur, daß die durch die Widerklage gerügte Handlung nicht gleichzeitig oder bei derselben Gelegenheit, wie die der Anklage zum Grunde liegende stattgefunden zu haben braucht, sondern auch, daß, wenn den Gegenstand der Anklage eine Beleidigung bildet, die Widerklage sich auf eine Körperverletzung gründen dürfe, es auch unerheblich sei, ob die Körperverletzung eine vorsätzliche oder durch Fahrlässigkeit verursachte ist. § 232 StGB.

Da bei der Widerklage der Angekl. die Stelle des Klägers, der Letztere die des Angekl. übernimmt, werden die, die Privat-Klage betreffenden Vorschriften (§§ 424. 425. 427 St.) auch auf die Widerklage anwendbar sein. Dasselbe gilt vom § 414 Abs. 3 den gesetzlichen Vertreter betreffend.

§ 429 St.

Findet das Gericht nach verhandelter Sache, daß die für festgestellt zu erachtenden Thatsachen eine solche strafbare Handlung darstellen, auf welche das in diesem Abschnitte vorgeschriebene Verfahren keine Anwendung erleidet, so hat es durch Urtheil, welches diese Thatsachen hervorheben muß, die Einstellung des Verfahrens auszusprechen.

Nebenklage.

§ 435 St.

Wer nach Maßgabe der Bestimmung des § 414 als Privatkläger aufzutreten berechtigt ist, kann sich der erhobenen öffentlichen Klage in jeder Lage des Verfahrens als Nebenkläger anschließen[1].

Die gleiche Befugniß steht demjenigen zu, welcher durch einen Antrag auf gerichtliche Entscheidung (§ 170) die Erhebung der öffentlichen Klage herbeigeführt hat, wenn die strafbare Handlung gegen sein Leben, seine Gesundheit, seine Freiheit, seinen Personenstand oder seine Vermögensrechte gerichtet war.

1. Im Falle des Abs. 1 wird Jeder von mehreren durch die strafbare Handlung in verschiedener Weise Verletzten als Nebenkläger auftreten, auch je nach der Schwere der ihm widerfahrenen Verletzung Buße beanspruchen und Beweiserhebung über die ihn speziell betreffenden Thatsachen in erster und zweiter Instanz, unabhängig von den Anderen, verlangen können. Vergl. § 443 Abs. 1 St.

2. Im Betreff der Prozeßfähigkeit des Nebenkl. greift die Vorschrift des § 414 Abs. 3 Platz.

3. Als Zeuge wird auch der Nebenkläger nicht vernommen werden dürfen.

§ 437 St.

Der Nebenkläger hat nach erfolgtem Anschlusse die Rechte des Privatklägers.

§ 443 St.

Die Befugniß, sich einer öffentlichen Klage nach den Bestimmungen der §§ 435—442 als Nebenkläger anzuschließen, steht auch demjenigen zu, welcher berechtigt ist, die Zuerkennung einer Buße zu verlangen.

Wer die Zuerkennung einer Buße in einem auf erhobene öffentliche Klage anhängigen Verfahren beantragen will, muß sich zu diesem Zwecke der Klage als Nebenkläger anschließen*.

* Vergl. die §§ 138 und 231 StGB.

§ 444 St.

Der Antrag auf Zuerkennung einer Buße kann bis zur Verkündung des Urtheils erster Instanz gestellt werden.

Der Antrag kann bis zur Verkündung des Urtheils zurückgenommen, ein zurückgenommener Antrag nicht erneuert werden.

Wird der Angeklagte freigesprochen oder das Verfahren eingestellt, oder die Sache ohne Urtheil erledigt, so gilt auch der Antrag ohne weitere Entscheidung für erledigt.

§ 445 St.

Der Nebenkläger hat den Betrag, welchen er als Buße verlangt, anzugeben*.

Auf einen höheren Betrag der Buße als den beantragten darf nicht erkannt werden.

* Beim Mangel einer entgegenstehenden Vorschrift wird eine Erhöhung oder Ermäßigung bis zur Verkündung des Urtheils zulässig sein.

§ 446 St.

Die Bestimmungen der §§ 444, 445 finden auf den Fall entsprechende Anwendung, daß von dem die Buße Beanspruchenden die Privatklage erhoben wird.

Besondere Arten des Verfahrens.

Verfahren bei amtsrichterlichen Strafbefehlen.

§ 447 St.

In den zur Zuständigkeit[1] der Schöffengerichte gehörigen Sachen, mit Ausnahme der im § 27 Nr. 3—8 des Gerichtsverfassungsgesetzes bezeichneten Vergehen, kann durch schriftlichen Strafbefehl des Amtsrichters ohne vorgängige Verhandlung eine Strafe festgesetzt werden, wenn die Staatsanwaltschaft schriftlich hierauf anträgt.

Durch einen Strafbefehl darf jedoch keine andere Strafe als Geldstrafe von höchstens einhundertfünfzig Mark oder Freiheitsstrafe von höchstens sechs Wochen, sowie eine etwa verwirkte Einziehung festgesetzt werden.

Die Ueberweisung des Beschuldigten an die Landespolizeibehörde darf in einem Strafbefehle nicht ausgesprochen werden.

1. Aus der Wahl des Wortes „Zuständigkeit" folgt, daß das Verfahren nur in den Fällen der Nrn. 1 u. 2 des § 27 G., nicht auch in solchen Untersuchungen stattfindet, welche dem Schöffengericht auf Grund des § 75 G. überwiesen werden.

2. Ein Antrag, Strafbefehle gegen Verhaftete nicht zuzulassen, wurde von der JK. abgelehnt. Prot. S. 1061.

§ 449 St.

Der Strafbefehl muß außer der Festsetzung der Strafe die strafbare Handlung, das angewendete Strafgesetz und die Beweismittel bezeichnen, auch die Eröffnung enthalten, daß er vollstreckbar werde, wenn der Beschuldigte nicht binnen einer Woche nach der Zustellung bei dem Amtsgerichte schriftlich oder zu Protokoll des Gerichtsschreibers Einspruch erhebe.

Auf den Einspruch kann vor Ablauf der Frist verzichtet werden.

§ 451 St.

Bei rechtzeitigem Einspruche wird zur Hauptverhandlung vor dem Schöffengerichte geschritten, sofern nicht bis zum Beginn derselben die Staatsanwaltschaft die Klage fallen läßt oder der Einspruch zurückgenommen wird.

Der Angeklagte kann sich in der Hauptverhandlung durch einen mit schriftlicher Vollmacht versehenen Vertheidiger vertreten lassen.

Bei der Urtheilsfällung ist das Schöffengericht an den in dem Strafbefehle enthaltenen Ausspruch nicht gebunden*.

* Dies ist für den Fall, wenn der Angekl. nach dem Ergebniß der Hauptverhandlung freizusprechen ist, selbstverständlich. Der Sinn der Vorschrift ist, daß das Schöffengericht an Stelle der in dem Strafbefehl festgesetzten Strafe eine nach Art und Maß andere — höhere oder niederere — erkennen darf. Vergl. 263 St.

§ 452 St.

Bleibt der Angeklagte ohne genügende Entschuldigung in der Hauptverhandlung aus, und wird er auch nicht durch einen Vertheidiger vertreten[1], so wird der Einspruch ohne Beweisaufnahme durch Urtheil verworfen[2].

1. Also auch, wenn er für seine Vertretung in Gemäßheit des § 451 Abs. 2 aktenkundig gesorgt hat.

2. Auch wenn das Gericht die That für straflos erachtet oder den Strafbefehl aus anderen Gründen für ungerechtfertigt erachtet.

3. Das im § 270 St. vorgeschriebene Verfahren wird, gleichviel, ob der Angekl. bzhw. sein Vertreter, in der Hauptverhandlung[3] erscheint oder nicht, auch hier analog einzutreten haben, wenn sich das Schöffengericht überzeugt, daß der Strafbefehl nach § 447 Abs. 1 nicht hätte erlassen werden sollen, weil die den Gegenstand desselben bildende strafbare Handlung die Zuständigkeit des Schöffengerichts überschreite. Daß eine Verhandlung nicht stattgefunden hat, dürfte dem nicht entgegenstehen. Vergl. 458 St.

Verfahren nach vorangegangener polizeilicher Strafverfügung*.

* Die vorhergehenden Vorschriften haben ausschließlich die richterliche Strafjustiz zum Gegenstande. Dieser und der folgende Abschnitt räumen aus Zweckmäßigkeitsgründen, unter Vorbehalt der Berufung des Beschuldigten auf richterliches Gehör, den Polizeibehörden und den betheiligten Verwaltungsbehörden eine beschränkte Strafgewalt ein.

§ 453 St.

Wo nach den Bestimmungen der Landesgesetze die Polizeibehörden befugt sind, eine in den Strafgesetzen angedrohte

Strafe durch Verfügung festzusetzen, erstreckt sich diese Befugniß nur auf Uebertretungen[1].

Auch kann die Polizeibehörde keine andere Strafe als Haft bis zu vierzehn Tagen oder Geldstrafe[2] und diejenige Haft, welche für den Fall, daß die Geldstrafe nicht beigetrieben werden kann, an die Stelle der letzteren tritt, sowie eine etwa verwirkte Einziehung verhängen[3].

Die Strafverfügung muß außer der Festsetzung der Strafe die strafbare Handlung, das angewendete Strafgesetz und die Beweismittel bezeichnen, auch die Eröffnung enthalten[4], daß der Beschuldigte, sofern er nicht eine nach den Gesetzen zugelassene Beschwerde an die höhere Polizeibehörde ergreife, gegen die Strafverfügung binnen einer Woche[5] nach der Bekanntmachung bei der Polizeibehörde, welche diese Verfügung erlassen hat, oder bei dem zuständigen Amtsgericht auf gerichtliche Entscheidung antragen könne.

1. Im Sinne des StGB. (§ 1 Abs. 3; §§ 360 folg. daselbst). Umfaßt der Begriff „Uebertretung" nach der Landesgesetzgebung höhere oder andere Strafen, so dürfen diese dennoch nicht auf Grund des § festgesetzt werden: Vergl. Abs. 2 Note 4.

2. Nicht über 150 Mrk. Vergl. die §§ 360. 363. 364. 367. 370 StGB.

3. Bezüglich der „Ueberweisung des Beschuldigten an die Landespolizeibehörde" fehlt es hier zwar an einer Bestimmung, wie die des § 447 Abs. 3 St. Es wird jedoch aus der im Abs. 2 enthaltenen bestimmten Begrenzung der Strafbefugniß zu folgern sein, daß auch hier die vorerwähnte Bestimmung des § 447 Platz greift.

4. Der Bemerkung eines Abgeordneten, daß, wenn Landesgesetze eine geringere, als die im Abs. 2 bezeichnete Strafe als Grenze der polizeilichen Strafbefugniß bestimmt hätten, hierin durch den § 453 St. nichts geändert werde, wurde Seitens der Regierungsvertretung beigetreten. Prot. S. 698.

5. Dadurch werden, wie auch von der Regierungsvertretung in der JK. (Prot. S. 699) anerkannt worden, die Landesgesetze, welche eine längere Frist gewähren, abgeändert.

§ 456 St.

Ist der Antrag rechtzeitig angebracht, so wird zur Hauptverhandlung vor dem Schöffengerichte geschritten, ohne daß es der Einreichung einer Anklageschrift oder einer Entscheidung über die Eröffnung des Hauptverfahrens bedarf*.

Bis zum Beginne der Hauptverhandlung kann der Antrag zurückgenommen werden.

* Die Worte: „Einer Entscheidung bedarf es nicht", im § 232 St. drücken aus, daß die Anklageschrift und die Entscheidung über die Eröffnung des Hauptverfahrens *fortfallen*.

In Betreff der Zulässigkeit von Nachholungen behufs Vervollständigung der thatsächlichen Ermittelungen vergl. Note 2 zu § 462 St.

§ 457 St.

Das Verfahren vor dem Schöffengericht ist dasselbe wie im Falle einer von der Staatsanwaltschaft erhobenen und zur Hauptverhandlung[1] verwiesenen Anklage.

Der Angeklagte kann sich durch einen mit schriftlicher Vollmacht versehenen Vertheidiger vertreten lassen.

Bei der Urtheilsfällung ist das Gericht an den Ausspruch der Polizeibehörde nicht gebunden[2].

1. §§ 225 folg. St. Die Vorschrift des § 452 Abs. 1 findet daher hier keine Anwendung. Demzufolge kann das Schöffengericht den ausgebliebenen Angekl. ohne Beweisaufnahme freisprechen, wenn es in der demselben durch die polizeiliche Strafverfügung zur Last gelegten Handlung eine vom Gesetz unter Strafe gestellte Uebertretung nicht erkennt.

2. Vergl. die Note 2 zu § 451 St.

§ 458 St.

Stellt sich nach dem Ergebnisse der Hauptverhandlung die That des Angeklagten als eine solche dar, bei welcher die Polizeibehörde zum Erlaß einer Strafverfügung nicht befugt war, so hat das Gericht die letztere durch Urtheil aufzuheben, ohne in der Sache selbst zu entscheiden.

Verfahren bei Zuwiderhandlungen gegen die Vorschriften über die Erhebung öffentlicher Abgaben und Gefälle.

§ 459 St.

Strafbescheide der Verwaltungsbehörden wegen Zuwiderhandlungen gegen die Vorschriften über die Erhebung öffentlicher Abgaben und Gefälle dürfen nur Geldstrafen* sowie eine etwa verwirkte Einziehung festsetzen.

Der Strafbescheid muß außerdem die strafbare Handlung, das angewendete Strafgesetz und die Beweismittel bezeichnen, auch die Eröffnung enthalten, daß der Beschuldigte, sofern er nicht eine nach den Gesetzen zugelassene Beschwerde an die höhere Verwaltungsbehörde ergreife, gegen den Strafbescheid binnen einer Woche nach der Bekanntmachung bei der Verwaltungsbehörde, welche denselben erlassen, oder bei derjenigen, welche ihn bekannt gemacht hat, auf gerichtliche Entscheidung antragen könne.

* Ohne Beschränkung des Betrages. Dagegen ist die Substituirung einer Freiheitsstrafe für den Fall der Nichtbeitreibbarkeit der Geldstrafe den Verwaltungsbehörden nicht gestattet. Vergl. § 453 Abs. 2 und im Betreff der Zuständigkeit die Noten 2 u. 6 zu § 27 G.

§ 462 St.

Ist der Antrag rechtzeitig angebracht[1], so wird zur Hauptverhandlung vor dem zuständigen Gerichte geschritten, ohne daß es der Einreichung einer Anklageschrift oder einer Entscheidung über die Eröffnung des Hauptverfahrens bedarf[2].

Bis zum Beginn der Hauptverhandlung kann der Antrag zurückgenommen werden.

1. Die Bestimmung des Abs. 2 § 449 wird auch hier analoge Anwendung finden.

2. Bei der Berathung des § in der JK. erklärte die Regierungsvertretung auf Anfrage, daß die Einleitung eines Vorverfahrens, falls dem Gerichte die Sache noch unklar, nicht ausgeschlossen sei, wie solches auch in Preußen häufig vorkomme. Prot. S. 699. —

§ 464 St.

Hat die Verwaltungsbehörde einen Strafbescheid nicht erlassen und lehnt die Staatsanwaltschaft den an sie gerichteten Antrag auf Verfolgung ab, so ist die Verwaltungsbehörde befugt, selbst die Anklage zu erheben.

In einem solchen Falle hat sie einen Beamten ihres Verwaltungszweiges oder einen Rechtsanwalt als ihren Vertreter zu bestellen und in der Anklage namhaft zu machen*.

* Da einer Vollmacht hier nicht, wie im § 427 St., Erwähnung geschieht, wird anzunehmen sein, daß die Namhaftmachung des Rechtsanwalts in der Anklageschrift diesen legitimirt.

§ 465 St.

Die Staatsanwaltschaft ist zu einer Mitwirkung in jeder Lage des Verfahrens berechtigt.

Bei der Hauptverhandlung muß sie vertreten sein.

§ 466 St.

Im Uebrigen regelt sich das Verfahren auf die von der Verwaltungsbehörde erhobene Anklage nach den für die Privatklage gegebenen Bestimmungen.

§ 467 St.

Hat der Beschuldigte gegen einen Strafbescheid auf gerichtliche Untersuchung angetragen, oder hat die Staatsanwaltschaft die Anklage erhoben, so kann die Verwaltungsbehörde sich der Verfolgung anschließen, und sie hat alsdann gleichwie bei einer von ihr erhobenen Anklage einen Vertreter zu bestellen[1].

In diesem Falle kommen die für den Anschluß des Verletzten als Nebenkläger gegebenen Bestimmungen zur Anwendung[2].

1. Nach der ihr im § 464 Abs. 2 St. überlassenen Wahl.

2. Die Vorschrift der §§ 451. 457 St., daß der Richter an den in dem Strafbescheide enthaltenen Ausspruch nicht gebunden sei, ist, wie die Regierungsvertretung in der JK. auf Anfrage erklärt hat, nicht in der Absicht hier fortgelassen worden, um die Gerichte zu binden; diese haben vielmehr das Strafmaß lediglich nach den Gesetzen, unabhängig von den Festsetzungen des Strafbescheides, zu bestimmen. Prot. S. 700.

Verfahren gegen Abwesende, welche sich der Wehrpflicht entzogen haben.

§ 470 St.

Bei Untersuchungen gegen — beurlaubte Reservisten und Wehrmänner der Land- oder Seewehr, welche ohne Erlaubniß ausgewandert sind (§ 360 Nr. 3 des Strafgesetzbuchs), Ersatzreservisten erster Klasse, welche ausgewandert sind, ohne der Militärbehörde vorher Anzeige gemacht zu haben (§ 360 Nr. 3 des Strafgesetzbuchs) — findet in Abwesenheit des Angeklagten eine Hauptverhandlung nach Maßgabe der folgenden Bestimmungen statt*.

* Die vorstehend nicht aufgenommenen Theile des § haben auf das schöffengerichtliche Verfahren keinen Bezug.

§ 471 St.

Für das Verfahren ist dasjenige Gericht zuständig, in dessen Bezirk der Angeklagte seinen letzten Wohnsitz oder gewöhnlichen Aufenthalt im deutschen Reiche gehabt hat.

Das Verfahren kann gleichzeitig gegen mehrere Personen gerichtet werden und die Verhandlung und Entscheidung ungetrennt erfolgen.

§ 472 St.

Die Erhebung der Anklage und die Eröffnung der Untersuchung erfolgt auf Grund einer Erklärung der mit der Controle der Wehrpflichtigen beauftragten Behörde.

In den Fällen — sowie bei Untersuchungen gegen beurlaubte Reservisten und Wehrmänner wegen Auswanderns ohne Erlaubniß (§ 360 Nr. 3 des Strafgesetzbuchs) ist die Erklärung dahin zu fassen:

daß der Aufenthalt des — Reservisten oder Wehrmannes im deutschen Reiche nicht ermittelt,

daß ihm eine Erlaubniß zur Auswanderung nicht ertheilt worden, und

daß der angestellten Erkundigungen ungeachtet sich keine Umstände ergeben haben, welche die Annahme ausschließen, daß er ausgewandert sei.

Bei Untersuchungen gegen Ersatzreservisten erster Klasse wegen Auswanderns ohne Anzeige bei der Militärbehörde (§ 360 Nr. 3 des Strafgesetzbuchs) ist die Erklärung dahin zu fassen:

daß der Aufenthalt des Ersatzreservisten im Deutschen Reich nicht ermittelt worden sei,

daß er von einer bevorstehenden Auswanderung der Militärbehörde eine Anzeige nicht gemacht habe, und

daß der angestellten Erkundigungen ungeachtet sich keine Umstände ergeben haben, welche die Annahme ausschließen, daß er ausgewandert sei*.

* S. die Note zu § 470.

§ 474 St.

Für die Hauptverhandlung findet die Bestimmung des § 322 Anwendung*.

* Vergl. die Noten zu § 322 St.

§ 475 St.

Sind die vorgeschriebenen Förmlichkeiten[1] beobachtet, so erfolgt die Verurtheilung des abwesenden Angeklagten auf Grund der im § 472 bezeichneten Erklärung, wenn sich nicht Umstände ergeben, welche dieser Erklärung[2] entgegenstehen.

Bedarf es in Ansehung eines Angeklagten einer Beweisaufnahme, so ist die Sache von den übrigen[3] zu trennen und gesondert zum Abschlusse zu bringen.

1. Die in Bezug auf die Ladung von dem Amtsrichter zu beobachtenden Förmlichkeiten enthält der § 473 St.

2. In der JK. wurde Seitens der Regierungs-Vertretung erklärt (S. 1067 der Prot.) daß der Richter keineswegs unbedingt an die Konsta-

tirung der Kontrolbehörde gebunden sei, vielmehr zur Freisprechung gelangen könne, wenn sich Umstände ergeben, welche jenen Konstatirungen entgegenständen.

Die Freisprechung wird aber auch in dem Falle eintreten können, wenn sich das Gericht erst in der Hauptverhandlung überzeugt, daß die Erklärung der Militärbehörde dem § 472 St. nicht entspricht.

3. § 471 Abs. 2.

Verfahren bei Einziehungen und Vermögensbeschlagnahmen.

§ 477 St.

In den Fällen, in welchen nach § 42 des Strafgesetzbuchs* oder nach anderweiten gesetzlichen Bestimmungen auf Einziehung, Vernichtung oder Unbrauchbarmachung von Gegenständen selbständig erkannt werden kann, ist der Antrag, sofern die Entscheidung nicht in Verbindung mit einem Urtheil in der Hauptsache erfolgt, seitens der Staatsanwaltschaft oder des Privatklägers bei demjenigen Gerichte zu stellen, welches für den Fall der Verfolgung einer bestimmten Person zuständig sein würde.

* Nach dem Beschluß des Preuß. Ob.Trib. v. 20. Febr. 1877 Goltd. A.B. 25 S. 49 ist der § 42 StGB. auch auf Uebertretungen anwendbar.

§ 478 St.

Die Verhandlung und Entscheidung erfolgt in einem Termine, auf welchen die Bestimmungen über die Hauptverhandlung entsprechende Anwendung finden.

Personen, welche einen rechtlichen Anspruch auf den Gegenstand der Einziehung, Vernichtung oder Unbrauchbarmachung haben*, sind, soweit dies ausführbar erscheint, zu dem Termine zu laden.

Dieselben können alle Befugnisse ausüben, welche einem Angeklagten zustehen, sich auch durch einen mit schriftlicher Vollmacht versehenen Vertheidiger vertreten lassen. Durch ihr Nichterscheinen wird das Verfahren und die Urtheilsfällung nicht aufgehalten.

* Bzhw. genügend unterstützt haben. Begründen solche Personen ein Widerspruchsrecht (§ 40 Abs. 1 StGB.), so wird nur auf Zurückweisung des Antrages der StAschft, oder des Privatklägers zu erkennen, des Widerspruchsrechts aber in der Urtheilsformel jedenfalls dann nicht zu erwähnen sein, wenn mehrere Personen mit Ansprüchen auf die Gegenstände auftreten, sich aber gegenseitig dieselben streitig machen.

Es wird auch nicht unzulässig sein, das Urtheil über die Einziehung in geeigneten Fällen bis zur rechtskräftigen Entscheidung über einen gegen dieselbe erhobenen und Seitens des Antragstellers bestrittenen Anspruch auf den Gegenstand auszusetzen. § 261 St.

Kosten des Verfahrens*.

* Durch das Gerichtskostengesetz vom 18. Juni 1878 RGBl. S. 141 werden die nachstehenden §§ nicht berührt.

§ 496 St.

Jedes Urtheil, jeder Strafbefehl und jede eine Untersuchung einstellende Entscheidung muß darüber Bestimmung treffen, von wem die Kosten des Verfahrens zu tragen sind.

Wenn über die Höhe der Kosten oder über die Nothwendigkeit der unter ihnen begriffenen Auslagen Streit entsteht, so erfolgt hierüber besondere Entscheidung.

§ 497 St.

Die Kosten, mit Einschluß der durch die Vorbereitung der öffentlichen Klage und die Strafvollstreckung entstandenen, hat der Angeklagte zu tragen, wenn er zu Strafe verurtheilt wird.

§ 498 St.

Wenn ein Angeklagter in einer Untersuchung, welche mehrere strafbare Handlungen umfaßt, nur in Ansehung eines Theils derselben verurtheilt wird, durch die Verhandlung der übrigen Straffälle aber besondere Kosten entstanden sind, so ist er von deren Tragung zu entbinden*.

Mitangeklagte, welche in Bezug auf dieselbe That zu Strafe verurtheilt sind, haften für die Auslagen als Gesammtschuldner.

* Die den Gerichten im § 505 eingeräumte Befugniß wird auch hier um so mehr Platz greifen, als die Regierungsvertretung bei der Berathung des § 505 sich dahin ausgesprochen hat, daß der § 498 in demselben Sinne zu verstehen sei. Prot. S. 730.

Der Abs. 1 des § 505 lautet:

Die Kosten eines zurückgenommenen oder erfolglos eingelegten Rechtsmittels treffen denjenigen, der dasselbe eingelegt hat. War das Rechtsmittel von der Staatsanwaltschaft eingelegt, so können die dem Beschuldigten erwachsenen nothwendigen Auslagen der Staatskasse auferlegt werden. Hatte das Rechtsmittel theilweisen Erfolg, so kann das Gericht die Kosten angemessen vertheilen.

§ 499 St.

Einem freigesprochenen oder außer Verfolgung gesetzten Angeschuldigten sind nur solche Kosten aufzuerlegen, welche er durch eine schuldbare Versäumniß verursacht hat.

Die dem Angeschuldigten erwachsenen nothwendigen Auslagen können der Staatskasse auferlegt werden*.

* Der Urtheilstenor wird nur die den Worten des § entsprechende allgemeine Bestimmung auszusprechen haben. Was nach dem Stande des Angekl. und den sonst vorwaltenden Umständen zu den „nothwendigen Auslagen" — d. h. unmittelbare Geldaufwendungen im Gegensatze zu Einbußen — gehöre, ist im Wege der Verfügung durch den Amtsrichter festzustellen.

§ 500 St.

Bei wechselseitigen Beleidigungen und Körperverletzungen wird die Verurtheilung eines oder beider Theile in die Kosten dadurch nicht ausgeschlossen, daß einer derselben oder beide für straffrei erklärt werden*.

* Dieser § ist lediglich negativen Inhalts. Eine positive Bestimmung, wie in den verschiedenen Fällen, beispielsweise wenn auf der einen Seite eine leichte nach § 185 StGB. mit einer Geldstrafe von einigen Mark geahndete wörtliche Beleidigung, auf der anderen eine mit mehrmonatlichem Gefängniß bestrafte Körperverletzung vorliegt, die Kosten vertheilt werden sollen, wird vermißt. Es wird richterliches Ermessen einzutreten haben. Eine Gesammthaftung für die Auslagen dürfte in einem solchen Falle nicht eintreten können, da die Voraussetzungen des § 498 Abs. 2 St. hier nicht zutreffen.
Vergl. die §§ 199. 233 StGB.

§ 501 St.

Ist ein, wenn auch nur außergerichtliches Verfahren durch eine wider besseres Wissen gemachte oder auf grober Fahrlässigkeit beruhende Anzeige veranlaßt worden, so kann das Gericht dem Anzeigenden, nachdem derselbe gehört worden, die der Staatskasse und dem Beschuldigten erwachsenen Kosten auferlegen*.

* Ueber die Form dieser Entscheidung sprechen sich die Mot. und die Prot. der JK. nicht aus. Es kann jedoch auch in Fällen, wo die Anklage zur Hauptverhandlung gediehen und ein Urtheil ergangen ist, nur ein Be-

schluß — welcher in schöffengerichtlichen Untersuchungen dem Amtsrichter ohne Betheiligung der Schöffen anheimfällt — gemeint sein, da der Denunciant (abgesehen von der Privatklage) nicht Partei in der Untersuchung ist, mithin eine Entscheidung durch das Urtheil nicht gegen ihn ergehen kann.

§ 502 St.

Erfolgt eine Einstellung des Verfahrens wegen Zurücknahme desjenigen Antrags, durch welchen dasselbe bedingt war, so hat der Antragsteller die Kosten zu tragen.

§ 503 St.

In einem Verfahren auf erhobene Privatklage hat der Verurtheilte auch die dem Privatkläger erwachsenen nothwendigen Auslagen zu erstatten.

Wird der Beschuldigte außer Verfolgung gesetzt oder freigesprochen, oder wird das Verfahren eingestellt[1], so fallen dem Privatkläger die Kosten des Verfahrens sowie die dem Beschuldigten erwachsenen nothwendigen Auslagen zur Last[2].

Ist den Anträgen des Privatklägers nur zum Theil entsprochen worden, so kann das Gericht die Kosten angemessen vertheilen.

Mehrere Privatkläger und mehrere Angeklagte haften als Gesammtschuldner.

1. Uebernimmt die StAschft. auf Grund des § 417 Abs. 2 die Verfolgung, so wird von diesem Zeitpunkte ab die Vorschrift des Abs. 2 außer Anwendung bleiben und bezüglich des den Privatkläger treffenden Theils der Kosten richterliches Ermessen eintreten müssen.

2. Die Vorschrift des Abs. 2 umfaßt auch den Fall, wenn sich durch das Verfahren herausgestellt hat, daß demselben eine wider besseres Wissen oder aus grober Fahrlässigkeit angestellte Klage zum Grunde gelegen hat. Nun ist zwar die Anwendbarkeit der im § 501 Abs. 1 enthaltenen Vorschrift auf die Privatklage nicht ausdrücklich ausgesprochen; da es aber an jedem Grunde fehlen würde, dem freigesprochenen Angeklagten auch unter jener Voraussetzung nur einen Anspruch auf Erstattung der nothwendigen Auslagen, und nicht — wie im § 501 — seiner Kosten überhaupt zu gewähren, so dürfte davon auszugehen sein, daß der § 501 Abs. 1 einen allgemeinen, auch auf die Privatklage anwendbaren Grundsatz enthalte.

§ 504 St.

Wird in dem Falle des § 173* der Angeschuldigte außer Verfolgung gesetzt oder freigesprochen, oder das Verfahren eingestellt, so finden auf den Antragsteller die Bestimmungen des § 503 Abs. 2, 3, 4, 5 entsprechende Anwendung. Das Gericht kann jedoch nach Befinden der Umstände den Antragsteller von der Tragung der Kosten ganz oder theilweise entbinden.

Vor der Entscheidung über den Kostenpunkt ist der Antragsteller zu hören, sofern er nicht als Nebenkläger aufzutreten berechtigt war.

* Die hierauf bezüglichen Vorschriften der St. lauten:

§ 169. Giebt die Staatsanwaltschaft einem bei ihr angebrachten Antrage auf Erhebung der öffentlichen Klage keine Folge, oder verfügt sie nach dem Abschlusse der Ermittelungen die Einstellung des Verfahrens, so hat sie den Antragsteller unter Angabe der Gründe zu bescheiden.

§ 170. Ist der Antragsteller zugleich der Verletzte, so steht ihm gegen diesen Bescheid binnen zwei Wochen nach der Bekanntmachung die Beschwerde an den vorgesetzten Beamten der Staatsanwaltschaft und gegen dessen ablehnenden Bescheid binnen einem Monate nach der Bekanntmachung der Antrag auf gerichtliche Entscheidung zu.

Zur Entscheidung ist in den vor das Reichsgericht gehörigen Sachen das Reichsgericht, in anderen Sachen das Oberlandesgericht zuständig.

§ 173. Erachtet das Gericht den Antrag für begründet, so beschließt es die Erhebung der öffentlichen Klage. Die Durchführung dieses Beschlusses liegt der Staatsanwaltschaft ob.

Bild einer schöffengerichtlichen Hauptverhandlung.

Sobald der Amtsrichter, die Schöffen, der Amtsanwalt und der Gerichtsschreiber sich zu der für eine Verhandlung bestimmten Zeit im Gerichtszimmer versammelt haben, und dem Publikum der Zutritt zu demselben gestattet worden ist, erfolgt die Beeidigung derjenigen Schöffen, welche im laufenden Geschäftsjahre zum ersten Mal den Schöffendienst versehen. § 50 G.

Darauf bezeichnet der AR. die zunächst zur Verhandlung kommende Untersuchung nach dem Namen des Angekl., läßt dieselbe durch den Gerichtsboten außerhalb des Sitzungszimmers aufrufen, und verordnen, daß der verhaftete Angekl. in das Sitzungszimmer geführt, der nicht verhaftete zum Eintritt in dasselbe veranlaßt werde.

Ist letzterer nicht erschienen und seine sofortige Vorführung nicht zulässig (§ 229 Abs. 2 St.) oder nicht ausführbar, liegen auch die Voraussetzungen, unter denen nach den §§ 231. 232. 452. 475 St. ausnahmsweise ohne seine Anwesenheit gegen ihn verhandelt werden kann, nicht vor, so findet die Verhandlung nicht statt; es wird vielmehr zum Zwecke derselben anderweit Sitzung anberaumt, und zugleich, Mangels genügender Entschuldigung seines Ausbleibens, die Verhaftung des Angekl. angeordnet.

Ist der Angekl. erschienen und ihm sein Platz auf der Anklagebank angewiesen worden, walten auch über seine Identität mit derjenigen Person, gegen welche die Anklage erhoben ist, Zweifel nicht ob, so sind zunächst die geladenen Zeugen und Sachverständigen zum Eintritt in das Sitzungszimmer zu veranlassen und einzeln vom AR. aufzurufen, um festzustellen, ob Alle erschienen sind und dadurch für den Fall des Ausbleibens Eines oder des Anderen derselben, vergeblicher Verhandlung mit dem Angekl. vorzubeugen.

Sind sie sämmtlich anwesend, oder ist das Gericht der Ansicht, daß die Thatsachen, über welche die ausgebliebenen vernommen werden sollten, unerheblich seien (§ 244 Abs. 2 St.), so werden die Zeugen und Sachverständigen mit dem Bedeuten, daß sie sich ohne Erlaubniß des AR. nicht aus dem Gerichtsgebäude entfernen dürfen (§ 247 St.), einstweilen entlassen, um in das Zeugenzimmer zurückzukehren (§ 242 Abs. 4 St.).

Nachdem hierauf der Angekl. über seine persönlichen Verhältnisse — Vor- und Zuname, Alter, Stand, Gewerbe, Wohnort, geeigneten Falls Vorbestrafungen — vernommen worden, erfolgt die durch den AR. selbst oder durch den Gerichtsschreiber zu bewirkende Verlesung des auf die Anklage des AAnw. vom AR. erlassenen Beschlusses über die Eröffnung des Hauptverfahrens (§ 242 Abs. 2 St.).

Auf diese folgt die weitere Vernehmung des Angekl. zunächst durch Befragung, ob er auf die in jenem Beschlusse gegen ihn erhobene Beschuldigung etwas erwidern wolle. (§ 242 Abs. 3, in Verbindung mit § 136 Abs. 1 u. 2 St.)

G e s t e h t er zu, die That so, wie in dem Beschlusse angegeben ist, begangen zu haben, und ist außer Zweifel, daß er den Gegenstand der Anschuldigung richtig verstanden habe, mithin zu näherer Verdeutlichung des vorgelesenen Beschlusses durch den AR. keine Veranlassung, ist auch das Gericht der Ansicht, daß bei der Einfachheit des Sachverhältnisses eine Beweiserhebung zum Zwecke der Bestätigung des Zugeständnisses des Angekl. nicht erforderlich sei, so erhält der AAnw. das Wort, um auszuführen, welches Strafgesetz auf das durch das Zugeständniß des Angekl. festgestellte Sachverhältniß Anwendung finde, und welches Strafmaß unter den vorwaltenden Umständen angemessen sei.

Darauf wird dem Angekl. und, falls ihm ein Vertheidiger zur Seite steht, diesem, das Wort zur Erklärung auf die Ausführungen des AAnw. bzhw. zur Widerlegung derselben ertheilt. Auch wenn nur der Vertheidiger von dieser Befugniß Gebrauch gemacht hat, wird der Angekl. befragt, ob er selbst noch etwas zu seiner Vertheidigung anzuführen habe. Dem AAnw. steht das Recht zur Entgegnung auf die Ausführungen des Vertheidigers und des Angekl. zu; doch gebührt dem Letzteren das letzte Wort. § 257 St.

Nachdem hierauf der AR. die Verhandlung für geschlossen erklärt und der AAnw., der Angekl. und das Publikum, und — sofern das Gericht es anordnet — auch der Gerichtsschreiber (§ 195 G. Note) das Sitzungszimmer verlassen haben, beräth der AR. mit den Schöffen das zu fällende Urtheil. Sobald darüber durch Einstimmigkeit oder Stimmenmehrheit Beschluß gefaßt ist, und der AR. den Wiedereintritt der vorerwähnten Personen veranlaßt, und dem Publikum denselben gestattet hat, wird das Urtheil verkündet (publicirt), womit die Hauptverhandlung beendet ist. —

B e s t r e i t e t dagegen der Angekl. nach der Verlesung des Beschlusses über die Eröffnung des Hauptverfahrens die ihm zur Last gelegte That überhaupt, oder stellt er solche Einzelnheiten derselben in Abrede, welche auf ihre rechtliche Beurtheilung von Einfluß sein können, so erfolgt seine weitere Vernehmung, wobei ihm vom AR. die jenem Beschlusse zum Grunde liegenden Verdachtsgründe vorgehalten werden. (Note 2 zu § 242 St.)

Halten die Schöffen oder der AAnw. die Vernehmung des Angekl. nicht für erschöpft, so tragen sie darauf an, daß der AR. demselben speciell von ihnen zu bezeichnende Fragen vorlege. § 239 St. Note 1.

Der Angekl. ist berechtigt, auf alle ihm vorgelegte Fragen eine Antwort zu verweigern. § 242 in Verbindung mit § 136 Abs. 1 St.

Nach beendeter Vernehmung desselben erfolgt die Erhebung des Belastungs- und, sofern ein solcher angetreten oder von Amtswegen angeordnet ist, des Entlastungsbeweises. Dabei bedarf es eines — ohne Beisein des AAnw., des Angekl. u. s. w. oder durch leise Berathung zu fassenden — Beschlusses des Gerichts nur in dem Falle, wenn Einer der Schöffen in Bezug auf die Erheblichkeit einzelner Beweismittel oder die Reihenfolge der Aufnahme derselben von der Ansicht des AR. abweicht.

Besteht die Beweisaufnahme in der Abhörung von Zeugen oder Sachverständigen, so erfolgt deren Beeidigung der Regel nach vor der Vernehmung (§ 60) bzhw. Erstattung des Gutachtens (§ 79 St.).

Bei diesen Vernehmungen dürfen der AAnw. und die Schöffen, der Angekl. und sein Vertheidiger verlangen, daß ihnen gestattet werde, selbst an die Zeugen und Sachverständigen Fragen zu stellen. § 239 St. Nach jeder Vernehmung und jeder Verlesung eines Schriftstückes wird der Angekl. befragt, ob er in Bezug darauf etwas zu erklären habe. (§ 256 St.)

Sind diese Vernehmungen beendet, ist die Verlesung der Aussagen solcher im Vorverfahren abgehörter Zeugen und Sachverständigen, deren Ladung zur Hauptverhandlung unausführbar gewesen ist (§ 250 St.), so wie der Verhandlungen über eine Augenscheins-Aufnahme und der als Beweismittel dienenden Urkunden erfolgt, hat die Vorlegung der auf die Untersuchung bezüglichen Gegenstände (sg. corpora delicti) stattgefunden, ist somit die Beweisaufnahme abgeschlossen, so ertheilt der AR. zunächst dem AAnw. das Wort zu seinen Ausführungen über das Ergebniß der Beweiserhebung (Schuldfrage) und zugleich über die Anwendung des Strafgesetzes für den Fall, daß der Angekl. vom Gericht für schuldig erachtet wird, so wie zur Stellung seines Schlußantrages.

Alsdann werden der Angekl. und sein Vertheidiger zu gleichem Zwecke zum Wort verstattet. Auch hier ist der AAnw. zu Gegenerklärungen berechtigt und der Angekl. zum Schlußwort zu verstatten.

Hierauf folgt die Berathung und der Beschluß des Gerichts, sowie die Verkündung des letzteren in der oben für den Fall des Zugeständnisses des Angekl. angegebenen Weise. Der Beschluß geht entweder a. auf Aussetzung der Hauptverhandlung, weil vor der Urtheilsfällung Nachholungen, z. B. Ergänzung der Beweisaufnahme (§ 245 St.), erforderlich sind; oder b. Unzuständigkeitserklärung und Verweisung der Sache an das zuständige Gericht (§ 270 St.) oder c. Urtheil, welches auf Freisprechung des Angekl. oder auf Verurtheilung desselben zu Strafe, oder auf Einstellung des Verfahrens lautet: (§§ 259. 429 St.).

Ueber die Hauptverhandlung wird ein den Vorschriften der §§ 272 u. 273 St. entsprechendes Protokoll aufgenommen und vom AR. und Gerichtsschreiber, in Verhinderung des Ersteren von Letzterem allein, unterschrieben.

Zweiter Theil.

Strafgesetze.

Vorbemerkungen.

Jedes richterliche Strafurtheil setzt voraus, daß eine — vollendete oder versuchte — That vorliege, welche zur Zeit ihrer Verübung durch ein vorschriftsmäßig veröffentlichtes Gesetz (bzhw. Polizei-Verordnung) mit Strafe bedroht war, und daß diese Strafthat nach der von dem Gericht durch das Untersuchungsverfahren gewonnenen Ueberzeugung von einem Angeklagten unter Umständen verübt worden sei, welche denselben in Bezug auf diese Handlung zurechnungsfähig erscheinen lassen, d. h. ihn für dieselbe gegenüber dem Strafgesetz verantwortlich machen. Diese Zurechnungsfähigkeit hat der Richter so lange vorauszusetzen, als er nicht durch die vorwaltenden Umstände von dem Gegentheil überzeugt wird. In welchen Fällen dieselbe für fortfallend zu erachten ist, ergeben die §§ 51 folg. StGB..

Straflosigkeit tritt insbesondere auch dann ein, wenn und soweit sich der Thäter in thatsächlicher Beziehung im Irrthum oder in Unkenntniß befand. Wer beispielsweise eine fremde Sache in der Meinung, sie sei die seinige, in Besitz nimmt, ist nicht als Dieb zu bestrafen; wer ein Mitglied eines landesherrlichen Hauses beleidigt, ohne es als solches zu kennen, unterliegt nicht der für dies Vergehen angedrohten härteren Strafe.

Der Regel nach knüpft das Gesetz Strafen nur an positive Handlungen (Begehungen), ausnahmsweise aber auch an Unterlassungen, wie z. B. der § 368 Nr. 2 und Nr. 4 StGB. Hier wird die Strafe durch die Nichtbefolgung des Gebots für sich allein verwirkt.

Das Strafgesetz unterscheidet ferner zwischen den aus bösem Willen (Vorsatz, dolus) und den aus Fahrlässigkeit begangenen Strafthaten. Zu ersterem ist im Allgemeinen nicht erforderlich, daß der Zweck des Thäters in dem Zuwiderhandeln gegen das Strafgesetz bestehe, vielmehr ist im strafrechtlichen Sinne der Vorsatz — im Gegensatz zur Fahrlässigkeit — vorhanden, wenn der Thäter das, was er gethan und so, wie er es gethan, auch gewollt hat, und sich der nach dem gewöhnlichen Laufe der Dinge damit verknüpften Folgen bewußt gewesen ist. Dagegen liegt eine aus Fahrlässigkeit begangene strafbare Handlung dann vor, wenn die That selbst zwar vom Thäter gewollt ist, er aber die Jedem obliegende Verpflichtung, sich die aus derselben erfahrungsmäßig mit größerer oder geringerer Wahrscheinlichkeit zu erwartenden Folgen vorher zu vergegenwärtigen und zu überlegen, aus Leichtsinn, Trägheit oder Willensschlaffheit vernachlässigt. Wer z. B. bei der an sich erlaubten Handlung der Abräumung eines Ziegeldaches die Ziegel, unbekümmert um die Wahrscheinlichkeit des Vorübergehens von Menschen, ohne Vorkehrungen herabfallen läßt, begeht, wenn dadurch ein Mensch verletzt wird, eine strafbare Beschädigung aus Fahrlässigkeit.

Ueber die Grenzen zwischen einer solchen Vernachlässigung der von einem besonnenen Menschen bei seinen Handlungen zu fordernden Vorsicht, auf welche der strafrechtliche Begriff „Fahrlässigkeit“ Anwendung findet, die daher dem Strafgesetz verfällt einerseits, und einem derartigen Versehen, welches nur in der Nichtberücksichtigung zwar möglicher, aber doch nur im geringen Grade wahrscheinlicher Folgen der Handlung gefunden werden kann, andererseits, spricht sich das StGB. nicht aus. Auch würde ein hierauf gerichteter Versuch seinen Zweck nicht erreicht haben. Es ist die Aufgabe des Richters, in jedem zu seiner Beurtheilung vorliegenden Falle, unter Berücksichtigung sowohl der thatsächlichen Umstände, als der Persönlichkeit des Angeklagten, insbesondere seiner geistigen Befähigung und des Grades seiner Bildung zu erwägen, ob eine strafbare Fahrlässigkeit, oder nur ein solches Versehen anzuerkennen sei, dessen Folgen mehr einem dem Zufalle sich nähernden Zusammentreffen ungünstiger, nur bei einem hohen Grade von Aufmerksamkeit und Ueberlegung vorherzusehender Ereignisse zuzuschreiben seien. Als leitender Grundsatz wird jedoch anzuerkennen sein, daß sich Niemand mit der Unwissenheit dessen entschuldigen kann, was allgemein bekannt ist, oder dessen Kenntniß mit Rücksicht auf seinen Beruf bei ihm vorausgesetzt werden muß.

Eine ausdrückliche Bestimmung, daß die Fahrlässigkeitsstrafe auf diejenigen Fälle zu beschränken sei, für welche ein Gesetz dieselbe ausdrücklich androht, enthält das StGB. nicht. Gleichwohl muß davon ausgegangen werden, daß dies der Absicht desselben entspreche, weil entgegengesetzten Falls in demselben die allgemeinen Grundsätze angegeben sein würden, welche bei der Bemessung der Strafen für die durch Fahrlässigkeit, im Gegensatze zu den durch Vorsatz verwirkten Strafen zur Anwendung zu bringen seien. Der Abs. 2 des § 59 StGB. steht dieser Ansicht nicht entgegen; die Vorschrift desselben hat nur auf diejenigen §§ Bezug, welche besonders für Fahrlässigkeitsfälle Strafen androhen. §§ 121. 230. 232. 347. Zu bemerken ist hierbei, daß die Fahrlässigkeit, welchen Grad sie auch erlangt haben möge, sofern es sich nicht um Vernachlässigung polizeilicher Anordnungen handelt (§ 368 StGB.) oder specielle Gesetze Ausnahmen von dieser Regel enthalten, nicht als solche, vielmehr nur dann strafbar ist, wenn sie eine für Andere schädliche Folge gehabt hat

Das StGB. läßt dem Richter nicht nur vielfach bei demselben Delikt die Wahl zwischen verschiedenen Strafarten, sondern ermächtigt ihn in der Regel auch, die Höhe der Strafe, den Umständen des vorliegenden Falles entsprechend, innerhalb eines zwischen dem im Gesetz festgesetzten höchsten und niedrigsten Strafmaße liegenden weiten Raumes zu bemessen. Bei der Wahl zwischen Freiheits- und Geldstrafe kommt in Betracht, daß nach allgemeiner Auffassung die erstere den Verurtheilten empfindlicher als die letztere trifft. Nächstdem sind aber auch bei der Wahl zwischen beiden die Vermögensverhältnisse zu berücksichtigen, da es unzweckmäßig ist, gegen Personen auf Geldstrafe zu erkennen, von denen mit hoher Wahrscheinlichkeit anzunehmen ist, daß sie zu deren Erlegung unfähig sind.

Für die Abmessung der Höhe der Strafe hat das StGB. bestimmte Gesichtspunkte nicht angedeutet. Auch in der Rechtswissenschaft waltet über die Frage, welche besonderen Umstände zur geringeren oder höheren Bemessung der Strafe führen sollen, Einverständniß nicht ob. Doch ist man darüber einig, daß die Persönlichkeit des Angeklagten — sein Alter, der Grad seiner geistigen Begabung und Ausbildung — so wie der Zustand, in welchem er sich zur Zeit der That hinsichtlich der Fähigkeit der Erkennung der Strafbarkeit derselben und der freien Willensbestimmung befand, auf die Abwägung der Strafe von wesentlichem Einfluß sein müssen.

In Bezug auf die Anwendung milderer Strafe ist es ferner ein allgemein anerkannter Grundsatz, daß, je mehr äußerer Anreiz für den Thäter zur Begehung der strafbaren Handlung vorlag, und je mehr die vorwaltenden Umstände ihm den Widerstand gegen diesen Anreiz erschwerten, um so niedriger seine Strafe zu bestimmen sei. Demgemäß wird bei den gegen das Vermögen eines Anderen gerichteten Delikten, z. B. dem Diebstahl, die Noth des Thäters und der Seinigen; bei Körperverletzungen und Beleidigungen ein ihm gegebener Anlaß zum Zorn und Affekt als Strafmilderungsgrund gelten. Ein gleicher Einfluß auf das Strafmaß ist der durch Thatsachen an den Tag gelegten Reue des Thäters einzuräumen. Wer das gestohlene Gut dem Bestohlenen zurückbringt, dem Beleidigten freiwillig Abbitte leistet, hat auf ein milderes Strafmaß Anspruch. Selbst ein dem Richter abgelegtes offenes Geständniß kann unter Umständen solche Berücksichtigung finden.

Auch rücksichtlich der Verhängung schärferer Strafe werden gewisse Grundsätze allgemein als für den Richter leitend anerkannt. Je größere Verpflichtung der Angeklagte hatte, die Strafthat zu unterlassen, um so höher ist das Maß der ihn treffenden Strafe festzustellen. Wer seinen Wohlthäter bestiehlt oder betrügt; wer eine seiner Erziehung oder Beaufsichtigung überwiesene Person zu einer strafbaren Handlung verleitet; wer eine solche Handlung an einem geheiligten Orte begeht, verwirkt härtere Strafe. Auch in der Festigkeit des verbrecherischen Vorsatzes des Thäters ist ein Strafschärfungsgrund zu finden. Wer vor der Ausführung der That Vorbereitungen zu derselben trifft, Hindernisse, die dieselbe erschweren, überwindet, ist härter zu bestrafen, als Derjenige, bei welchem der Entschluß zur That und die sofortige Ausführung zusammenfallen. Dasselbe gilt von der vorherigen Verabredung Mehrerer zu der gemeinschaftlich verübten That. Auch eine an den Tag gelegte vorherrschende Neigung zu verbrecherischen Handlungen überhaupt, sowie insbesondere zu solchen, wie die zur Bestrafung vorliegende, kann Anlaß zur Wahl eines höheren Strafmaßes namentlich dann geben, wenn früher erlittene Strafen eine Bekämpfung der Hinneigung zu strafbaren Handlungen zu bewirken nicht vermocht haben. In Bezug auf den Diebstahl, den Betrug und die Hehlerei ist dieser Verschärfungsgrund in den §§ 244. 261 und 264 des StGB. dadurch besonders anerkannt, daß für den Fall einer nach zweimaliger Bestrafung wegen desselben Delikts stattgehabten Wiederholung eine, nach Art und Maß wesentlich höhere Strafe angedroht ist. Endlich ist auch die Größe und Bedeutung der durch die Strafthat herbeigeführten Rechtsverletzung auf das Strafmaß von Einfluß. Ist durch einen Betrug dem Betrogenen ein bedeutender, auf dessen Lebensverhältnisse nachtheilig einwirkender Schaden zugefügt, so ist die Strafe des Thäters höher zu bemessen, als wenn es sich um einen geringen Verlust handelt.

Aus der vorstehenden Uebersicht der bei der Abmessung der Strafen vorzugsweise in's Auge zu fassenden Gesichtspunkte ergiebt sich, daß über die mehreren Theilnehmer an derselben strafbaren Handlung mit vollem Rechte nach Art und Maß wesentlich von einander verschiedene Strafen verhängt werden können.

Verschieden von der Abmessung der Strafe nach diesen allgemeinen Grundsätzen ist die Beurtheilung der Frage, ob in einem Falle, wo das StGB. (s. d. §§ 114. 117. 187. 189. 246. 263) beim Vorhandensein „mildernder Umstände", als Ausnahme von jener regelmäßigen Strafe, eine minder schwere Strafart oder ein geringeres Strafmaß bestimmt haben, solche „mildernde Umstände" als dem Angekl. zu Statten kommend anzuerkennen seien, die gewöhnliche Strafe daher außer Anwendung zu lassen sei. Eine

Begriffsbestimmung (Definition) für jenen Ausdruck hat das Gesetz nicht gegeben. Es ist jedoch außer Zweifel, daß die erwähnten Ausnahme-Vorschriften nur bezwecken, die regelmäßige Strafe in solchen besonderen Fällen auszuschließen, wo dieselbe mit Rücksicht auf die dem Angeklagten in außergewöhnlichem Maße günstige Sachlage als eine, dem Zwecke des Gesetzes nicht entsprechende Härte erscheinen würde. —

In dem „Vorwort" zu diesem Handbuche ist bereits erwähnt, daß und weshalb die neben dem StGB. und den übrigen Strafbestimmungen der Reichsgesetze in den einzelnen Bundesländern noch zur Anwendung zu bringenden **landesgesetzlichen** Vorschriften in dem Handbuche haben unberührt bleiben müssen. Dem entsprechend würde es gerechtfertigt erscheinen, wenn auch die Fragen:

> welche zur Zeit des Eintritts der Gesetzeskraft des StGB. in den einzelnen Bundesstaaten geltend gewesenen strafrechtlichen Vorschriften ihre Gültigkeit noch ferner behalten haben, und weiter: innerhalb welcher Grenzen das Recht zur Strafgesetzgebung den Bundesstaaten neben dem des Deutschen Reichs auch für die Zukunft verblieben ist,

hier außer Betracht blieben. Gleichwohl wird es im Interesse der Schöffen liegen, die in dieser Beziehung zu berücksichtigenden Grundsätze hier angedeutet zu finden.

Die Gerichtshöfe gehen bei der Beantwortung jener Fragen auf das S. 195 des Bundesgesetzblatts des Norddeutschen Bundes von 1870 abgedruckte: „Einführungsgesetz zum Strafgesetzbuch für den Norddeutschen Bund vom 31. Mai 1870" zurück. Eine eingehende Prüfung, ob diese Praxis gerechtfertigt sei, obwohl das die Redaktion des StGB. für das Deutsche Reich betreffende Gesetz vom 15. Mai 1871 (Reichsges.-Bl. v. 1871 S. 127) **nur** das StGB. für den Norddeutschen Bund", nicht aber das selbstständige, abgesondert von diesem unter besonderer Nummer publicirte vorerwähnte „Einführungsgesetz" als Reichsgesetz eingeführt hat — würde die Grenzen der Aufgabe dieses Handbuchs überschreiten. Es wird jedoch, bis die jetzt in Bezug auf ein Einführungsgesetz zum Reichs-StGB. anscheinend bestehende Lücke im Wege der Gesetzgebung ausgefüllt ist, bei jener Praxis bewenden müssen.

Hiervon ausgegangen ist die Entscheidung jener beiden Fragen — über welche unter den Rechtsgelehrten abweichende Ansichten herrschen — soweit sie für die Schöffen-Praxis von Interesse ist, aus folgenden Vorschriften des Einführungsgesetzes vom 31. Mai 1870 herzunehmen.

a. § 2. Mit dem 1. Januar 1871 (nach dem Reichs-StGB. 1872) tritt das Bundes- und Landesstrafrecht, insoweit dasselbe Materien betrifft, welche Gegenstand des StGB. für den Norddeutschen Bund sind, außer Kraft. In Kraft bleiben die besonderen Vorschriften des Bundes- und Landesstrafrechts, namentlich über strafbare Verletzungen der Preßpolizei-, Post-, Steuer-, Zoll-, Fischerei-, Jagd-, Forst- und Feldpolizei-Gesetze, über Mißbrauch des Vereins- und Versammlungsrechts und über den Holz- (Forst-) Diebstahl."

Aus diesem § ergiebt sich als **Regel**, daß die Strafbestimmungen der Landesgesetze **aufgehoben** sind, also nur ausnahmsweise noch Gültigkeit haben. Der Ausdruck „Materie", dessen Auslegung über die Frage entscheidet, welche von jenen Strafbestimmungen noch in Kraft sind, hat zu manchfachen Zweifeln und abweichenden Ansichten Anlaß gegeben. Als ein in seiner Allgemeinheit anerkannter Grundsatz gilt jedoch: daß das StGB. wo es über eine Klasse von strafbaren Handlungen Vorschriften erlassen, diesen Gegenstand auch zu **erschöpfen** beabsichtigt hat, mithin weder die Landesgesetzgebung berechtigt ist, denselben Gegenstand betreffende, von dem StGB. — sei es durch Einschränkungen, Erweiterungen, Ergänzungen oder sonstige Modifikationen — abweichende Bestimmungen zu erlassen, noch die zur Zeit des Eintritts der Gesetzeskraft des StGB. schon bestandenen landesgesetzlichen Strafvorschriften Gültigkeit behalten haben. Ferner: daß das Landesstrafrecht hinsichtlich der in dem § 2 erwähnten Gegenstände der Polizei auch in Betreff solcher Uebertretungen, welche in dem die „Uebertretungen" betreffenden Abschnitt (§§ 360—370) des StGB. unter Strafe gestellt sind, insoweit als die landesgesetzlichen Vorschriften nicht mit denen des StGB. in Widerspruch stehen, fortbesteht, da jener Abschnitt überall nur einzelne specielle Handlungen oder Unterlassungen mit Strafe bedroht, mithin nicht anerkannt werden kann, daß die „Materie" im Sinne des § 2 des Einführungsgesetzes zum „Gegenstande des Strafgesetzbuchs" gemacht sei.

Der Ausdruck des Abs. 2 „in Kraft bleiben" wird von einem Theile der Kommentatoren des StGB. sowohl auf die schon vorhandenen, als auf künftige Landesgesetze bezogen, während Andere ihn auf die schon vorhandenen beschränkt wissen wollen. Für die Richtigkeit der ersteren Ansicht sprechen jedoch — so wenig glücklich die Vorschrift auch redigirt ist — nicht nur die auf die Zukunft zu beziehenden Worte des § 5 „darf — angedroht werden" sondern auch, daß, von der anderen Meinung ausgegangen, die bestehenden Vorschriften für immer unverändert bleiben müßten, was nicht beabsichtigt sein kann.

Das Preußische Obertribunal sagt in Bezug auf den § 2 in einem Urtheil vom 20. November 1873 (Goltdamm. Arch. B. 21 S. 287): „Die in dem ersten Theile des Reichs-StGB. enthaltenen allgemeinen Vorschriften über die Bestrafung von Verbrechen, Vergehen und Uebertretungen finden auf die nach § 2 des Einführungsgesetzes in Kraft gebliebenen Specialgesetze nur dann Anwendung, wenn letztere entweder Bestimmungen dieser Art garnicht enthalten, oder in dieser Beziehung auf die Vorschriften des zur Zeit ihrer Entstehung geltenden allgemeinen Strafrechts verweisen, oder endlich diese letzteren im Anschluß an dieses Strafrecht, wenn auch in der Form selbstständiger Anordnungen, wiederholen. Enthalten dagegen die in Kraft gebliebenen Specialgesetze hinsichtlich der im allgemeinen Theil des StGB. behandelten Grundsätze Vorschriften, welche eine Abweichung von den Bestimmungen des früheren allgemeinen Strafrechts darstellen, so bilden dieselben einen integrirenden Theil dieser Specialgesetze, und werden, da sie neben dem allgemeinen Strafrecht und unabhängig von demselben bestehen, von einer Aenderung desselben nach Maßgabe des § 2 des Einführungsgesetzes so wenig betroffen, wie die einzelnen Bestimmungen der in Kraft gebliebenen Gesetze." Uebereinstimmend hiermit führt dasselbe aus: die auf allgemeine Rechtsgrundsätze bezüglichen besonderen Vorschriften der Feldpolizeigesetze sind auch, soweit sie Abweichungen von dem allgemeinen Theile des StGB. enthalten, in Geltung geblieben, so auch die Vorschriften über Unterbrechung der Verjährung. U. v. 29. Juni 1876 Goldt. A. B. 24 S. 541.

Aus diesen Gründen wurde in dem Urtheil die Vorschrift eines Sigmaringischen Gesetzes, nach welchem eine Steuerdefraudation, auch wenn der Defraudant zur Zeit der Entdeckung nicht mehr lebte, durch Geldstrafe geahndet wirden darf, neben dem § 30 des StGB. für in Kraft geblieben erachtet.

b. § 3. Wenn in Landesgesetzen auf strafrechtliche Vorschriften, welche durch das Strafgesetzbuch für den Norddeutschen Bund (das Deutsche Reich) außer Kraft gesetzt sind, verwiesen wird, so treten die entsprechenden Vorschriften des letzteren an die Stelle der ersteren.

c. § 5. In landesgesetzlichen Vorschriften, welche nicht Gegenstand des

StGB. für den Norddeutschen Bund (das Deutsche Reich) sind, darf nur Gefängniß bis zu zwei Jahren, Haft, Geldstrafe, Einziehung einzelner Gegenstände nnd die Entziehung öffentlicher Aemter angedroht werden.

d. § 6. Vom 1. Januar 1871 (1872) ab darf nur auf die im StGB. für den Norddeutschen Bund (das Deutsche Reich) enthaltenen Strafarten erkannt werden.

Wenn in den Landesgesetzen anstatt der Gefängniß- oder Geldstrafe Forst- oder Gemeindearbeit angedroht oder nachgelassen ist, so behält es hierbei sein Bewenden.

Das im § 6 der Einl. vom StGB. Gesagte gilt auch von den neben demselben giltigen Reichs-Strafgesetzen.

Der in der Rechtswissenschaft wie in den Gesetzgebungen aller Länder anerkannte allgemeine Grundsatz, daß jeder Staat von seinen Angehörigen und den sich innerhalb seiner Grenzen aufhaltenden Personen Kenntniß derjenigen Gesetze zu fordern berechtigt ist, welche auf ihre Handlungen, ihr Verhalten und die sie betreffenden Verhältnisse von Einfluß sind, gilt auch für die Anwendung der Strafgesetze. Unkenntniß der Existenz solcher Gesetze, oder Irrthum hinsichtlich ihres Sinns schützt nicht gegen die in denselben für Handlungen, bzhw. Unterlassungen angedrohten Strafen. Nur in dem Falle kann Rechtsunkenntniß oder Rechtsirrthum die Anwendung des Strafgesetzes ausschließen, wenn sie die Beurtheilung civilgerichtlicher Verhältnisse betreffen, und der Strafrichter die Ueberzeugung gewinnt, daß der Angeklagte bei dem den Gegenstand der Anklage bildenden Verfahren sich in gutem Glauben befunden habe. Nimmt beispielsweise Letzterer in der rechtsirrthümlichen Voraussetzung, daß ein ihm das Eigenthum an einer Sache zusprechendes Urtheil des Civilprozeß-Richters erster Instanz rechtskräftig sei, jene Sache seinem Prozeßgegner fort, so trifft ihn, auch wenn in höherer Instanz zu seinem Nachtheile erkannt wird, die Diebstahlsstrafe ungeachtet seiner Rechtsunkenntniß nicht, weil ihm die Absicht rechtswidriger Zueignung gefehlt hat.

Auf diese Andeutungen allgemeiner bei der Anwendung der Strafgesetze zu berücksichtigender Grundsätze waren die „Vorbemerkungen" zu beschränken. Wo die in dem StGB. vorkommenden aus dem juristischen Geschäftssprachgebrauche hergenommenen technischen Bezeichnungen und Ausdrücke eine Erläuterung nöthig zu machen schienen, ist eine solche bei den betreffenden §§ zu geben versucht worden.

Erste Abtheilung.

Strafgesetzbuch für das Deutsche Reich*.

Einleitende Bestimmungen.

§ 1.

Eine mit dem Tode, mit Zuchthaus, oder mit Festungshaft von mehr als fünf Jahren bedrohte Handlung ist ein Verbrechen.

Eine mit Festungshaft bis zu fünf Jahren, mit Gefängniß oder mit Geldstrafe von mehr als einhundertfünfzig Mark bedrohte Handlung ist ein Vergehen.

Eine mit Haft oder mit Geldstrafe bis zu einhundertfünfzig Mark bedrohte Handlung ist eine Uebertretung**.

** Diese Dreitheilung der strafbaren Handlungen ist für die Begrenzung der Zuständigkeit der Schöffengerichte und der Landgerichte nicht entscheidend gewesen, da den Schöffengerichten auch Vergehen, den Landgerichten auch Verbrechen zugewiesen sind. Vergl. die §§ 27. 73. 74. G. Sie ist jedoch für die Schöffengerichte in so fern von Bedeutung, als

a. der Versuch einer Uebertretung überhaupt nicht, der eines Vergehens nur in Fällen, wo dies im StGB. ausdrücklich bestimmt ist, bestraft wird. § 43.

b. bei Uebertretungen der Gehülfe und der Begünstiger straflos bleiben, da die §§ 49 und 257 nur von Verbrechen und Vergehen sprechen;

c. die Strafe der „Einziehung" (§ 40) bei Uebertretungen nur eintritt, wo sie ausdrücklich angeordnet ist. §§ 360. 367. 369.

§ 2.

Eine Handlung kann nur dann mit einer Strafe belegt werden, wenn diese Strafe gesetzlich bestimmt war, bevor die Handlung begangen wurde.

---

* In Elsaß-Lothringen ist das StGB. durch das Ges. vom 30. August 1871 (Gesetzbl. für Elsaß-Lothringen S. 255) eingeführt worden.

Bei Verschiedenheit* der Gesetze von der Zeit der begangenen Handlung bis zu deren Aburtheilung ist das mildeste Gesetz anzuwenden.

* Wenn nämlich in der Zwischenzeit ein zur Zeit der Verübung der Handlung bestandenes Gesetz geändert worden ist. Hat das neue Gesetz die zu jenem Zeitpunkte bestandene Strafbarkeit gänzlich aufgehoben, so bleibt die Handlung straflos, obgleich sie zur Zeit ihrer Verübung strafbar war.

§ 3.

Die Strafgesetze des Deutschen Reichs finden Anwendung auf alle im Gebiete desselben begangenen[1] strafbaren Handlungen, auch wenn der Thäter[2] ein Ausländer ist[3].

1. Als Ort, wo die That „begangen" worden, ist derjenige anzusehen, wo das strafbare Handeln, die Thätigkeit des Thäters, stattgefunden hat. Tritt die zur Vollendung des Delikts nach der Begriffsbestimmung des Gesetzes erforderliche Wirkung der Handlung an einem anderen Orte ein, so gilt die That gleichwohl als am ersteren Orte begangen, da die Thätigkeit des Handelnden für so lange fortgesetzt zu erachten ist, bis sie vollendet, zum Abschluß gelangt ist. Wird z. B. durch einen auf dem einen Gebiet abgefeuerten Schuß auf einem anderen Gebiet eine strafbare Beschädigung herbeigeführt, oder durch ein an dem einen Orte abgesandtes Schreiben eine an dem Bestimmungsorte befindliche Person beleidigt, so ist der erstere Ort als Ort der That anzusehen. — Bemerkt mag werden, daß das Preuß. Obertribunal angenommen hat, daß eine von einem außerpreußischen Orte nach Preußen gesandte und dem Adressaten hier eingehändigte Aufforderung zum Spielen in einer hier nicht zugelassenen Lotterie als ein in Preußen begangenes Delikt anzusehen sei. Goltdammer Arch. B. 23 S. 489 G. Nach dem Erk. des Reichs-Ob. Hand. Ger. v. 29 Juni 1877 (Goltd. A. B. 26 S. 145) werden Deutsche, welche in einem der deutschen Konsulargerichtsbarkeit unterworfenen Bezirke des Auslandes eine Strafthat begehen, so angesehen, als ob sie im Inlande gehandelt hätten.

2. Der Ausdruck „Thäter" ist hier im weiteren Sinne gebraucht, umfaßt daher auch die Theilnehmer. §§ 47 folg.

3. Das StGB. unterwirft den Ausländer, so lange er sich im Gebiete des Deutschen Reichs befindet, den Strafgesetzen desselben. Derselbe Grundsatz greift auch in Bezug auf die Strafgesetze der einzelnen Bundesländer Platz, soweit sie neben den Reichsgesetzen Gültigkeit haben. Hat daher ein Angehöriger des einen Bundesstaats im Gebiet eines anderen eine nach den Gesetzen des letzteren strafbare Handlung begangen, so verfällt er der Strafe, auch wenn die Handlung nach den Gesetzen seines Landes straflos ist.

§ 10.

Auf deutsche Militärpersonen finden die allgemeinen Strafgesetze des Reichs insoweit Anwendung, als nicht die Militärgesetze ein Anderes bestimmen.

§ 11.

Kein Mitglied eines Landtags oder einer Kammer* eines zum Reich gehörigen Staats darf außerhalb der Versammlung, zu welcher das Mitglied gehört, wegen seiner Abstimmung oder wegen der in Ausübung seines Berufes gethanen Aeußerung zur Verantwortung gezogen werden.

* Der Begriff ist ein weiterer, als der des Ausdruckes „gesetzgebende Versammlung" im § 35 Nr. 1 G.; die Vorschrift wird daher auch auf bloße berathende Landtage oder Kammern anzuwenden sein. Dasselbe gilt bei § 12.

§ 12.

Wahrheitsgetreue Berichte über Verhandlungen eines Landtags oder einer Kammer eines zum Reich gehörigen Staats bleiben von jeder Verantwortlichkeit frei.

Die Strafbarkeit ist durch absichtliche, mindestens schuldbare Entstellung des Inhalts der „Verhandlungen" bedingt, scheidet daher aus, wenn es sich um Verschiedenheit der Ansichten über die Auslegung handelt.

Von der Bestrafung der Vergehen und Uebertretungen im Allgemeinen.

Strafen.

§ 14.

Die Zuchthausstrafe ist eine lebenslängliche oder eine zeitige.

Der Höchstbetrag der zeitigen Zuchthausstrafe ist funfzehn Jahre, ihr Mindestbetrag Ein Jahr.

Wo das Gesetz die Zuchthausstrafe nicht ausdrücklich als eine lebenslängliche androht, ist dieselbe eine zeitige.

§ 16.

Der Höchstbetrag der Gefängnißstrafe ist fünf Jahre, ihr Mindestbetrag Ein Tag.

Die zur Gefängnißstrafe Verurtheilten können in einer Gefangenanstalt auf eine ihren Fähigkeiten und Verhältnissen angemessene Weise beschäftigt werden; auf ihr Verlangen sind sie in dieser Weise zu beschäftigen.

Bei der Gefängnißstrafe darf das Maß von 5 Jahren von Schöffengerichten nach § 74 Abs. 3 überschritten werden, wenn die höchsten Sätze der mehreren gegen den Angekl. zur Anwendung kommenden §§ zusammen eine höhere Strafe als 5 Jahre zulassen. Dies tritt z. B. ein, wenn sich der Angekl. mehrerer Diebstähle schuldig gemacht hat (§ 75 Nr. 6 G.).

§ 17.

Die Festungshaft ist eine lebenslängliche oder eine zeitige.

Der Höchstbetrag der zeitigen Festungshaft ist funfzehn Jahre, ihr Mindestbetrag Ein Tag.

Wo das Gesetz die Festungshaft nicht ausdrücklich als eine lebenslängliche androht, ist dieselbe eine zeitige.

Die Strafe der Festungshaft besteht in Freiheitsentziehung mit Beaufsichtigung der Beschäftigung und Lebensweise der Gefangenen; sie wird in Festungen oder in anderen dazu bestimmten Räumen vollzogen.

§ 18.

Der Höchstbetrag der Haft* ist sechs Wochen, ihr Mindestbetrag Ein Tag.

Die Strafe der Haft besteht in einfacher Freiheitsentziehung.

* Die Haft ist eine mildere Form der Gefängnißstrafe, von der sie sich insbesondere dadurch unterscheidet, daß bei ihrer Vollstreckung der Regel nach eine Beschäftigung des Verurtheilten wider dessen Willen nicht stattfindet. Vergl. §§ 16 und 362. Sie ist nur angedroht für Uebertretungen (§§ 360. 361. 365 bis 370) und bei Beleidigungen (§§ 185. 186). Ueber die Art ihrer Vollstreckung wird die Landesgesetzgebung Bestimmungen zu treffen haben.

Eine Ausnahme tritt nach § 77 im Falle der Verwirkung mehrerer Haftstrafen ein.

Vergl. auch § 78 Abs. 2.

§ 19.

Bei Freiheitsstrafen wird der Tag zu vierundzwanzig Stunden, die Woche zu sieben Tagen, der Monat und das Jahr nach der Kalenderzeit gerechnet.

Die Dauer einer Zuchthausstrafe darf nur nach vollen Monaten, die Dauer einer anderen Freiheitsstrafe nur nach vollen Tagen* bemessen werden.

* Nach der Wortfassung des Abs. 2 würden Zuchthaus- und andere Freiheitsstrafen überhaupt nur nach Monaten, bzhw. Tagen bemessen werden. Es hat jedoch gesagt werden sollen, daß wenn die Strafe im Urtheil auf Monate, bzhw. Tage bestimmt werde, nur auf ganze Monate und Tage, nicht auf Bruchtheile von solchen erkannt werden dürfe.

§ 20.

Wo das Gesetz die Wahl zwischen Zuchthaus und Festungshaft gestattet, darf auf Zuchthaus nur dann erkannt werden, wenn festgestellt wird, daß die strafbar befundene Handlung aus einer ehrlosen Gesinnung entsprungen ist.

§ 21.

Achtmonatliche Zuchthausstrafe ist einer einjährigen Gefängnißstrafe, achtmonatliche Gefängnißstrafe einer einjährigen Festungshaft gleich zu achten.

1. Hiernach stufen sich die Freiheitsstrafen hinsichtlich ihrer Schwere in folgender Weise ab: Zuchthaus, Gefängniß, Festungshaft, Haft.

2. Wo die Strafe eines Delikts im Gesetz allgemein, ohne Angabe eines Höchst- oder Mindestmaßes, als Zuchthaus, Gefängniß, Haft bezeichnet ist, hat das Gericht die Höhe innerhalb des ganzen in den §§ 14. 16. 18 angegebenen Umfanges zu bemessen. Ist nur ein höchstes Maß („bis zu") oder nur ein geringstes Maß („nicht unter") bezeichnet, so darf das Gericht im ersten Falle bis auf den in jenen §§ angegebenen Mindestbetrag hinab, im letzten Falle bis auf den Höchstbetrag hinaufgehen.

§ 27.

Der Mindestbetrag der Geldstrafe ist bei Vergehen drei Mark, bei Uebertretungen Eine Mark.

1. Der höchste zulässige Betrag ist in jedem Geldstrafe androhenden § besonders bestimmt. Mit Rücksicht auf den Zweck, die Strafe den Verurtheilten als ein Uebel empfinden zu lassen, sind die Vermögensverhältnisse des Angekl. bei der Bemessung der Geldstrafe in Betracht zu ziehen.

2. Wo in dem StGB. der Betrag einer Geldstrafe oder einer Buße in Thalerwährung ausgedrückt ist, tritt der entsprechende Betrag in Reichswährung an die Stelle. Art. IV Ges. v. 26. Febr. 1876. RGBl. S. 38.

§ 28.

Eine nicht beizutreibende Geldstrafe ist in Gefängniß und, wenn sie wegen einer Uebertretung erkannt worden ist, in Haft umzuwandeln.

Ist bei einem Vergehen Geldstrafe allein oder an erster Stelle[1], oder wahlweise neben Haft angedroht, so kann[2] die Geldstrafe in Haft umgewandelt werden, wenn die erkannte Strafe nicht den Betrag von sechshundert Mark und die an ihre Stelle tretende Freiheitsstrafe nicht die Dauer von sechs Wochen übersteigt.

1. Wenn also die Geldstrafe in dem betreffenden § vor der Freiheitsstrafe genannt ist, wie in den §§ 185. 186. 257.

2. Nach dem durch die vorwaltenden Umstände des Falles geleiteten richterlichen Ermessen.

3. Vergl. die Note 6 zu § 266 St.

§ 29.

Bei Umwandlung einer wegen eines Verbrechens oder Vergehens erkannten Geldstrafe ist der Betrag von drei bis zu funfzehn Mark, bei Umwandlung einer wegen einer Uebertretung erkannten Geldstrafe der Betrag von Einer bis zu funfzehn Mark einer eintägigen Freiheitsstrafe gleich zu achten.

Der Mindestbetrag der an Stelle einer Geldstrafe tretenden Freiheitsstrafe ist Ein Tag, ihr Höchstbetrag bei Haft sechs Wochen, bei Gefängniß Ein Jahr. Wenn jedoch eine neben der Geldstrafe wahlweise angedrohte Freiheitsstrafe ihrer Dauer nach den vorgedachten Höchstbetrag nicht erreicht, so darf die an Stelle der Geldstrafe tretende Freiheitsstrafe den angedrohten Höchstbetrag jener Freiheitsstrafe nicht übersteigen.

§ 31.

Die Verurtheilung zur Zuchthausstrafe hat die dauernde Unfähigkeit zum Dienste in dem Deutschen Heere und der Kaiserlichen Marine, sowie die dauernde Unfähigkeit zur Bekleidung öffentlicher Aemter von Rechtswegen zur Folge.

Unter öffentlichen Aemtern im Sinne dieses Strafgesetzes sind die Advokatur, die Anwaltschaft und das Notariat, sowie der Geschworenen- und Schöffendienst mitbegriffen.

Vergl. § 359, wo die Advokaten und Anwälte nicht zu den Beamten gerechnet werden, und die Note 3 daselbst.

§ 32.

Neben der Todesstrafe und der Zuchthausstrafe kann auf den Verlust der bürgerlichen Ehrenrechte erkannt werden, neben der Gefängnißstrafe nur, wenn die Dauer der erkannten Strafe drei Monate erreicht und entweder das Gesetz den Verlust der bürgerlichen Ehrenrechte ausdrücklich zuläßt[1] oder die Gefängnißstrafe wegen Annahme mildernder Umstände an Stelle von Zuchthausstrafe ausgesprochen wird.

Die Dauer dieses Verlustes beträgt[2] bei zeitiger Zuchthausstrafe mindestens zwei und höchstens zehn Jahre, bei Gefängnißstrafe mindestens Ein Jahr und höchstens fünf Jahre.

1. Hinsichtlich der auf Grund der §§ 27 und 75 G. vor den Schöffengerichten zu verhandelnden Strafsachen ist dies nur der Fall bei dem Diebstahl und der Unterschlagung (§§ 242. 246. 248), dem Betruge (§ 263), der Hehlerei (§§ 258. 262), der Beschädigung von Gegenständen der Verehrung einer Religionsgesellschaft u. s. w. (§ 304). Bei den im § 57 bezeichneten

jugendlichen Angeklagten findet die Aberkennung der bürgerlichen Ehrenrechte nicht statt.

2. D. h. das Gericht hat die Dauer innerhalb dieser Grenzen im Urtheil zu bestimmen vergl. § 34.

3. Aus der allgemeinen Fassung des § in Verbindung mit den Schlußworten des § 33 und dem § 34 Nr. 6 ergiebt sich, daß der § auch auf Frauen Anwendung findet.

§ 33.

Die Aberkennung der bürgerlichen Ehrenrechte bewirkt den dauernden Verlust der aus öffentlichen Wahlen für den Verurtheilten hervorgegangenen Rechte, ingleichen den dauernden Verlust der öffentlichen Aemter, Würden, Titel, Orden und Ehrenzeichen.

§ 34.

Die Aberkennung der bürgerlichen Ehrenrechte bewirkt ferner die Unfähigkeit, während der im Urtheile bestimmten Zeit

1. die Landeskokarde zu tragen;
2. in das Deutsche Heer oder in die Kaiserliche Marine einzutreten;
3. öffentliche Aemter, Würden, Titel, Orden und Ehrenzeichen zu erlangen;
4. in öffentlichen Angelegenheiten zu stimmen, zu wählen oder gewählt zu werden oder andere politische Rechte auszuüben;
5. Zeuge bei Aufnahmen von Urkunden zu sein*;
6. Vormund, Nebenvormund, Kurator, gerichtlicher Beistand oder Mitglied eines Familienraths zu sein, es sei denn, daß es sich um Verwandte absteigender Linie handele und die obervormundschaftliche Behörde oder der Familienrath die Genehmigung ertheile.

* Nicht also: als Zeuge und Sachverständiger eidlich vernommen zu werden.

§ 35.

Neben einer Gefängnißstrafe, mit welcher die Aberkennung der bürgerlichen Ehrenrechte überhaupt hätte verbunden werden können, kann auf die Unfähigkeit zur Bekleidung öffentlicher Aemter auf die Dauer von Einem bis zu fünf Jahren erkannt werden.

Die Aberkennung der Fähigkeit zur Bekleidung öffentlicher Aemter hat den dauernden Verlust der bekleideten Aemter von Rechtswegen zur Folge.

§ 38.

Neben einer Freiheitsstrafe kann in den durch das Gesetz vorgesehenen Fällen auf die Zulässigkeit von Polizei-Aufsicht erkannt werden*.

Die höhere Landespolizeibehörde erhält durch ein solches Erkenntniß die Befugniß, nach Anhörung der Gefängnißverwaltung den Verurtheilten auf die Zeit von höchstens fünf Jahren unter Polizei-Aufsicht zu stellen.

Diese Zeit wird von dem Tage berechnet, an welchem die Freiheitsstrafe verbüßt, verjährt oder erlassen ist.

* Der erste Absatz enthält keine selbständige Vorschrift. Denn, ist in gewissen §§ das Erkennen auf Zulässigkeit von Polizeiaufsicht für statthaft erklärt, so ist dadurch das hier Gesagte bereits dort ausgesprochen. — In Bezug auf die vor den Schöffengerichten nach den §§ 27. 75 G. zu verhandelnden Strafsachen ist eine solche Bestimmung nur bei der Hehlerei getroffen. §§ 258. 262.

Das Gericht erkennt auf diese Strafe nach seinem durch die Persönlichkeit des zu Verurtheilenden und die sonst vorwaltenden Umstände geleiteten freien Ermessen.

Gegen den im § 57 bezeichneten jugendlichen Angeklagten ist auf Zulässigkeit von Polizeiaufsicht nicht zu erkennen. Nr. 5 das.

§ 40.

Gegenstände, welche durch ein vorsätzliches Vergehen[1] hervorgebracht[2], oder welche zur Begehung eines vorsätzlichen Vergehens gebraucht[3] oder bestimmt sind, können[4], sofern sie dem Thäter oder einem Theilnehmer gehören, eingezogen werden.

Die Einziehung ist im Urtheile auszusprechen.

1. Vergl. die §§ 148. 152. 292. 293. 295 und in Bezug auf Uebertretungen die §§ 360 letzter Abs. 367 letzter Abs. 369 letzter Abs.
2. Z. B. falsche Legitimationspapiere § 363.
3. Zur Begehung der Strafthat selbst; eine Ausdehnung der Vorschrift auf solche Gegenstände, welche nur zur Vorbereitung derselben, z. B. zum Transport des Thäters nach dem Orte der That gedient haben, ist daher nicht zulässig. Dagegen werden die Karten, mit denen verbotswidrig gespielt, das Instrument, mit welchem die Körperverletzung ausgeführt worden, der Einziehung unterliegen.
4. Es hängt daher — abgesehen von den besonderen Vorschriften der §§ 152. 295. 369 letzter Abs. — in jedem einzelnen Falle von dem Ermessen des Gerichts ab, ob nach Lage der Sache und der Absicht die Einziehung angemessen erscheine.
5. Bei der allgemeinen Fassung des § muß derselbe auch auf den „Versuch" bezogen werden.

§ 41.

Wenn der Inhalt einer Schrift, Abbildung oder Darstellung strafbar ist, so ist im Urtheile auszusprechen, daß alle

Exemplare, sowie die zu ihrer Herstellung bestimmten Platten und Formen unbrauchbar zu machen sind.

Diese Vorschrift bezieht sich jedoch nur auf die im Besitze des Verfassers, Druckers, Herausgebers, Verlegers oder Buchhändlers befindlichen und auf die öffentlich ausgelegten oder öffentlich angebotenen Exemplare.

Ist nur ein Theil der Schrift, Abbildung oder Darstellung strafbar, so ist, insofern eine Ausscheidung möglich ist, auszusprechen, daß nur die strafbaren Stellen und derjenige Theil der Platten und Formen, auf welchem sich diese Stellen befinden, unbrauchbar zu machen sind.

Vergl. das Gesetz über die Presse vom 7. Mai 1874, in der zweiten Abtheil.

§ 42.

Ist in den Fällen der §§ 40 und 41 die Verfolgung oder die Verurtheilung einer bestimmten Person nicht ausführbar, so können die daselbst vorgeschriebenen Maßnahmen selbständig erkannt werden.

Nach dem Beschlusse des Preuß. Ob.-Trib. v. 20. Februar 1877 Goltd. Arch. B. 25 S. 49 ist dieser § auch auf Uebertretungen anwendbar. Vergl. auch die §§ 477 folg. St.

Versuch.

§ 43.

Wer den Entschluß, ein Verbrechen oder Vergehen zu verüben, durch Handlungen, welche einen Anfang der Ausführung dieses Verbrechens oder Vergehens enthalten, bethätigt hat, ist, wenn das beabsichtigte Verbrechen oder Vergehen nicht zur Vollendung gekommen ist, wegen Versuches zu bestrafen[1].

Der Versuch eines Vergehens wird jedoch nur in den Fällen bestraft, in welchen das Gesetz dies ausdrücklich bestimmt[2].

1. Das StGB. ahndet in Uebereinstimmung mit den Grundsätzen der allgemeinen Rechtstheorie nicht nur die vollendete Strafthat, d. h. denjenigen verbrecherischen Erfolg, welchen der Thäter zu erreichen beabsichtigt hat und durch welchen die zum Thatbestande einer bestimmten Strafthat nach dem Gesetz erforderlichen Merkmale vollständig zur Erscheinung kommen, sondern auch die behufs Ausführung der verbrecherischen Absicht zwar unternommene aber vor deren völliger Verwirklichung abgebrochene Handlung, also den

Fall, wo das vom Thäter Ausgeführte hinter dem von ihm Gewollten mehr oder minder zurückgeblieben ist. Der „Versuch" liegt zwischen bloß vorbereitenden Handlungen, und der vollendeten Strafthat.

2. Nicht: eine Uebertretung.

3. Im Gegensatze zu bloß vorbereitenden Handlungen, welche straflos bleiben. Die Grenze zwischen „einen Anfang der Ausführung" enthaltenden Handlungen einerseits und den bloß vorbereitenden andererseits zu bezeichnen, ist so wenig den Gesetzgebungen der verschiedenen Bundesländer, als den Lehrbüchern des Strafrechts möglich gewesen. Die Lage des einzelnen Falles und das verständige Ermessen des Richters muß darüber entscheiden, ob der auf Verübung einer strafbaren That gerichtete böse Wille des Angekl. sich bereits in solchen Handlungen geäußert hat, welche für einen Beginn jener That selbst zu erachten sind, oder ob der Angekl. nur solche Handlungen vorgenommen hat, welche zwar zur Ausführung der That erforderlich sind, oder dieselbe doch erleichtern, zu der That selbst aber doch nur in mittelbarer Beziehung stehen, in ihrer Vornahme mithin die Kundgebung des Entschlusses, die bestimmte Strafthat, deren er angeklagt ist, auszuführen, nicht mit Sicherheit erkannt werden kann.

Auch Beispiele sind wenig geeignet, einen sicheren Anhalt zur Ueberwindung der Schwierigkeit, zwischen bloß vorbereitenden und solchen Handlungen zu unterscheiden, welche einen Anfang der Ausführung des Delikts enthalten, darzubieten. Doch mag hier angeführt werden, daß die Strafrechts-Theorie und die Praxis darüber einig sind, daß das bloße Anschaffen von Instrumenten zum Zwecke der Eröffnung eines Hauses, in welchem die Ausführung eines Diebstahls beabsichtigt wird: ferner die Anschaffung der Utensilien zu einem Jagdvergehen, oder des Zündstoffs zu einer Brandstiftung, so wie die bloße Verabredung Mehrerer zur Verübung einer bestimmten Strafthat nur als vorbereitende und somit straflose Handlungen zu betrachten seien; daß dagegen das Oeffnen des Gebäudes oder Raumes, in welchem der Diebstahl verübt werden soll, durch das dazu gewählte Instrument und das Einschleichen in ein Gebäude zur Nachtzeit, auch wenn eine Besitzergreifung an einer zu entwendenden Sache noch nicht stattgefunden hat; das Zusammentreffen der mit Waffen versehenen Betheiligten an dem zur Ausführung eines Zweikampfs verabredeten Orte; des Betreten eines fremden Jagdreviers mit Jagdutensilien; das Inbrandsetzen des Zündstoffs bei dem Gegenstande der beabsichtigten Brandstiftung, auch wenn der Thäter an der Verbindung des Zündstoffs mit diesem Gegenstande gestört worden ist — für strafbare Versuchshandlungen gelten müssen.

Zweifel bestehen über die Anwendung der Versuchsstrafe auch in dem Falle, wenn der Gegenstand, an welchem eine strafbare Handlung beabsichtigt wurde (z. B. beim Diebstahl), sich überhaupt an dem Orte der That nicht befunden hatte, oder doch zur Zeit der That dort nicht mehr vorhanden war. In dem, in Goltdammers Archiv B. 21 S. 108 abgedruckten Falle hatte der Angekl., versehen mit einem Nachschlüssel, der zur Oeffnung der Thür eines Zimmers, in welchem er eine ihm bezeichnete Geldsumme entwenden wollte, geeignet war, sich in das Haus bis in die Nähe jener Thür begeben, war aber vor deren Oeffnung gestört worden. Wiewohl festgestellt wurde, daß sich das Geld zu dieser Zeit nicht mehr in dem Zimmer befand, hat das Königlich Sächsische Appellationsgericht — wohl mit Recht — die Versuchsstrafe über den Angeklagten verhängt, weil in der vorher Seitens des Eigenthümers erfolgten Fortschaffung des Geldes nur ein Umstand zu finden sei, durch welchen die Ausführung des beabsichtigten Diebstahls unabhängig von dem Willen des Thäters verhindert worden, und sein Irrthum in dieser Beziehung unwesentlich sei.

2. Von den auf Grund der §§ 27 und 75 G. vor den Schöffengerichten zu verhandelnden Vergehen gehören hierher nur die vorsätzliche Befreiung eines Gefangenen § 120; das wissentliche Ausgeben falschen Geldes § 148; die Verleitung zur Ableistung einer falschen Versicherung an Eidesstatt § 160; der Diebstahl § 242; die Unterschlagung § 246; der Betrug § 263 und die Beschädigung oder Zerstörung einer fremden Sache, bzhw. eines Gegenstandes der Verehrung. §§ 303. 304.

§ 44.

Das versuchte Verbrechen oder Vergehen ist milder zu bestrafen als das vollendete.

Ist das vollendete Verbrechen mit dem Tode oder mit lebenslänglichem Zuchthaus bedroht, so tritt Zuchthausstrafe nicht unter drei Jahren ein, neben welcher auf Zulässigkeit von Polizei-Aufsicht erkannt werden kann.

Ist das vollendete Verbrechen mit lebenslänglicher Festungshaft bedroht, so tritt Festungshaft nicht unter drei Jahren ein.

In den übrigen Fällen kann die Strafe bis auf ein Viertheil des Mindestbetrages der auf das vollendete Verbrechen oder Vergehen angedrohten Freiheits- und Geldstrafe ermäßigt werden*. Ist hiernach Zuchthausstrafe unter Einem Jahre verwirkt, so ist dieselbe nach Maßgabe des § 21 in Gefängniß zu verwandeln.

* Bei der Abmessung der Strafe wird auch zu berücksichtigen sein, in welchem Grade die zum Zwecke der Ausführung der Strafthat verübten Handlungen sich der Vollendung derselben nähern, und ferner, ob der Angeklagte durch die zur Beseitigung von Hindernissen angewandten Bemühungen die Festigkeit seines verbrecherischen Willens an den Tag gelegt, oder sich durch dieselben sofort von weiteren Schritten zur Vollendung der That hat abhalten lassen. — Das „vollendete" bedeutet in dem § überall die Strafthat, wie sie nach der Lage der Sache zu bestrafen sein würde, wenn der Angekl. sie nicht bloß versucht, sondern vollendet hätte. Würden daher demselben im Falle der Vollendung der That mildernde Umstände zu Statten kommen, so sind solche auch bei dem Versuche zu berücksichtigen.

§ 45.

Wenn neben der Strafe des vollendeten Verbrechens oder Vergehens die Aberkennung der bürgerlichen Ehrenrechte zulässig oder geboten ist, oder auf Zulässigkeit von Polizei-Aufsicht erkannt werden kann, so gilt Gleiches bei der Versuchsstrafe.

§ 46.

Der Versuch als solcher bleibt straflos, wenn der Thäter

1. die Ausführung der beabsichtigten Handlung aufgegeben hat, ohne daß er an dieser Ausführung

durch Umstände gehindert worden ist, welche von seinem Willen unabhängig waren[1], oder

2. zu einer Zeit, zu welcher die Handlung[2] noch nicht entdeckt war, den Eintritt des zur Vollendung des Verbrechens oder Vergehens gehörigen Erfolges durch eigene Thätigkeit abgewendet hat[3].

1. Es ist ein freiwilliger, von äußeren Umständen (Störung, unüberwindliche Hindernisse, durch Selbstverletzung bei der That veranlaßte Unfähigkeit zur Fortsetzung derselben u. dergl.) unabhängiger Rücktritt von der Ausführung des Delikts nach schon stattgehabten Versuchshandlungen gemeint. Wer also beispielsweise den in der Absicht, dort zu stehlen, schon betretenen Raum (Versuchshandlung) verläßt, weil er jene Absicht aufgiebt, ohne hierzu durch äußere Ereignisse oder Verhältnisse veranlaßt worden zu sein, bleibt straflos. Wird dagegen das Aufgeben des schon durch Versuchshandlungen bethätigten, verbrecherischen Willens durch Wahrnehmungen des Thäters, an welche er die Besorgniß der Entdeckung knüpft, herbeigeführt, so bleibt der stattgehabte Versuch strafbar, auch wenn jene Wahrnehmungen auf Irrthum beruhten, der Thäter z. B. aus einem Geräusch irrthümlich auf das Herannahen eines Menschen geschlossen und aus diesem Grunde von weiteren die Vollendung der strafbaren That bezweckenden Handlungen absteht.

Die Beihülfe zum Versuche erachtet das Preuß. Obertribunal für strafbar, auch wenn der Thäter nach Nr. 1 straflos bleibt. Goltdammer Arch. B. 23 S. 191. Vergl. §§ 43. 49.

2. Ist diese schon entdeckt, so ist die noch nicht erfolgte Entdeckung des Thäters gleichgiltig.

3. Wie sich aus den Worten des Eingangs des §: Der Versuch u. s. w. ergiebt, ist auch hier unter „Handlung" nicht das vollendete Delikt, sondern ein solcher Versuch zu verstehen, der diejenige Folge, welche das Gesetz zum Thatbestande des vollendeten Delikts erfordert, noch nicht vollständig nach sich gezogen hat. Die Vorschrift findet daher nicht Anwendung, wenn der Dieb die fremde Sache, welche er sich rechtswidrig zugeeignet — an der er also einen vollendeten Diebstahl begangen — hat (§ 242) dem Eigenthümer, bevor dieser noch die Entwendung wahrgenommen, zurückbringt. Wohl aber ist sie anwendbar auf denjenigen, welcher das auf Ausführung eines Betruges abzielende Schreiben, bevor es dem Adressaten behändigt ist, von der Post zurücknimmt. § 263 Abs. 1 u. 3.

Theilnahme*.

§ 47.

Wenn Mehrere eine strafbare Handlung gemeinschaftlich ausführen, so wird Jeder als Thäter bestraft.

* Der allgemeine Ausdruck „Theilnahme" bezeichnet sowohl die Mitthäterschaft, d. h. den in diesem § behandelten Fall, wenn sich bei der Ausführung der strafbaren That selbst mehrere Personen betheiligen, als den der Anstiftung (§ 48) und der Hülfeleistung (§ 49), nicht aber den der Begünstigung und der Hehlerei. Die Frage, ob die Handlungen eines Mit-

angeklagten als Mitthäterschaft oder als Hülfeleistung aufzufassen sind, wird nicht selten zu Zweifeln Anlaß geben, da die Hülfe nach § 49 nicht nur durch Rath und Anleitung sondern auch durch Thaten geleistet werden kann. Leitender Grundsatz ist, daß eine Mitthäterschaft da nicht anzuerkennen ist, wo die Thätigkeit eines Theilnehmers nicht in der Betheiligung bei solchen Handlungen, welche die gesetzlichen Merkmale, die den Gegenstand der Anklage bilden, bestanden hat, dem Thäter vielmehr nur die Ausführung der von diesem beabsichtigten That, sei es durch Mittheilungen über lokale oder sonstige Verhältnisse, sei es durch Gewährung von Hülfsmitteln, deren der Thäter bedarf, möglich gemacht oder erleichtert hat. Der wesentliche Unterschied zwischen dem Mitthäter und dem Gehülfen besteht darin, daß der Wille des Ersteren darauf gerichtet ist, die That als seine eigene, zusammen mit einem Anderen auszuführen, der Wille Beider mithin auf dasselbe Ziel gerichtet ist, der Letztere dagegen nur dem Anderen bei dessen That behülflich sein will. Ob das Eine oder das Andere im vorliegenden Falle anzunehmen sei, hat der Richter nach den vorwaltenden Umständen festzustellen.

Jeder Mitthäter ist hinsichtlich der gemeinschaftlich ausgeführten That nur für solche Handlungen und solche dabei vom Richter zu berücksichtigenden erschwerenden Umstände verantwortlich, welche entweder auf Verabredung beruhten, oder doch unter den vorwaltenden Umständen mit Wahrscheinlichkeit vorauszusehen waren. War also nur ein einfacher Diebstahl verabredet, der eine Thäter aber ohne Wissen des Anderen bei der Ausführung mit Waffen versehen (§ 243 Nr. 5) oder verübte Letzterer einen Einbruch, während Ersterer in Unkenntniß hiervon, außerhalb des Gebäudes Wache hielt, so wird diesen nur die Strafe des § 242 treffen, wogegen auf Jenen der § 243 Anwendung findet.

§ 48.

Als Anstifter[1] wird bestraft, wer einen Anderen zu der von demselben begangenen[2] strafbaren[3] Handlung durch Geschenke oder Versprechen, durch Drohung, durch Mißbrauch des Ansehens oder der Gewalt, durch absichtliche Herbeiführung oder Beförderung eines Irrthums oder durch andere Mittel[4] vorsätzlich bestimmt hat.

Die Strafe des Anstifters ist nach demjenigen Gesetze festzusetzen, welches auf die Handlung Anwendung findet, zu welcher er wissentlich[5] angestiftet hat.

1. Während der § 47 — wie in der Note zu demselben bemerkt — voraussetzt, daß jeder Theilnehmer die That als seine eigene beabsichtigt und bei deren Ausführung mitwirkt, ist der Wille des Anstifters (intellektuellen Urhebers) auf Ausführung der That durch einen Anderen gerichtet. Daß derselbe gleich dem Thäter bestraft wird, gründet sich darauf, daß der verbrecherische Wille, also dasjenige, was der äußeren That erst den verbrecherischen Charakter verleiht, von ihm in dem Thäter erweckt ist. Der Beweggrund, welcher ihn zu der Anstiftung veranlaßt, ob er also dabei eigene Zwecke verfolgt oder nicht, ist hinsichtlich seiner Strafbarkeit unerheblich.

2. Der Anstifter bleibt daher straffrei, wenn die Handlung, gleichviel aus welchem Grunde, weder ausgeführt ist, noch ein strafbarer Versuch derselben stattgefunden hat. Eine Ausnahme von dieser Regel bildet — soweit

die vor Schöffengerichten zu verhandelnden Straffälle in Betracht kommen — der § 361 Nr. 4. — Hat der Thäter eine minder strafbare Handlung als diejenige, worauf die Anstiftung gerichtet war, ausgeführt, also z. B. einen einfachen Diebstahl verübt, während die Anstiftung in der Voraussetzung der Nothwendigkeit eines Einbruchs, sich auf einen schweren Diebstahl bezog, so ist die Strafe des Anstifters nur nach der ersteren zu bemessen, da nur jene minder strafbare Handlung „begangen ist".

3. Die hierdurch ausgesprochene Regel, daß, um die Anstiftung strafbar erscheinen zu lassen, die in Folge derselben von dem Thäter verübte Handlung selbst eine strafbare sein müsse, leidet im Falle des § 247 Abs. 3 eine Ausnahme, da danach derjenige, welcher einen Verwandten aufsteigender Linie zur Verübung eines Diebstahls gegen einen Verwandten absteigender Linie anstiftet, strafbar ist, obgleich der Thäter selbst „straflos" bleibt, also nicht eine strafbare Handlung begangen hat.

4. Bei der Allgemeinheit des Ausdrucks wird dahin auch die Einwirkung auf den Thäter durch Anregung des Gedankens zu der That und Herbeiführung seines Entschlusses zu derselben durch Zureden und Beseitigung der von demselben geäußerten moralischen Bedenken, zu rechnen sein, sofern festgestellt ist, daß der Thäter durch diese Mittel zu der That „bestimmt", also nicht bloß seine eigene Willensneigung dadurch gefördert worden ist.

5. Hat der Thäter ein Mehreres gethan, als worauf die Anstiftung gerichtet war, so ist der Anstifter hierfür nicht verantwortlich.

§ 49.

Als Gehülfe[1] wird bestraft, wer dem Thäter zur Begehung des Verbrechens oder Vergehens[2] durch Rath oder That wissentlich Hülfe geleistet hat[3].

Die Strafe des Gehülfen ist nach demjenigen Gesetze festzusetzen, welches auf die Handlung Anwendung findet, zu welcher er wissentlich Hülfe geleistet hat, jedoch nach den über die Bestrafung des Versuches aufgestellten Grundsätzen zu ermäßigen.

1. Ueber den Unterschied zwischen Hülfeleistung und Mitthäterschaft vergl. Note zu § 47. Daß der Gehülfe ein eigenes Interesse bei der That habe, ist nicht Bedingung seiner Strafbarkeit.

Nach dem Urtheile des Preuß. Ob.Trib. v. 12. Juni 1877 ist die Beihülfe auch strafbar, wenn sich die Thätigkeit des Gehülfen nur auf eine vorbereitende Handlung bezogen hat. Goltd. Arch. B. 25. S. 450.

2. Die Hülfeleistung bei einer Uebertretung (§ 1 Abs. 3) ist daher straflos.

3. Daß der Thäter von der ihm geleisteten Hülfe Kenntniß gehabt habe, ist nicht erforderlich, um die Hülfeleistung strafbar erscheinen zu lassen.

4. Der in der Note 5 zu § 48 in Bezug auf die Anstiftung aufgestellte Grundsatz greift auch hinsichtlich der Hülfeleistung Platz.

§ 50.

Wenn das Gesetz die Strafbarkeit einer Handlung nach den persönlichen Eigenschaften oder Verhältnissen* desjenigen, welcher dieselbe begangen hat, erhöht oder vermindert, so sind diese besonderen Thatumstände dem Thäter oder demjenigen Theilnehmer (Mitthäter, Anstifter, Gehülfe) zuzurechnen, bei welchem sie vorliegen.

* Die Vorschrift bezieht sich nicht auf die allgemeinen bei der Abmessung der Strafe aus den vorwaltenden Umständen für ein höheres oder geringeres Strafmaß herzunehmenden Gründe, sondern nur auf die im Gesetz ausdrücklich hervorgehobenen, auf persönlichen Eigenschaften und Verhältnissen beruhenden Strafschärfungs- und Milderungsgründe. Zu den ersteren gehört z. B. die Bestimmung des § 223, nach welcher für eine an einem Verwandten in aufsteigender Linie verübte Körperverletzung eine besondere, höhere Strafe bestimmt ist. Von den von Schöffengerichten zur Anwendung zu bringenden Vorschriften kommen hier auch die §§ 56 u. 57 in Betracht. Dieselben kommen nur demjenigen Thäter oder Theilnehmer, welcher sich in dem dort bezeichneten Alter befindet, nicht aber solchen zu Statten, welche im Alter unbeschränkter Zurechnungsfähigkeit stehen.

Gründe, welche die Strafe ausschließen oder mildern.

§ 51.

Eine strafbare Handlung ist nicht vorhanden[1], wenn der Thäter zur Zeit der Begehung der Handlung sich in einem Zustande von Bewußtlosigkeit oder krankhafter Störung der Geistesthätigkeit befand, durch welchen seine freie Willensbestimmung ausgeschlossen[2] war.

1. Die Frage, ob die Voraussetzungen der §§ 51 bis 54 in dem zur Beurtheilung vorliegenden Falle zutreffen, ist überall thatsächlicher Natur. Bei der Anwendung der §§ 52 bis 54 hat der Richter die Persönlichkeit sowohl dessen, welcher sich auf die darin angegebenen Entschuldigungsgründe beruft, als auch desjenigen zu berücksichtigen, von welchem die Gewalt, Drohung, oder der angeblich rechtswidrige Angriff ausgegangen ist. Er hat zu erwägen, ob der Thäter vernünftiger Weise die Ausführung der Drohung befürchten bzhw. sich von einer derartigen Gefahr bedroht glauben konnte, daß deren Abwehr mittels einer an sich strafbaren Handlung gerechtfertigt erscheinen könne. Das Preußische Obertribunal hat in dem in Goltdammer Archiv B. 22 S. 561 abgedruckten Erkenntniß angenommen, daß eine bloße Befürchtung, daß ein rechtswidriger Angriff beabsichtigt werde, den Stand der Nothwehr nicht begründe. Der Angriff müsse begonnen, bzhw. es müßten Handlungen stattgefunden haben, in welchen der Beginn eines rechtswidrigen Angriffs gefunden werden könne.

2. Eine bloße Verminderung der freien Willensbestimmung hat daher Straflosigkeit nicht zur Folge.

Daß der Angeklagte sich ausdrücklich auf das Vorhandensein einer der Voraussetzungen der §§ 51 folg. berufe, ist nicht erforderlich. Der Richter hat derartige Umstände von Amtswegen zu berücksichtigen.

§ 52.

[1]Eine strafbare Handlung ist nicht vorhanden, wenn der Thäter durch unwiderstehliche Gewalt oder durch eine Drohung, welche mit einer gegenwärtigen, auf andere Weise nicht abwendbaren Gefahr für Leib oder Leben seiner selbst oder eines Angehörigen verbunden war, zu der Handlung genöthigt worden ist.

Als Angehörige im Sinne dieses Strafgesetzes sind anzusehen Verwandte und Verschwägerte auf- und absteigender Linie, Adoptiv- und Pflege-Eltern[2] und -Kinder, Ehegatten, Geschwister und deren Ehegatten, und Verlobte[3].

1. Der § setzt voraus, daß der Thäter von einem Anderen, sei es gewaltsam, oder durch Androhung eines ihm oder einem Angehörigen für den Fall der Unterlassung der That zuzufügenden, seinen Körper oder sein Leben gefährdenden Uebels zur Verübung der That genöthigt worden ist. Auf Gefährdung der Ehre oder des Vermögens findet er keine Anwendung.

2. Eine Begriffsbestimmung enthält das StGB. nicht. Mit Rücksicht auf die nahe Verbindung, in welche das Wort mit Verwandten und „Adoptiveltern" und Adoptivkindern gebracht ist, läßt jedoch die Ansicht Oppenhoff's (StGB. Note 19 zu diesem §) „daß darunter alle diejenigen zu verstehen sein, welche die Pflege und Erziehung eines fremden Kindes besorgen, ohne Unterschied, wie das betreffende Verhältniß entstanden sei, ob durch Vertrag, durch freiwillige Annahme eines hülflosen Kindes u. s. w.", bedenklich erscheinen, da nach diesen Worten auch solche Kinder unter den Begriff Pflegekinder fallen würden, welche, um an einem vom Wohnorte ihrer Eltern entfernten Orte Schulen zu besuchen, Jemand gegen bestimmtes jährliches Honorar behufs Beköstigung, Anleitung und Ueberwachung anvertraut werden. Hätte das Gesetz jenen Begriff soweit ausdehnen wollen, so würde es nicht umhin gekonnt haben, auch die Lehrherren und Lehrlinge zu den Angehörigen zu rechnen, die es im § 247 von denselben ausschließt. Die Bemerkung Otto's (Aphorismen S. 96): „Es entscheide hier das rein thatsächliche Verhältniß der mit der Erziehung verbundenen dauernden Verpflegung", dürfte die charakteristischen Merkmale des Begriffs nicht genügend klarstellen. Es scheint in dem § das Verhältniß gemeint zu sein, welches dadurch entsteht, daß Jemand dauernd, wenn auch formlos und rechtsunverbindlich, bei einem Kinde in Bezug auf den gesammten Unterhalt, Pflege und Erziehung in die Stelle der leiblichen Eltern eintritt, sei es, daß diese nicht mehr leben, oder sich der Sorge um dasselbe pflichtwidrig entschlagen, oder die Ausübung ihrer Eltern-Rechte und Pflichten Jenem überlassen haben. — Dafür spricht auch, daß es im § 174 heißt: Pflegeeltern, welche mit ihren Kindern u. s. w. — eine Ausdrucksweise, welche nach dem Sprachgebrauche auf ein Verhältniß der ersterwähnten Art nicht passen würde.

3. Vergl. die Note 2 zu § 51 St. Die Ansicht Otto's, daß ein civilrechtlich gültiges Verlöbniß vorauszusetzen sei, dürfte dem Zwecke des Gesetzes und den gewöhnlichen Lebensverhältnissen nicht entsprechen. Aphorismen S. 96.

§ 53.

Eine strafbare Handlung ist nicht vorhanden, wenn die Handlung durch Nothwehr geboten war.

Nothwehr ist diejenige Vertheidigung, welche erforderlich ist, um einen gegenwärtigen, rechtswidrigen Angriff[1] von sich oder einem Anderen abzuwenden.

Die Ueberschreitung[2] der Nothwehr ist nicht strafbar, wenn der Thäter in Bestürzung, Furcht oder Schrecken über die Grenzen der Vertheidigung hinausgegangen ist[3].

1. Der hier die Straflosigkeit bedingende Angriff (Eingriff in die Rechte, Störung in der Ausübung derselben) braucht nicht, wie in Fällen des § 52, gegen Leib oder Leben, er kann vielmehr auch gegen Vermögensrechte gerichtet sein. Wer dem bei der Ausführung eines Diebstahls Betroffenen an derselben hindert, oder ihm die gestohlene Sache mit der zur Wiedererlangung derselben „gebotenen" (erforderlichen) Gewalt wegreißt und ihn dabei körperlich beschädigt, bleibt straflos, gleichviel, ob die Sache ihm oder seinen Angehörigen oder auch einer anderen ihm fremden Person gehörte.

Wesentlich ist aber, daß der Zweck der Handlung Abwehr eines gegenwärtigen Angriffs war. Hatte also der Dieb die gestohlene Sache bereits in seinen Gewahrsam gebracht, so scheidet der Begriff Vertheidigung zur Abwendung eines Angriffs aus; der Bestohlene verfällt daher dem Strafgesetz, wenn er sich später mit Vorbeigehung der Obrigkeit mittelst einer an sich strafbaren Handlung wieder in den Besitz der gestohlenen Sache setzt.

Ob der Angreifer seinerseits den Angriff für berechtigt hielt, hat, die Rechtswidrigkeit vorausgesetzt, auf die Anwendbarkeit des § keinen Einfluß.

2. Der Richter hat zu beurtheilen, ob der Angeklagte unter den vorwaltenden Umständen annehmen durfte, daß es zur Vertheidigung der durch den Angriff gefährdeten Rechte desjenigen Mittels zur Abwehr, dessen er sich bediente, insbesondere derjenigen an sich strafbaren Handlung bedurfte, für welche er Straflosigkeit in Anspruch nimmt. Vergl. die Note zu § 51.

Die bloße Befürchtung eines Angriffs genügt nicht; es müssen solche Handlungen stattgefunden haben, in welchen der Angeklagte den Beginn eines Angriffs finden durfte. Dagegen kann ein entschuldbarer Irrthum des Angeklagten — wenn z. B. derselbe den von ihm Verletzten für den Angreifer hielt, während der Angriff in der That von einem Anderen ausgegangen war — die Straflosigkeit begründen.

3. Auch in dieser Beziehung sind die vorwaltenden Umstände für den Richter maßgebend. Die Straflosigkeit wird z. B. nicht anzuerkennen sein, wenn der Angriff einen unbedeutenden Vermögensgegenstand betraf und der Angeklagte zur Abwendung desselben, im Mißverhältniß zu dem ihm drohenden Verlust, dem Angreifenden eine erhebliche Körperverletzung zugefügt hat.

§ 54.

[1]Eine strafbare Handlung ist nicht vorhanden, wenn die Handlung außer dem Falle der Nothwehr in einem unverschuldeten[2], auf andere Weise nicht zu beseitigenden Nothstande zur Rettung aus einer gegenwärtigen Gefahr für Leib oder Leben des Thäters oder eines Angehörigen begangen worden ist.

1. Während die „Nothwehr" (§ 53) einen Seitens eines Anderen stattgehabten widerrechtlichen Angriff gegen die Rechte Jemandes voraussetzt, ist hier der Fall vorgesehen, wenn die Gefahr für Leib oder Leben durch anderweite Umstände und Ereignisse ohne widerrechtliches Verhalten anderer Menschen, entsteht. Das Gesetz geht in einem solchen Falle davon aus, daß derjenige, welcher eine sein oder seiner Angehörigen Leben oder seinem Körper drohende Gefahr nicht anders als durch Verletzung der Rechte eines Anderen von sich abwehren kann, mit Strafe zu verschonen ist. Wer, um sich aus seinem brennenden Hause zu retten, des Nachbars Wand durchbricht, oder, von einem bissigen Hunde angefallen, denselben tödtet, ist nicht wegen Sachbeschädigung strafbar (§§ 303 folg.), mag er auch im Civilprozeß zur Entschädigung für verpflichtet erachtet werden. von Schwarze's Ansicht (Kommentar zum StGB., Note zu diesem §) daß „Leib" offenbar mehr ausdrücke, als „Gesundheit", ist bedenklich. Sollte man in dem letztgedachten Beispiel den Hund nicht ungestraft tödten dürfen, weil sein Biß nur die Gesundheit gefährdet?

2. Die im Gesetz für den Fall eigener Verschuldung angeordnete Ausnahme wird in engen Grenzen zur Anwendung zu bringen sein. Hätte auch in dem zuletzt erwähnten Beispiel der von dem Hunde Angefallene denselben vorher gereizt, so dürfte dies doch, die Feststellung vorhanden gewesener Gefahr für Leib oder Leben vorausgesetzt, seine Bestrafung nicht zur Folge haben können.

3. Eine Ausdehnung der Vorschrift auf andere Personen ist, da der § eine Ausnahme von der allgemeinen Regel bildet, unstatthaft. Gerechtfertigt ist die Einschränkung nicht; auch wer z. B. um ein ihm fremdes, hülfloses Kind aus derartiger Gefahr zu befreien, das Eigenthum Anderer beschädigt, müßte straflos sein.

§ 55.

Wer bei Begehung der Handlung das zwölfte Lebensjahr nicht vollendet hat, kann wegen derselben nicht strafrechtlich verfolgt werden.

Diese Vorschrift kann in der schöffengerichtlichen Praxis zur Anwendung kommen, wenn sich erst in der Hauptverhandlung das Alter, welches der Angekl. zur Zeit der Begehung der That gehabt hat, herausstellt.

§ 56.

Ein Angeschuldigter, welcher zu einer Zeit, als er das zwölfte, aber nicht das achtzehnte Lebensjahr vollendet hatte, eine strafbare Handlung begangen hat, ist freizusprechen, wenn er bei Begehung derselben die zur Erkenntniß ihrer Strafbarkeit erforderliche Einsicht nicht besaß*.

In dem Urtheile ist zu bestimmen, ob der Angeschuldigte seiner Familie überwiesen oder in eine Erziehungs- oder Besserungsanstalt gebracht werden soll. In der Anstalt ist er so lange zu behalten, als die der Anstalt vorgesetzte Verwaltungsbehörde solches für erforderlich erachtet, jedoch nicht über das vollendete zwanzigste Lebensjahr.

* In der Regel wird das Gericht dies, bei Berücksichtigung des Alters des Angeklagten, aus der Persönlichkeit desselben entnehmen können, und eine ärztliche Begutachtung nur ausnahmsweise erforderlich sein. Handelt es sich um solche Delikte, deren Strafbarkeit jungen Leuten auch dieses Alters erfahrungsmäßig bekannt ist — wie Diebstahl, Körperverletzung, vorsätzliche Beschädigung fremden Eigenthums — so wird die Vermuthung vorhanden gewesener „Erkenntniß der Strafbarkeit" gegen den Angeklagten sprechen. Ist dagegen z. B. Gegenstand der Untersuchung ein solcher Betrug, bei dem die Grenzen zwischen dem nur moralisch Unerlaubten und dem gesetzlich Strafbaren schwer erkennbar sind, oder handelt es sich um eine in Folge Mangels an Nachdenken und Aufmerksamkeit aus Fahrlässigkeit begangene Strafthat, so wird jene Vermuthung nicht Platz greifen können.

§ 57.

Wenn ein Angeschuldigter, welcher zu einer Zeit, als er das zwölfte, aber nicht das achtzehnte Lebensjahr vollendet hatte, eine strafbare Handlung begangen hat, bei Begehung derselben die zur Erkenntniß ihrer Strafbarkeit erforderliche Einsicht besaß[1], so kommen gegen ihn folgende Bestimmungen zur Anwendung[2]:

3. ist die Handlung mit Zuchthaus oder mit einer anderen Strafart bedroht, so ist die Strafe zwischen dem gesetzlichen Mindestbetrage der angedrohten Strafart[3] und der Hälfte des Höchstbetrages der angedrohten Strafe zu bestimmen[4].

   Ist die so bestimmte Strafe Zuchthaus, so tritt Gefängnißstrafe von gleicher Dauer an ihre Stelle;
4. ist die Handlung ein Vergehen oder eine Uebertretung, so kann in besonders leichten Fällen auf Verweis[5] erkannt werden;
5. auf Verlust der bürgerlichen Ehrenrechte überhaupt oder einzelner bürgerlichen Ehrenrechte, sowie auf Zulässigkeit von Polizei=Aufsicht ist nicht zu erkennen.

1. Vergl. die Note zu § 56.

2. Handelt es sich um einen Versuch, so ist die Höhe der Strafe unter Zugrundelegung der sich aus diesem § ergebenden Strafmaße nach den Vorschriften der §§ 44. 49 zu bestimmen.

3. Der Mindestbetrag der Strafart (vergl. die §§ 14 Abs. 2; 16 Abs. 1; 18 Abs. 1; 27) ist daher zugleich der Mindestbetrag der über den s. g. Strafunmündigen zu verhängenden Strafe auch in dem Falle, wenn in dem die Strafthat desselben betreffenden § als Mindestbetrag der Strafe ein höherer, als der in den vorstehend aufgeführten §§ festgesetzte, bestimmt ist. Vergl. Oppenhoff StGB. Note 11 zu diesem §.

4. Hiernach ist im Falle des § 136 die Gefängnißstrafe zwischen einem Tage und drei Monaten; im Falle des § 183 zwischen einem Tage und einem Jahre oder Geldstrafe von 3 bis 250 Mark; im Falle des § 113

Abs. 2 entweder Gefängniß von einem Tage bis zu sechs Monaten oder Geldstrafe von 3 Mrk. bis 500 Mark zu bestimmen.

Ist in dem betreffenden § nur eine Strafart, nicht auch ein niedrigstes oder höchstes Strafmaß angedroht, (z. B. §§ 242. 258 Nr. 1), so ist letzteres zwischen dem niedrigsten und der Hälfte des höchsten gesetzlich zulässigen Maßes jener Strafart festzusetzen.

5. Es ist dies eine Strafe, auf welche besonders zu erkennen ist, und deren Vollstreckung nicht schon durch die Verkündung des Urtheils, sondern erst nach beschrittener Rechtskraft desselben besonders erfolgt. Vergl. auch die Note zu § 60.

§ 58.

Ein Taubstummer, welcher die zur Erkenntniß der Strafbarkeit einer von ihm begangenen Handlung erforderliche Einsicht nicht besaß, ist freizusprechen.

§ 59.

Wenn Jemand bei Begehung einer strafbaren Handlung das Vorhandensein von Thatumständen nicht kannte*, welche zum gesetzlichen Thatbestande gehören oder die Strafbarkeit erhöhen, so sind ihm diese Umstände nicht zuzurechnen.

Bei der Bestrafung fahrlässig begangener Handlungen gilt diese Bestimmung nur insoweit, als die Unkenntniß selbst nicht durch Fahrlässigkeit verschuldet ist.

* Der Regel nach wird der Richter davon auszugehen haben, daß dem Thäter die thatsächlichen Umstände, durch deren Vorhandensein die Strafbarkeit seiner Handlung überhaupt, oder eine Strafverschärfung bedingt ist, zur Zeit seiner That bekannt gewesen seien. Seine Ueberzeugung von dem Gegentheil wird sich auf einen Nachweis Seitens des Angeklagten oder sonst ermittelte Umstände gründen müssen. Wer z. B. auf fremdem Jagdrevier die Jagd ausgeübt hat, wird, um straflos zu bleiben, dem Richter glaubhaft zu machen haben, daß er sich hinsichtlich der Reviergrenzen geirrt habe.

Das Preuß. Obertribunal hat angenommen, daß der § auch auf Uebertretungen (vergl. Note 5 zu § 367) sowie auch dann Anwendung finde, wenn der Angeklagte sich durch unrichtige Auffassung civilrechtlicher Bestimmungen in einem Irrthum befunden habe, sich also der Rechtswidrigkeit seiner Handlung nicht bewußt gewesen sei. Der Angeklagte hatte aus einem von ihm verkauften und dem Käufer übergebenen Hause einen eingemauerten Kessel ausgebrochen und weggenommen, indem er sich für den Eigenthümer des Kessels hielt (Goltdammer Arch. B. 22 S. 495). Vergl. in dieser Beziehung so wie in Betreff der Strafbarkeit fahrlässig begangener Handlungen die „Vorbemerkungen".

§ 60.

Eine erlittene Untersuchungshaft kann bei Fällung des Urtheils auf die erkannte Strafe ganz oder theilweise angerechnet werden*.

* Auch diejenige, welche er in Bezug auf eine Strafthat erlitten hat, hinsichtlich deren er freigesprochen wird, kann auf die Strafe wegen einer anderen gleichzeitig mit jener zur Aburtheilung kommenden That angerechnet werden (Urtheil des Preuß. Ob.-Trib. Goltd. Arch. B. 23 S. 425).

Die Ansicht Otto's (Aphorismen S. 112) daß auch die Strafe des Verweises durch die Untersuchungshaft für absorbirt erachtet werden dürfe, erscheint mit Rücksicht auf die besondere Natur dieser Strafe bedenklich; dagegen wird ihm darin beizutreten sein, daß auf eine Geldstrafe — da diese event. in eine Gefängnißstrafe verwandelt werden kann — die erlittene Untersuchungshaft angerechnet werden dürfe.

Daß und wie die Anrechnung erfolgt sei, hat der Richter im Urtheil ausdrücklich auszusprechen.

Zusammentreffen mehrerer strafbarer Handlungen.

§ 73.

Wenn eine und dieselbe Handlung mehrere Strafgesetze verletzt[1], so kommt nur dasjenige Gesetz, welches die schwerste Strafe, und bei ungleichen Strafarten dasjenige Gesetz, welches die schwerste Strafart androht, zur Anwendung[2].

1. Dieser Fall tritt in der schöffengerichtlichen Praxis z. B. ein, wenn mittels eines ohne Gewerbeschein betriebenen Hausirhandels Loose zu einer durch Landesgesetze verbotenen Lotterie feilgeboten werden.

2. Für die Schöffengerichte interessirt die Ausnahme, welche die Vorschrift des § in dem Falle des im § 148 bezeichneten Münzvergehens erleidet. Auch wenn dasselbe zugleich einen mit der schwereren Strafe des § 263 bedrohten Betrug in sich schließt, trifft den Thäter nur die niedrigere Strafe des § 148.

3. Nach dem Urth. des Pr. Ob.-Trib. vom 30. Mai 1876 Goltd. A. B. 24 S. 535 ist eine Strafe, neben welcher Verlust der bürgerlichen Ehrenrechte zulässig ist, schwerer, als diejenige, neben welcher diese Strafe nicht erkannt werden kann, sollte auch das Minimum der letzteren höher sein.

§ 74.

Gegen denjenigen, welcher durch mehrere selbstständige[1] Handlungen mehrere Verbrechen oder Vergehen[2], oder dasselbe Verbrechen oder Vergehen mehrmals begangen und dadurch mehrere zeitige Freiheitsstrafen verwirkt hat, ist auf eine Gesammtstrafe zu erkennen, welche in einer Erhöhung der verwirkten schwersten Strafe besteht.

Bei dem Zusammentreffen ungleichartiger Freiheitsstrafen tritt diese Erhöhung bei der ihrer Art[3] nach schwersten[4] Strafe ein.

Das Maß der Gesammtstrafe darf den Betrag der verwirkten Einzelstrafen nicht erreichen[5] und funfzehnjähriges Zucht-

haus, zehnjähriges Gefängniß oder funfzehnjährige Festungshaft nicht übersteigen.

1. Von einander unabhängige, nicht mit einander in Verbindung stehende. Ob eine und dieselbe, oder ob verschiedene selbständig strafbare Handlungen vorliegen, hat der Richter nach den vorwaltenden Umständen zu beurtheilen. Entwendete z. B. der Angekl. in demselben Zimmer mehrere, verschiedenen Personen gehörige Gegenstände, so wird eine Einheit anzunehmen sein; stahl er dagegen in einem Gasthofe aus mehreren nach einander von ihm betretenen, von verschiedenen Gästen bewohnten Zimmern, so dürfte nichts entgegenstehen, mehrere Diebstähle als vorliegend anzunehmen.

Das Pr. Ob.-Tr. führt in dem Urth. vom 12. April 1877 aus, daß derjenige, welcher den Thäter zu der That angestiftet und demselben bei dieser That Beihülfe geleistet hat, sich hierdurch nicht zweier realkonkurrirender Strafthaten, sondern nur der Theilnahme an einem Delikt schuldig gemacht habe. Goltd. A. B. 25 S. 320. Ferner in dem Urth. v. 5. Octbr. 1876, daß, wenn durch eine und dieselbe Aeußerung mehrere Personen beleidigt werden, nur eine Strafthat vorliege. Goltd. A. B. 24. S. 541.

2. Auf Uebertretungen bezieht sich der § 77.

3. Von dieser Regel bildet der § 77, nach welchem auch auf Haft neben anderen Freiheitsstrafen erkannt werden kann, eine Ausnahme.

4. Stehen sich die Straffälle in ihrer Schwere gleich, hat z. B. der Angekl. mehrere Diebstähle von gleichem Betrage unter gleichen Umständen begangen, so wird die Strafe, welche das Gericht für angemessen erachtet haben würde, wenn er nur einen derselben verübt hätte, erhöht.

5. Es dürfen daher nicht die Strafen, welche das Gericht bei jeder einzelnen von dem Angeklagten verübten Strafthat der Verschuldung desselben entsprechend erachtet, zu einer Gesammtstrafe zusammengerechnet werden, vielmehr muß diese geringer sein, als die Summe jener Einzelstrafen. Wird z. B. der Angekl. verurtheilt wegen eines einfachen Diebstahls (§ 242) und wegen eines Betruges (§ 263), und ist das Gericht der Ansicht, daß der erstere, wenn der Angekl. nur diesen verübt hätte, mit dreimonatigem, der letztere dagegen mit einmonatigem Gefängniß zu ahnden sein würde, so darf die Gesammtstrafe nicht auf die vollen sieben Monate festgesetzt werden.

6. Von fortgesetzten Delikten spricht das Gesetz nicht. Gleichwohl wird sich in Fällen nach einander in völlig gleichmäßiger Weise verübter Handlungen nicht unbedingt jede derselben als eine selbständig zu bestrafende betrachten lassen. Wer z. B. mehrere Exemplare derselben unzüchtigen Schrift auf öffentlichem Platze feilbietet und nach einander an verschiedene Personen verkauft, wird nicht für jedes Kaufgeschäft die volle im § 184 angedrohte Strafe zu erleiden haben, vielmehr wird eine Einheit in seinem Zuwiderhandeln gegen das Strafgesetz zu erkennen sein.

7. Die Ansicht Otto's (Aphor. S. 147) daß das Urtheil nothwendig erkennen lassen müsse, aus welchen Einzelstrafen die Gesammtstrafe gebildet worden sei, ist, da das Gesetz ein Mehreres, als die Festsetzung einer Gesammtstrafe nicht anordnet, nicht ohne Bedenken. Sein Argument, daß Mangels einer solchen Specialisirung der Strafen in einem Falle, wo der Angekl. in zweiter Instanz wegen des schwersten Delikts freigesprochen werde, ein nochmaliges erstinstanzliches Erkenntniß würde ergehen müssen, findet im Gesetz keine Unterstützung. Vergl. jedoch die Note 3 zu § 259 St.

§ 76.

Die Verurtheilung zu einer Gesammtstrafe schließt die Aberkennung der bürgerlichen Ehrenrechte nicht aus, wenn diese auch nur neben einer der verwirkten Einzelstrafen zulässig oder geboten ist.

Ingleichen kann neben der Gesammtstrafe auf Zulässigkeit von Polizei-Aufsicht erkannt werden, wenn dieses auch nur wegen einer der mehreren strafbaren Handlungen statthaft ist.

§ 77.

Trifft Haft mit einer anderen Freiheitsstrafe zusammen, so ist auf die erstere gesondert zu erkennen[1].

Auf eine mehrfach verwirkte Haft ist ihrem Gesammtbetrage[2] nach, jedoch nicht über die Dauer von drei Monaten zu erkennen.

1. Vergl. Note 3 zu § 74.
2. Hiernach werden — dem Grundsatze des § 74 Abs. 3 zuwider — die für die einzelnen Uebertretungen, bzw. in den Fällen der §§ 185. 186, vom Gericht für angemessen erachteten Haftstrafen zusammengerechnet, so daß, wenn für jede von drei Uebertretungen vierzehntägige Haft der Verschuldung des Angekl. für entsprechend gehalten wird, auf volle sechs Wochen zu erkennen ist, während die Strafe nach dem § 74 hinter diesem Maße zurückbleiben müßte. Nur darf die Gesammtstrafe hier drei Monate nicht übersteigen.

§ 78.

Auf Geldstrafen, welche wegen mehrerer strafbarer Handlungen allein oder neben einer Freiheitsstrafe verwirkt sind, ist ihrem vollen Betrage nach zu erkennen*.

Bei Umwandlung mehrerer Geldstrafen ist der Höchstbetrag der an die Stelle derselben tretenden Freiheitsstrafe zwei Jahre Gefängniß und, wenn die mehreren Geldstrafen nur wegen Uebertretungen erkannt worden sind, drei Monate Haft.

* Die in der Note 2 zu § 77 hervorgehobene Abweichung von dem Princip des § 74 liegt auch hier vor.

§ 79.

Die Vorschriften der §§ 74 bis 78 finden auch Anwendung, wenn, bevor eine erkannte Strafe verbüßt, verjährt oder erlassen ist, die Verurtheilung wegen einer strafbaren Handlung erfolgt, welche vor der früheren Verurtheilung begangen war.

Es ist hier der Fall vorausgesetzt, daß zu der Zeit, als die „noch nicht (vollständig) verbüßte oder verjährte oder erlassene" Strafe erkannt wurde, die schon früher verübte Strafthat, wegen welcher die spätere Untersuchung eröffnet worden, entweder noch nicht bekannt, oder ein zur Erhebung der Anklage ausreichender Beweis von der StAschft. noch nicht zu erbringen war.

Der § findet auch Anwendung, wenn die Strafen nicht bloß aus einem, sondern aus mehreren Strafurtheilen noch unvollstreckt sind. Das Gericht hat bei der Abmessung der Strafe in der neueren Untersuchung so zu verfahren, wie es nach Anleitung der §§ 74 folg. verfahren müßte, wenn es in derselben zugleich über sämmtliche Straffälle zu erkennen hätte. Jedoch darf es — mit Rücksicht auf die Rechtskraft der früheren Straferkenntnisse — nicht davon ausgehen, daß es dort den Angekl. aus Rechtsgründen freigesprochen haben würde.

Das Pr. Ob.-Tr. nimmt an, daß das den Gegenstand der neueren Untersuchung bildende Delikt als vor dem früheren Urtheil begangen anzusehen sei, wenn letzteres zur Zeit der Begehung jenes Delikts noch nicht rechtskräftig war. (Erk. vom 4. April 1876. Goltd. A. B. 24 S. 393).

Mit diesem § schließen diejenigen Bestimmungen ab, welche die allgemeinen bei der Rechtsprechung der Schöffengerichte zu befolgenden Grundsätze enthalten. Die folgenden §§ beschäftigen sich mit den einzelnen Delikten, welche entweder nach dem § 27 G. zur Zuständigkeit der Schöffengerichte gehören, oder deren Untersuchung und Aburtheilung ihnen auf Grund des § 75 G. durch die Landgerichte überwiesen werden kann.

Widerstand gegen die Staatsgewalt.

§ 113.

Wer einem Beamten[1], welcher zur Vollstreckung von Gesetzen, von Befehlen und Anordnungen[2] der Verwaltungsbehörden oder von Urtheilen und Verfügungen der Gerichte berufen ist, in der rechtmäßigen[3] Ausübung seines Amtes durch Gewalt[4] oder durch Bedrohung mit Gewalt Widerstand leistet, oder wer einen solchen Beamten während der rechtmäßigen Ausübung seines Amtes thätlich angreift, wird mit Gefängniß von vierzehn Tagen bis zu zwei Jahren bestraft.

Sind mildernde Umstände vorhanden, so tritt Gefängnißstrafe bis zu einem Jahre oder Geldstrafe bis zu eintausend Mark ein.

Dieselben Strafvorschriften treten ein, wenn die Handlung gegen Personen, welche zur Unterstützung des Beamten zugezogen waren, oder gegen Mannschaften der bewaffneten Macht, oder gegen Mannschaften einer Gemeinde-, Schutz- oder Bürgerwehr in Ausübung des Dienstes begangen wird.

1. Ueber den Begriff „Beamter" vergl. § 359.
2. Die „Anordnungen" brauchen nicht nothwendig speciell in Bezug

auf den zur Beurtheilung vorliegenden Fall ergangen zu sein, können vielmehr auch in allgemeinen Instruktionen und Verordnungen enthalten sein.

3. D. h. zu seinem Amte gehörenden. Die Anwendbarkeit der Vorschrift scheidet mithin nicht schon in dem Falle aus, wenn der Beamte bei einer an sich zu seinen Amtsgeschäften gehörenden, auf Vollstreckung von Gesetzen, Befehlen u. s. w. abzielenden Handlung instruktionswidrig verfahren ist, oder sich Mißgriffe hat zu Schulden kommen lassen, vielmehr kann hieraus nur — unter Umständen — ein Milderungsgrund hergenommen werden.

Ob sich der Beamte in der Ausübung seines Amtes befunden hat, ist vom Richter — geeigneten Falls nach Einholung einer Auskunft der Dienstbehörde des Ersteren — zu entscheiden. Das Pr. Ob.-Tr. hat angenommen, daß auch eine außerhalb der Wohnung des Schuldners vollstreckte Exekution eine rechtmäßige Amtsausübung sei (Goltd. A. B. 23 S. 121). Ferner, daß es auf den Erfolg der beabsichtigten Hinderung der Amtsausübung nicht ankomme (Ebendas. S. 506).

4. Gewalt ist eine auf Hemmung der Amtsthätigkeit des Beamten abzielende positive Kraftanstrengung. Dahin wird auch das Losreißen eines Verhafteten von dem denselben festhaltenden Beamten, das Entreißen einer von demselben in Besitz genommenen Sache, das Fortdrängen desselben von der Stelle, wo er seine amtliche Thätigkeit auszuüben beabsichtigt, zu rechnen sein. Dagegen kann der durch Verschließen von Thüren, oder durch Weigerung, verschlossene Behältnisse zu öffnen, geleistete sg. passive Widerstand für einen „gewaltsamen" im Sinne des Gesetzes nicht gelten. Einen solchen muß der Beante erforderlichen Falls mit Hülfe Anderer bewältigen.

5. Vergl. § 75 Nr. 1 G.

§ 114.

Wer es unternimmt[1], durch Gewalt oder Drohung[2] eine Behörde[3] oder einen Beamten zur Vornahme oder Unterlassung einer Amtshandlung zu nöthigen, wird mit Gefängniß nicht unter drei Monaten[4] bestraft.

Sind mildernde Umstände vorhanden, so tritt Gefängnißstrafe bis zu zwei Jahren ein.

1. Der Ausdruck ist nicht gleichbedeutend mit „versucht"; es soll vielmehr die auf Nöthigung abzielende Handlung als eine selbständige, vollendete Strafthat angesehen werden. Die Vorschriften der §§ 43 bis 46 finden daher hier keine Anwendung.

2 Während die §§ 113 und 117 Bedrohung „mit Gewalt" erfordern, ist hier der Ausdruck „Drohung" ohne eine solche nähere Bezeichnung gebraucht. Gleichwohl wird die Vorschrift nicht auf jede Art von Drohung, vielmehr nur auf eine solche zu beziehen sein, welche dem Bedrohten einen rechtswidrigen Nachtheil in Aussicht stellt. Wer also einen Beamten von einer für rechtswidrig gehaltenen Amtshandlung durch Bedrohung mit einer Beschwerde bei der vorgesetzten Dienstbehörde, oder mit einer Klage auf Ersatz des ihm aus jener Handlung erwachsenen Schadens bedroht, wird der Strafe des § nicht verfallen. Für diese Auslegung des Gesetzes spricht neben der Wahl des Worts „nöthigen" die Höhe der Strafe.

3. Eine Begriffsbestimmung, wie sie in den §§ 31 und 359 in Bezug auf „Amt" und „Beamter" enthalten ist, giebt das Gesetz hier nicht. Mit Rücksicht auf den Zweck der Vorschrift werden unter „Behörden" hier

nicht bloß Kollegien, sondern auch solche Aemter zu verstehen sein, welche — wie z. B. Amtsgerichte, Kreisdirektionen, Landrathsämter — von nur einem Beamten verwaltet werden. Der Ausdruck wird aber auch auf die den Staatszwecken nur mittelbar dienenden, — z. B. kirchlichen und Kommunalbehörden zu beziehen sein. Das Pr. Ob.-Tr. führt aus, daß die Direction einer nicht unter Verwaltung des Staats stehenden Eisenbahngesellschaft keine Behörde sei. Goltd. Arch. B. 25 S. 328.

4. Das StGB. von 1871 bestimmte allgemein „Gefängnißstrafe". Die sg. Novelle v. J. 1876 hat eine Strafschärfung für nöthig erachtet.

5. Vergl. § 75 Nr. 1 G.

§ 116.

Wird eine auf öffentlichen Wegen, Straßen oder Plätzen versammelte Menschenmenge von dem zuständigen Beamten oder Befehlshaber der bewaffneten Macht aufgefordert, sich zu entfernen, so wird jeder der Versammelten, welcher nach der dritten Aufforderung sich nicht entfernt, wegen Auflaufs mit Gefängniß bis zu drei Monaten oder mit Geldstrafe bis zu eintausendfünfhundert Mark bestraft.

(Ist bei einem Auflaufe gegen die Beamten oder die bewaffnete Macht mit vereinten Kräften thätlicher Widerstand geleistet oder Gewalt verübt worden, so treten gegen diejenigen, welche an diesen Handlungen Theil genommen haben, die Strafen des Aufruhrs ein).

§ 117.

Wer einem Forst- oder Jagdbeamten, einem Waldeigenthümer, Forst- oder Jagdberechtigten, oder einem von diesen bestellten Aufseher in der rechtmäßigen Ausübung seines Amtes oder Rechtes durch Gewalt oder durch Bedrohung mit Gewalt Widerstand leistet, oder wer eine dieser Personen während der Ausübung ihres Amtes oder Rechtes thätlich angreift, wird mit Gefängniß von vierzehn Tagen bis zu drei Jahren bestraft[1].

(Ist der Widerstand oder der Angriff unter Drohung mit Schießgewehr, Aexten oder anderen gefährlichen Werkzeugen erfolgt, oder mit Gewalt an der Person begangen worden, so tritt Gefängnißstrafe nicht unter drei Monaten[2] ein).

Sind mildernde Umstände vorhanden, so tritt in den Fällen des Absatz 1 Gefängnißstrafe bis zu Einem Jahre, (in den Fällen des Absatz 2 Gefängnißstrafe nicht unter Einem Monat) ein.

1. Vergl. die Bemerkungen zu § 113, von dem sich dieser § nur dadurch unterscheidet, daß er das dort in Bezug auf Vollstreckungsbeamte Be-

stimmte, auf Forst- und Jagdbeamte, und auf die mit amtlicher Qualität nicht versehenen Waldeigenthümer u. s. w. ausdehnt.

Die Anwendung der Vorschrift ist dadurch bedingt, daß der Widerstand dem Beamten u. s. w. innerhalb der Forst oder doch auf der unmittelbaren Verfolgung einer Person geleistet ist, die bei der Verübung eines Forstfrevels betroffen oder einer solchen verdächtig ist.

2. Nach dem StGB. von 1871 war hier die geringste Strafe ein Monat.

3. Nach § 75 Nr. 1 G. darf nur bei dem Vergehen des Abs. 1 die Verhandlung und Entscheidung dem Schöffengericht überwiesen werden. Von demselben ist aber auch der Abs. 3 des § zu berücksichtigen.

(§ 118.

Ist durch den Widerstand oder den Angriff eine Körperverletzung dessen, gegen welchen die Handlung begangen ist, verursacht worden, so ist auf Zuchthaus bis zu zehn Jahren zu erkennen.

Sind mildernde Umstände vorhanden, so tritt Gefängnißstrafe nicht unter drei Monaten ein).

(§ 119.

Wenn eine der in den §§ 117 und 118 bezeichneten Handlungen von Mehreren gemeinschaftlich begangen worden ist, so kann die Strafe bis um die Hälfte des angedrohten Höchstbetrages, die Gefängnißstrafe jedoch nicht über fünf Jahre erhöht werden).

§ 120.

Wer[1] einen Gefangenen[2] aus der Gefangenanstalt oder aus der Gewalt der bewaffneten Macht, des Beamten oder desjenigen, unter dessen Beaufsichtigung, Begleitung oder Bewachung[3] er sich befindet, vorsätzlich befreit oder ihm zur Selbstbefreiung vorsätzlich behülflich ist[4], wird mit Gefängniß bis zu drei Jahren bestraft.

Der Versuch ist strafbar.

1. Auch wenn ein Gefangener den anderen befreit, oder ihm zur Selbstbefreiung Hülfe leistet, findet die Vorschrift Anwendung.

2. Bei der Allgemeinheit des Ausdrucks wird derselbe auf Straf-, Untersuchungs- und polizeiliche Gefangene anzuwenden sein. Zweifelhaft ist die Anwendbarkeit auf den auf Grund des § 127 St. von einer Privatperson vorläufig Festgenommenen. Doch dürfte die Frage zu bejahen sein, theils weil jener § dieselbe Wortfassung in Bezug auf den von der Staatsanwaltschaft u. s. w. Festgenommenen, enthält, der als Gefangener im Sinne des Gesetzes gelten muß, theils weil anderenfalls durch die Straflosigkeit der Befreiung der Zweck des § 127 St vereitelt werden würde.

3. Der § wird keine Anwendung finden, wenn die begleitende oder bewachende Person nicht von einer zuständigen Behörde oder einem dazu be-

rechtigten Beamten beauftragt ist, wenn also z. B. der Gefangenwärter die Begleitung oder Bewachung eines Gefangenen unbefugt seinem Dienstboten anvertraut hat.

4. Ob die Hülfe durch Gewalt, Gewährung von Instrumenten und anderen Befreiungsmitteln, oder durch List, z. B. Täuschung des Gefängnißbeamten, geleistet ist, hat nur auf das Maß der Strafe Einfluß.

5. Die Worte des § 257 Abs. 1 „Beistand leisten, um den Thäter der Bestrafung zu entziehen", passen auch auf den Thatbestand des § 120 in dem Falle, wenn Jemand einem zu Strafe verurtheilten Untersuchungsgefangenen vor dem Antritt der Strafe zur Flucht behülflich ist. Gleichwohl findet die Vorschrift des Abs. 2 des § 257 auf den § 120, da dieser zu dem § 257 in dem Verhältniß des Specielleren zum Allgemeineren steht, keine Anwendung.

6. Vergl. § 75 Nr. 1 G.

§ 121.

Wer[1] vorsätzlich einen Gefangenen, mit dessen Beaufsichtigung oder Begleitung[2] er beauftragt[3] ist, entweichen läßt oder dessen Befreiung befördert, wird mit Gefängniß bis zu drei Jahren bestraft.

Ist die Entweichung durch Fahrlässigkeit befördert worden, so tritt Gefängnißstrafe bis zu drei Monaten oder Geldstrafe bis zu dreihundert Mark ein.

1. Nicht auf Beamte anwendbar, welche der § 347 mit härterer Strafe bedroht.

2. Das im § 120 und im § 347 eingeschaltete Wort: „Bewachung" scheint hier absichtslos fortgeblieben zu sein.

3. Der Auftrag wird, um die Vorschrift zur Anwendung zu bringen, von einer Behörde oder einem Beamten ausgegangen sein müssen, welcher nach landesgesetzlicher Vorschrift zur Ertheilung desselben befugt war.

Nur das im Abs. 2 bezeichnete Vergehen gehört nach § 27 Nr. 2 G. vor die Schöffengerichte.

Vergehen wider die öffentliche Ordnung.

§ 123.

Wer[1] in die Wohnung[2], in die Geschäftsräume[3] oder in das befriedete[4] Besitzthum eines Anderen oder in abgeschlossene[5] Räume, welche zum öffentlichen Dienst bestimmt sind, widerrechtlich[6] eindringt[7], oder wer, wenn er ohne Befugniß darin verweilt, auf die Aufforderung[8] des Berechtigten sich nicht entfernt[9], wird wegen Hausfriedensbruches mit Gefängniß bis zu drei Monaten oder mit Geldstrafe bis zu dreihundert Mark bestraft.

Die Verfolgung tritt nur auf Antrag[10] ein.

Ist die Handlung von einer mit Waffen" versehenen Person oder von Mehreren gemeinschaftlich begangen worden, so tritt Gefängnißstrafe von Einer Woche bis zu Einem Jahre ein.

1. Bei der Anwendung dieses §, dessen einzelne Ausdrücke in der Praxis der Gerichtshöfe zu Zweifeln Anlaß gegeben haben, ist vorzugsweise der Zweck des Gesetzes: der Verletzung des Hausfriedens entgegenzutreten, in's Auge zu fassen. Die Strafe desselben greift daher nur Platz, wo sich die Absicht des Angekl. erkennbar macht, wider den ausgesprochenen oder sonst an den Tag gelegten Willen dessen, der das Betreten seines Hauses, seiner Wohnung u. s. w. oder das Verweilen des Anderen daselbst nicht zu dulden braucht, einzutreten oder dort zu verweilen. Dadurch allein, daß das Eintreten an sich ohne Befugniß erfolgt, ist mithin die Strafe nicht verwirkt.

2. Nicht bloß zum gewöhnlichen Aufenthalte der Hausbewohner bestimmte Wohnräume im engeren Sinne, sondern alle den häuslichen und Wirthschafts-Zwecken derselben dienenden Räume eines Wohnhauses und der dazu gehörenden Gebäude, wie Hausflur, Hausboden, Keller und dergl. sind darunter zu verstehen.

3. Z. B. Fabriken, Arbeitssäle.

4. Ein Verschluß oder eine Verschließbarkeit ist nicht erforderlich; es genügt, wenn die Absicht, das Besitzthum von anderen Räumlichkeiten zu sondern und es gegen unberechtigtes Betreten zu schützen, durch Vorkehrungen, wie Zäune, Mauern u. dergl. erkennbar gemacht ist. Es werden also Gärten, umzäunte Baumplantagen u. dergl. dahin zu rechnen sein.

5. Das Pr. Ob.-Tr. hat in dem in Goltd. A. B. 21 S. 197 abgedruckten Urtheil ausgeführt, daß der Ausdruck „abgeschlossen" nicht auf eine durch Reglement oder Verfügung angeordnete Ausschließung des Publikums hindeute, sich vielmehr auf die bauliche Begrenzung beziehe, daher nicht den Gegensatz zu den öffentlichen Räumen, z. B. Geschäfts-Lokalen, sondern zu den offenen, nicht befriedeten Räumen bilde, und nur die letzteren von der Strafandrohung ausnehme.

6. Bei Berücksichtigung des oben angedeuteten Zweckes des § wird hier nicht der Nachweis eines juristischen Rechtstitels zu erfordern, vielmehr nach Maßgabe der vorwaltenden Umstände zu prüfen sein, ob eine Hausfriedens-Verletzung anzunehmen sei. Das Pr. Ob.-Tr. hat ausgeführt, daß das Eindringen des Ehemanns in die Wohnung seiner von ihm getrennt lebenden Ehefrau für widerrechtlich nicht zu erachten sei; ferner, daß der Vermiether, welcher, auch nach erfolgter Kündigung, die vermiethete Wohnung zu einer anderen, als der vom Miether bewilligten Zeit betrete, der Strafe des § verfalle. Goltd. Arch. B. 22 S. 584 u. B. 24 S. 345, sowie auch, daß die Zugänglichkeit eines für Jedermann geöffneten Schanklokals nur zum Eintritt als Gast berechtige, der § 123 aber auf solche Personen Anwendung finde, welche, mit dem Bewußtsein des Zuwiderhandelns gegen die Absicht des Inhabers, zur Ausführung gesetzwidrigen Vorhabens (z. B. Eigenthumsbeschädigung) eingedrungen seien.

7. Es ist hierunter nicht nothwendig eine Beseitigung oder Ueberwindung von Hindernissen zu verstehen; vielmehr wird der Ausdruck als gleichbedeutend mit „eintreten" da aufzufassen sein, wo der Angekl. darüber, daß sein Eintritt wider den Willen des zum Widerspruche Berechtigten erfolge, nicht in Zweifel sein konnte. In diesem Sinne kommt auch im Sprachgebrauche das Wort „Eindringling" vor.

8. Diese wird in Abwesenheit des Besitzers der Räume auch von dessen Angehörigen, insbesondere seiner Ehefrau und seinen erwachsenen Kindern ausgehen können. Uebereinstimmend hiermit hat das Pr. Ob.=Tr. erkannt, daß auch der Vertreter des Wohnungs=Inhabers zu der Aufforderung berechtigt sei. Goltd. Arch. B. 22 S. 115; B. 23 S. 508. B. 26 S. 434. Befinden sich mehrere Personen im gemeinschaftlichen Besitze der Räume, so wird, wenn der Eine derselben die Entfernung des Angekl. verlangt, der Andere aber derselben widersprochen hat, die Frage, ob ein Hausfriedensbruch vorliege, nach dem zwischen den beiden Besitzern bestehenden Rechtsverhältniß und unter Berücksichtigung, ob der Angekl. dasselbe gekannt, oder doch als bestehend habe voraussetzen müssen, zu beurtheilen sein. Bei gleichen Rechten wird die Ausübung des Hausrechts dem einen Mitbesitzer nicht durch den Widerspruch des anderen verkümmert werden dürfen.

9. Das Pr. Ob.=Tr. hat angenommen, daß der Ausdruck auch auf einen Zeugen Anwendung finde, welcher der Anweisung des Richters, das Sitzungszimmer zu verlassen, sowie auch auf einen Gast, welcher der Aufforderung des Wirths, das öffentliche Lokal zu verlassen, nicht Folge leiste; ferner, daß es einer Wiederholung der Aufforderung, sich zu entfernen, nicht bedürfe. Goltd. Archiv B. 21 S. 96, B. 20 S. 394 u. 521.

10. Zu demselben wird nur der Inhaber der Wohnung u. s. w. oder sein legitimirter Vertreter auch in dem Falle für berechtigt zu erachten sein, wenn die an den Eindringling gerichtete Aufforderung, sich zu entfernen, nicht von ihm selbst ausgegangen ist. Note 8.

11. Jede Art von Instrument; unter Umständen selbst ein Knittel. Vergl. § 223 a. Ungeachtet der Allgemeinheit der Worte: „von einer mit Waffen versehenen Person“, dürfte der Abs. 3 nach der Absicht des Gesetzes doch nur Anwendung finden, wenn anzunehmen ist, daß sich der Angeklagte seinen Eintritt, bzhw. sein Verbleiben nöthigenfalls durch die Waffe habe erzwingen wollen, mindestens, daß diese geeignet gewesen sei, in dem Anderen die Besorgniß zu erwecken, daß der Angekl. bei sich darbietender Veranlassung Gebrauch von der Waffe machen werde. Im ersteren Falle wird die Anwendung der Vorschrift nicht unbedingt dadurch ausgeschlossen, daß die Waffe dem von dem Hausfriedensbruche Betroffenen nicht sichtbar gewesen ist.

Daß es in den Fällen des Abs. 3 eines Antrages nicht bedarf, ergiebt sich aus der Stellung des Abs. 2, ist auch vom Pr. Ob.=Tr. angenommen. Goltd. Arch. B. 20 S. 381.

12. Vergl. § 75 Nr. 2 G.

§ 134.

Wer öffentlich angeschlagene[1] Bekanntmachungen, Verordnungen, Befehle oder Anzeigen von Behörden oder Beamten böswillig[2] abreißt, beschädigt oder verunstaltet, wird mit Geldstrafe bis zu dreihundert Mark oder mit Gefängniß bis zu sechs Monaten bestraft.

1. Oder in anderer Weise befestigte.

2. Dieser bei der Berathung des StGB. an Stelle von „absichtlich“ gewählte Ausdruck soll nicht auf das Erforderniß einer besonderen bösen Absicht hindeuten, vielmehr nur den Gegensatz zu Unbedachtsamkeit und Muthwillen bilden. Die Vorschrift ist daher überall anwendbar, wo die Absicht, durch das Abreißen u. s. w. den Zweck des öffentlichen Anschlagens

der Bekanntmachung u. s. w. zu vereiteln oder zu erschweren, erkennbar macht.

§ 136.

Wer unbefugt ein amtliches Siegel, welches von einer Behörde oder einem Beamten angelegt ist, um Sachen zu verschließen, zu bezeichnen oder in Beschlag zu nehmen, vorsätzlich* erbricht, ablöst oder beschädigt oder den durch ein solches Siegel bewirkten amtlichen Verschluß aufhebt, wird mit Gefängniß bis zu sechs Monaten bestraft.

* Zwischen den hier gebrauchten Worten „unbefugt — vorsätzlich" und dem Ausdrucke „böswillig" im § 134 wird sich in der Praxis ein Unterschied nicht erkennbar machen.

Das „vorsätzlich" wird, sofern nicht Umstände vorliegen, welche auf Fahrlässigkeit schließen lassen, zu vermuthen sein.

§ 137.

Wer Sachen[1], welche durch die zuständigen[2] Behörden oder Beamten gepfändet oder in Beschlag genommen worden sind[3], vorsätzlich[4] bei Seite schafft, zerstört oder in anderer Weise der Verstrickung ganz oder theilweise entzieht, wird mit Gefängniß bis zu Einem Jahre bestraft.

1. Es sind hierunter alle Gegenstände zu verstehen, über welche zur Sicherung eines civilrechtlichen Anspruchs, oder im Interesse der staatlichen Ordnung auf amtlichem Wege die Disposition solchen Personen entzogen worden ist, welche ohne diese Maßregel darüber würden verfügen dürfen, z. B. zum Zwecke einer Exekution, oder der Sicherung des Beweises einer verübten strafbaren Handlung. Auch mit Arrest belegte Forderungen werden hierher gehören, wenn die der Arrestlegung ungeachtet darüber getroffene Verfügung geeignet war, die Wirkungen der Verstrickung aufzuheben oder zu schmälern.

2. Daraus, daß hier das Erforderniß der Zuständigkeit der Behörde hervorgehoben ist, während dies Wort im § 134 fehlt, muß gefolgert werden, daß die Anwendbarkeit des § ausscheidet, wenn die Pfändung oder Beschlagnahme von einer Verwaltungs- oder Polizeibehörde in Fällen ausgegangen ist, wo nur das Gericht dazu berechtigt gewesen wäre, selbst wenn an sich derartige Maßregeln in den Geschäftskreis jener Behörden fielen, oder wenn die Verstrickung von einem niederen Beamten angeordnet worden, während nach den Landesgesetzen nur ein höherer Beamter dazu befugt war. Dagegen wird die Vorschrift nicht aus dem Grunde für unanwendbar erachtet werden dürfen, weil sich die zuständige Behörde bei der Pfändung u. s. w. eines Versehens schuldig gemacht, z. B. aus einem noch nicht rechtskräftigen Urtheil die Exekution verfügt, oder solche Gegenstände mit Beschlag belegt hat, welche nach den Landesgesetzen der Verstrickung nicht unterliegen, z. B. unentbehrliches Handwerkszeug. Das Pr. Obertribunal führt aus, daß die Ueberschreitung der Grenzen des Auftrags durch den mit der Verstrickung beauftragten Beamten die Wirksamkeit derselben nicht aufhebe; so wie, daß die Wirksamkeit mit der Abpfändung, nicht erst mit der Aufnahme des Protokolls beginne. Goltdammer Arch. B. 23 S. 510 und 511.

3. Diese Worte umfassen sowohl den Fall, wenn der Besitz oder Gewahrsam der Sache demjenigen, bei dem sie sich befand — gleichviel ob er Eigenthümer derselben war, oder nicht — entzogen, dieselbe z. B. zur Pfandkammer gebracht, als auch den, wenn sie ihm belassen und ihm, so wie den sonst bei der Verstrickung Betheiligten nur die Verfügung darüber vorschriftsmäßig verboten worden ist. Das Pr. Ob.-Tr. hat sowohl diesen Grundsatz, als auch ferner angenommen, daß die durch einen Polizeibeamten durch nur mündliche Anweisung erfolgte Beschlagnahme eines auf den Thatbestand einer Strafthat bezüglichen Gegenstandes rechtlich wirksam sei. Goltdammer Arch. B. 23 S. 435 und Bd. 25 S. 215.

4. Es ist ein Mehreres nicht erforderlich, als daß die Handlung im Bewußtsein des Zuwiderhandelns gegen die amtliche Anordnung vorgenommen ist. Der Zweck, welchen der Angeklagte dabei verfolgt hat, kann nur auf das Strafmaß von Einfluß sein.

5. Vergl. §. 75 Nr. 2 G.

§ 138.

Wer als Zeuge, Geschworener oder Schöffe berufen, eine unwahre Thatsache als Entschuldigung vorschützt[1], wird mit Gefängniß bis zu zwei Monaten bestraft.

Dasselbe gilt von einem Sachverständigen[2], welcher zum Erscheinen gesetzlich verpflichtet ist[3].

Die auf das Nichterscheinen gesetzten Ordnungsstrafen werden durch vorstehende Strafbestimmung nicht ausgeschlossen.

1. Gleichviel, ob zur Rechtfertigung seines Ausbleibens, oder zur Begründung eines Antrages auf Entbindung von der Verpflichtung, der Einberufung Folge zu leisten.

2. In Betreff der Dolmetscher siehe Note 3 zu § 193 G.

3. §§ 75. 76 St.

§ 145.

Wer die vom Kaiser

zur Verhütung des Zusammenstoßens der Schiffe auf See[1],

über das Verhalten der Schiffer nach einem Zusammenstoße von Schiffen auf See[2], oder

in Betreff der Noth- und Lootsensignale für Schiffe auf See und auf den Küstengewässern[3]

erlassenen Verordnungen übertritt, wird mit Geldstrafe bis zu eintausendfünfhundert Mark bestraft[4].

1. Hierauf bezieht sich die Verordn. zur Verhütung des Zusammenstoßens der Schiffe auf See v. 23. Dec. 1871. RGBl. S. 475.

2. Verordn. v. 15. Aug. 1876. RGBl. S. 189.

3. Die Nothsignale sind in der „Noth- und Lootsen-Signalordn. v. 14. Aug. 1876 bezeichnet. RGBl. S. 187.

4. Die Vorschrift des § wird auf fahrlässiges wie auf absichtliches Zuwiderhandeln anzuwenden sein.

Münzvergehen.

§ 148.

Wer nachgemachtes oder verfälschtes Geld¹ als echtes empfängt² und nach erkannter Unechtheit als echtes in Verkehr bringt, wird mit Gefängniß bis zu drei Monaten oder mit Geldstrafe bis zu dreihundert Mark bestraft.

Der Versuch ist strafbar.

1. Unter dem allgemeinen Ausdruck „Geld“ wird hier auch das Papiergeld zu verstehen sein, da der § 146 von „Metallgeld oder Papiergeld“ und der § 149 gleichfalls von Papiergeld spricht.

Charakterisirt sich die That zugleich als Betrug (§ 263) — wie in der Regel der Fall sein wird — so tritt gleichwohl nur die Strafe des § 148 ein, sofern der Thäter nur zur Zeit des Empfanges des Geldes von der Unechtheit desselben keine Kenntniß hatte.

2. „Empfangen“ deutet sprachlich auf ein Geben und Annehmen hin. Doch erscheint mit Rücksicht auf die Absicht des Gesetzes (ratio legis) die Auslegung, daß jede Art von Besitznahme, z. B. Finden darunter zu verstehen sei, gerechtfertigt.

§ 149.

Dem Papiergelde werden gleich geachtet die auf den Inhaber* lautenden Schuldverschreibungen, Banknoten, Aktien oder deren Stelle vertretende Interimsscheine oder Quittungen, sowie die zu diesen Papieren gehörenden Zins-, Gewinnantheils- oder Erneuerungsscheine, welche von dem Reich, dem Norddeutschen Bunde, einem Bundesstaate oder fremden Staate oder von einer zur Ausgabe solcher Papiere berechtigten Gemeinde, Korporation, Gesellschaft oder Privatperson ausgestellt sind.

* Im Gegensatze zu solchen, auf denen der Name des Eigenthümers angegeben ist, auch wenn diese durch Blanko-Giro übertragbar sind.

§ 152.

Auf die Einziehung des nachgemachten oder verfälschten Geldes — ist zu erkennen, auch wenn die Verfolgung oder Verurtheilung einer bestimmten Person nicht stattfindet*.

* Wenn also z. B. die Nachmachung oder Verfälschung des Geldes festgestellt, gegen den Angeklagten aber ein zu seiner Verurtheilung ausreichender Beweis nicht erbracht ist.

Meineid.

§ 160.

Wer einen Anderen zur Ableistung eines falschen Eides verleitet, wird mit Gefängniß bis zu zwei Jahren bestraft, neben welchem auf Verlust der bürgerlichen Ehrenrechte erkannt werden kann, und wer einen Anderen zur Ableistung einer falschen* Versicherung an Eidesstatt verleitet, wird mit Gefängniß bis zu sechs Monaten bestraft.

Der Versuch ist strafbar.

* Nur zur Anwendung der letzteren Bestimmung kann das Schöffenger. auf Grund des § 75 Nr. 14 G. gelangen.

Der falsche Eid unterscheidet sich von dem Meineide dadurch, daß der Schwörende bei ersterem den Inhalt des Eides für wahr, bei letzterem für unwahr hält, also wissentlich falsch schwört. Ob es sich um einen Zeugeneid oder Parteieid handelt, ist unerheblich. Es genügt nicht, daß der Verleitende die Thatsache für unwahr gehalten habe, es muß vielmehr die objektive Unwahrheit festgestellt sein, da sonst der Begriff „Fälschung" ausscheidet.

Vergehen wider die Sittlichkeit.

§ 172.

Der Ehebruch wird, wenn wegen desselben[1] die Ehe geschieden ist, an dem schuldigen Ehegatten, sowie dessen Mitschuldigen[2] mit Gefängniß bis zu sechs Monaten bestraft.

Die Verfolgung tritt nur auf Antrag ein.

1. Stützt sich das Scheidungsurtheil auf mehrere Gründe, so kommt es darauf an, ob nach der Ausführung des die Ehescheidung aussprechenden Gerichts der Ehebruch für entscheidend, oder doch gleich anderen Gründen zur Rechtfertigung des Scheidungsantrages für geeignet erachtet worden ist.
2. Hierunter ist nur derjenige zu verstehen, welchem bekannt war, daß der Andere in der Ehe lebe. § 59.

§ 183.

Wer durch eine unzüchtige[1] Handlung öffentlich[2] ein Aergerniß[3] giebt, wird mit Gefängniß bis zu zwei Jahren oder mit Geldstrafe bis zu fünfhundert Mark bestraft.

Neben der Gefängnißstrafe kann auf Verlust der bürgerlichen Ehrenrechte erkannt werden.

1. Ob eine Handlung unter diesen Begriff fällt, hat der Richter nach Maßgabe der vorwaltenden Umstände, insbesondere auch der Persönlichkeit der dabei Anwesenden zu beurtheilen. Vorzugsweise wird die Anwendung

des § durch eine stattgehabte Verletzung der Schamhaftigkeit bedingt sein. — Unzüchtige Worte werden für Handlungen im Sinne des § nicht zu erachten sein.

2. Auch hinsichtlich dieses Erfordernisses werden die Umstände entscheiden. Die Lokalität ist für sich allein so wenig als die Zahl der gegenwärtigen Personen maßgebend. Auch eine in einem Privatlokal vorgenommene Handlung kann unter den § fallen, wenn in demselben Personen vorhanden waren, von denen der Angeklagte voraussetzen mußte, daß sie an seinem unzüchtigen Gebahren Aergerniß nehmen würden. Das Preuß. Obertribunal erachtet eine Handlung im Sinne des § für „öffentlich" geschehen, wenn sie so vorgenommen ist, daß sie für das Publikum im einzelnen Falle wahrnehmbar und in Gegenwart einer oder mehrerer Personen, bei welchen sie Aergerniß erregen konnte, verübt ist, Goltd. A. B. 24 S. 572. Die Oeffentlichkeit des Orts sei nicht rechtliche Voraussetzung der Oeffentlichkeit der Handlung.

3. Auch hier kommt es so wenig auf die Zahl der Personen, welche an der Handlung Aergerniß genommen haben als darauf an, wie dasselbe geäußert worden, ob durch Verlassen des Orts, durch erklärte Mißbilligung oder wie sonst. Nach der — nicht unbedenklichen — Ansicht des Pr. Ob.-Trib. (U. v. 22. Juni 1876. Goltd. A. B. 24 S. 572) ist es auch nicht erforderlich, daß die Anwesenden wirklich Aergerniß genommen haben, es genügt vielmehr, daß die Handlung objektiv geeignet war, das Sittlichkeitsgefühl zu verletzen.

4. Das StGB. von 1871 ließ Geldstrafe nicht zu.

5. Vergl. § 75 Nr. 3 G.

§ 184.

Wer unzüchtige[1] Schriften, Abbildungen oder Darstellungen verkauft, vertheilt oder sonst verbreitet[2], oder an Orten, welche dem Publikum zugänglich sind, ausstellt oder anschlägt, wird mit Geldstrafe bis zu dreihundert Mark oder mit Gefängniß bis zu sechs Monaten bestraft.

1. Siehe die Note 1 zu § 183.

2. Im Gegensatze zur Verabreichung derselben an einzelne zu dem Thäter in persönlicher Beziehung stehende Personen. Daß sich ein besonderer auf Erregung der Sinnlichkeit oder Beförderung der Unsittlichkeit gerichteter Vorsatz kundgebe, ist nicht erforderlich; dagegen scheidet die Anwendbarkeit des § aus, wenn sich der ausschließlich wissenschaftliche oder künstlerische Zweck der Schriften u. s. w. erkennbar macht. Das Pr. Ob.Tr. führt aus, daß der § auch auf s. g. latente Bilder, d. h. solche Anwendung finde, wo erst z. B. bei einer entsprechenden Beleuchtung oder nach vorheriger Erwärmung des Substrats das unzüchtige Bild hervortritt (U. v. 15. Febr. 1878. Goltd. A. B. 26 S. 205).

Beleidigung.

§ 185.

Die Beleidigung[1] wird mit Geldstrafe bis zu sechshundert Mark oder mit Haft oder mit Gefängniß bis zu Einem

Jahre und, wenn die Beleidigung mittels einer Thätlichkeit[2] begangen wird, mit Geldstrafe bis zu eintausendfünfhundert Mark oder mit Gefängniß bis zu zwei Jahren bestraft.

1. Das ausgedehnteste Feld freier Beurtheilung nach Maßgabe der vorwaltenden thatsächlichen Umstände und persönlichen Verhältnisse ist dem Richter in Bezug auf die Frage eröffnet, ob in einer mündlichen Aeußerung, in einer Schrift, Darstellung, Handlung oder Unterlassung eine Beleidigung (Injurie) zu finden sei. Das StGB. hat von der Feststellung des Begriffs mit Recht Abstand genommen, da alle von den Strafrechtslehrern und in Gesetzbüchern gegebenen Definitionen von „Beleidigung" — im engeren Sinne und im Gegensatze zur „Verläumdung", welche das StGB. als eine Unterart der „Beleidigung" behandelt — sich als unzutreffend oder unzulänglich herausgestellt haben. Selbst die von von Schwarze (Kommentar zum StGB. für das Deutsche Reich, 3. Aufl. S. 487) als treffend bezeichnete Definition Hälschner's, wonach: „Beleidigung die rechtswidrige Handlung ist, welche den sittlichen Werth der Person durch Kundgebung seiner Nichtanerkennung antastet", wird nicht alle Fälle der Beleidigung erschöpfen. Wer aus Roheit oder Uebermuth eine ihm unbekannte Person auf der Straße absichtlich anstößt, verfällt der Strafe der Beleidigung, obgleich er weit entfernt davon ist, den „sittlichen Werth" jener Person zu verkennen oder anzutasten, dieser sittliche Werth auch durch eine solche Handlung in den Augen keines Vernünftigen als beeinträchtigt gelten wird.

Der Richter hat bei der Prüfung, ob die allgemeine menschliche, oder die bürgerliche oder Standesehre verletzt worden ist, davon auszugehen, daß Jeder einen Anspruch darauf hat, von Anderen nach Maßgabe der Stellung, welche er in der menschlichen Gesellschaft einnimmt, mit den durch Herkommen und Sitte gebotenen Rücksichten und Anstande behandelt zu werden, und daß ein Zuwiderhandeln gegen diesen Anspruch ihm ein Recht auf staatliche Genugthuung durch Bestrafung des Anderen giebt. Von ähnlichen Grundsätzen geht das Pr. Ob.-Tr. aus. Zum Begriffe der Beleidigung — sagt es — sei nicht erforderlich, daß der gebrauchte Ausdruck eine Eigenschaft bezeichne, deren Mangel an sich eine Verminderung der Ehre enthalte, vielmehr genüge es, wenn die Aeußerung oder anderweite Kundgebung erkennen lasse, daß dem Betroffenen die äußere Anerkennung oder Achtung seiner Persönlichkeit versagt werde. Goltd. Arch. B. 22 S. 602. (Der Angekl. hatte Jemand „Pelikan", d. h. unbeholfener, ungeschickter Mensch, genannt.) Dasselbe Gericht nimmt ferner an, daß die Strafe der Beleidigung nicht ohne Weiteres dadurch ausgeschlossen werde, daß die gerügte Aeußerung im Scherze geschehen sei, da auch unpassende Scherze die Ehre eines Anderen verletzen können; ferner daß auch die Feststellung, daß der Thäter eine Absicht, zu beleidigen, nicht gehabt habe — abgesehen von den Fällen der §§ 192. 193 — die Bestrafung nicht ausschließe. A. a. O. B. 25 S. 217.

Zur Begründung einer Klage wird es ausreichen, wenn die Aeußerung, Handlung u. s. w. nach allgemeiner Auffassung als beleidigend gilt; der Richter wird aber Anlaß haben können, aus den ihm nachgewiesenen besonderen Umständen zu folgern, daß weder die Absicht, zu beleidigen, vorgewaltet habe, noch überhaupt eine Beleidigung anzuerkennen sei. Hat beispielsweise Jemand im Verkehr mit seinen Bekannten geduldet, daß er mit einem sonst für beleidigend geltenden Namen genannt werde, so kann er nicht für berechtigt gelten, plötzlich ohne Weiteres jene Benennung als eine ihm widerfahrene Beleidigung zu rügen. Es kann ferner nicht jede Unhöflichkeit und jede rücksichtslose Begegnung unter allen Umständen für strafbar gelten; die Lebens- und geselligen Verhältnisse der Personen, selbst ihre Bildungsstufe und die in ihrem Verkehr mit einander übliche Umgangsform werden auf das Urtheil des Richters von Einfluß sein können.

Durch die Beifügung einer Bedingung wird der beleidigende Charakter einer Aeußerung nicht unbedingt ausgeschlossen. Auch in einem solchen Falle entscheiden darüber die vorwaltenden Umstände und der Zusammenhang, in welchem die Aeußerung mit Vorangegangenem und Nachfolgendem steht. In den Worten: „Wenn Sie diese Handlung vorgenommen haben, sind Sie mir verächtlich", wird, Mangels besonderer, den injuriösen Charakter ausschließender Umstände, der Regel nach eine strafbare Beleidigung zu finden sein.

2. Es sind hier — im Gegensatze zu Körperverletzungen, körperlichen Mißhandlungen, Gesundheitsbeschädigung (§ 223) — solche Thätlichkeiten gemeint, welche nicht auf Erregung von Schmerz oder nachtheilige Einwirkung auf die Gesundheit oder den Gebrauch der Kräfte abzielen, vielmehr für Zeichen von Geringschätzung gelten. — Vergl. auch § 192 und die Note 3 zu § 186.

3. Das Pr. Ob.-Tr. führt in dem Urth. v. 5. Apr. 1877 Goltd. A. B. 25 S. 331 aus, daß auch ein einzelnes Mitglied einer kollectiven Mehrheit (Verwaltungsrath, Direktion einer Gesellschaft) eine gegen die letztere gerichtete Beleidigung, als ihr selbst widerfahren, rügen könne.

Im Betreff des Falles, wenn durch eine und dieselbe Aeußerung mehrere Personen beleidigt werden, vergl. die Note 1 zu § 74.

§ 186.

Wer in Beziehung auf einen Anderen eine Thatsache[1] behauptet[2] oder verbreitet, welche denselben verächtlich zu machen oder in der öffentlichen Meinung herabzuwürdigen geeignet ist, wird, wenn nicht diese Thatsache erweislich wahr[3] ist, wegen Beleidigung mit Geldstrafe bis zu sechshundert Mark oder mit Haft oder mit Gefängniß bis zu Einem Jahre und, wenn die Beleidigung öffentlich[4] oder durch Verbreitung von Schriften, Abbildungen oder Darstellungen begangen ist, mit Geldstrafe bis zu eintausendfünfhundert Mark oder mit Gefängniß bis zu zwei Jahren bestraft.

1. Dieser Ausdruck umfaßt alles G e s c h e h e n e: Handlungen, Worte, selbst wider den Willen Jemandes eingetretene Ereignisse, welche denselben in der Achtung seiner Mitmenschen herabzusetzen oder seinem guten Rufe Abbruch zu thun, geeignet sein können; so kann z. B. die Behauptung, derselbe habe an einer ekelhaften Krankheit gelitten, unter Umständen für eine strafbare Beleidigung erachtet werden.

2. Der Ausdruck soll nicht auf eine ausdrückliche Versicherung der Wahrheit der Thatsache hindeuten, ist vielmehr gleichbedeutend mit „angiebt", „erzählt", „anführt".

3. Die Wahrheit muß, sofern sie nicht gerichtskundig ist, von dem Angekl. bewiesen werden. Hielt derselbe die Thatsache für wahr, während sie in der That unwahr war, so ist hierin nur ein Milderungsgrund zu finden. Daß auch im Falle der Wahrheit der Thatsache Strafbarkeit eintreten kann, ergiebt sich aus § 192. Auch bei den unter den § 185 fallenden Ehrenkränkungen hält das Pr. Ob.-Tr. den Beweis der Wahrheit nicht

für grundsätzlich unerheblich; es komme — führt es aus — auf die Thatfrage an, ob die als beleidigend bezeichneten Aeußerungen die Behauptung von **Thatsachen** darstellen, oder in erkennbarer Weise auf bestimmten konkreten Thatsachen beruhten. (Goltd. Arch. B. 22 S. 500.)

4. Wie hinsichtlich des § 183 (Note 2) läßt sich auch hier in Bezug auf die Oertlichkeit und Personenzahl eine allgemein zutreffende Begriffsbestimmung nicht geben. Die Behauptung kann an einem öffentlichen Orte und in einer öffentlichen Versammlung ausgesprochen und doch die Beleidigung für eine „öffentlich begangene" im Sinne des § nicht zu erachten sein, wenn die Aeußerung im vertraulichen Gespräch gegen Einzelne gethan ist; und umgekehrt wird sie als eine solche anzuerkennen sein, wenn sie selbst vor einer geringeren Anzahl von Personen in einer Weise gethan ist, daß sie ohne Rücksicht auf die Persönlichkeit der Zuhörer für Jedermann hörbar war.

Das Pr. Ob.-Tr. hat angenommen, daß der § auch anwendbar sei, wenn die Beleidigung einen bestimmten Kreis von Personen ohne Hervorhebung der gemeinten Individuen treffe, z. B. „die Geistlichen" einer namhaft gemachten Stadt. Goltd. Arch. B. 23 S. 200. Vergl. auch die Note 1 zu § 200.

§ 187.

Wer wider besseres Wissen* in Beziehung auf einen Anderen eine unwahre Thatsache behauptet oder verbreitet, welche denselben verächtlich zu machen oder in der öffentlichen Meinung herabzuwürdigen oder dessen Kredit zu gefährden geeignet ist, wird wegen verleumderischer Beleidigung mit Gefängniß bis zu zwei Jahren und, wenn die Verleumdung öffentlich oder durch Verbreitung von Schriften, Abbildungen oder Darstellungen begangen ist, mit Gefängniß nicht unter Einem Monat bestraft.

Sind mildernde Umstände vorhanden, so kann die Strafe bis auf Einen Tag Gefängniß ermäßigt, oder auf Geldstrafe bis zu neunhundert Mark erkannt werden.

* Dieser § erfordert, im Gegensatze zu dem § 186, daß der Thäter von der Unwahrheit der von ihm behaupteten oder verbreiteten Thatsache unterrichtet gewesen sei. Der Beweis hierfür wird, wenn die begleitenden Umstände ihn nicht überhaupt entbehrlich erscheinen lassen, von dem Ankläger geführt werden müssen. Dahin hat sich auch das Pr. Ob.-Tr. ausgesprochen. Goltd. Arch. B. 23 S. 123. Es wird aber genügen, wenn die Beweisaufnahme ergiebt, daß der Thäter an der Unwahrheit der Thatsache vernünftiger Weise nicht habe zweifeln können. Die Vorschrift unterscheidet sich ferner von der des § 186 dadurch, daß sie auch Anwendung findet, wenn die Thatsache den Kredit — vorzugsweise eines Kaufmanns im Sinne des Handelsgesetzbuchs — zu gefährden geeignet ist.

§ 188.

In den Fällen der §§ 186 und 187 kann auf Verlangen des Beleidigten, wenn die Beleidigung nachtheilige Folgen für die Vermögensverhältnisse, den Erwerb oder das Fortkommen des Beleidigten mit sich bringt[1], neben der Strafe auf eine an den Beleidigten zu erlegende Buße[2] bis zum Betrage von sechstausend Mark erkannt werden.

Eine erkannte Buße schließt die Geltendmachung eines weiteren Entschädigungsanspruches aus.

1. Eines besonderen Beweises, daß dieser Erfolg eingetreten ist, bedarf es nicht; es genügt, daß die üble Nachrede nach allgemeiner Erfahrung oder bei der Besonderheit des Falls die in dem § angegebenen Folgen nach dem Urtheil des Richters nach sich zu ziehen geeignet ist. Dies nehmen auch das Pr. Ob.-Tr. (Goltdammer Arch. B. 21 S. 532) und von Wächter (Die Buße S. 20) an.

2. Die Höhe derselben bei seinem „Verlangen" anzugeben, ist der Beleidigte nicht unbedingt verpflichtet; der Richter bestimmt sie nach freiem Ermessen, erforderlichen Falls nach Einholen des Gutachtens von Sachverständigen. Es spricht hierfür die unbestimmte Wortfassung: „kann auf Verlangen erkannt werden". Ist aber eine bestimmte Summe gefordert, so wird — wie auch von Wächter S. 55 a. a. O. bemerkt — nach der Rechtsregel: ne ultra petitum auf eine höhere nicht erkannt werden dürfen.

Eine Frist für die Anbringung des Antrages bestimmt so wenig das StGB. als die StPO. Das Pr. Ob.-Tr. führt aus, daß derselbe selbst dann noch gestellt werden dürfe, wenn nach einer in zweiter Instanz erfolgten Aufhebung des ersten Urtheils eine erneute Verhandlung stattfinde. (Goltd. Arch. B. 23 S. 330.)

Daß die Buße nicht ausschließlich Privatstrafe, sondern zugleich Entschädigung ist, weist von Wächter S. 17 folg. a. a. O. überzeugend nach; auf die Praxis der Schöffengerichte wird der über ihre rechtliche Natur vorwaltende Streit von keinem Einflusse sein. Daß dieselben befugt sind, die Buße bis auf 6000 Mrk. zu bemessen, folgt aus der allgemeinen Fassung des § 27 Nr. 3 GerVGes.

3. Vergl. die Note 3 zu § 231.

4. Außer den Fällen der §§ 186. 187. 231 StGB. kann auch nach § 18 des G. v. 11. Juni 1870 (BGBl. S. 343) beim Nachdruck auf Buße erkannt werden.

§ 189.

Wer das Andenken eines Verstorbenen dadurch beschimpft[1], daß er wider besseres Wissen[2] eine unwahre Thatsache behauptet oder verbreitet, welche denselben bei seinen Lebzeiten verächtlich zu machen oder in der öffentlichen Meinung herabzuwürdigen geeignet gewesen wäre, wird mit Gefängniß bis zu sechs Monaten bestraft.

Sind mildernde Umstände vorhanden, so kann auf Geldstrafe bis zu neunhundert Mark erkannt werden.

Die Verfolgung tritt nur auf Antrag der Eltern[3], der Kinder oder des Ehegatten des Verstorbenen ein.

1. Also nicht jede nach den §§ 185 bis 187 strafbare Beleidigung, sondern nur besonders schwere Ehrkränkungen werden von der Vorschrift betroffen. Dies nimmt auch Oppenhoff an (S. 388 seines StGB).

2. Das Pr. Ob.-Tr. hat ausgeführt, daß die Frage, ob eine Behauptung wider besseres Wissen aufgestellt sei, auch dann entstehen könne, wenn eine solche Strafthat behauptet worden sei, in Bezug auf welche schon vorher eine rechtskräftige Freisprechung erfolgt sei. Goltdammer Archiv B. 23 S. 436.

3. Auf Großeltern, bzhw. Enkel ist die Vorschrift nicht auszudehnen, da das StGB. dadurch, daß es in den §§ 173. 215. 223. 247 von „Verwandten in auf- und absteigender Linie" spricht, hier zu erkennen giebt, daß es unter „Eltern" nur Vater und Mutter versteht. In diesem Sinne ist der Ausdruck auch in den §§ 182 und 237 unzweideutig gebraucht.

Nach den — nicht zweckmäßig redigirten Worten: „der Eltern, der Kinder" könnte der Antrag nur von beiden Eltern, bzhw. sämmtlichen Kindern gemeinschaftlich ausgehen. Dies ist nicht gemeint; der Vater, event. die Mutter, und jedes Kind kann für sich allein den Antrag stellen.

Auf Adoptiveltern wird die Vorschrift nicht anzuwenden sein. Zwar könnte der § 221, welcher von „leiblichen Eltern" spricht, für die entgegengesetzte Ansicht geltend gemacht werden, da es des Beiworts „leibliche" dort nicht bedurft hätte, wenn das StGB. da, wo es von Eltern spricht, stets nur die leiblichen Eltern meinte. Theils aber werden nach dem allgemeinen Sprachgebrauche unter „Eltern" ohne Beisatz nicht auch die Adoptiveltern verstanden, theils hat auch das StGB. im § 174 Nr. 1 die Adoptiveltern im Gegensatze zu den Eltern erwähnt. Die gedachte Fassung des § 221 dürfte daher auf eine Ungenauigkeit bei der Redaktion zurückzuführen sein.

Ebenso wenig sind die Worte: „Eltern" und „Kinder" auf Stiefeltern und Stiefkinder zu beziehen.

§ 190.

Ist die behauptete oder verbreitete Thatsache eine strafbare Handlung, so ist der Beweis der Wahrheit als erbracht anzusehen, wenn der Beleidigte wegen dieser Handlung rechtskräftig verurtheilt worden ist[1]. Der Beweis der Wahrheit[2] ist dagegen ausgeschlossen, wenn der Beleidigte wegen dieser Handlung vor[3] der Behauptung oder Verbreitung rechtskräftig freigesprochen worden ist.

1. Gleichviel, ob vor oder nach der Verbreitung der Thatsache.

2. Die Frage, ob die Behauptung wider besseres Wissen aufgestellt worden, (§§ 187. 189) bleibt unabhängig davon zu prüfen.

3. Diese Beschränkung ist dahin aufzufassen, daß zwar ein bereits zur Zeit der Behauptung oder Verbreitung der Thatsache von der Anschuldigung der betreffenden strafbaren Handlung Freigesprochener gegen eine Beschuldigung der Verübung derselben geschützt sein, daß dagegen einer erst später erfolgenden Freisprechung rückwirkende Kraft nicht beigemessen werden soll. Ist daher das freisprechende Erkenntniß erst nach der den Gegenstand der Untersuchung bildenden Behauptung bzhw. Verbreitung rechtskräftig geworden, so bleibt dem Angekl. der Beweis der Wahrheit unverschränkt.

§ 191.

Ist wegen der strafbaren Handlung zum Zwecke der Herbeiführung eines Strafverfahrens bei der Behörde[1] Anzeige gemacht[2], so ist bis zu dem Beschlusse, daß die Eröffnung der Untersuchung nicht stattfinde, oder bis zur Beendigung[3] der eingeleiteten Untersuchung mit dem Verfahren und der Entscheidung über die Beleidigung inne zu halten.

1. Der Ausdruck giebt zu erkennen, daß die Anzeige nicht nothwendig schon bei dem Gericht oder bei der Staatsanwaltschaft gemacht zu sein braucht, es vielmehr genügt, wenn dieselbe bei den in den §§ 453 folg. 459 folg. St. bezeichneten Behörden in Fällen ihrer Zuständigkeit angebracht ist. Dasselbe wird in Bezug auf strafbare Amtshandlungen auch hinsichtlich der der vorgesetzten Dienstbehörde des Beschuldigten gemachten Anzeige gelten.

2. Ob von demjenigen, welcher wegen Behauptung der strafbaren Handlung als Beleidiger angeklagt ist, oder von einem Dritten, und ferner, ob die Anzeige vor oder nach der als Beleidigung gerügten Behauptung gemacht worden, ist unerheblich.

3. Durch rechtskräftiges Urtheil. Vergl. § 190.

§ 192.

Der Beweis der Wahrheit der behaupteten oder verbreiteten Thatsache schließt die Bestrafung nach Vorschrift des § 185* nicht aus, wenn das Vorhandensein einer Beleidigung aus der Form der Behauptung oder Verbreitung oder aus den Umständen, unter welchen sie geschah, hervorgeht.

* Die Strafe des § 186 kann nicht eintreten, weil dieselbe die Unwahrheit der behaupteten Thatsache voraussetzt, während hier davon ausgegangen ist, daß der Beweis der Wahrheit derselben geführt ist. Es bleibt daher nur die in der gehässigen Form der Behauptung oder Verbreitung liegende einfache Beleidigung durch die im § 185 bestimmten Strafen zu rügen.

§ 193.

Tadelnde Urtheile über wissenschaftliche, künstlerische oder gewerbliche Leistungen, ingleichen Aeußerungen, welche zur Ausführung oder Vertheidigung von Rechten oder zur Wahrnehmung berechtigter Interessen gemacht werden, sowie Vorhaltungen und Rügen der Vorgesetzten gegen ihre Untergebenen, dienstliche Anzeigen oder Urtheile von Seiten eines Beamten[1] und ähnliche Fälle sind nur insofern strafbar, als das Vorhandensein einer Beleidigung aus der Form der Aeußerung oder aus den Umständen, unter welchen sie geschah, hervorgeht*.

1. Oder Geistlichen und Personen in ähnlichen Stellungen.

2. Hierher gehören insbesondere auch Anzeigen bei Behörden zum Zwecke der Einleitung einer Untersuchung oder der Abstellung von Uebelständen und Mißbräuchen, so wie die bei Gelegenheit von Wahlversammlungen in Bezug auf Wahl-Kandidaten gemachten Bemerkungen. Hält der Richter gleichwohl die bestrittene Absicht zu beleidigen, für vorhanden, so bedarf es hierüber einer ausdrücklichen Feststellung.

Das Pr. Ob.-Tr. hat ausgeführt, daß sich auf den § derjenige nicht berufen könne, welcher — wenngleich in der Absicht, ein anderweitiges Recht zu vertheidigen oder auszuführen — wider besseres Wissen in Bezug auf einen Dritten eine ehrkränkende Thatsache vorbringe; ferner daß der Richter auch von Amtswegen zu prüfen habe, ob der Angeklagte auf Grund dieses § für straflos zu erachten sei. Goltd. Arch. B. 21 S. 530 und B. 20 S. 535); ferner daß der § Schutz für Anzeigen bei Behörden nicht nur im allgemeinen, sondern auch im persönlichen Interesse des Anzeigenden gewähre. Ebend. B. 23 S. 516. Ferner, daß unter „berechtigten Interessen“ nicht die allgemeinen des Publikums zu verstehen seien. B. 25 S. 332 daselbst.

§ 194.

Die Verfolgung einer Beleidigung tritt nur auf Antrag ein. Die Zurücknahme des Antrages (§§ 185 bis 193) ist zulässig.

§ 195.

Sind Ehefrauen oder unter väterlicher Gewalt stehende Kinder beleidigt worden, so haben sowohl die Beleidigten, als deren Ehemänner und Väter das Recht, auf Bestrafung anzutragen.

§ 196.

Wenn die Beleidigung gegen eine Behörde, einen Beamten, einen Religionsdiener oder ein Mitglied der bewaffneten Macht, während sie in der Ausübung ihres Berufes begriffen sind, oder in Beziehung auf ihren Beruf begangen ist, so haben außer den unmittelbar Betheiligten auch deren amtliche Vorgesetzte das Recht, den Strafantrag zu stellen.

§ 197.

Eines Antrages bedarf es nicht, wenn die Beleidigung gegen eine gesetzgebende Versammlung des Reichs oder eines Bundesstaats, oder gegen eine andere politische Körperschaft begangen worden ist. Dieselbe darf jedoch nur mit Ermächtigung der beleidigten Körperschaft verfolgt werden.

§ 198.

Ist bei wechselseitigen *Beleidigungen von einem Theile auf Bestrafung angetragen worden, so ist der andere Theil bei Verlust seines Rechts verpflichtet, den Antrag auf Bestrafung spätestens vor Schluß der Verhandlung in erster Instanz zu stellen, hierzu aber auch dann berechtigt, wenn zu jenem Zeitpunkte die dreimonatliche Frist bereits abgelaufen ist.

* Die Frage, ob die wechselseitigen Beleidigungen gleichzeitig stattgefunden haben müssen, ist streitig. Aus der Verschiedenheit der Fassung der §§ 198. 199. 233 wird weder für die Bejahung noch für die Verneinung derselben etwas herzunehmen sein. v. Schwartze (Kommentar, Bemerk. zu § 198) nimmt im Widerspruch mit Oppenhoff (StGB Note 1 zu § 198) an, daß die Beleidigung auf der Stelle erwidert sein müsse. Dagegen ist das Preuß. Ob.-Tr. (Goltd. A. B. 21 S. 539 u. B. 24 S. 354) der Ansicht, daß selbst ein ursächlicher und thatsächlicher Zusammenhang zwischen den Beleidigungen nicht nothwendig erforderlich sei, unter den „wechselseitigen Beleidigungen" vielmehr solche zu verstehen seien, bei denen dieselben Personen als Beleidiger bzhw. Beleidigte betheiligt seien. Für diese Auslegung des § spricht sowohl der Wortsinn als die Erwägung, daß das Gesetz sich veranlaßt sehen konnte, Demjenigen, welcher eine ihm widerfahrene Beleidigung ungeahndet gelassen hat, das Recht späterer Rüge unbeschränkt in dem Falle zu gewähren, wenn er von dem Beleidiger nicht mit gleicher Nachsicht behandelt wird, dieser vielmehr bei einer ihm von Jenem später zugefügten Beleidigung auf dessen gerichtliche Bestrafung angetragen hat. Die erwähnte Meinung v. Schwartze's würde dahin führen, die Bestimmung des § auch in dem Falle auszuschließen, wenn die wechselseitigen Beleidigungen in einem Schreiben und der darauf bezüglichen Antwort enthalten sind. Dies dürfte jedoch der Absicht des Gesetzes (ratio legis) nicht entsprechen. Vergl. auch die Note zu § 199; ferner § 428 St.

§ 199.

Wenn eine Beleidigung auf der Stelle erwidert wird, so kann der Richter beide Beleidiger oder einen derselben für straffrei erklären[1].

1. Auch wohl — in gleicher Weise, wie nach § 233 — auf eine geringere Strafe erkennen.

2. Das Pr. Ob.-Tr. hält diesen und den § 233 auch dann für anwendbar, wenn die einem zum selbständigen Strafantrage nicht Berechtigten (§ 65) zugefügte Körperverletzung von dessen Vater gerügt ist, dieser sich aber einer solchen Verletzung des Angekl. schuldig gemacht hat. Es nimmt ferner an, daß die Worte „auf der Stelle" sich nicht auf den Ort der wechselseitigen Beleidigung, sondern nur auf die Kontinuität (d. h. den inneren Zusammenhang) beziehen. Auch führt es aus, daß die Anwendbarkeit des § nicht durch den Antrag auf Bestrafung der dem Angekl. durch den Ankläger zugefügten Beleidigung bedingt, vielmehr auch dann zulässig sei, wenn diese Beleidigung nur im Wege der Einrede zum Zwecke der Herbeiführung der Kompensation geltend gemacht worden sei; endlich, daß die Kompensation einer Beleidigung gegen die Ehefrau der einen Partei mit einer Beleidigung gegen ein unter väterlicher Gewalt stehendes Kind der anderen Partei zulässig sei. Goltd. Arch. B. 22 S. 199 und 233 B. 20 S. 232 B. 23 S. 333.

3. Vergl. § 233.

§ 200.

Wird wegen einer öffentlich[1] oder durch Verbreitung von Schriften, Darstellungen oder Abbildungen begangenen Beleidigung auf Strafe erkannt, so ist zugleich dem Beleidigten die Befugniß zuzusprechen[2], die Verurtheilung auf Kosten des Schuldigen öffentlich bekannt zu machen. Die Art der Bekanntmachung, sowie die Frist zu derselben ist in dem Urtheile zu bestimmen.

Erfolgte die Beleidigung in einer Zeitung oder Zeitschrift, so ist der verfügende Theil des Urtheils auf Antrag des Beleidigten durch die öffentlichen Blätter bekannt zu machen, und zwar wenn möglich durch dieselbe Zeitung oder Zeitschrift und in demselben Theile und mit derselben Schrift, wie der Abdruck der Beleidigung geschehen.

Dem Beleidigten ist auf Kosten des Schuldigen eine Ausfertigung des Urtheils zu ertheilen.

1. Vergl. die Note 4 zu § 186. Das Pr. Ob.=Tr. führt aus: der Umstand, daß eine Beleidigung an einem öffentlichen Orte (Schullokal) verübt worden, reiche nicht hin, um ihr den Charakter einer öffentlichen aufzudrücken. Es sei erforderlich, daß die Beleidigung mit Rücksicht auf die konkreten Umstände von anderen Personen, als den Beleidigten — unbestimmt von welchen und wie vielen — wahrgenommen werden konnte. Urth. v. 24. Jan. 1877 Goltd. A. B. 25 S. 146. Im Wesentlichen hiermit übereinstimmend spricht es sich S. 333 daselbst in Bezug auf eine in einer Gemeinderathssitzung verübte Beleidigung aus.

2. Auch ohne dessen Antrag. Vergl. Abs. 2.

Das Pr. Ob.=Tr. hat angenommen, daß der Richter auch den Theil der Zeitung, in welchem die Bekanntmachung erfolgen solle, bestimmen dürfe. Goltd. A. B. 23 S. 438.

Körperverletzung.

§ 223.

Wer vorsätzlich einen Anderen körperlich mißhandelt oder an der Gesundheit beschädigt[1], wird wegen Körperverletzung mit Gefängniß bis zu drei Jahren oder mit Geldstrafe bis zu eintausend Mark bestraft.

Ist die Handlung gegen Verwandte[2] aufsteigender Linie[3] begangen, so ist auf Gefängniß nicht unter Einem Monat zu erkennen.

1. Zur Feststellung des Unterschiedes zwischen den hier gewählten Worten: „Körperlich mißhandelt oder an der Gesundheit beschädigt" und

dem im § 185 gebrauchten Ausdruck: „Thätlichkeit“ lassen sich für alle Fälle sicher leitende Gesichtspunkte nicht angeben. Es wird jedoch in Zweifelsfällen in's Auge zu fassen sein, daß der § 185 solche, weder mit einer andauernden Störung des körperlichen Wohlbefindens, noch mit Erregung empfindlicher Schmerzen verknüpfte leichte Thätlichkeiten meint, bei denen entweder eine vorzugsweise auf Ehrkränkung gerichtete Absicht, oder eine den Anspruch des Anderen auf anständige Behandlung verkennende Rücksichtslosigkeit vorwaltet, während die Worte des § 223 zu erkennen geben, daß es sich hier um solche Einwirkungen auf den Körper des Anderen handelt, bei welchen mit Rücksicht auf die Veranlassung zu der Handlung, die Art ihrer Ausführung, so wie die begleitenden Umstände angenommen werden muß, daß der Thäter bezweckt hat, die Gesundheit oder Körperkräfte des Andern in irgend einer Weise zu schädigen, mindestens ihm Schmerzen zu bereiten. Auf diese Absicht wird insbesondere dann zu schließen sein, wenn sich als Motiv zur That Rache und als Gemüthsbewegung Jähzorn erkennbar macht. Daß der Thäter gerade die von ihm verletzte Person hat beschädigen wollen, ist nicht erforderlich. Wer unter eine Mehrzahl von Personen in böswilliger Absicht einen Stein wirft und Jemand beschädigt, verfällt der Strafe des §.

2. Es sind hier Blutsverwandte, einschließlich der unehelichen Mutter — nicht also Adoptiv- und Stiefeltern — gemeint.

3. Bei der „Beleidigung“ (§ 185) ist hieraus nur ein Strafschärfungsgrund herzunehmen.

§ 223 a.

Ist die Körperverletzung mittels einer Waffe, insbesondere eines Messers oder eines anderen gefährlichen Werkzeuges, oder mittels eines hinterlistigen Ueberfalls, oder von Mehreren gemeinschaftlich, oder mittels einer das Leben gefährdenden Behandlung begangen, so tritt Gefängnißstrafe nicht unter zwei Monaten ein.

Vergl. § 75 Nr. 5 G. — Diese Körperverletzung wird ohne Antrag bestraft. § 232.

(§ 224.

Hat die Körperverletzung zur Folge, daß der Verletzte ein wichtiges Glied des Körpers, das Sehvermögen auf einem oder beiden Augen, das Gehör, die Sprache oder die Zeugungsfähigkeit verliert, oder in erheblicher Weise dauernd entstellt wird, oder in Siechthum, Lähmung oder Geisteskrankheit verfällt, so ist auf Zuchthaus bis zu fünf Jahren oder Gefängniß nicht unter Einem Jahre zu erkennen.)

§ 228.

Sind mildernde Umstände vorhanden, so ist in den Fällen des § 223 Abs. 2 und des § 223a auf Gefängniß bis zu drei Jahren oder Geldstrafe bis zu eintausend Mark — zu erkennen.

§ 230.

Wer durch Fahrlässigkeit die Körperverletzung eines Anderen verursacht, wird mit Geldstrafe bis zu neunhundert Mark oder mit Gefängniß bis zu zwei Jahren bestraft.

War der Thäter zu der Aufmerksamkeit, welche er aus den Augen setzte, vermöge seines Amtes, Berufes[1] oder Gewerbes[2] besonders verpflichtet, so kann die Strafe auf drei Jahre Gefängniß erhöht werden.

1. Z. B. Aerzte, Apotheker, Hebeammen.
2. Im Betreff der Bauhandwerker enthält der § 330 die besondere Vorschrift, daß, wer bei der Leitung oder Ausführung eines Baues wider die allgemein anerkannten Regeln der Baukunst dergestalt handelt, daß hieraus für Andere Gefahr entsteht, mit Geldstrafe bis zu 900 Mrk., oder mit Gefängniß bis zu einem Jahre bestraft wird.

§ 231.

In allen[1] Fällen der Körperverletzung kann auf Verlangen des Verletzten neben der Strafe auf eine an denselben zu erlegende Buße[2] bis zum Betrage von sechstausend Mark erkannt werden.

Eine erkannte Buße schließt die Geltendmachung eines weiteren Entschädigungsanspruches aus.

Für diese Buße haften die zu derselben Verurtheilten als Gesammtschuldner[3].

1. Also auch bei fahrlässigen.
2. Siehe die Note 2 zu § 188; vergl. auch §§ 443—446 St.
3. Diese auf allgemeinen Rechtsgrundsätzen über die Folgen unerlaubter Handlungen sich gründende Vorschrift wird auch auf Beleidigungen (§ 188) Anwendung finden, wenn auf Grund der §§ 186. 187 Mehrere wegen gemeinschaftlich (z. B. in Schriften) verübter Beleidigungen zu Buße verurtheilt sind.
4. Das Pr. Ob.=Tr. hat angenommen, daß der Ersatz eines durch eine Körperverletzung veranlaßten Schadens nicht auf die Kur= und Heilungskosten beschränkt sei, vielmehr auch auf andere nothwendige Gegenstände, z. B. Bruchband, ausgedehnt werden könne. Goltdammer Arch. B. 23 S. 529.

§ 232.

Die Verfolgung leichter vorsätzlicher, sowie aller durch Fahrlässigkeit verursachter Körperverletzungen (§§ 223, 230) tritt nur auf Antrag ein, insofern nicht die Körperverletzung mit Uebertretung einer Amts=, Berufs= oder Gewerbspflicht begangen worden ist.

Ist das Vergehen gegen einen Angehörigen verübt, so ist die Zurücknahme des Antrages zulässig.

Die in den §§ 195, 196 und 198 enthaltenen Vorschriften finden auch hier Anwendung.

§ 233.

Wenn leichte Körperverletzungen mit solchen, Beleidigungen mit leichten Körperverletzungen oder letztere mit ersteren auf der Stelle erwidert werden, so kann der Richter für beide Angeschuldigte, oder für einen derselben eine der Art oder dem Maße nach mildere oder überhaupt keine Strafe eintreten lassen.

Siehe die Note 2 zu § 199.

Vergehen wider die persönliche Freiheit.

§ 241.

Wer einen Anderen mit der Begehung eines Verbrechens[1] bedroht[2], wird mit Gefängniß bis zu sechs Monaten oder mit Geldstrafe bis zu dreihundert Mark bestraft.

1. Also nicht auf Vergehen und Uebertretungen anwendbar. Nach den Worten würde dies — da der § zwischen den objektiven und subjektiven Gründen für die Klassificirung der strafbaren Handlungen nicht unterscheidet, im Hinblick auf § 1 — zur Folge haben, daß, wenn ein bereits zweimal wegen Diebstahls Bestrafter Jemand mit der Begehung eines einfachen Diebstahls bedroht, er der Strafe des § verfiele, wogegen er straflos bliebe, wenn er noch nicht, oder erst einmal wegen Diebstahls Strafe erlitten hat (§§ 242. 244). Die Absicht (ratio) der Vorschrift führt aber darauf hin, daß objektive Verbrechen gemeint sind.

2. Auf die Tauglichkeit des Mittels kommt es nicht an, sofern nur die Drohung geeignet gewesen ist, bei dem Bedrohten die Furcht vor der Verwirklichung des Verbrechens hervorzurufen. Daher kann auch die Drohung mit einem ungeladenen Gewehr strafbar sein. U. des Pr. Ob.-Tr. v. 5. Okt. 1876 Goltd. A. B. 24 S. 581.

Diebstahl und Unterschlagung.

§ 242.

Wer eine fremde[1] bewegliche Sache einem Anderen in der Absicht wegnimmt[2], dieselbe sich rechtswidrig[3] zuzueignen, wird wegen Diebstahls mit Gefängniß bestraft.

Der Versuch ist strafbar.

1. Auf widerrechtliches Wegnehmen der eigenen (einem Anderen verpfändeten, vermietheten, geliehenen) Sache findet daher der §, gleichviel ob der Thäter sie bei der Wegnahme als die seinige erkannte, oder für eine fremde hielt, keine Anwendung.

2. Die Sache muß sich im Gewahrsam des Anderen befunden haben; derselbe braucht aber nicht Eigenthümer der Sache, auch muß sein Gewahrsam nicht nothwendig ein rechtmäßiger gewesen sein. Auch demjenigen wird daher die Sache im Sinne des § „weggenommen", welcher sie Namens des Eigenthümers besitzt, oder sie gestohlen hat. Das Preuß. Obertribunal hat das Fortnehmen eines von dem Eigenthümer aus Vergeßlichkeit in einer Fleischerbude zurückgelassenen Päckchens, weil derselbe den Gewahrsam an dem Päckchen noch nicht verloren gehabt habe, für einen Diebstahl erachtet. Goltdammer Arch. B. 22 S. 257. Dasselbe hat ferner angenommen, daß dem Waldeigenthümer an dem in umzäunten Gehegen — gleichviel von welcher Ausdehnung — befindlichen Wild der Gewahrsam zustehe. Ebend. B. 21 S. 545. Ob ein „Wegnehmen" wirklich stattgefunden habe, ob also ein vollendeter, oder nur ein versuchter Diebstahl anzunehmen sei, hat der Richter in jedem einzelnen Falle nach Maßgabe der thatsächlichen Umstände zu entscheiden. Der Regel nach ist ein erfolgtes „Wegnehmen" anzunehmen, wenn der Thäter die Sache in einer Weise ergriffen hat, daß ihrer Fortschaffung Hindernisse (Befestigung an anderen Gegenständen u. dergl.) nicht mehr entgegenstehen. Daß gleichwohl die Entfernung derselben aus den Wohnungs- oder sonstigen Räumen des Anderen in Folge einer wirklichen oder vermeintlichen Störung des Thäters unterblieben ist, steht nicht entgegen, den Diebstahl als vollendet anzunehmen.

3. Der Thäter muß sich der Rechtswidrigkeit bewußt gewesen sein, es muß ihm die diebische Absicht beigewohnt haben. Irrte er sich in thatsächlicher oder rechtlicher Beziehung — hielt er sich z. B. für den Eigenthümer einer ihm richterlich zugesprochenen Sache, obgleich das Erkenntniß noch nicht rechtskräftig geworden war — so kann die Strafe des Diebstahls nicht über ihn verhängt werden.

Dagegen ist Gewinnsucht bei der That nicht erforderlich. Auch wenn die Absicht ausschließlich dahin gegangen ist, die Sache dem Anderen zu entziehen und sich ihrer demnächst sofort wieder zu entschlagen, oder sie zu vernichten, liegt ein Diebstahl vor.

Andererseits ist nicht jedes Wegnehmen einer fremden Sache nothwendig als Diebstahl aufzufassen. Der Begriff scheidet vielmehr aus, wenn der Thäter davon ausging und vernünftiger Weise davon ausgehen durfte, daß der Eigenthümer der Sache in dem Wegnehmen derselben einen unerlaubten Eingriff in seine Eigenthumsrechte nicht erkennen werde. Wer in einem fremden Walde einen — als vereinzelt, werthlosen — Zweig bricht, in einem erlaubter Weise von ihm betretenen fremden Raum eine Nadel, deren er augenblicklich bedarf, an sich nimmt, wird der Strafe des § nicht verfallen.

Heimlichkeit bei der Wegnahme ist nicht ein Erforderniß des Diebstahls. Wer einem durch Gebrechlichkeit an der Abwehr der That Verhinderten eine Sache vor dessen Augen wegnimmt, begeht einen Diebstahl. —

4. Der in diesem § behandelte Diebstahl wird im § 244 als „einfacher" — im Gegensatze zu dem im § 243 mit Zuchthaus bis zu 10 Jahren bedrohten — bezeichnet.

5. Zu vergleichen sind in Betreff: der unbefugten Ausübung der Jagd die §§ 292—295 und 368 Nr. 10; des Fischens und Krebsens die §§ 296. 296a und 370 Nr. 4; der Entwendung von Nahrungs- und Genußmitteln von unbedeutendem Werthe und von Futterungs-Material zum Zwecke der

Futterung des Viehs des Eigenthümers der § 370 Nr. 5 u. 6; des unbefugten Grabens von Erde, Steinen, Rasen, Lehm, Sand, Grund von Wegen und einem Anderen gehörenden Grundstücken der § 370 Nr. 2.

6. Vergl. § 75 Nr. 6 G.

(§ 243.

Auf Zuchthaus bis zu zehn Jahren ist zu erkennen, wenn

1. aus einem zum Gottesdienste bestimmten Gebäude Gegenstände gestohlen werden, welche dem Gottesdienste gewidmet sind;
2. aus einem Gebäude oder umschlossenen Raume mittels Einbruchs, Einsteigens oder Erbrechens von Behältnissen gestohlen wird;
3. der Diebstahl dadurch bewirkt wird, daß zur Eröffnung eines Gebäudes oder der Zugänge eines umschlossenen Raumes, oder zur Eröffnung der im Innern befindlichen Thüren oder Behältnisse falsche Schlüssel oder andere zur ordnungsmäßigen Eröffnung nicht bestimmte Werkzeuge angewendet werden;
4. auf einem öffentlichen Wege, einer Straße, einem öffentlichen Platze, einer Wasserstraße oder einer Eisenbahn, oder in einem Postgebäude oder dem dazu gehörigen Hofraume, oder auf einem Eisenbahnhofe eine zum Reisegepäck oder zu anderen Gegenständen der Beförderung gehörende Sache mittels Abschneidens oder Ablösens der Befestigungs- oder Verwahrungsmittel, oder durch Anwendung falscher Schlüssel oder anderer zur ordnungsmäßigen Eröffnung nicht bestimmter Werkzeuge gestohlen wird;
5. der Dieb oder einer der Theilnehmer am Diebstahle bei Begehung der That Waffen bei sich führt;
6. zu dem Diebstahle Mehrere mitwirken, welche sich zur fortgesetzten Begehung von Raub oder Diebstahl verbunden haben, oder
7. der Diebstahl zur Nachtzeit in einem bewohnten Gebäude, in welches sich der Thäter in diebischer Absicht eingeschlichen, oder in welchem er sich in gleicher Absicht verborgen hatte, begangen wird, auch wenn zur Zeit des Diebstahls Bewohner in dem Gebäude nicht anwesend sind. Einem bewohnten Gebäude werden der zu einem bewohnten Gebäude gehörige umschlossene Raum und die in

einem solchen befindlichen Gebäude jeder Art, sowie Schiffe, welche bewohnt werden, gleich geachtet.

Sind mildernde Umstände vorhanden, so tritt Gefängnißstrafe nicht unter drei Monaten ein.)

§ 246.

Wer eine fremde bewegliche Sache, die er in Besitz oder Gewahrsam[1] hat, sich rechtswidrig zueignet[2], wird wegen Unterschlagung mit Gefängniß bis zu drei Jahren und, wenn die Sache ihm anvertraut ist[3], mit Gefängniß bis zu fünf Jahren bestraft.

Sind mildernde Umstände vorhanden, so kann auf Geldstrafe bis zu neunhundert Mark erkannt werden.

Der Versuch ist strafbar.

1. Der wesentliche Unterschied zwischen „Diebstahl" und „Unterschlagung" besteht darin, daß bei letzterer der Thäter sich schon vor der Strafthat im Besitz oder Gewahrsam der Sache befand, an welcher er rechtswidrig Eigenthumsrechte ausübt, während beim Diebstahl das Wegnehmen der Sache aus der Gewahrsam eines Anderen wesentlich ist. Treffend ist in von Holtzendorf's Handbuch des Deutschen Strafrechts B. 3 S. 639 bemerkt, das es sich beim Diebstahl um ein diebliches Nehmen, bei der Unterschlagung um ein diebliches Behalten handle.

Gleichwohl stellen sich bei der Anwendung der §§ 242 und 246 vielfach Schwierigkeiten in Bezug auf die Frage heraus, wer, ob der Angeklagte oder der Eigenthümer sich im Besitz oder Gewahrsam der Sache zur Zeit der That befunden habe. Es wird in dieser Hinsicht zunächst der Grundsatz als leitend gelten müssen, daß, wenn der Eigenthümer einer Sache in seinem eigenen Interesse die Benutzung derselben, oder eine andere Art von Einwirkung darauf, einem Anderen gestattet oder aufträgt, hierin allein ein Verlust oder Aufgeben des Gewahrsam nicht zu finden ist. Dies gilt beispielsweise in dem Falle, wenn einem im Hause des Arbeitgebers beschäftigten Arbeiter, oder einem in der Gefängnißzelle beschäftigten Sträfling Material zur Anfertigung ihnen übertragener Arbeiten überwiesen wird, um davon die erforderliche Menge zu verwenden. Ferner, wenn der Dienstherr dem Dienstboten Gegenstände zur Benutzung oder zur Verwendung bei den von ihnen zu verrichtenden Geschäften übergiebt. Es ist in derartigen Fällen hinsichtlich jener Frage entscheidend, daß dem Arbeitgeber, der Gefängnißverwaltung, dem Dienstherrn nach wie vor die Benutzung und jede andere Art von Einwirkung auf die Sache thatsächlich, wie rechtlich unbeschränkt verbleibt. Uebergiebt dagegen der Eigenthümer die Sache dem Anderen, um dieselbe mit sich zu nehmen und in dessen eigenen Räumen zu verarbeiten, oder in anderer Weise auf sie einzuwirken und sie demnächst in veränderter oder gleicher Form zurückzugeben — giebt er z. B. dem Schneider Tuch, um ein Kleid daraus zu fertigen, dem Färber einen Stoff, um ihn zu färben — so entschlägt er sich dem Gewahrsam an diesen Gegenständen, derselbe geht auf den Empfänger über. In dem ersteren Falle wird daher von dem Arbeiter, Sträfling, Dienstboten, welcher sich die ihm überwiesenen Gegenstände „rechtswidrig zueignet" ein Diebstahl, im letzteren Falle von dem Schneider und dem Färber eine Unterschlagung verübt.

Aber auch bei Berücksichtigung dieser allgemeinen bei der Gewahrsamsfrage in's Auge zu fassenden Gesichtspunkte werden in manchen Fällen erhebliche Zweifel in Bezug auf dieselbe bei der Besonderheit der Sachlage entgegentreten. Die Frage wird dann den Charakter einer vorwiegend thatsächlichen annehmen, und die Beantwortung derselben davon abhängig zu machen sein, ob ein solches Aufgeben des Gewahrsams der Sache Seitens des Eigenthümers, und ein solches Ergreifen des Besitzes oder der Gewahrsam Seitens des Angeklagten stattgefunden hat, daß der Begriff des „Wegnehmens" im Sinne des § 242 nicht anwendbar erscheint und demzufolge die „rechtswidrige Zueignung" nicht für einen Diebstahl, sondern für eine Unterschlagung zu erachten ist.

2. Das Pr. Ob.-Tr. hat ausgeführt, daß der bloße Gebrauch einer fremden Sache, wenn er nicht den gänzlichen oder theilweisen Verbrauch in sich schließe, oder in anderer Weise ein Theil der Substanz oder des Nutzungswerths dem Vermögen des Eigenthümers entzogen werde und in das Vermögen des Gebrauchenden übergehe, nicht als „Zueignung" anzusehen sei. (Goltdammers Arch. B. 22 S. 261.) Derselbe Gerichtshof hat ausgeführt, daß gewinnsüchtige Absicht nicht zu den Erfordernissen der Unterschlagung gehöre, die Absicht der Zueignung mit dem Bewußtsein, daß die Sache eine fremde und die Handlung eine widerrechtliche sei, vielmehr genüge. A. a. O. S. 617.

3. Ob ein Anvertrauen stattgefunden hat, d. h. ob das Geschäft, auf Grund dessen der Gewahrsam an der Sache auf den Angekl. übertragen worden ist, zu der Annahme führt, daß dabei ein in die Treue des Empfängers gesetztes Vertrauen leitend gewesen ist, oder doch mitgewirkt hat, hat der Richter nach den vorwaltenden Umständen zu prüfen.

4. Durch welche Handlungen der Finder einer Sache sich einer Unterschlagung derselben schuldig macht, spricht das StGB. nicht aus. Für zweifellos gilt, daß das bloße Unterlassen einer Anzeige bei der betreffenden Behörde dazu nicht ausreicht, da der Finder zu einer solchen positiven Handlung keine Verpflichtung hat. Erst in Folge Ableugnens des Fundes oder im Falle der Veräußerung, des Verbrauchs u. dergl. wird, wenn es sich nicht um völlig geringfügige Gegenstände handelt, der § anwendbar erscheinen können.

Das Pr. Ob.-Tr. hat angenommen, daß die Aneignung abgeworfener Hirschgeweihe, welche noch Niemand in Besitz genommen hatte, als Unterschlagung nicht anzusehen, vielmehr nur dann strafbar sei, wenn ein besonderes Gesetz diese Aneignung mit Strafe bedrohe. Goltd. Arch. B. 23 S. 439.

5. Vergl. § 75 Nr. 7 G.

§ 247.

Wer einen Diebstahl oder eine Unterschlagung gegen Angehörige[1], Vormünder oder Erzieher begeht, oder wer einer Person, zu der er im Lehrlingsverhältnisse steht, oder in deren häuslicher Gemeinschaft er als Gesinde[2] sich befindet[3], Sachen von unbedeutendem[4] Werth stiehlt oder unterschlägt, ist nur auf Antrag zu verfolgen. Die Zurücknahme des Antrages ist zulässig.

Ein Diebstahl oder eine Unterschlagung, welche von Verwandten aufsteigender[5] Linie gegen Verwandte absteigender Linie oder von einem Ehegatten gegen den anderen begangen worden ist, bleibt straflos.

Diese Bestimmungen finden auf Theilnehmer oder Begünstiger, welche nicht in einem der vorbezeichneten persönlichen Verhältnisse stehen, keine Anwendung.

1. Vergl. § 52 Abs. 2 und die dortigen Noten.

2. Das StGB. von 1871 enthielt hier auch die Worte: „oder solche Personen, in deren Lohn oder Kost er sich befindet". An Stelle derselben hat das StGB. von 1876 die Worte: „oder wer einer Person — sich befindet" gesetzt. Dadurch sind dem sg. Hausdiebstahl engere Grenzen gezogen. Die Vorschrift findet daher auf Handlungs- und Gewerbegehülfen, selbst wenn sie sich in der häuslichen Gemeinschaft des von dem Diebstahl oder der Unterschlagung Betroffenen befinden, keine Anwendung.

3. Das Pr. Ob.-Tr. hat in dem Urth. v. 25. Januar 1878 (Goltd. A. B. 26 S. 64) ausgeführt, daß die Worte: „oder in deren häuslicher Gemeinschaft er als Gesinde sich befindet", nur auf Diebstähle an Sachen, die dem Dienstherrn selbst, nicht aber auf solche bezogen werden dürfen, welche an Sachen eines seiner zur häuslichen Gemeinschaft gehörenden Angehörigen (Tochter) begangen worden seien.

Diese Entscheidung ist bedenklich. Jene Worte erfordern zur Anwendbarkeit des § in Bezug auf die Person des Bestohlenen ein Mehreres nicht, als daß der Thäter in der häuslichen Gemeinschaft dieser Person als Gesinde stehe. Nun wird es aber doch für zweifellos gelten müssen, daß das Gesinde mit der im Hause lebenden Tochter des Dienstherrn „in häuslicher Gemeinschaft" sich befindet. Dies stellt auch das Obertribunal nicht in Abrede; es ist aber der Meinung, daß, weil der vorangehend erwähnte Lehrlings-Diebstahl gegen den Lehrherrn selbst verübt sein müsse, das analoge Erforderniß auch hinsichtlich des Gesinde-Diebstahls Platz greife, und daß die Erwähnung der „häuslichen Gemeinschaft" nur bezwecke, das hier gemeinte Gesindedienstverhältniß näher zu definiren und auf einen engeren Kreis von Personen zu beschränken, nicht aber auszudrücken, daß alle Diebstähle, welche das Gesinde innerhalb der häuslichen Gemeinschaft gegen irgend welche andere, derselben gleichfalls angehörige Personen verübe, als Antragsdelikte zu behandeln seien.

Allein zunächst kann man zu dieser, wie erwähnt, mit dem Wortsinne nicht im Einklange stehenden Auslegung nur mittelst Unterstellung eines so grellen Mißgriffs bei der Redaktion der Vorschrift gelangen, wie er nicht vorausgesetzt werden darf. Denn, um das auszudrücken, was das Obertribunal aus dem angeführten Passus herleitet, hätte es nahe gelegen, demselben die Fassung zu geben: „wer einer Person, zu der er in Lehrlings- oder in häuslicher Gemeinschaft im Gesindeverhältniß steht." Auch würde es, wenn es sich in beiden Alternativen ausschließlich um den Lehr- bzhw. Dienstherrn gehandelt hätte, an jeder Veranlassung zur Wahl verschiedener Zeitwörter „stehen" und „sich befinden" gefehlt haben.

Es ist aber auch gegen die Ansicht des Obertribunals geltend zu machen, daß nach dem bei der Berathung des § im Reichstage (Stenograph. Ber. von 1875—76 S. 815) vom Referenten in Bezug genommenen „älteren Preußischen Landrecht" (Theil II Tit. 20 § 1137) als Hausdiebstahl der vom Gesinde und Hausgenossen an demjenigen, in dessen Lohn und Brod sie standen, oder an dessen Hausgenossen verübte Diebstahl galt.

Am Schluße der Gründe des Obertribunals-Urtheils ist deducirt, daß, weil der Reichstag nicht für angemessen erachtet habe, die Bestimmung des § 247 des StGB. vom Jahre 1871, wonach Diebstähle gegen Personen, in deren Lohn und Kost der Thäter sich befunden, zu den Antragsdelikten gerechnet wurden, aufrecht zu halten, vielmehr beschlossen habe, an deren Stelle die hier in Rede stehende — beschränkende Vorschrift treten zu lassen, nicht angenommen werden dürfe, daß letztere auch auf solche Diebstähle habe ausgedehnt werden sollen, welche nicht gegen den Dienstherrn selbst, sondern gegen andere Mitglieder der Hausgenossenschaft verübt worden seien.

Diesem Argument gegenüber möchte darauf hinzuweisen sein, daß der § 247 des StGB. von 1871, indem er das Empfangen von Lohn und Kost für entscheidend erachtete, ausschließlich das zwischen dem Dienstherrn als Geber und dem Gesinde als Empfänger des Lohns und der Kost begründete persönliche Verhältniß für maßgebend hielt, die Novelle dagegen die zwischen dem Thäter und dem Bestohlenen bestehende häusliche Gemeinschaft für die Charakterisirung des Delikts als Hausdiebstahl zur Geltung bringt — die Gesetzgebung mithin bei den beiden Vorschriften von wesentlich verschiedenen Gesichtspunkten geleitet wurde. Dies erwogen, wird sich die Richtigkeit der erwähnten Deduktion des Obertribunals bezweifeln lassen.

Die Reichstags-Verhandlungen bieten — abgesehen von der oben beregten Hinweisung auf das Pr. ALR. — für die Entscheidung der hier vorliegenden Frage keinen Anhalt dar. S. 815 a. a. O. sagt zwar der Referent: die — zur Berathung der vorgeschlagenen Abänderung des StGB. eingesetzt gewesene — Kommission des Reichstags sei der Meinung, daß es gerathen sei, die Verfolgung von kleinen Diebstählen und Unterschlagungen in denjenigen Fällen von einem Antrage des Verletzten abhängen zu lassen, in welchen der Thäter zu dem Bestohlenen im Lehrlingsverhältnisse steht, „oder in der häuslichen Gemeinschaft sich befinde" und er spricht ferner von dem „Gesinde", sofern dasselbe in der häuslichen Gemeinschaft des Verletzten (nicht des „Dienstherrn") stehe, so wie von dem Antrage des Bestohlenen, und auch Seitens eines anderen Abgeordneten ist von dem Antrage des „Bestohlenen" gesprochen (S. 820). Allein an anderen Stellen (S. 818. 189. 821) ist wiederholt von dem Antrage „des Dienstherrn", „der Herrschaft" die Rede. Mangels einer ausdrücklichen Besprechung der Frage kann daher aus diesen Aeußerungen um so weniger etwas Entscheidendes hergeleitet werden, als, selbst wenn angenommen wird, daß zu dem Antrage nur der Dienstherr berechtigt sei (vergl. § 65 StGB.), hieraus nicht folgt, daß es dieses Antrages dann nicht bedürfe, wenn der gestohlene Gegenstand nicht ihm selbst, sondern einem anderen Mitgliede der „häuslichen Gemeinschaft" — hier seiner Tochter — gehöre.

4. Bei der Prüfung, ob diese — in bedenklicher Weise unbestimmt bezeichnete — Voraussetzung im einzelnen Falle zutrifft, möchten bei Berücksichtigung der Absicht des Gesetzes (ratio legis) auch die Vermögensverhältnisse des Bestohlenen in Betracht zu ziehen sein, da völlig gleiche Gegenstände, wenn dieselben für den bestohlenen reichen Mann ohne Werth waren, für „unbedeutend" gelten können, während ein Armer, dem sie entwendet sind, ihren Verlust schwer empfindet. § 370 Nr. 5.

5. Nämlich: gerader Linie; also nicht auf Seitenverwandte, z. B. Oheime, die ihre Neffen bestehlen, zu beziehen. Dasselbe gilt von Stiefeltern bzhw. Stiefkindern.

§ 248.

Neben der wegen Diebstahls oder Unterschlagung erkannten Gefängnißstrafe kann auf Verlust der bürgerlichen Ehrenrechte (und neben der wegen Diebstahls erkannten Zuchthausstrafe auf Zulässigkeit von Polizei-Aufsicht) erkannt werden*.

* Neben Gefängnißstrafe ist daher Polizeiaufsicht nicht zulässig.

Begünstigung und Hehlerei.

§ 257.

Wer nach Begehung eines Verbrechens oder Vergehens[1] dem Thäter oder Theilnehmer wissentlich Beistand leistet[2], um denselben der Bestrafung zu entziehen oder um ihm die Vortheile des Verbrechens oder Vergehens zu sichern[3], ist wegen Begünstigung mit Geldstrafe bis zu sechshundert Mark oder mit Gefängniß bis zu Einem Jahre und, wenn er diesen Beistand seines Vortheils wegen leistet, mit Gefängniß zu bestrafen. Die Strafe darf jedoch, der Art oder dem Maße nach, keine schwerere sein, als die auf die Handlung selbst angedrohte.

Die Begünstigung ist straflos, wenn dieselbe dem Thäter oder Theilnehmer von einem Angehörigen[4] gewährt worden ist[5], um ihn der Bestrafung zu entziehen.

Die Begünstigung ist als Beihülfe[6] zu bestrafen, wenn sie vor Begehung der That zugesagt worden ist. Diese Bestimmung leidet auch auf Angehörige Anwendung.

1. Hiernach ist die bloße Begünstigung bei „Uebertretungen" (§§ 360 flg.) straflos. Dagegen findet die die Hehlerei betreffende Vorschrift des § 259 auch auf Uebertretungen Anwendung.

2. Die „Begünstigung" unterscheidet sich von der in den §§ 47 folg. behandelten „Theilnahme" dadurch, daß sie erst eintritt, wenn die Strafthat oder der Versuch derselben vollendet ist. Sie bezweckt, von dem Thäter entweder die Eröffnung einer Untersuchung, oder seine Verurtheilung zu Strafe, oder die Vollstreckung derselben — z. B. durch Beiseitschaffung zu seiner Ueberführung geeigneter Beweismittel, Beförderung seiner Flucht (vergl. jedoch die §§ 120 Note 5 und 347) abzuwenden, oder ihn in der Sicherung der ihm aus seiner That erwachsenen Vortheile zu unterstützen. Das Erstreben eigenen Vortheils ist nicht Bedingung der Strafbarkeit, erhöht vielmehr nur das Strafmaß. Vergl. §§ 258. 259.

3. Gleichviel, ob der Thäter oder Theilnehmer Kenntniß davon hat, oder nicht.
4. Vergl. § 52.
5. Bei der allgemeinen Fassung der Vorschrift muß sie auch Anwendung finden, wenn die Begünstigung gegen Entgelt stattgefunden hat.
6. § 49.
7. Vergl. § 75 Nr. 8 und 9 G.

§ 258.

Wer seines Vortheils wegen sich einer Begünstigung schuldig macht, wird als Hehler[1] bestraft, wenn der Begünstigte

1. einen einfachen Diebstahl[2] oder eine Unterschlagung begangen hat, mit Gefängniß,

(2. einen schweren Diebstahl, einen Raub oder ein dem Raube gleich zu bestrafendes Verbrechen begangen hat, mit Zuchthaus bis zu fünf Jahren.

Sind mildernde Umstände vorhanden, so tritt Gefängnißstrafe nicht unter drei Monaten ein.)

Diese Strafvorschriften finden auch dann Anwendung, wenn der Hehler ein Angehöriger ist.

1. Hehlerei wird hier diejenige des eigenen Vortheils wegen stattgehabte Begünstigung genannt, welche in Bezug auf einen Diebstahl, eine Unterschlagung oder einen Raub gewährt wird, gleichviel ob sie bezweckt, den Thäter der Bestrafung zu entziehen, oder ihm die Vortheile einer Strafthat zu sichern (Vergl. § 259).

Diese besondere Art der im § 257 behandelten Begünstigung unterscheidet sich außer dem unbedingten Erforderniß des Erstrebens eigenen Vortheils dadurch, daß bei derselben auch der von einem Angehörigen geleistete Beistand bestraft wird; ferner, daß wegen derselben stets auf Zulässigkeit von Polizeiaufsicht, und neben Gefängnißstrafe auf Verlust der Ehrenrechte erkannt werden kann (§ 262).

2. Auf die als „Uebertretungen" bezeichneten Entwendungen nicht auszudehnen. § 370 Nr. 5.

§ 259.

Wer seines Vortheils wegen Sachen, von denen er weiß oder den Umständen nach annehmen muß, daß sie mittels einer strafbaren Handlung[1] erlangt sind[2], verheimlicht[3], ankauft, zum Pfande nimmt oder sonst an sich bringt oder zu deren Absatze bei Anderen mitwirkt, wird als Hehler mit Gefängniß bestraft.

1. Aus der Wahl dieses allgemeinen Ausdrucks folgt, daß die Vorschrift auch auf Uebertretungen Anwendung findet. Vergl. § 258.
2. Die Strafbarkeit ist nicht dadurch bedingt, daß der unmittelbare Vorbesitzer des der Hehlerei Beschuldigten die Sache mittels einer strafbaren Handlung erworben habe. Auch wenn dieser dieselbe in gutem Glauben

erworben hat, der Angeklagte aber zu der Zeit, als er sie von diesem erwarb, wußte, daß derjenige, welcher sie an denselben veräußerte, sie gestohlen hatte, verfällt er der Strafe der Hehlerei. Es folgt dies aus der objectiven Fassung: „daß sie erlangt sind".

Das Pr. Ob.-Tr. nimmt an, daß es der Feststellung, daß der Hehler die konkrete strafbare Handlung, durch welche die Sache erlangt war, gekannt oder eine bestimmte Art von strafbarer Handlung als Mittel der Erlangung angenommen habe, oder habe annehmen müssen, nicht bedürfe. Goltd. Arch. B. 23 S. 535.

3. Nach den Worten: „Wer seines Vortheils wegen Sachen — verheimlicht", würde sich diese Art der Hehlerei nicht von der im § 257 charakterisirten „Begünstigung", sofern diese des eigenen Vortheils wegen stattgefunden hat, unterscheiden. Der § 259 sieht aber von der bei der „Begünstigung" wesentlichen Absicht, einem Anderen behülflich zu sein, ab, und geht davon aus, daß der Hehler ausschließlich, oder doch vorzugsweise seinen eigenen Vortheil bei der Verheimlichung im Auge habe.

4. Vergl. § 75 Nr. 9 G.

(§ 260.

Wer die Hehlerei gewerbs- oder gewohnheitsmäßig betreibt, wird mit Zuchthaus bis zu zehn Jahren bestraft.)

(§ 261.

Wer im Inlande wegen Hehlerei einmal und wegen darauf begangener Hehlerei zum zweiten Male bestraft worden ist, wird, wenn sich die abermals begangene Hehlerei auf einen schweren Diebstahl, einen Raub oder ein dem Raube gleich zu bestrafendes Verbrechen bezieht, mit Zuchthaus nicht unter zwei Jahren bestraft. Sind mildernde Umstände vorhanden, so tritt Gefängnißstrafe nicht unter Einem Jahre ein.

Bezieht sich die Hehlerei auf eine andere strafbare Handlung, so ist auf Zuchthaus bis zu zehn Jahren zu erkennen. Sind mildernde Umstände vorhanden, so tritt Gefängnißstrafe nicht unter drei Monaten ein.

Die in dem § 245 enthaltenen Vorschriften finden auch hier Anwendung.)

§ 262.

Neben der wegen Hehlerei erkannten Gefängnißstrafe kann auf Verlust der bürgerlichen Ehrenrechte und neben jeder Verurtheilung wegen Hehlerei auf Zulässigkeit von Polizei-Aufsicht erkannt werden.

Betrug und Untreue.

§ 263.

[1]Wer in der Absicht, sich oder einem Dritten einen rechtswidrigen Vermögensvortheil zu verschaffen, das Vermögen eines Anderen dadurch beschädigt, daß er durch Vorspiegelung falscher oder durch Entstellung oder Unterdrückung wahrer Thatsachen einen Irrthum erregt oder unterhält, wird wegen Betruges mit Gefängniß bestraft, neben welchem auf Geldstrafe bis zu dreitausend Mark, sowie auf Verlust der bürgerlichen Ehrenrechte erkannt werden kann.

Sind mildernde Umstände vorhanden, so kann ausschließlich auf die Geldstrafe erkannt werden.

Der Versuch ist strafbar.

Wer einen Betrug gegen Angehörige, Vormünder oder Erzieher[2] begeht, ist nur auf Antrag zu verfolgen. Die Zurücknahme des Antrages ist zulässig.

1. In der strafrechtlichen Praxis bieten die den „Betrug" betreffenden Vorschriften mehr als die anderer Rechtsmaterien Anlaß zu Zweifeln und Bedenken dar. Eine Folge davon sind die im Betreff der darauf bezüglichen Fragen, sowohl in der Rechtsprechung der Gerichtshöfe als in den Kommentaren der Strafgesetze überhaupt, wie insbesondere auch der einschlagenden §§ des StGB. sich findenden von einander abweichenden Ansichten. Der Grund für diesen die Gleichmäßigkeit in der Strafrechtspflege wesentlich gefährdenden Uebelstand ist großentheils in der Schwierigkeit zu suchen, die richtigen Grenzen zwischen einerseits dem im Handel und Wandel sich nur geltend machenden Mangel von selbstlosem Rechtssinn, Treue und Biederkeit, und andererseits demjenigen Grade von Unredlichkeit festzustellen, welchen das Strafgesetz im Interesse des Gemeinwohls nicht ungeahndet lassen darf.

Speziell die Fälle der letzteren Art auch nur in annähernder Vollständigkeit zu bezeichnen, ja selbst bestimmte für alle Fälle sicher leitende Gesichtspunkte aufzustellen, liegt für den Gesetzgeber außerhalb der Grenzen der Möglichkeit. In einer großen Anzahl von Fällen wird der Richter sich durch die vorwaltenden thatsächlichen Umstände, die Persönlichkeit und Verhältnisse des Angeklagten und sein Gebahren bei dem Geschäft, bei dem Urtheil, ob die Kriterien eines strafbaren Betruges im Sinne des Gesetzes als vorliegend anzuerkennen seien, bestimmen lassen müssen. Einigen Anhalt für dies Urtheil werden bei der Anwendung des § 263 die folgenden Grundsätze darbieten.

Ein nach diesem § zu bestrafender Betrug ist anzunehmen, wenn mittels einer Täuschung eine Vermögensbeschädigung herbeigeführt worden, bei welcher die Erreichung eines Vermögensvortheils bezweckt worden ist. Das Pr. Ob.-Tr. führt aus, daß auch in einer mittels Täuschung veranlaßten Vertrags- (z. B. Darlehns-) Abschließung ein strafbarer Betrug zu finden sei. Goltd. Arch. B. 23 S. 127. Ferner, daß in der wider besseres Wissen erfolgten Vorspiegelung, daß eine Erbschaft, für deren Realisirung in Wahrheit keine Mittel vorhanden sind, eine realisirbare sei, die Vorspiegelung einer Thatsache gefunden werden könne. Ebend. B. 25 S. 56.

Die Täuschung darf der Regel nach nicht darin bestehen, daß ein Irrthum durch bloß passives Verhalten dessen entsteht, der den Vortheil für sich oder einen Andern erstrebt, also nicht etwa darin gefunden werden, daß er einen Irrthum nicht behebt, sondern ihn fortbestehen läßt, und Vortheil von demselben zieht; sie setzt vielmehr eine positive Einwirkung auf die Auffassung oder Beurtheilung thatsächlicher Verhältnisse Seitens des Anderen, welche auf dessen Willensbestimmung Einfluß auszuüben geeignet ist, voraus. Wer ein ihm angebotenes Gemälde für den geforderten geringen Preis kauft, ohne den Verkäufer auf den ihm bekannten hohen Werth aufmerksam zu machen, begeht — ungeachtet der Unlauterkeit seines Verhaltens — keinen strafbaren Betrug.

Die hiernach erforderliche positive Erregung eines Irrthums mittels „Vorspiegelung falscher oder Entstellung oder Unterdrückung wahrer Thatsichen" braucht aber nicht nothwendig durch Worte herbeigeführt zu werden; es genügt, daß zum Zwecke der Täuschung solche Einrichtungen, Veranstaltungen oder Vorkehrungen getroffen werden, welche geeignet sind, in einem Anderen die Meinung von dem Vorhandensein oder Fehlen gewisser Eigenschaften oder Beschaffenheiten einer Sache oder gewisser Zustände zu erwecken. Wer z. B. auf die Hülle von Waaren den Vermerk eines bestimmten Maßes oder Gewichts setzt, während sich ein geringeres Quantum darin befindet, erregt betrügerischer Weise in dem Käufer einen Irrthum. Wer in einer Goldwaarenhandlung wissentlich unächte Waaren verkauft, betrügt den Käufer, auch wenn dieser sich die Aechtheit nicht ausdrücklich ausbedungen hat, da die Aechtheit für eine stillschweigend zwischen den Kontrahenten vereinbarte Bedingung gelten mußte. Dasselbe gilt von der Cession einer schon getilgten Forderung gegen Entgelt. — Das Pr. Ob.-Tr. ist in den, S. 340 B. 23 und S. 586 Nr. 24 in Goltd. Arch. abgedruckten Urth. von der — bedenklichen — Ansicht ausgegangen, daß für einen Irrthum im Sinne des § auch der gelte, welcher in dem Prozeßrichter durch Einklagung einer auf einen schon bezahlten Wechsel gegründeten Forderung erregt worden sei.

Die Wahrheitsentstellung im Sinne des § 263 muß aber eine derartige sein, daß der Andere derselben vernünftiger Weise einen Einfluß auf seine Willensbestimmung einräumen konnte. Versichert ein Händler, daß er die, den Gegenstand eines Kaufgeschäfts bildende Waare selbst zu dem geforderten Preise eingekauft habe, so wird hierin ein Betrug in der Regel nicht zu finden sein, da derartigen im Geschäftsverkehr üblichen Anpreisungen und Reklamen erfahrungsmäßig Glauben nicht geschenkt zu werden pflegt, der Verkäufer mithin davon ausgehen durfte, daß seine wahrheitswidrige Angabe auf den Entschluß des Käufers zum Abschlusse des Kaufgeschäfts ohne Einfluß bleiben werde. Dagegen wird die Anwendung der Betrugsstrafe nicht dadurch ausgeschlossen, daß der Getäuschte den Irrthum hätte vermeiden können.

Der Erfolg der Täuschung muß eine Vermögensbeschädigung eines Anderen gewesen sein. Hat also beispielsweise die gekaufte Sache, ungeachtet der Käufer durch Vorspiegelung falscher Thatsachen zum Abschluß des Geschäfts bestimmt worden ist, nicht nur überhaupt, sondern auch für ihn den dem Kaufpreise entsprechenden Werth, so scheidet die Anwendbarkeit des § aus. Dasselbe gilt, wenn sich Jemand durch eine Täuschung zu einer Zahlung, oder zu einer Leistung anderer Art hat bestimmen lassen, wenn festgestellt wird, daß er zu derselben in der That gesetzlich verpflichtet war.

Gegenstand der Beschädigung kann jede Art von Vermögen sein: bewegliche und unbewegliche Sachen, Forderungen an Personen, dingliche

Rechte, gleichviel ob sie bestehen, oder ihre Entstehung durch künftige Ereignisse bedingt ist. Wer einen Testator durch die wahrheitswidrige Angabe, daß andere gleich nahe Verwandte desselben bereits verstorben seien, bestimmt, ihn zum alleinigen Erben einzusetzen, verübt einen Betrug.

Ebenso derjenige, welcher auf Grund von Vorspiegelungen über bestimmt bezeichnete erdichtete Unglücksfälle Almosen erbittet, welches ihm ohne jene Vorspiegelungen nicht gewährt worden sein würde. (Urth. d. Pr. Obtr. Goltd. Arch. B. 24 S. 586.)

Die Beschädigung kann auch eine mittelbare sein, z. B. in dem durch Wahrheitsentstellung herbeigeführten Verlust eines Beweismittels für eine rechtmäßige Forderung bestehen.

Für „rechtswidrig" muß der durch die Handlung des Täuschenden erlangte Vortheil gelten, wenn die Vermögensbeschädigung den vorerwähnten Voraussetzungen des § entspricht. War diese in der angegebenen Weise herbeigeführt, so folgt von selbst, daß der Vortheil ein rechtswidriger ist.

2. Das StGB. vom J. 1871 enthielt hinter „Erzieher" die Worte: „oder gegen solche Personen, in deren Lohn oder Kost er sich befindet. Vgl. § 247 Abs. 1. Die Vorschrift des § 247 Abs. 2 findet auf den Betrug keine Anwendung.

3. Vergl. § 75 Nr. 10 G.

(§ 264.

Wer im Inlande wegen Betruges einmal und wegen darauf begangenen Betruges zum zweiten Male bestraft worden ist, wird wegen abermals begangenen Betruges mit Zuchthaus bis zu zehn Jahren und zugleich mit Geldstrafe von einhundertfunfzig bis zu sechstausend Mark bestraft.

Sind mildernde Umstände vorhanden, so tritt Gefängnißstrafe nicht unter drei Monaten ein, neben welcher zugleich auf Geldstrafe bis zu dreitausend Mark erkannt werden kann.

Die im § 245 enthaltenen Vorschriften finden auch hier Anwendung.)

Urkundenfälschung.

(§ 273.

Wer wissentlich von einer falschen Beurkundung der im § 271 bezeichneten Art zum Zwecke einer Täuschung Gebrauch macht, wird nach Vorschrift jenes Paragraphen — bestraft.)

Daraus, daß dieser § die Strafe des, im § 75 Nr. 14 G. der ausschließlichen Zuständigkeit der Landgerichte vorbehaltenen § 271 StGB. androht, folgt an sich nicht, daß auch hinsichtlich des § 273 eine Ueberweisung der Untersuchung an das SchG. unzulässig sei. Bei dem inneren Zusammenhange, in welchem die Vorschriften beider §§ mit einander stehen, dürfte aber anzunehmen sein, daß das vom § 271 Gesagte auch auf den § 273 Anwendung finden solle.

(§ 275.

Mit Gefängniß nicht unter drei Monaten wird bestraft, wer

1. wissentlich von falschem oder gefälschtem Stempelpapier, von falschen oder gefälschten Stempelmarken, Stempelblanketten, Stempelabdrücken, Post- oder Telegraphen-Freimarken oder gestempelten Briefkuverts Gebrauch macht,
2. unechtes Stempelpapier, unechte Stempelmarken, Stempelblankette oder Stempelabdrücke für Spielkarten, Pässe oder sonstige Drucksachen oder Schriftstücke, ingleichen wer unechte Post- oder Telegraphen-Freimarken oder gestempelte Briefkuverts in der Absicht anfertigt, sie als echt zu verwenden, oder
3. echtes Stempelpapier, echte Stempelmarken, Stempelblankette, Stempelabdrücke, Post- oder Telegraphen-Freimarken oder gestempelte Briefkuverts in der Absicht verfälscht, sie zu einem höheren Werthe zu verwenden.)

§ 276.

Wer wissentlich schon einmal zu stempelpflichtigen Urkunden, Schriftstücken oder Formularen verwendetes Stempelpapier* oder schon einmal verwendete Stempelmarken oder Stempelblankette, ingleichen Stempelabdrücke, welche zum Zeichen stattgehabter Versteuerung gedient haben, zu stempelpflichtigen Schriftstücken verwendet, wird, außer der Strafe, welche durch die Entziehung der Stempelsteuer begründet ist, mit Geldstrafe bis zu sechshundert Mark bestraft.

* Dieser § setzt — im Gegensatze zum § 275 — voraus, daß der auf der Urkunde u. s. w. befindliche Stempel echt und unverfälscht ist. Ob er bei der früheren Verwendung der Stempel mit dem Entwerthungszeichen versehen, und dies bei der späteren Verwendung gelöscht oder sonst beseitigt worden ist, erscheint gleichgiltig; der § findet auch dann Anwendung, wenn die Entwerthung bei der früheren Verwendung unterblieben, dem Angekl. aber die letztere bei der späteren Verwendung bekannt gewesen ist.

Strafbarer Eigennutz und Verletzung fremder Geheimnisse.

§ 285.

Der Inhaber eines öffentlichen Versammlungsorts, welcher Glücksspiele daselbst gestattet oder zur Verheimlichung solcher Spiele mitwirkt, wird mit Geldstrafe bis zu eintausendfünfhundert Mark bestraft.

1. Daß er Eigenthümer sei, ist nicht erforderlich. Auch auf den Miether und den Verwalter, wenn diesem die Rechte und Pflichten des Eigenthümers übertragen sind, — wie überhaupt auf den Vertreter des Inhabers (Goltd. Arch. B. 26 S. 69) — findet der § Anwendung.

2. Eine Begriffsbestimmung giebt das StGB. so wenig hier, als im § 360 Nr. 14, wo es denselben Ausdruck braucht, und im § 365, wo es von öffentlichen Vergnügungsorten spricht. Doch geht aus letzterem § hervor, daß der § 285 nicht ausschließlich Vergnügungsorte im Auge hat.

Für „öffentlich" im Sinne des § muß ein Versammlungsort gelten, wenn es zum Eintritt nicht einer der individuellen Person zu ertheilenden Befugniß bedarf; auf sg. geschlossene Gesellschaften, zu welchen nur die speciell aufgenommenen Mitglieder Zutritt haben, findet daher der § keine Anwendung, auch wenn deren Zusammenkünfte in einem dem Publikum dienenden Gebäude, z. B. einem Gasthofe stattfinden. Dagegen wird der Begriff „öffentlich" nicht dadurch ausgeschlossen, daß der jedesmalige Zutritt durch die Zahlung eines Eintrittsgeldes bedingt ist. Entscheidend ist, daß Jedermann, der diese Bedingung erfüllt, wer er auch sei, eintreten darf. Dasselbe gilt, wenn der Versammlungsort nur gewissen Klassen von Personen geöffnet ist. Läßt der Inhaber z. B. nur Männer, oder nur Militärpersonen oder nur Studenten zu, so verliert der Ort, den Zweck des Gesetzes ins Auge gefaßt, nicht den Charakter der Oeffentlichkeit.

3. Bei denen es nicht sowohl auf Geschicklichkeit, Aufmerksamkeit, Berechnung und Uebung ankommt, als vielmehr w e s e n t l i c h der Zufall entscheidet. Daß auch die geistige Thätigkeit oder die körperliche Gewandtheit der Spieler auf das Ergebniß des Spiels von Einfluß ist, benimmt demselben nicht die Eigenschaft als Glücksspiel. Auf ein Gewinnen oder Verlieren von Geld oder Geldeswerth muß es dabei abgesehen sein, mag auch eine Gewinnsucht, wie beim gewerbsmäßigen Glücksspiel, nicht festzustellen sein. Sind jedoch die Gegenstände, um welche gespielt wird, von der Art, daß der Zweck, dieselben zu gewinnen, völlig in den Hintergrund tritt, und der Charakter einer geselligen Unterhaltung sich als die a l l e i n i g e Absicht des Spiels erkennbar macht, so wird die Anwendbarkeit des § fortfallen. — Ob bei dem Spiel ein Bankhalter thätig ist, oder nicht, ist unerheblich.

4. Also an dem öffentlichen Versammlungsorte selbst. Gestattet z. B. ein Gasthofsbesitzer oder Restaurant das Spiel in dem von einem Gaste bezogenen Logirzimmer, so wird er der Strafe des § nicht verfallen.

5. Wenn er die Verhinderung desselben — erforderlichen Falls die Anrufung der betreffenden Behörde — unterläßt, wiewohl ihm bekannt ist, daß das Spiel ein Glücksspiel ist.

§ 288.

Wer bei einer ihm drohenden[1] Zwangsvollstreckung in der Absicht, die Befriedigung des Gläubigers zu vereiteln[2], Bestandtheile seines Vermögens veräußert[3] oder bei Seite schafft[4], wird mit Gefängniß bis zu zwei Jahren bestraft.

Die Verfolgung tritt nur auf Antrag des Gläubigers ein.

1. Daß die Zwangsvollstreckung schon angeordnet, selbst daß sie schon von dem Gläubiger beantragt sei, ist nicht unbedingt erforderlich; es genügt, wenn der Schuldner das Eintreten derselben beim Ausbleiben freiwilliger Zahlung nicht bezweifeln konnte, z. B. in Folge seiner rechtskräftigen Verurtheilung wegen einer Geldzahlung, oder nach dem Ablauf der Frist zur Entrichtung öffentlicher Abgaben, oder einer gegen ihn festgesetzten Ordnungsstrafe.

2. Ganz oder theilweise.

3. Eine Verpfändung, Belastung mit Hypothekenschulden wird hierunter nicht zu begreifen sein, da der Sprachgebrauch unter „Veräußerung" von Vermögensstücken das Aufgeben des Eigenthums an denselben versteht, eine ausdehnende Auslegung dieser sich ohnehin nicht aus der allgemeinen Strafrechtstheorie ergebenden Vorschrift aber nicht zulässig ist. Dasselbe gilt von der Veräußerung mittels Angabe an Zahlungsstatt, sofern das Geschäft nicht simulirt ist.

4. Hierunter ist jede auf Verhinderung der Zwangsvollstreckung abzielende und dazu geeignete Verfügung über die Sache, welche das Eigenthum an derselben dem Thäter zu erhalten bezweckt, zu verstehen: Verbergen, außer Landes Schaffen, Abschluß von Scheinverkäufen und ähnliche Maßregeln. Daß der Zweck der Handlung darauf gerichtet sei, dem Gläubiger seine Befriedigung überhaupt zu vereiteln, ist nach der Ansicht des Pr. Ob.-Tr. nicht erforderlich. Goltd. Arch. B. 23 S. 128.

5. Vergl. § 75 Nr. 11 G.

§ 292.

Wer an Orten, an denen zu jagen er nicht berechtigt ist, die Jagd[1] ausübt[2], wird mit Geldstrafe bis zu dreihundert Mark oder mit Gefängniß bis zu drei Monaten bestraft.

Ist der Thäter ein Angehöriger[3] des Jagdberechtigten, so tritt die Verfolgung nur auf Antrag ein. Die Zurücknahme des Antrages ist zulässig.

1. Es liegt im Begriffe „Jagd", daß Gegenstand des Aufsuchens, der Verfolgung oder Nachstellung jagdbare Thiere sind. Welche Thiere hierzu gehören, bestimmen die Landesgesetze.

2. Wer von einem Orte aus, auf welchem ihm das Jagdrecht zusteht, auf ein auf fremdem Jagdrevier sich befindendes Jagdthier schießt, übt die Jagd im Sinne des Gesetzes auf letzterem aus. Dagegen darf der § auf denjenigen, welcher an einem Orte, auf welchem ihm nur die niedere Jagd zusteht, die höhere ausübt, nach seiner Fassung nicht angewandt werden. Vergl. auch § 368 Nr. 10. Das Pr. Ob.-Tr. führt aus, daß unbefugtes Jagen nicht vorliege, wenn der Angekl. nur auf seinem eigenen Revier zu

jagen beabsichtigt, und hierbei ein fremdes Revier in Jagdausrüstung betreten habe, ohne dort zu jagen. Goltd. Arch. B. 23 S. 544.

3. Das StGB. vom Jahre 1871 ließ die Verfolgung allgemein nur auf Antrag eintreten.

§ 293.

Die Strafe kann auf Geldstrafe bis zu sechshundert Mark oder auf Gefängniß bis zu sechs Monaten erhöht werden, wenn dem Wilde[1] nicht mit Schießgewehr oder Hunden, sondern mit Schlingen, Netzen, Fallen oder anderen Vorrichtungen nachgestellt oder, wenn das Vergehen während der gesetzlichen Schonzeit, in Wäldern, zur Nachtzeit oder gemeinschaftlich von Mehreren begangen wird[2].

1. D. h. dem nach den Landesgesetzen als jagdbar geltenden Thiere, auch wenn es der Sprachgebrauch nicht als „Wild" bezeichnet.

2. Ob auch hier, wenn der Thäter ein Angehöriger des Jagdberechten ist, der Antrag des Letzteren erforderlich sei, ist nach der Redaktion des § zweifelhaft. Die Frage dürfte jedoch mit Rücksicht auf die nahe Verbindung, in welcher die beiden §§ durch die Worte: „Die Strafe — kann erhöht werden" mit einander gesetzt sind, welche den § 293 als eine Ergänzung des § 292 erscheinen läßt, so wie in Erwägung der dem Abs. 2 des § 292 zum Grunde liegenden Absicht zu bejahen sein. Auch wenn das Vergehen „gemeinschaftlich von Mehreren begangen" worden, wird die Bestrafung des „Angehörigen" von dem Antrage abhängig zu machen sein. Der § 63 steht dem nicht entgegen, da er den — hier nicht vorliegenden — Fall voraussetzt, daß bezüglich jedes als Thäter oder Theilnehmer Betheiligten ein Antrag erforderlich ist. Aus demselben Grunde findet der Abs. 2 des § 64 keine Anwendung. Beim Vorhandensein mehrerer Jagdberechtigter wird auch gegen den Angehörigen nur Eines derselben ohne Antrag Verfolgung eintreten müssen.

(§ 294.

Wer unberechtigtes Jagen gewerbsmäßig betreibt, wird mit Gefängniß nicht unter drei Monaten bestraft; auch kann auf Verlust der bürgerlichen Ehrenrechte, sowie auf Zulässigkeit von Polizei-Aufsicht erkannt werden.)

§ 295.

Neben der durch das Jagdvergehen verwirkten Strafe ist auf Einziehung des Gewehrs, des Jagdgeräths und der Hunde, welche der Thäter bei dem unberechtigten Jagen bei sich geführt hat, ingleichen der Schlingen, Netze, Fallen und anderen Vorrichtungen zu erkennen, ohne Unterschied* ob sie dem Verurtheilten gehören oder nicht.

* Die Worte: „ohne Unterschied" beziehen sich auch auf das Gewehr, das Jagdgeräth und die Hunde. Vergl. auch §§ 40. 42. Im entscheidenden

Theile des Urtheils (Tenor) werden die der Einziehung unterliegenden Gegenstände speziell zu bezeichnen sein.

§ 296.

Wer zur Nachtzeit, bei Fackellicht oder unter Anwendung schädlicher oder explodirender Stoffe unberechtigt fischt oder krebst, wird mit Geldstrafe bis zu sechshundert Mark oder mit Gefängniß bis zu sechs Monaten bestraft*.

* Das StGB. vom J. 1871 machte die Verfolgung von einem Antrage abhängig. Beim Mangel einer Vorschrift, wie die des Abs. 2 des § 292, bedarf es hier, auch wenn der Thäter ein Angehöriger des Fischereiberechtigten ist, eines Antrages nicht. Es folgt jedoch aus der allgemeinen Strafrechtstheorie, daß die Verfolgung unzulässig ist, wenn der Thäter sich mit Rücksicht auf sein persönliches Verhältniß zu dem Fischereiberechtigten der Zustimmung desselben, auch ohne dessen ausdrückliche Erlaubniß, unter den vorwaltenden Umständen versichert halten durfte, da in einem solchen Falle das, die Strafbarkeit bedingende Bewußtsein des unbefugten Eingriffs in die Rechte eines Anderen fehlt. — Vergl. auch § 370 Nr. 4.

§ 298.

Ein Schiffsmann, welcher mit der Heuer entläuft, oder sich verborgen hält, um sich dem übernommenen Dienste zu entziehen, wird, ohne Unterschied, ob das Vergehen im Inlande oder im Auslande[1] begangen worden ist, mit Gefängniß bis zu Einem Jahre bestraft.

1. Sofern er ein Deutscher ist. Nur wenn die That im Inlande begangen worden, ist es unerheblich, ob der Thäter ein Deutscher oder ein Ausländer ist.

2. Vergl. § 75 Nr. 11 G. und den § 3 der Seemannsordnung vom 27. Decbr. 1872 in der 2. Abth.

§ 299.

Wer einen verschlossenen[1] Brief oder eine andere verschlossene Urkunde, die nicht zu seiner Kenntnißnahme bestimmt ist[2], vorsätzlich und unbefugter Weise[3] eröffnet[4], wird mit Geldstrafe bis zu dreihundert Mark oder mit Gefängniß bis zu drei Monaten bestraft.

Die Verfolgung tritt nur auf Antrag ein.

1. Daß der Verschluß durch Lack oder durch Verkleben bewirkt worden, ist nicht unbedingt erforderlich. Der § 1 des Postgesetzes vom 28. Oct. 1871 (RGBl. S. 347) spricht von „versiegelten, zugemachten oder sonst verschlossenen Briefen".

2. Ob der Thäter hiervon überzeugt sein mußte, hat der Richter nach freiem Ermessen zu beurtheilen. Daraus allein, daß der Brief mit einer Adresse nicht versehen war, wird die Unanwendbarkeit der Vorschrift nicht herzuleiten sein.

3. Hierüber wird vorzugsweise das persönliche Verhältniß, in welchem der Thäter zu dem Adressaten steht, entscheiden. Eltern werden unter Umständen die von ihren Kindern geschriebenen und die an dieselben adressirten Briefe zu eröffnen für befugt gelten müssen. Dasselbe gilt für das Verhältniß von Erziehern zu Zöglingen, von Lehrherren zu Lehrlingen.

4. Das Lesen des Briefes ist hiernach nicht unbedingt erforderlich.

§ 300.

Rechtsanwalte, Advokaten, Notare, Vertheidiger in Strafsachen, Aerzte, Wundärzte, Hebammen, Apotheker, sowie die Gehülfen dieser Personen werden, wenn sie unbefugt Privatgeheimnisse offenbaren, die ihnen kraft ihres Amtes, Standes oder Gewerbes anvertraut* sind, mit Geldstrafe bis zu eintausendfünfhundert Mark oder mit Gefängniß bis zu drei Monaten bestraft.

Die Verfolgung tritt nur auf Antrag ein.

* Nach dem Sprachgebrauche würden hierunter mündliche oder schrift- Mittheilungen zu verstehen sein, welche den genannten Personen gemacht worden. In diesem Sinne ist auch der Ausdruck im § 52 St. gebraucht. Diese Auslegung des § kann aber nicht beabsichtigt sein, da es z. B. für den Zweck der Vorschrift unerheblich ist, ob der Arzt, welcher ausplaudert, daß sein Patient an Syphilis oder einer anderen ekelhaften Krankheit leidet, die Kenntniß davon durch ein „Anvertrauen" Seitens desselben oder durch eigene Wahrnehmung bei dessen ärztlicher Behandlung erlangt hat. Auch verbietet sich jene engere Auffassung des Ausdrucks dadurch, daß den „Gehülfen" der Rechtsanwälte und Notare Geheimnisse von den Klienten nicht mitgetheilt zu werden, sie vielmehr von denselben mittelbar durch den Inhalt von Akten und Urkunden Kenntniß zu erlangen pflegen. Der § dürfte daher überall Anwendung finden, wo eine der dort genannten Personen unbefugt Privatgeheimnisse offenbart, die in Veranlassung ihrer dienstlichen oder Berufs-Geschäfte zu ihrer Kenntniß gelangt sind, und von denen sie anzunehmen haben, daß deren Mittheilung an Andere dem Betheiligten nachtheilig oder doch empfindlich sein würde. Wo weder ein dienstliches noch ein Berufsverhältniß vorwaltet, z. B. bei Winkelkonsulenten, nicht koncessionirten Aerzten und Wundärzten, greift die Vorschrift nicht Platz.

Sachbeschädigung.

§ 303.

Wer vorsätzlich[1] und rechtswidrig eine fremde[2] Sache beschädigt[3] oder zerstört, wird mit Geldstrafe bis zu eintausend Mark oder mit Gefängniß bis zu zwei Jahren bestraft.

Der Versuch ist strafbar.

Die Verfolgung tritt nur auf Antrag ein[4].

Ist das Vergehen gegen einen Angehörigen verübt, so ist die Zurücknahme des Antrages zulässig.

1. Es ist nicht erforderlich, daß böswillige Beschädigung der Zweck der That sei, vielmehr genügt, daß der Thäter sich des Mangels eines Rechts zu der Beschädigung und des wahrscheinlichen Eintritts einer solchen als Folge seiner Handlung bewußt ist. Die Vorschrift findet daher auch Anwendung, wenn er die That verübt, um sich dadurch dauernd oder vorübergehend einen Vortheil — gleichviel ob vermögensrechtlicher oder anderer Art — zu verschaffen; wenn er z. B. eine Thür erbricht, um zu seinem Nutzen oder zu seiner Bequemlichkeit einen Durchgang durch ein befriedetes Grundstück zu erlangen. Die Strafbarkeit wird in einem solchen Falle auch nicht dadurch ausgeschlossen, daß ihm ein gesetzliches oder kontraktliches Recht auf den Durchgang zusteht; ein solches muß er im Wege des geordneten Prozesses geltend machen. Aus dem Mangel einer Strafbestimmung für die — in anderen Gesetzgebungen als ein selbständiges Vergehen behandelte — Selbsthülfe folgt — wie Oppenhoff StGB. Note zu § 303 mit Recht annimmt — nicht, daß diese auch dann nicht nach diesem § zu bestrafen sei, wenn bei derselben eine vorsätzliche Beschädigung fremder Sachen stattgefunden hat. Auch in einem solchen Falle ist die Beschädigung „rechtswidrig".

Im Betreff einer beim Vorwalten von Nothwehr oder eines Nothstandes stattgehabten Beschädigung vergl. die Noten zu 53. 54.

2. Hiernach findet der § auf den Eigenthümer der Sache auch dann keine Anwendung, wenn er durch die Zerstörung oder Beschädigung derselben die Rechte Anderer, z. B. des Faustpfandgläubigers, Miethers u. s. w verletzt. Diesen Personen bleibt nur überlassen, ihre etwaigen Entschädigungsansprüche im Wege des Civilprozesses zu verfolgen. — Zweifelhaft ist die Frage, ob der § auf den Miteigenthümer Anwendung findet; sie dürfte jedoch selbst bei untheilbaren Sachen zu bejahen sein, da die den übrigen Miteigenthümern gehörigen ideellen Antheile in Bezug auf den Thäter für „fremde" zu erachten sind, das StGB. auch in Bezug auf die Urkundenbeschädigung im § 274 Nr. 4 diesen Grundsatz befolgt hat.

3. Eine Begriffsbestimmung hierfür enthält das Gesetz nicht. Es wird dahin jede Veränderung zu rechnen sein, welche als eine Verringerung ihres Werthes oder ihrer Brauchbarkeit — im Allgemeinen, oder zu besonderen Zwecken und besonderer Bestimmung — zu erachten ist. Im Zweifelsfalle entscheidet hierüber Sachverständigen-Gutachten.

4. Bei der Allgemeinheit der Vorschrift wird der Antrag nicht bloß von dem Eigenthümer, sondern von Jedem ausgehen können, welcher durch die Beschädigung oder Zerstörung — auch in seinem Nutzungsrechte — Nachtheil erlitten hat; also auch von dem Miether, Pfandinhaber u. s. w.

5. Vergl. § 75 Nr. 12 G.

§ 304.

Wer vorsätzlich und rechtswidrig Gegenstände der Verehrung einer im Staate bestehenden[1] Religionsgesellschaft, oder Sachen, die dem Gottesdienste gewidmet sind, oder Grabmäler, öffentliche Denkmäler, Gegenstände der Kunst, der Wissenschaft oder des Gewerbes, welche in öffentlichen[2] Sammlungen aufbewahrt werden oder öffentlich aufgestellt sind[3], oder Gegenstände, welche zum öffentlichen Nutzen, oder zur Verschönerung öffentlicher Wege, Plätze oder Anlagen dienen, beschädigt oder zerstört, wird mit Gefängniß bis zu drei Jahren oder mit Geldstrafe bis zu eintausendfünfhundert Mark bestraft.

Neben der Gefängnißstrafe kann auf Verlust der bürgerlichen Ehrenrechte erkannt werden.

Der Versuch ist strafbar.

1. Also auch bloß geduldeten.

2. Der Begriff „öffentlich“ wird hier nicht dadurch für ausgeschlossen zu erachten sein, daß für den Eintritt in die Räume, in denen die Sammlungen aufgestellt sind, Entgelt zu zahlen ist. Entscheidend wird vielmehr sein, daß der Eintritt für Jedermann, der den Eintrittsbedingungen genügt, freisteht.

3. Das Gesetz nimmt in Bezug auf die „öffentlich aufgestellten“ Gegenstände vorzugsweise das Interesse des Publikums wahr. Die Worte werden daher nicht auf solche Gegenstände bezogen werden dürfen, deren öffentliche Aufstellung der Künstler oder Gewerbtreibende in seinem eigenen Interesse veranlaßt hat.

4. Vergl. § 75 Nr. 12 G.

Gemeingefährliche Vergehen.

§ 320.

Die Vorsteher einer Eisenbahngesellschaft, sowie die Vorsteher einer zu öffentlichen Zwecken dienenden Telegraphenanstalt, welche nicht sofort nach Mittheilung des rechtskräftigen Erkenntnisses die Entfernung des Verurtheilten bewirken, werden mit Geldstrafe bis zu dreihundert Mark oder mit Gefängniß bis zu drei Monaten bestraft.

Gleiche Strafe trifft denjenigen, welcher für unfähig zum Eisenbahn- oder Telegraphendienste erklärt worden ist, wenn er sich nachher bei einer Eisenbahn oder Telegraphenanstalt wieder anstellen läßt, sowie diejenigen, welche ihn wieder angestellt haben, obgleich ihnen die erfolgte Unfähigkeitserklärung bekannt war.

Zum Verständniß dieses § dienen folgende §§.

§ 315. Wer vorsätzlich Eisenbahnanlagen, Beförderungsmittel oder sonstiges Zubehör derselben dergestalt beschädigt, oder auf der Fahrbahn durch falsche Zeichen oder Signale oder auf andere Weise solche Hindernisse bereitet, daß dadurch der Transport in Gefahr gesetzt wird, wird mit Zuchthaus bis zu zehn Jahren bestraft.

Ist durch die Handlung eine schwere Körperverletzung verursacht worden, so tritt Zuchthausstrafe nicht unter fünf Jahren und, wenn der Tod eines Menschen verursacht worden ist, Zuchthausstrafe nicht unter zehn Jahren oder lebenslängliche Zuchthausstrafe ein.

§ 316. Wer fahrlässigerweise durch eine der vorbezeichneten Handlungen den Transport auf einer Eisenbahn in Gefahr setzt, wird mit Gefängniß bis zu Einem Jahre und, wenn durch die Handlung der Tod eines Menschen verursacht worden ist, mit Gefängniß von Einem Monat bis zu drei Jahren bestraft.

Gleiche Strafe trifft die zur Leitung der Eisenbahnfahrten und zur Aufsicht über die Bahn und den Beförderungsbetrieb angestellten Personen, wenn sie durch Vernachlässigung der ihnen obliegenden Pflichten einen Transport in Gefahr setzen.

§ 317. Wer gegen eine zu öffentlichen Zwecken dienende Telegraphenanstalt vorsätzlich Handlungen begeht, welche die Benutzung dieser Anstalt verhindern oder stören, wird mit Gefängniß von Einem Monat bis zu drei Jahren bestraft.

§ 318. Wer gegen eine zu öffentlichen Zwecken dienende Telegraphenanstalt fahrlässiger Weise Handlungen begeht, welche die Benutzung dieser Anstalt verhindern oder stören, wird mit Gefängniß bis zu Einem Jahre oder mit Geldstrafe bis zu neunhundert Mark bestraft.

Gleiche Strafe trifft die zur Beaufsichtigung und Bedienung der Telegraphenanstalten und ihrer Zubehörungen angestellten Personen, wenn sie durch Vernachlässigung der ihnen obliegenden Pflichten die Benutzung der Anstalt verhindern oder stören.

§ 319. Wird einer der in den §§ 316 und 318 erwähnten Angestellten wegen einer der in den §§ 315 bis 318 bezeichneten Handlungen verurtheilt, so kann derselbe zugleich für unfähig zu einer Beschäftigung im Eisenbahn- oder Telegraphendienste oder in bestimmten Zweigen dieser Dienste erklärt werden.

Im Betreff der Zulässigkeit der Ueberweisung der Untersuchung an die SchG. auf Grund des § 75 G. s. die Note 9 zu § 27 G.

§ 327.

Wer die Absperrungs- oder Aufsichts-Maßregeln oder Einfuhrverbote, welche von der zuständigen Behörde¹ zur

Verhütung des Einführens oder Verbreitens einer ansteckenden Krankheit angeordnet worden sind, wissentlich[2] verletzt, wird mit Gefängniß bis zu zwei Jahren bestraft.

(Ist in Folge dieser Verletzung ein Mensch von der ansteckenden Krankheit ergriffen worden, so tritt Gefängnißstrafe von drei Monaten bis zu drei Jahren ein.)

1. Nach den landesgesetzlichen Vorschriften.

2. Es genügt, wenn er von den "Maßregeln" oder „Einfuhrverboten" Kenntniß hat. Daß das Uebertreten derselben aus Vorsatz erfolgt sei, wird nicht für erforderlich, die Anwendbarkeit des § vielmehr — im Hinblick auf die §§ 303 bis 305 und 321 bis 324 — nur dadurch für bedingt zu erachten sein, daß der Angekl. sich bewußt gewesen ist, durch seine Handlung jenen Maßregeln, bzhw. Verboten, zuwiderzuhandeln. — Ob diese allgemeine oder specielle sind, ist gleichgültig.

3. Vergl. § 75 Nr. 13 G.

§ 328.

Wer die Absperrungs- oder Aufsichts-Maßregeln oder Einfuhrverbote, welche von der zuständigen Behörde zur Verhütung des Einführens oder Verbreitens von Viehseuchen angeordnet worden sind, wissentlich verletzt, wird mit Gefängniß bis zu Einem Jahre bestraft.

(Ist in Folge dieser Verletzung Vieh von der Seuche ergriffen worden, so tritt Gefängnißstrafe von Einem Monat bis zu zwei Jahren ein.)

Vergl. die Noten zu § 327 und das Gesetz, betreffend Zuwiderhandlungen gegen die zur Abwehr der Rinderpest erlassenen Vieh-Einfuhr-Verbote. Vom 21. Mai 1878 in der 2. Abth.

Begriff „Beamter".

§ 359.

Unter Beamten[1] im Sinne dieses Strafgesetzes sind zu verstehen alle im Dienste des Reichs oder in unmittelbarem oder mittelbarem[2] Dienste eines Bundesstaats auf Lebenszeit, auf Zeit oder nur vorläufig angestellte Personen, ohne Unterschied, ob sie einen Diensteid geleistet haben oder nicht, ingleichen Notare, nicht aber Advokaten und Anwalte[3].

1. Eine erschöpfende Aufzählung der nach dieser Begriffsbestimmung für „Beamte" (§ 196 StGB. und § 53 St.) zu erachtenden Personen ist unausführbar. Im Zweifelsfalle werden die Landesgesetze, event. sofern es sich um die Frage handelt, ob eine „Anstellung" erfolgt ist, Auskunft der

obersten Landesbehörde entscheiden. Das Pr. Ob.-Tr. führt aus, daß ein Gefangenen-Transporteur als solcher nicht Beamter sei, da der wörtliche Ausdruck erkennen lasse, daß der Gesetzgeber mit der Uebertragung eines einzelnen Geschäfts den Beauftragten nicht ohne Weiteres für die Dauer der Ausführung dieses Geschäfts die Beamtenqualität habe beilegen wollen, das Anstellen vielmehr ein Mehreres als die einfache Ertheilung eines Auftrages voraussetze, wie dies auch aus den §§ 120 bis 122, insbesondere dem § 121 hervorgehe“. Goltd. Arch. B. 23 S. 551.

2. Es sind hierunter die zur Verwaltung der Geschäfte einer staatlich anerkannten Gemeinde, sowie der Provinzial- und Kreisverbände angestellten Personen zu verstehen. Also Beamte der Stadt- und Dorfgemeinden (Mitglieder des städtischen Magistrats, einschließlich der unbesoldeten) die städtischen Bezirksvorsteher und sonstigen höheren und niederen Beamten, die Vorsteher und Beamten der Dorfgemeinden, z. B. Nachtwächter, Feldhüter, Gemeindediener, Beamte der Provinzial- und Kommunal-Feuerversicherungs-Societäten, der Ritterschaften und Landschaften, die Lehrer an öffentlichen Gemeindeschulen.

3. Abweichend hiervon rechnet der § 31 die Anwaltschaft und die Advokatur zu den Aemtern. Es werden jedoch bei dem völlig bestimmten Ausspruche des § 359 die Advokaten und Anwälte für Beamte nicht zu erachten sein, zumal auch der § 352 durch die Fassung: „ein Beamter, Advokat, Anwalt“ u. s. w. zu erkennen giebt, daß Advokaten und Anwälte nicht Beamte seien. Daß dort demnächst allgemein von „amtlichen“ Verrichtungen gesprochen wird, beruht auf Ungenauigkeit der Redaktion. Es wird daher überall, wo das StGB. den Ausdruck „Amt“ braucht, die Advokatur und Anwaltschaft darunter zu begreifen, wo dagegen von „Beamten“ die Rede ist, die betreffende Bestimmung auf Advokaten und Anwalte nicht anzuwenden sein.

Der Geschworenen- und Schöffendienst wird im § 31 übereinstimmend mit § 402 Nr. 3 St. zu den Aemtern gerechnet, während die Geschworenen und Schöffen weder im § 359 als Beamte bezeichnet, noch zu den „im Dienste des Reichs oder eines Bundesstaats a n g e s t e l l t e n Personen“ zu zählen sind. Auch hier wird daher das in Bezug auf A e m t e r Gesagte auf den Geschworenen- und Schöffendienst Anwendung finden, wogegen die auf B e a m t e bezüglichen Vorschriften bei Geschworenen und Schöffen nicht Platz greifen.

4. Also auch auf Kündigung, Widerruf und zur Aushülfe. Ob die Anstellung gegen oder ohne Entgelt erfolgt ist, und ob die Angestellten Männer oder Frauen sind, ist unerheblich.

Daß Religionsdiener nicht zu den Beamten im Sinne des StGB. zu rechnen sind, ergiebt sich aus den Worten des § 196: Wenn die Beleidigung gegen einen Beamten, einen Religionsdiener u. s. w.

5. Der in der Note 3 in Bezug genommene § 352 lautet: ein Beamter, Advokat u. s. w.

Uebertretungen.

§ 360.

Mit Geldstrafe bis zu einhundertfunfzig Mark oder mit Haft[1] wird bestraft:

1. wer ohne besondere Erlaubniß Risse von Festungen oder einzelnen Festungswerken aufnimmt oder veröffentlicht;
2. wer außerhalb seines Gewerbebetriebes heimlich oder wider das Verbot der Behörde Vorräthe von Waffen oder Schießbedarf aufsammelt;
3. wer als beurlaubter Reservist oder Wehrmann der Land- oder Seewehr ohne Erlaubniß[2] auswandert[3], ebenso wer als Ersatzreservist erster Klasse auswandert, ohne von seiner bevorstehenden Auswanderung der Militärbehörde Anzeige erstattet zu haben;
4. wer ohne schriftlichen Auftrag einer Behörde Stempel, Siegel, Stiche, Platten oder andere Formen, welche zur Anfertigung von Metall- oder Papiergeld, oder von solchen Papieren, welche nach § 149 dem Papiergelde gleich geachtet werden, oder von Stempelpapier, Stempelmarken, Stempelblanketten, Stempelabdrücken, öffentlichen Bescheinigungen oder Beglaubigungen dienen können, anfertigt oder an einen Anderen als die Behörde verabfolgt;
5. wer ohne schriftlichen Auftrag einer Behörde den Abdruck der in Nr. 4 genannten Stempel, Siegel, Stiche, Platten oder Formen, oder einen Druck von Formularen zu den daselbst bezeichneten öffentlichen Papieren, Beglaubigungen oder Bescheinigungen unternimmt, oder Abdrücke an einen Anderen als die Behörde verabfolgt;
6. wer Waaren-Empfehlungskarten, Ankündigungen oder andere Drucksachen oder Abbildungen, welche in der Form oder Verzierung dem Papiergelde oder den dem Papiergelde nach § 149 gleich geachteten Papieren ähnlich sind, anfertigt oder verbreitet, oder wer Stempel, Stiche, Platten oder andere Formen, welche zur Anfertigung von solchen Drucksachen oder Abbildungen dienen können, anfertigt;
7. wer unbefugt die Abbildung des Kaiserlichen Wappens oder von Wappen eines Bundesfürsten oder von Landeswappen gebraucht;
8. wer unbefugt eine Uniform, eine Amtskleidung[4], ein Amtszeichen, einen Orden oder ein Ehrenzeichen trägt, oder Titel, Würden oder Adelsprädikate an-

nimmt[5], ingleichen wer sich eines ihm nicht zukommenden Namens einem zuständigen[6] Beamten gegenüber bedient:

9. wer gesetzlichen Bestimmungen zuwider ohne Genehmigung der Staatsbehörde Aussteuer-, Sterbe- oder Wittwenkassen, Versicherungsanstalten oder andere dergleichen Gesellschaften oder Anstalten errichtet, welche bestimmt sind, gegen Zahlung eines Einkaufsgeldes oder gegen Leistung von Geldbeiträgen beim Eintritte gewisser Bedingungen oder Fristen, Zahlungen an Kapital oder Rente zu leisten;
10. wer bei Unglücksfällen oder gemeiner Gefahr oder Noth von der Polizeibehörde oder deren Stellvertreter zur Hülfe aufgefordert, keine Folge leistet, obgleich er der Aufforderung ohne erhebliche eigene Gefahr genügen konnte;
11. wer ungebührlicherweise ruhestörenden Lärm[7] erregt oder wer groben Unfug[8] verübt;
12. wer als Pfandleiher oder Rückkaufshändler bei Ausübung seines Gewerbes den darüber erlassenen Anordnungen zuwiderhandelt;
13. wer öffentlich[9] oder in Aergerniß erregender Weise Thiere boshaft quält oder roh mißhandelt;
14. wer unbefugt auf einem öffentlichen Wege, einer Straße, einem öffentlichen Platze oder in einem öffentlichen[10] Versammlungsorte Glücksspiele hält.

In den Fällen der Nummern 1, 2, 4, 5, 6 und 14 kann neben der Geldstrafe oder der Haft auf Einziehung der Risse von Festungen oder Festungswerken, der Vorräthe von Waffen oder Schießbedarf, der Stempel, Siegel, Stiche, Platten oder anderen Formen, der Abdrücke oder Abbildungen, oder der auf dem Spieltische oder in der Bank befindlichen Gelder erkannt werden, ohne Unterschied, ob sie dem Verurtheilten gehören oder nicht.

1. Im Gegensatz zu Gefängniß. Vergl. §§ 16 u. 18. Auf andere als die im StGB. angegebenen Strafarten darf auch bei Uebertretungen nicht auf Grund landesgesetzlicher Vorschriften erkannt werden.

In Landesgesetzen enthaltene — bei Publikation des StGB. schon bestandene oder später ergehende — polizeiliche Strafbestimmungen haben nur insoweit Gültigkeit, als sie Gegenstände betreffen, welche im StGB. unberührt geblieben sind. Welche Landesbehörden zum Erlaß derartiger Verordnungen befugt sind, und durch welche Publikationsform die Rechtsverbindlichkeit derselben bedingt ist, bestimmen die Landesgesetze.

Daß auch Uebertretungen in dem Falle straflos bleiben, wenn das Vorhandensein solcher Umstände, welche zum gesetzlichen Thatbestande der betreffenden Uebertretung gehören, dem Thäter nicht zugerechnet werden können, weil er dieselben weder gekannt, noch seine Unkenntniß durch Fahrlässigkeit verschuldet hat, ist von dem Preuß. Obertribunal mit dem Hinzufügen ausgeführt, daß dem Richter unbenommen sei, wegen der größeren Gefährlichkeit einer Handlung schon einen geringeren Mangel an Vorsicht als Fahrlässigkeit anzusehen (Goltd. Arch. Bd. 22 S. 57).

2. Schriftlichkeit wird hier für selbstverständlich zu erachten sein. Vergl. Nr. 3 u. 4.

3. Es wird hierunter nur das Verlassen des Reichsgebiets, nicht des Heimathsstaats, zu verstehen sein. Vergl. auch die §§ 31. 33. 69 des Reichs-Militärgesetzes vom 2. Mai 1874.

4. Die Vorschrift wird auch auf die dienstliche Kleidung der Religionsdiener zu beziehen sein, wenngleich diese für Beamte im Sinne des StGB. nicht zu erachten sind. § 196.

5. Es ist nicht erforderlich, daß dies dauernd geschieht.

6. Einem solchen, welcher bei dieser Gelegenheit einen Anspruch darauf hat, daß ihm der richtige Name genannt werde.

7. Da das Wort „öffentlich" hier nicht gebraucht ist (vergl. Nr. 13 und die §§ 85. 131. 183. 200), so wird die Vorschrift auch Anwendung finden, wenn durch den Lärm eine Anzahl in demselben Hause wohnender Familien ungebührlicherweise beunruhigt wird. — Das Pr. Ob.-Tr. hält dieselbe auch auf den durch das Bellen eines Kettenhundes verursachten Lärm für anwendbar (Goltd. Arch. B. 24 S. 373).

8. Beim Mangel gesetzlicher Begriffsbestimmung findet die Vorschrift mit Recht in der Praxis innerhalb weiter Grenzen Anwendung. Das Pr. Ob.-Tr. hat auf Grund derselben die Bestrafung einer Frau für zulässig erachtet, welche in öffentlichen Blättern angekündigt hatte, daß sie als Wahrsagerin Besuche empfange. (Goltd. Arch. B. 21 S. 575; ferner: daß der Unfug auch durch die Presse begangen werden könne. B. 26 S. 344).

9. Der Ausdruck, mit welchem nicht in allen §§ des StGB. derselbe Sinn zu verbinden ist, trifft hier zu, wenn die Handlung nicht lediglich in Gegenwart einzelner Personen, sondern unter solchen Umständen stattgefunden hat, daß sie nach der Oertlichkeit von einer unbestimmten Zahl — anwesender, hinzutretender, in der Nachbarschaft wohnender oder sich aufhaltender — Menschen wahrzunehmen, war. Auch auf eine im Postwagen, im Eisenbahn-Waggon, der Passagierstube und an ähnlichen Orten vorgenommene Handlung findet der Begriff „öffentlich" Anwendung. Die Frage ist vorherrschend thatsächlicher Natur.

10. Ueber den Begriff vergl. § 285 Note 2.

§ 361.

Mit Haft wird bestraft:

1. wer, nachdem er unter Polizei-Aufsicht gestellt worden ist, den in Folge derselben ihm auferlegten Beschränkungen zuwiderhandelt;
2. wer, nachdem er des Bundesgebiets oder des Gebietes eines Bundesstaats verwiesen ist, ohne Erlaubniß zurückkehrt;
3. wer als Landstreicher umherzieht[1];

4. wer bettelt[2] oder Kinder[3] zum Betteln anleitet oder ausschickt, oder Personen, welche seiner Gewalt und Aufsicht untergeben sind und zu seiner Hausgenossenschaft gehören, vom Betteln abzuhalten unterläßt[4];
5. wer sich dem Spiel, Trunk oder Müßiggang dergestalt hingibt, daß er in einen Zustand geräth, in welchem zu seinem Unterhalte oder zum Unterhalte derjenigen, zu deren Ernährung er verpflichtet ist, durch Vermittelung der Behörde fremde Hülfe in Anspruch genommen werden muß;
6. eine Weibsperson, welche wegen gewerbsmäßiger Unzucht einer polizeilichen Aufsicht unterstellt ist, wenn sie den in dieser Hinsicht zur Sicherung der Gesundheit, der öffentlichen Ordnung und des öffentlichen Anstandes erlassenen polizeilichen Vorschriften zuwiderhandelt[5], oder welche, ohne einer solchen Aufsicht unterstellt zu sein, gewerbsmäßig[6] Unzucht treibt;
7. wer, wenn er aus öffentlichen Armenmitteln eine Unterstützung empfängt, sich aus Arbeitsschen weigert, die ihm von der Behörde angewiesene, seinen Kräften angemessene Arbeit zu verrichten;
8. wer nach Verlust seines bisherigen Unterkommens binnen der ihm von der zuständigen Behörde bestimmten Frist sich kein anderweitiges Unterkommen verschafft hat und auch nicht nachweisen kann, daß er solches der von ihm angewandten Bemühungen ungeachtet nicht vermocht habe;
9. wer Kinder oder andere unter seiner Gewalt stehende Personen, welche seiner Aufsicht untergeben sind und zu seiner Hausgenossenschaft gehören, von der Begehung von Diebstählen, sowie von der Begehung strafbarer Verletzungen der Zoll- oder Steuergesetze, oder der Gesetze zum Schutze der Forsten, der Feldfrüchte, der Jagd oder der Fischerei abzuhalten unterläßt[7]. Die Vorschriften dieser Gesetze über die Haftbarkeit für die den Thäter treffenden Geldstrafen oder anderen Geldleistungen werden hierdurch nicht berührt.

In den Fällen der Nr. 9 kann statt der Haft auf Geldstrafe bis zu einhundertfunfzig Mark erkannt werden.

1. Ob die Ausdrücke „Landstreicher" und „umherziehen" auf den Angeklagten Anwendung finden, ist nach den vorwaltenden Umständen zu prüfen. Selbstverständlich scheidet die Anwendbarkeit der Vorschrift aus, wenn die Person sich im Besitze genügender Unterhaltsmittel befindet, und wenn das Umherziehen zu gewerblichen oder anderen zu billigenden Zwecken erfolgt. Das Gesetz hat vorzugsweise arbeitsscheue, obdachlose von Ort zu Ort wandernde Müßiggänger im Auge.

2. Auch hier enthält das StGB. mit Recht keine Begriffsbestimmung, da dieselbe Handlung in ihrer äußeren Erscheinung in dem einen Falle als Bettelei gelten kann, während sie im anderen Falle mit Rücksicht auf die vorwaltenden Umstände für eine solche nicht zu erachten ist. Gegen Oppenhoff's Definition: „Betteln ist das Ansprechen eines Fremden um eine milde Gabe zum Lebensunterhalt", könnte eingewandt werden, daß der Begriff „betteln" nicht dadurch ausgeschlossen wird, daß der Angesprochene dem Bittenden von Person bekannt, mithin für diesen kein „Fremder" z. B. eine am Orte allgemein bekannte hochgestellte Person ist, und daß der Zweck des Bettelns auch z. B. die Befriedigung der Trunksucht sein kann, also nicht nothwendig die Beschaffung der Mittel zum Lebensunterhalt zu sein braucht. Der Begriff „betteln" gehört weniger der Wissenschaft als dem Leben an. Geleitet von besonnener Würdigung der Verhältnisse hat der Richter nach freiem Ermessen in jedem einzelnen Falle zwischen strafwürdigem „Betteln" und einer solchen durch besondere Unglücksfälle veranlaßten Bitte um Linderung der Noth eines Dritten oder auch des Bittenden und seiner Angehörigen zu unterscheiden, welche nach dem Zwecke des § voraussichtlich nicht zum Gegenstande einer Untersuchung und Bestrafung hat gemacht werden sollen. — Ebenso entscheiden die begleitenden Umstände darüber, in welchen Handlungen — beim Mangel einer in Worten ausgesprochenen Bitte um Almosen — ein Betteln zu finden sei. Wer sich auf einem öffentlichen Wege oder am Eingange einer Kirche aufstellt und den Vorübergehenden, wenn auch stillschweigend, die Hand oder die Kopfbedeckung in einer Weise entgegenhält, welche über seinen Zweck, Almosen zu empfangen, keinen Zweifel läßt, ist als Bettler zu bestrafen.

3. Daß hier nicht bloß die eigenen Kinder gemeint sind, ergiebt sich aus den folgenden Worten: „oder Personen, welche seiner Gewalt u. s. w." und aus den Eingangsworten der Nr. 9: „Wer Kinder oder andere unter seiner Gewalt u. s. w.", durch welche angedeutet ist, daß dort von eigenen Kindern die Rede ist.

4. Die Neigung derselben zum Betteln muß ihm bekannt gewesen sein, um der Strafe zu verfallen.

5. Dies kann auch durch bloßes Unterlassen, z. B. durch Verabsäumung angeordneter Meldungen behufs Untersuchung des Gesundheitszustandes geschehen.

6. Um dies anzunehmen, genügt ein einzelner Fall, wenn die Umstände darauf schließen lassen, daß sie sich jedem sich an sie wendenden Manne gegen Entgelt preisgiebt.

7. Siehe Note 4. Die Vernachlässigung dieser Pflicht ist nicht zu vermuthen, muß vielmehr gegen den Angekl. festgestellt werden. Urth. des Pr. Ob.-Tr. v. 5. Juli 1878. Goltd. B. 26 S. 453. Die Worte: „unter seiner Gewalt" setzen nur ein den Anspruch auf Gehorsam begründendes Verhältniß voraus. Daß hier die in Nr. 4 enthaltenen Worte: „und Aufsicht" fehlen, scheint nur auf Ungenauigkeit der Redaktion zu beruhen.

§ 362.

Die nach Vorschrift des § 361 Nr. 3 bis 8 Verurtheilten können zu Arbeiten, welche ihren Fähigkeiten und Verhältnissen angemessen sind, innerhalb und, sofern sie von anderen freien Arbeitern getrennt gehalten werden, auch außerhalb der Strafanstalt angehalten werden.

Bei der Verurtheilung zur Haft* kann zugleich erkannt werden, daß die verurtheilte Person nach verbüßter Strafe der Landespolizeibehörde zu überweisen sei. Die Landespolizeibehörde erhält dadurch die Befugniß, die verurtheilte Person entweder bis zu zwei Jahren in ein Arbeitshaus unterzubringen oder zu gemeinnützigen Arbeiten zu verwenden. Im Falle des § 361 Nr. 4 ist dieses jedoch nur dann zulässig, wenn der Verurtheilte in den letzten drei Jahren wegen dieser Uebertretung mehrmals rechtskräftig verurtheilt worden ist, oder wenn derselbe unter Drohungen oder mit Waffen gebettelt hat.

Ist gegen einen Ausländer auf Ueberweisung an die Landespolizeibehörde erkannt, so kann an Stelle der Unterbringung in ein Arbeitshaus Verweisung aus dem Bundesgebiete eintreten.

* Daß sich der 2. Absatz nicht allgemein auf die Haftstrafe, vielmehr als Ausnahme-Vorschrift ausschließlich auf die Nrn. 3 bis 8 des § 361 bezieht, folgt sowohl aus § 18, als auch daraus, daß entgegengesetzten Falls die Vorschrift ihre Stelle hinter § 370 hätte finden müssen. Allerdings stehen, hiervon ausgegangen, die Worte: „zu Haft" müssig, da nach § 361 Nr. 3 bis 8 auf andere als Haftstrafe nicht erkannt werden kann.

§ 363.

Wer, um Behörden oder Privatpersonen zum Zwecke seines besseren Fortkommens[1] oder des besseren Fortkommens eines Anderen zu täuschen, Pässe, Militärabschiede, Wanderbücher oder sonstige Legitimationspapiere, Dienst- oder Arbeitsbücher oder sonstige auf Grund besonderer Vorschriften auszustellende Zeugnisse, sowie Führungs- oder Fähigkeitszeugnisse falsch anfertigt oder verfälscht, oder wissentlich von einer solchen falschen oder verfälschten Urkunde Gebrauch macht[2], wird mit Haft oder mit Geldstrafe bis zu einhundertfunfzig Mark bestraft.

Gleiche Strafe trifft denjenigen, welcher zu demselben Zwecke von solchen für einen Anderen ausgestellten echten

Urkunden, als ob sie für ihn ausgestellt seien, Gebrauch macht, oder welcher solche für ihn ausgestellte Urkunden einem Andern zu dem gedachten Zwecke überläßt.

1. Die Anwendbarkeit dieser milden Strafe scheidet daher aus, wenn eine andere rechtswidrige Absicht vorgewaltet hat. Das Pr. Ob.-Tr. hat ausgeführt, daß die Vorschrift nur bei Attesten Platz greife, welche zum Ausweise für eine Person bestimmt sind, nicht also z. B. auf Wild-Transportatteste zu beziehen sei. Goltd. Arch. B. 21 S. 576.

Das von „Behörden" Gesagte wird auch auf „Beamte, die eine Behörde nicht repräsentiren" Anwendung finden (Untersuchungsrichter, ersuchter Richter).

2. In der Absicht zu täuschen.

3. Für immer oder auf Zeit.

§ 364.

Mit Geldstrafe bis zu einhundertfunfzig Mark wird bestraft, wer wissentlich schon einmal verwendetes Stempelpapier nach gänzlicher oder theilweiser Entfernung der darauf gesetzten Schriftzeichen, oder schon einmal verwendete Stempelmarken, Stempelblankette oder ausgeschnittene oder sonst abgetrennte Stempelabdrücke der im § 276 bezeichneten Art veräußert oder feilhält.

Durch diesen § ist die denselben Gegenstand betreffende Vorschrift des Schlußsatzes des § 23 Abs. 2 des Wechsel-Stempel-Ges. vom 10. Juni 1869 beseitigt.

§ 365.

Wer in einer Schankstube oder an einem öffentlichen Vergnügungsorte über die gebotene Polizeistunde hinaus verweilt, ungeachtet der Wirth, sein Vertreter oder ein Polizeibeamter ihn zum Fortgehen aufgefordert hat[1, 2], wird mit Geldstrafe bis zu funfzehn Mark bestraft.

Der Wirth, welcher das Verweilen seiner Gäste[3] über die gebotene Polizeistunde hiaus duldet[4], wird mit Geldstrafe bis zu sechzig Mark oder mit Haft bis zu vierzehn Tagen bestraft.

1. Durch diese Vorschrift wird die für den Hausfriedensbruch im § 123 angedrohte Strafe in geeigneten Fällen nicht ausgeschlossen.

2. Die Aufforderung braucht nicht an ihn besonders (speciell) ergangen zu sein, es genügt eine an sämmtliche Anwesende gerichtete.

In Erwägung des Zweckes der Vorschrift wird er der Strafe auch verfallen, wenn er unterlassen hat, für Fälle seiner Abwesenheit vom Hause die zur Wahrung der Polizeistunde geeigneten Anordnungen zu treffen, also (Abs. 1) einen Vertreter zu bestellen.

3. Solche, denen gegen Bezahlung Speisen u. dergl. verabreicht werden, nicht Privatgäste.

4. Er wird, wenn seiner Aufforderung nicht Folge geleistet wird, Mangels anderer Zwangsmittel, polizeiliche Hülfe nachzusuchen haben.

§ 366.

Mit Geldstrafe bis zu sechszig Mark oder mit Haft bis zu vierzehn Tagen wird bestraft:

1. wer den gegen die Störung der Feier der Sonn- und Festtage erlassenen Anordnungen zuwiderhandelt;
2. wer in Städten oder Dörfern übermäßig schnell fährt oder reitet, oder auf öffentlichen Straßen oder Plätzen der Städte oder Dörfer mit gemeiner Gefahr Pferde einfährt oder zureitet;
3. wer auf öffentlichen Wegen, Straßen, Plätzen oder Wasserstraßen das Vorbeifahren Anderer muthwillig verhindert;
4. wer in Städten mit Schlitten ohne feste Deichsel oder ohne Geläute oder Schelle fährt;
5. wer Thiere in Städten oder Dörfern, auf öffentlichen Wegen, Straßen oder Plätzen, oder an anderen Orten, wo sie durch Ausreißen, Schlagen oder auf andere Weise Schaden anrichten können[1], mit Vernachlässigung der erforderlichen Sicherheitsmaßregeln stehen läßt oder führt;
6. wer Hunde auf Menschen hetzt;
7. wer Steine oder andere harte Körper oder Unrath auf Menschen, auf Pferde oder andere Zug- oder Lastthiere, gegen fremde Häuser, Gebäude oder Einschließungen, oder in Gärten oder eingeschlossene Räume wirft;
8. wer nach einer öffentlichen Straße oder Wasserstraße, oder nach Orten hinaus, wo Menschen zu verkehren pflegen, Sachen, durch deren Umstürzen oder Herabfallen Jemand beschädigt werden kann[1], ohne gehörige Befestigung aufstellt oder aufhängt, oder Sachen auf eine Weise ausgießt oder auswirft, daß dadurch Jemand beschädigt oder verunreinigt werden kann;
9. wer auf öffentlichen Wegen, Straßen, Plätzen oder Wasserstraßen Gegenstände, durch welche der freie Verkehr gehindert wird, aufstellt, hinlegt oder liegen läßt[2];

10. wer die zur Erhaltung der Sicherheit, Bequemlichkeit, Reinlichkeit und Ruhe auf den öffentlichen Wegen, Straßen, Plätzen oder Wasserstraßen erlassenen Polizei-Verordnungen übertritt.

1. Es genügt die bloße Gefahr. Ob eine solche mit einiger Wahrscheinlichkeit anzunehmen war, ist nach den vorwaltenden Umständen zu beurtheilen.

2. Nach dem Sprachgebrauche würde die Vorschrift auch den Fall betreffen, wenn Jemand ein von ihm vorgefundenes derartiges Hemmniß nicht beseitigt. Dies kann jedoch nicht gemeint sein. Anscheinend hat das Gesetz den Fall vor Augen, wenn der Gegenstand zwar ohne eine positive Handlung (wie das „aufstellen", „hinlegen") des Eigenthümers oder dessen, welcher ihn transportirt hat, diese ihn aber unter solchen Umständen haben liegen lassen, welche ihnen die Pflicht zur Wegschaffung von dem Wege u. s. w. behufs Wahrung des freien Verkehrs auflegten.

§ 366 a.

Wer die zum Schutze der Dünen und der Fluß- und Meeresufer, sowie der auf denselben vorhandenen Anpflanzungen und Anlagen erlassenen Polizei-Verordnungen übertritt, wird mit Geldstrafe bis zu einhundertfunfzig Mark oder mit Haft bestraft.

§ 367.

Mit Geldstrafe bis zu einhundertfunfzig Mark oder mit Haft wird bestraft:

1. wer ohne Vorwissen der Behörde einen Leichnam beerdigt[1] oder bei Seite schafft, oder wer unbefugt einen Theil einer Leiche aus dem Gewahrsam der dazu berechtigten Personen wegnimmt;
2. wer den polizeilichen Anordnungen über vorzeitige Beerdigungen entgegenhandelt;
3. wer ohne polizeiliche Erlaubniß Gift[2] oder Arzeneien, soweit der Handel mit denselben nicht freigegeben ist, zubereitet, feilhält, verkauft oder sonst an Andere überläßt[3];
4. wer ohne die vorgeschriebene Erlaubniß Schießpulver oder andere explodirende Stoffe oder Feuerwerke zubereitet;
5. wer bei der Aufbewahrung oder bei der Beförderung von Giftwaaren, Schießpulver oder Feuerwerken, oder bei der Aufbewahrung, Beförderung,

Verausgabung oder Verwendung von Sprengstoffen oder anderen explodirenden Stoffen, oder bei Ausübung der Befugniß zur Zubereitung oder Feilhaltung dieser Gegenstände, sowie der Arzeneien die deshalb ergangenen Verordnungen nicht befolgt;

6. wer Waaren, Materialien oder andere Vorräthe, welche sich leicht von selbst entzünden oder leicht Feuer fangen, an Orten oder in Behältnissen aufbewahrt, wo ihre Entzündung gefährlich werden kann, oder wer Stoffe, die nicht ohne Gefahr einer Entzündung bei einander liegen können, ohne Absonderung aufbewahrt;

7. wer verfälschte[4] oder verdorbene Getränke oder Eßwaaren, insbesondere trichinenhaltiges Fleisch[5] feilhält oder verkauft[6];

8. wer ohne polizeiliche Erlaubniß an bewohnten oder von Menschen besuchten Orten Selbstgeschosse, Schlageisen oder Fußangeln legt, oder an solchen Orten mit Feuergewehr oder anderem Schießwerkzeuge schießt[7], oder Feuerwerkskörper abbrennt;

9. wer einem gesetzlichen Verbot zuwider Stoß-, Hieb- oder Schußwaffen, welche in Stöcken oder Röhren oder in ähnlicher Weise verborgen sind, feilhält[8] oder mit sich führt;

10. wer bei einer Schlägerei, in welche er nicht ohne sein Verschulden hineingezogen worden ist, oder bei einem Angriff[9] sich einer Waffe, insbesondere eines Messers[10] oder eines anderen gefährlichen Werkzeuges bedient;

11. wer ohne polizeiliche Erlaubniß gefährliche wilde Thiere hält, oder wilde oder bösartige[11] Thiere frei umherlaufen läßt, oder in Ansehung ihrer die erforderlichen Vorsichtsmaßregeln zur Verhütung von Beschädigungen unterläßt;

12. wer auf öffentlichen Straßen, Wegen oder Plätzen, auf Höfen, in Häusern und überhaupt an Orten, an welchen Menschen verkehren, Brunnen, Keller, Gruben, Oeffnungen oder Abhänge dergestalt unverdeckt oder unverwahrt läßt, daß daraus Gefahr für Andere entstehen kann;

13. wer trotz der polizeilichen Aufforderung es unterläßt, Gebäude, welche den Einsturz drohen, auszubessern oder niederzureißen;
14. wer Bauten oder Ausbesserungen von Gebäuden, Brunnen, Brücken, Schleusen oder anderen Bauwerken vornimmt, ohne die von der Polizei angeordneten oder sonst erforderlichen Sicherungsmaßregeln zu treffen;
15. wer als Bauherr, Baumeister oder Bauhandwerker einen Bau oder eine Ausbesserung, wozu die polizeiliche Genehmigung erforderlich ist, ohne diese Genehmigung oder mit eigenmächtiger Abweichung von dem durch die Behörde genehmigten Bauplane ausführt oder ausführen läßt.

In den Fällen der Nr. 7 bis 9 kann neben der Geldstrafe oder der Haft auf die Einziehung der verfälschten oder verdorbenen Getränke oder Eßwaaren, ingleichen der Selbstgeschosse, Schlageisen oder Fußangeln, sowie der verbotenen Waffen erkannt werden, ohne Unterschied, ob sie dem Verurtheilten gehören oder nicht.

1. Der § 60 des Ges. über die Beurkundung des Personenstandes v. 6. Febr. 1875 (RGBl. S. 34) bestimmt: Ohne Genehmigung der Ortspolizeibehörde darf keine Beerdigung vor der Eintragung des Sterbefalles in das Sterberegister stattfinden. Auf die Nichtbefolgung dieser Vorschrift hält der Baiersche Kass.-Hof den § 367 Nr. 2 StGB. für anwendbar. Erk. v. 23. Sept. 1876. Goltd. Arch. B. 26 S. 148. — Die Vorschrift ist wohl vorzugsweise gegen Mediciner gerichtet, welche die Körpertheile zu anatomischen Zwecken benutzen.

2. Eine in allen Beziehungen zutreffende Begriffsbestimmung für „Gift" läßt sich nach dem Anerkenntniß der Lehrer der Heilwissenschaft nicht geben, weil Stoffe, die in dem einen Falle die Gesundheit zerstören oder schädigen, im anderen Falle heilsam wirken. In der Regel werden landespolizeiliche Verordnungen darüber entscheiden, ob eine Zubereitung u. s. w. von Gift stattgefunden hat. Event. ist Sachverständigen-Gutachten maßgebend.

S. auch Note zu § 34 der Gewerbeordnung in der 2. Abth.

Das Wort „freigegeben" wird dahin aufzufassen sein, daß eine ausdrückliche Vorschrift darüber erlassen ist. Es dürfte aber eine von der zuständigen Landesbehörde ausgegangene genügen.

3. Nach der unzweckmäßigen Fassung der Worte: „oder sonst an Andere überläßt" würde die Strafe auch denjenigen treffen, welcher eine Arznei, deren Anfertigung und Verkauf den Apothekern vorbehalten ist — z. B. Spanisches Fliegenpflaster oder aus citronensaurer Magnesia bereitetes Brausepulver (Verzeichniß B zur Verordn. vom 4. Januar 1875 RGBl. S. 7 u. 9 betreffend den Verkehr mit Arzneimitteln) — einem erwachsenen Angehörigen unter Umständen unentgeltlich überläßt, welche erfahrungsmäßig einen mit dem Gebrauche verknüpften Nachtheil ausschließen. Die Vor-

schrift würde selbst dann auf ihn Anwendung finden, wenn er die Arznei aus der Apotheke entnommen hatte. Dies kann jedoch nicht vom Gesetz gemeint sein. Das Pr. Ob.-Tr. (Goltd. Arch. B. 23 S. 555) nimmt zwar an, daß durch die Unentgeltlichkeit der Ueberlassung die Anwendbarkeit des § nicht ausgeschlossen werde; es macht aber dabei geltend, daß das Gesetz bezwecke, dem Publikum polizeilichen Schutz gegen die Folgen des Mißbrauchs medicinischer Substanzen zu gewähren, deren zweckwidrige Verwendung das Leben und die Gesundheit zu gefährden geeignet sei. Der Richter wird im einzelnen Falle zu prüfen haben, ob nach dieser Absicht des Gesetzes ein Zuwiderhandeln gegen dasselbe stattgefunden habe.

Nach dem Ob.-Tr.-Urth. vom 31. Mai 1877 (Goltd. Arch. B. 25 S. 342 ist der unbefugte Verkauf gemischter Arzneipulver ohne Rücksicht darauf strafbar, ob dieselben aus Substanzen bestehen, welche von der medicinischen Wissenschaft als Heilmittel anerkannt sind. Vergl. auch die Verordn. vom 25. März 1872 RGBl. S. 85 und die vorerwähnte Verordnung vom 4. Januar 1875.

4. Nach Oppenhoff's (StGB. Note 43 zu diesem §) zutreffender Bemerkung ist eine Gesundheitsschädlichkeit nicht erforderlich; es genügt, wenn dem zum Genießen bestimmten Gegenstande fremdartige — insbesondere 'seinen Werth schmälernde — Substanzen, z. B. der feilgebotenen Milch Wasser beigemischt ist. Ebensowenig ist der Ausdruck „verdorben" gleichbedeutend mit „der Gesundheit schädlich". Vergl. das Ges. v. 14. Mai 1879, betr. den Verkehr mit Nahrungsmitteln ꝛc. in der 2. Abth.

5. Vorausgesetzt, daß ihm die Trichinenhaltigkeit des Fleisches bekannt gewesen ist, oder er seine Unkenntniß durch Fahrlässigkeit verschuldet hat.

Daß dem Käufer die Verfälschung u. s. w. der Waare bekannt gewesen, ist nach dem Ob.-Tr.-Urth. vom 21. Febr. 1878 (Goltd. Arch. B. 26 S. 136) unerheblich.

Ein Feilbieten findet schon dann statt, wenn die Waare dem Publikum in der üblichen Weise als verkäuflich dargestellt ist.

6. Worte, wie die unter Nr. 3 enthaltenen: „oder sonst an Andere überläßt", sind hier nicht aufgenommen. Die Strafbarkeit unentgeltlichen Ueberlassens tritt daher nur in Fällen vorsätzlicher oder fahrlässiger Körperbeschädigung ein.

7. Es ist hier — wie sich aus § 368 Nr. 7 ergiebt — die persönliche Gefahr ins Auge gefaßt; auf nicht scharf geladene Schießwerkzeuge wird daher diese Vorschrift nicht anzuwenden sein. Dagegen kann ein derartiges Schießen nach § 360 Nr. 11 strafbar erscheinen.

8. Das Anfertigen auf Bestellung wird hiernach für strafbar nicht erachtet werden können. Daß hier nicht, wie unter Nr. 7, auch des Verkaufens Erwähnung geschieht, dürfte auf eine Ungenauigkeit der Redaktion zurückzuführen sein.

9. Von ihm ausgehenden. Vergl. § 53.

Das Pr. Ob.-Tr. führt aus, daß die Vorschrift auch anwendbar sei, wenn bei der Schlägerei nur zwei Personen betheiligt waren. Goltd. Arch. B. 25 S. 61.

10. Die besondere Erwähnung des Messers hat erst das Ges. (Novelle) vom 26. Febr. 1876 in das StGB. aufgenommen.

11. Dahin gehören auch bissige Hunde.

§ 368.

Mit Geldstrafe bis zu sechszig Mark oder mit Haft bis zu vierzehn Tagen wird bestraft:

1. wer den polizeilichen Anordnungen über die Schließung der Weinberge zuwiderhandelt;
2. wer das durch gesetzliche oder polizeiliche Anordnungen gebotene Raupen unterläßt;
3. wer ohne polizeiliche Erlaubniß eine neue Feuerstätte errichtet oder eine bereits vorhandene an einen anderen Ort verlegt;
4. wer es unterläßt, dafür zu sorgen, daß die Feuerstätten in seinem[1] Hause in baulichem und brandsicherem Zustande unterhalten, oder daß die Schornsteine zur rechten Zeit gereinigt werden;
5. wer Scheunen, Ställe, Böden oder andere Räume, welche zur Aufbewahrung feuerfangender Sachen dienen, mit unverwahrtem Feuer oder Licht betritt, oder sich denselben mit unverwahrtem Feuer oder Licht nähert[2];
6. wer an gefährlichen Stellen in Wäldern oder Haiden, oder in gefährlicher Nähe von Gebäuden oder feuerfangenden Sachen Feuer anzündet;
7. wer in gefährlicher Nähe von Gebäuden oder feuerfangenden Sachen mit Feuergewehr schießt[3] oder Feuerwerke abbrennt;
8. wer die polizeilich vorgeschriebenen Feuerlöschgeräthschaften überhaupt nicht oder nicht in brauchbarem Zustande hält oder andere feuerpolizeiliche Anordnungen nicht befolgt;
9. wer unbefugt über Gärten oder Weinberge, oder vor beendeter Ernte über Wiesen oder bestellte Aecker, oder über solche Aecker, Wiesen, Weiden oder Schonungen, welche mit einer Einfriedigung versehen sind, oder deren Betreten durch Warnungszeichen untersagt ist, oder auf einem durch Warnungszeichen geschlossenen Privatwege geht, fährt, reitet oder Vieh treibt;
10. wer ohne Genehmigung des Jagdberechtigten oder ohne sonstige Befugniß auf einem fremden Jagdgebiete außerhalb des öffentlichen, zum gemeinen Gebrauche bestimmten Weges[4], wenn auch nicht jagend, doch zur Jagd ausgerüstet[5], betroffen wird;
11. wer unbefugt Eier oder Junge von jagdbarem[6] Federwild oder von Singvögeln ausnimmt.

1. Gehört das Haus einer moralischen Person, z. B. dem Fiscus oder einer Stadtgemeinde, so wird die Strafe die mit der Ueberwachung betraute Person treffen.

Der Ausdruck „Feuerstätte" ist hier im weiteren Sinne gebraucht, und umfaßt sowohl die Schornsteine, als auch die auf Brandsicherheit der Heerde und Oefen abzielenden Einrichtungen.

2. Bei der Unbestimmtheit dieses Begriffs tritt das durch die örtlichen Verhältnisse geleitete richterliche Ermessen ein. Dasselbe gilt hinsichtlich der Nrn. 6 und 7. Nach Oppenhoff's zutreffender Bemerkung sind unter „Feuerwerken" auch die zu bestimmten technischen Zwecken vorgenommenen derartigen Veranstaltungen zu verstehen (StGB. 6. Ausgabe S. 778).

3. Vergl. § 367 Nr. 8.

4. Auch Fußwege werden hierunter zu verstehen sein, sofern sie von Jedermann benutzt werden dürfen. Vergl. auch die §§ 292. 293. Die im § 295 angeordnete Einziehung findet hier nicht statt.

5. In einer Weise, daß dadurch die sofortige Ausübung der Jagd ermöglicht wird. Vergl. Note 2 zu § 292. — „Betroffen wird" ist gleichbedeutend mit: gegen den festgestellt wird, daß er sich auf fremdem Jagdgebiete — aufgehalten hat.

6. Welches Federwild als jagdbar gilt, entscheiden die Landesgesetze.

§ 369.

Mit Geldstrafe bis zu einhundert Mark oder mit Haft bis zu vier Wochen werden bestraft:

1. Schlosser[1], welche ohne obrigkeitliche Anweisung oder ohne Genehmigung des Inhabers einer Wohnung Schlüssel zu Zimmern oder Behältnissen in der letzteren anfertigen oder Schlösser an denselben öffnen, ohne Genehmigung des Hausbesitzers oder seines Stellvertreters einen Hausschlüssel anfertigen, oder ohne Erlaubniß der Polizeibehörde Nachschlüssel oder Dietriche verabfolgen;
2. Gewerbtreibende, bei denen zum Gebrauche in ihrem Gewerbe geeignete, mit dem gesetzlichen Eichungsstempel nicht versehene oder unrichtige Maße, Gewichte oder Waagen vorgefunden werden[2], oder welche sich einer anderen Verletzung der Vorschriften über die Maß- und Gewichtspolizei schuldig machen;
3. Gewerbtreibende, welche in Feuer arbeiten, wenn sie die Vorschriften nicht befolgen, welche von der Polizeibehörde wegen Anlegung und Verwahrung ihrer Feuerstätten, sowie wegen der Art und der Zeit, sich des Feuers zu bedienen, erlassen sind.

Im Falle der Nr. 2 ist neben der Geldstrafe oder der Haft auf die Einziehung der vorschriftswidrigen Maße, Gewichte, Waagen oder sonstigen Meßwerkzeuge zu erkennen.

1. Die Ansicht Oppenhoff's (StGB. Note 1 zu dieser Nr.) daß diese Vorschrift auf andere Gewerbtreibende, z. B. Mechaniker, Schmiede, nicht anwendbar sei, ist nicht ohne Bedenken, da derjenige Gewerbtreibende, welcher in dieser Eigenschaft Schlüssel für Andere anfertigt, in das Schlossergewerbe übergreift, als Schlosser arbeitet. Auch dürfte diese Auslegung der Vorschrift zur Vereitelung des Zwecks derselben führen. Der Ausdruck ist wohl nur gewählt, weil in der Regel Schlüssel von Schlossern angefertigt werden.

2. Der wissentliche Besitz genügt für sich allein, auch wenn ein besonderer Verdacht stattgehabter oder beabsichtigter Benutzung nicht vorliegt. Vergl. Art. 10 der Maß- und Gewichtsordnung v. 17. Aug. 1868 (Bund-GBl. S. 473) s. auch Bund-G. v. 16. April 1871 § 2). Daß die Unrichtigkeit durch längeren Gebrauch herbeigeführt ist, schließt die Anwendbarkeit der Vorschrift nicht aus.

§ 370.

Mit Geldstrafe bis zu einhundertfunfzig Mark oder mit Haft wird bestraft:

1. wer unbefugt ein fremdes Grundstück, einen öffentlichen oder Privatweg oder einen Grenzrain durch Abgraben oder Abpflügen verringert[1];
2. wer unbefugt von öffentlichen oder Privatwegen Erde, Steine oder Rasen, oder aus Grundstücken, welche einem Anderen gehören, Erde, Lehm, Sand, Grand oder Mergel gräbt, Plaggen oder Bülten haut, Rasen, Steine, Mineralien, zu deren Gewinnung es einer Verleihung, einer Konzession oder einer Erlaubniß der Behörde nicht bedarf, oder ähnliche Gegenstände wegnimmt;
3. wer von einem zum Dienststande gehörenden Unteroffizier oder Gemeinen des Heeres oder der Marine ohne die schriftliche Erlaubniß des vorgesetzten Kommandeurs Montirungs- oder Armaturstücke kauft oder zum Pfande nimmt;
4. wer unberechtigt fischt oder krebst[2];
5. wer Nahrungs-[3] oder Genußmittel von unbedeutendem Werthe oder in geringer Menge zum alsbaldigen Verbrauche[4] entwendet.

   Eine Entwendung, welche von Verwandten aufsteigender Linie gegen Verwandte absteigender Linie oder von einem Ehegatten gegen den anderen begangen worden ist, bleibt straflos;
6. wer Getreide oder andere zur Fütterung des Viehes bestimmte oder geeignete Gegenstände wider Willen[5]

des Eigenthümers wegnimmt, um dessen Vieh damit zu füttern.

In den Fällen der Nr. 5 und 6 tritt die Verfolgung nur auf Antrag ein. Die Zurücknahme des Antrages ist zulässig.

1. Es ist bei dieser Vorschrift die Absicht unbefugter Zueignung eines Theils des fremden Grundstücks vorausgesetzt. Dasselbe gilt bei Nr. 2 in Bezug auf das Wegnehmen von Erde, Steinen u. s. w.

2. Vergl. § 296. Das StGB. vom J. 1871 ließ Strafe nur auf Antrag eintreten.

3. Die Anwendung dieser Vorschrift stößt in der strafrechtlichen Praxis auf Zweifel und Schwierigkeiten, die ihren Grund vorzugsweise in der Unbestimmtheit der Ausdrücke: „Nahrungs- und Genußmittel", „unbedeutend" „geringe Menge" „alsbald" haben. Dieselben lassen sämmtlich, sowohl eine ausdehnende, als eine einschränkende Auslegung zu. Es sind bei der Anwendung der Vorschrift besonders zwei Gesichtspunkte in's Auge zu fassen: erstens die Absicht des Gesetzes, auf die durch augenblickliches Bedürfniß oder Gelüst veranlaßten Entwendungen nicht die mit einem dauernden Makel für den Thäter verknüpfte Diebstahlsstrafe eintreten zu lassen, zweitens aber auch, daß die Vorschrift eine Ausnahme von der im § 242 aufgestellten allgemeinen Regel bildet, mithin nach den Grundsätzen der Gesetzauslegung nicht ausdehnend interpretirt werden darf.

Hiervon ausgegangen wird zunächst den Kommentatoren v. Schwarze und Oppenhoff hinsichtlich des Wortes: „Nahrungsmittel" darin beizutreten sein, daß darunter nur für Menschen geeignete zu verstehen seien. Dafür spricht auch die enge Verbindung mit „Genußmittel". — Hinsichtlich der Worte: „von unbedeutendem Werthe" s. die Note 4 zu § 247.

4. Im Betreff des Begriffs „alsbaldiger Verbrauch" weichen die Ansichten Beider (Nr. 3) von einander ab. Oppenhoff hält es nicht für erforderlich, daß die Gegenstände sofort, ohne vorgängige Zubereitung genießbar seien; v. Schwarze ist entgegengesetzter Meinung. Der letzteren Ansicht dürfte der Vorzug gebühren. Der Einschaltung der Worte: „zum alsbaldigen Verbrauche" liegt die Erwägung zum Grunde, daß solche durch ein momentanes Bedürfniß oder Gelüst angeregten Entwendungen geringfügiger Quantitäten von Eßwaaren, Getränken oder anderen Genußmitteln, bei welchen der Verbrauch der Besitznahme auf dem Fuße folgt, nach uralter Anschauung für Diebstähle in der den Thäter entehrenden Bedeutung nicht gelten, vielmehr als Näscherei — im weiteren Sinne — milder beurtheilt werden. Die Berechtigung hierfür liegt in der Erwägung, daß erfahrungsmäßig das augenblickliche körperliche Bedürfniß oder Gelüst, sowie auch der geringe Werth des Gegenstandes das Bewußtsein und die Ueberlegung des Unrechts bei einer sich darbietenden Gelegenheit zur sofortigen Befriedigung den Widerstand schwächt. Diese Betrachtungen scheiden aber aus, wenn das Entwendete nicht in dem Zustande, wie es der Thäter an sich nimmt, seinem Zwecke entsprechend gebraucht werden kann, vielmehr erst der Zubereitung — durch Kochen, Backen u. dergl. — bedarf. Von der entgegengesetzten Ansicht ausgegangen, würde es aber auch für die Begrenzung des Begriffs „alsbaldiger Verbrauch" in dem Grade an einem Anhalt fehlen, daß die widersprechendsten Entscheidungen nicht ausbleiben könnten. Es kann auch für die gegnerische Ansicht eine Unterstützung nicht daraus hergenommen werden, daß das StGB. die im § 349 Nr. 3 des Pr. StGB. befindlichen Worte: „auf der Stelle verzehrt", geändert

hat in: „zum alsbaldigen Verbrauch". Denn das Pr. StGB. erwähnte als Gegenstände der Entwendung nur die „Früchte, Eßwaaren und Getränke", das Reichs-StGB. wählte dagegen die, auch andere Gegenstände des Genusses, z. B. Cigarren, umfassenden Worte: „Nahrungs- und Genußmittel", wodurch es nothwendig wurde, die nach dem Sprachgebrauche nur auf Speisen und Getränke anwendbaren Worte: „auf der Stelle verzehren" in der angegebenen Weise zu ändern. — Auch bei solchen Genußmitteln wird die Diebstahlsstrafe des § 242 nur auszuschließen sein, wenn die Absicht des Entwenders dahin gegangen ist, ein augenblicklich gefühltes Bedürfniß oder Gelüst sogleich zu befriedigen, nicht aber, wenn ein späterer Verbrauch bezweckt ist.

Daß das Wort: „alsbald" auch auf einen „in wenigen Tagen" erfolgten Verbrauch Anwendung finde — wie nach Goltd. Arch. B. 23 S. 590 der Baiersche Kassationshof angenommen hat — steht wohl mit dem allgemeinen Sprachgebrauche nicht im Einklange.

Liegen die Voraussetzungen der Vorschrift der Nr. 5 überall vor, so wird die Anwendung derselben nicht aus dem Grunde für ausgeschlossen erachtet werden dürfen, weil der Thäter die Gegenstände nicht für sich, oder nicht für sich allein entwendet hat.

Daß die Vorschrift nicht auf Unterschlagungen (§ 246) Anwendung findet, hat das Pr. Ob.-Tr. in der Untersuchung wider einen Postbeamten, welcher Briefe mit Cigarren unterschlagen hatte, überzeugend ausgeführt. (Goltd. Arch. B. 20 S. 207.)

Ist die Entwendung in einer Weise oder unter Umständen ausgeführt, welche einen Diebstahl als einen schweren würden erscheinen lassen, so wird dadurch die Anwendung der Vorschrift der Nr. 5 mit Rücksicht auf ihre allgemeine, auf eine derartige Beschränkung nicht hindeutende Fassung nicht ausgeschlossen. Wer also in einen verschlossenen Garten durch Uebersteigen des Zaunes einsteigt und das dort in geringer Menge entwendete Obst alsbald verzehrt, unterliegt nicht der Diebstahlsstrafe.

Enthalten die nach dem § 2 des Einführungsgesetzes in Kraft gebliebenen landesgesetzlichen Feldpolizei-Ordnungen Strafbestimmungen in Bezug auf Entwendungen der im § 370 Nr. 5 bezeichneten Art, so bleiben die Vorschriften der letzteren in soweit außer Anwendung.

5. Daß der entgegenstehende Wille ausdrücklich geäußert sei, ist nicht erforderlich. Der Richter ist berechtigt, denselben aus den vorwaltenden Umständen zu schließen. Uebergiebt z. B. der Dienstherr dem Dienstboten täglich ein bestimmtes gleichmäßiges Quantum eines gewissen Futterungsmaterials, so wird anzunehmen sein, daß das ohne sein Wissen zum Zwecke der Verwendung für sein Vieh erfolgte Wegnehmen einer weiteren Quantität jenes Materials wider seinen Willen geschehen sei.

Zweite Abtheilung.

Neben dem Strafgesetzbuch geltende Reichs-Strafgesetze.

Gesetz, betreffend die privatrechtliche Stellung der Erwerbs- und Wirthschafts-Genossenschaften. Vom 4. Juli 1868. BGBl. S. 415.

Von Errichtung der Genossenschaften.

§ 1.

Gesellschaften von nicht geschlossener Mitgliederzahl, welche die Förderung des Kredits, des Erwerbes oder der Wirthschaft ihrer Mitglieder mittelst gemeinschaftlichen Geschäftsbetriebes bezwecken (Genossenschaften), namentlich:

1. Vorschuß- und Kreditvereine,
2. Rohstoff- und Magazinvereine,
3. Vereine zur Anfertigung von Gegenständen und zum Verkauf der gefertigten Gegenstände auf gemeinschaftliche Rechnung (Produktivgenossenschaften),
4. Vereine zum gemeinschaftlichen Einkauf von Lebensbedürfnissen im Großen und Ablaß in kleineren Partien an ihre Mitglieder (Konsumvereine),
5. Vereine zur Herstellung von Wohnungen für ihre Mitglieder,

erwerben die im gegenwärtigen Gesetze bezeichneten Rechte einer „eingetragenen Genossenschaft“ unter den nachstehend angegebenen Bedingungen[1].

1. Dieselben haben auf die in diesem Ges. angedrohten Strafen, soweit sie von den SchG. zur Anwendung zu bringen sind, keinen Einfluß.

2. Das Ges. „betreffend die Deklaration des vorstehenden § 1 vom 19. Mai 1871 (Reichs-GBl. S. 101) bestimmt, daß die im § 1 bezeichneten Gesellschaften den Charakter als Genossenschaften im Sinne dieses Ges. dadurch nicht verlieren, daß ihnen die Ausdehnung ihres Geschäftsbetriebes auf Personen, welche nicht zu ihren Mitgliedern gehören, im Statute gestattet wird.

§ 17.

Jede Genossenschaft muß einen aus der Zahl der Genossenschafter zu wählenden Vorstand haben. Sie wird durch denselben gerichtlich und außergerichtlich vertreten.

Der Vorstand kann aus einem oder mehreren Mitgliedern bestehen, diese können besoldet oder unbesoldet sein.

§ 27.

Mitglieder des Vorstandes — haben, wenn ihre Handlungen auf andere, als die in dem gegenwärtigen Gesetze (§ 1) erwähnten geschäftlichen Zwecke gerichtet sind, oder wenn sie in der Generalversammlung die Erörterung von Anträgen gestatten oder nicht hindern, welche auf öffentliche Angelegenheiten gerichtet sind, deren Erörterung unter die Landesgesetze* über das Versammlungs- und Vereinsrecht fällt, eine Geldbuße bis zu 200 Thalern verwirkt.

* Nach § 2 des Einf.-Ges. zum StGB. sind diese Landesgesetze in Kraft geblieben.

§ 67.

Unrichtigkeiten in den nach den Vorschriften des gegenwärtigen Gesetzes dem Vorstande obliegenden Anzeigen oder sonstigen amtlichen Angaben werden gegen die Vorstandsmitglieder[1] mit Geldbuße bis zu 20 Thalern geahndet[2].

1. Selbstverständlich nur gegen solche, welche bei der unrichtigen Anzeige, bzhw. Angabe, betheiligt gewesen sind.

2. Bei der Allgemeinheit der Vorschrift dürfte dieselbe auch auf fahrlässig erstattete unrichtige Anzeigen u. s. w. Anwendung finden.

3. Die §§ des Ges. in denen dem Vorstande „Anzeigen" und „Angaben" im Sinne des § 67 zur Pflicht gemacht werden, lauten:

§ 18. Die jeweiligen Mitglieder des Vorstandes müssen alsbald nach ihrer Bestellung zur Eintragung in das Genossenschaftsregister angemeldet werden. Die Anmeldung ist durch den Vorstand unter Beifügung seiner Legitimation entweder in Person zu bewirken oder in beglaubigter Form einzureichen. Zugleich haben die Mitglieder des Vorstandes ihre Unterschrift vor dem Handelsgerichte zu zeichnen oder die Zeichnung ebenfalls in beglaubigter Form einzureichen.

§ 23. Jede ganze oder theilweise Aenderung im Personal des Vorstandes muß von dem ganz oder theilweise erneuten Vorstande gemeinschaftlich in Person oder in beglaubigter Form dem Handelsgerichte zur Eintragung in das Genossenschafts=Register und öffentlichen Bekanntmachung angemeldet und dabei wegen Einreichung der Legitimation und Zeichnung Seitens der neu Eintretenden das im § 18 Verordnete beobachtet werden.

Dasselbe gilt für den Fall, daß interimistische Stellvertreter eines oder mehrerer Mitglieder gewählt werden.

§ 25. Der Vorstand ist verbunden, dem Handelsgerichte am Schlusse jedes Quartals über den Eintritt und Austritt von Genossenschaftern schriftlich Anzeige zu machen, und alljährlich im Monat Januar ein vollständiges alphabetisch geordnetes Verzeichniß der Genossenschafter einzureichen.

§ 26. Der Vorstand ist verpflichtet, Sorge zu tragen, daß die erforderlichen Bücher der Genossenschaft geführt werden. Er muß spätestens in den ersten sechs Monaten jedes Geschäftsjahres eine Bilanz des verflossenen Geschäftsjahres, die Zahl der seit der vorjährigen Bekanntmachung aufgenommenen oder ausgeschiedenen, sowie die Zahl der zur Zeit der Genossenschaft angehörigen Genossenschafter veröffentlichen.

§ 33 Abs. 2. Die Beschlüsse der Generalversammlung sind (von dem Vorstande) in ein Protokollbuch einzutragen, dessen Einsicht jedem Genossenschafter und der Staatsbehörde gestattet werden muß.

§ 41. Die (nach erfolgter Auflösung der Genossenschaft außer dem Falle des Konkurses und demzufolge eingetretener Liquidation bestellten) Liquidatoren sind von dem Vorstande beim Handelsgerichte zur Eintragung in das Genossenschaftsregister anzumelden; sie haben ihre Unterschrift persönlich vor dieser Behörde zu zeichnen oder die Zeichnungen in beglaubigter Form einzureichen.

Das Austreten eines Liquidators oder das Erlöschen der Vollmacht eines solchen ist gleichfalls zur Eintragung in das Genossenschaftsregister anzumelden*.

* Auch diese Verpflichtung hat, in gleicher Weise wie die Anmeldung der Liquidatoren, ohne Zweifel nicht diesen selbst, sondern dem Vorstande auferlegt werden sollen.

Ist über das Vermögen der Genossenschaft der Konkurs eröffnet und von dem Vorstande in Gemäßheit des § 52 der Vertheilungsplan angefertigt, so kann nach

§ 54 Das Konkursgericht, bevor es denselben für vollstreckbar erklärt, von dem Vorstande jede nähere Aufklärung und die Beibringung der in dem Besitze desselben befindlichen, zur Erledigung von Zweifeln dienenden Urkunden fordern.

§ 68.

Durch die im § 67 enthaltene Bestimmung wird die Anwendung härterer Strafen nicht ausgeschlossen, wenn dieselben nach sonstigen Gesetzen durch die Handlung begründet werden*.

* Wenn also z. B. den unrichtigen Anzeigen und Angaben eine betrügerische Absicht zum Grunde liegt.

§ 70.

Wo dieses Gesetz von dem Handelsgerichte spricht*, tritt in Ermangelung eines besonderen Handelsgerichts das ordentliche Gericht an dessen Stelle.

* Vergl. § 41.

Gesetz, betreffend die Einführung von Telegraphen-Freimarken. Vom 16. Mai 1869. BGBl. S. 377. In Elsaß-Lothringen eingeführt durch das Ges. v. 8. Februar 1875. RGBl. S. 69.

§ 2.

Wer unächte Telegraphen-Freimarken anfertigt oder ächte Telegraphen-Freimarken verfälscht, wer wissentlich von falschen oder verfälschten Telegraphen-Freimarken Gebrauch macht[1], sowie wer Telegraphen-Freimarken nach ihrer Entwerthung zur Frankirung einer telegraphischen Depesche benutzt, hat dieselbe Strafe verwirkt, welche in den Bundes- und Landesgesetzen gegen denjenigen festgesetzt ist, welcher sich einer dieser Handlungen in Bezug auf Postfreimarken[2] schuldig macht.

1. Die in diesem § enthaltenen Bestimmungen über das Anfertigen unächter, Verfälschen ächter und wissentliche Gebrauchmachen von falschen

oder verfälschten Telegraphen-Freimarken sind durch den § 275 des StGB. vom 26. Febr. 1876 aufgehoben. Dagegen findet der § auf das nach bereits stattgehabter Entwerthung erfolgte Benutzen ächter Telegraphen-Freimarken zur Frankirung einer telegraphischen Depesche Anwendung, da der § 276 StGB. — wie eine Vergleichung mit dem § 275 ergiebt — auf Telegraphen-Freimarken sich nicht bezieht.

2. Wiewohl das Reichspostgesetz vom 28. October 1871 (RGBl. S. 347) zur Zeit der Publikation des Telegraphen-Freimarkengesetzes vom 16. Mai 1869 noch nicht existirte, kommt dasselbe doch hier zur Anwendung, da der § 27 Nr. 3 desselben im Wesentlichen mit dem § 30 Nr. 4 des zu jener Zeit gültig gewesenen Gesetzes über das Postwesen des Norddeutschen Bundes vom 2. Nov. 1867 (BGes.Bl. S. 61) übereinstimmt. Jener § 27 Nr. 3 lautet:

„Mit dem vierfachen Betrage des defraudirten Portos, jedoch niemals unter einer Geldstrafe von einem Thaler, wird bestraft

3. wer Postwerthzeichen nach ihrer Entwerthung zur Frankirung einer Sendung benutzt; inwiefern in diesem Falle wegen hinzutretender Vertilgung des Entwerthungszeichens eine härtere Strafe verwirkt ist, wird nach den allgemeinen Strafgesetzen beurtheilt".

Zu bemerken ist, daß die auf Stempelpapier, Stempelmarken u. s. w. bezügliche Vorschrift des § 276 StGB. die wissentliche Verwendung einer schon einmal verwendeten Stempelmarke auch dann mit Strafe bedroht, wenn eine Entwerthung des Stempels nicht stattgefunden hat.

3. Das in den §§ 34 folg. des erwähnten Ges. vom 28. Oct. 1871 ausschließlich in Bezug auf Post- und Porto-Defraudationen vorgeschriebene Verfahren greift selbstverständlich bei der hier in Rede stehenden Telegraphen-Steuer-Defraudation nicht Platz.

Gewerbeordnung für den Norddeutschen Bund vom 21. Juni 1869. BGBl. S. 245, in Verbindung mit den Gess. vom 12. Juni 1872. RGBl. S. 170; vom 2. März 1874. RGBl. S. 19; vom 17. Juli 1878. RGBl. S. 199 und vom 10. Juli 1879. RGBl. S. 267*.

* Die Gewerbeordnung vom 21. Juni 1869 hat durch die in der Ueberschrift bezeichneten vier Gesetze wesentliche Abänderungen erfahren. Die Gess. von 1872 und 1874 beschränkten sich darauf, in Bezug auf die Strafvorschriften der §§ 145 bis 150 Aenderungen theils hinsichtlich des Strafmaßes eintreten zu lassen, theils die Wortfassung der Vorschriften der GO. mit der des inzwischen erschienenen StGB. in Einklang zu bringen, bzhw. die Zahl derjenigen gewerblichen Anlagen zu vergrößern, welche mit Rücksicht auf ihre örtliche Lage oder die Beschaffenheit der Betriebsstelle zu ihrer

Einrichtung der polizeilichen Genehmigung bedürfen. Eine erhebliche Umgestaltung erhielt aber die GO. durch das Ges. von 1878. Dasselbe hat nicht nur den auf die „gewerblichen Arbeiter (Gesellen, Gehülfen, Lehrlinge, Fabrikarbeiter) bezüglichen Titel derselben gänzlich aufgehoben und unter Abänderungen von Bestimmungen desselben in den §§ 105—139 b neu redigirt, sondern auch in denjenigen Vorschriften, durch welche das Ges. von 1872 Bestimmungen der GO. geändert hatte, wiederum neue Abänderungen, theils materieller Natur, theils im Betreff der Redaktion, eintreten lassen. Endlich hat das Ges. v. 10. Juli 1879 die §§ 34. 35 in Bezug auf das Pfandleihgwerbe abgeändert. — Während es dringend geboten erschien, bei Gelegenheit der Bearbeitung des Ges. von 1878 die vier Bruchstücke der GO. zu einem in sich abgeschlossenen Ganzen zu vereinigen, um den wesentlichen Nachtheilen vorzubeugen, die mit der Anwendung der Strafbestimmungen bei kollegialischer Berathung überhaupt, insbesondere aber in schöffengerichtlichen Untersuchungsverhandlungen unausbleiblich verknüpft sind, ist doch ein dahin gehender Beschluß so wenig in der Reichstags-Commission, als im Reichstage selbst befürwortet, geschweige denn gefaßt worden. Die Erschwerung, welche den Schöffen hieraus bei der Beurtheilung, ob eine der Strafvorschriften der GO. auf einen vorliegenden Fall Anwendung finde, erwächst, wird noch dadurch wesentlich gesteigert, daß weder die Bestimmungen, deren Nichtbefolgung mit Strafe bedroht ist, mit den Strafvorschriften selbst in unmittelbare Verbindung gebracht sind, noch auch die auf jene Bestimmungen bezüglichen §§ der Regel nach in den die Strafvorschriften enthaltenden §§ in Bezug genommen sind, den Schöffen mithin die kaum zu lösende Aufgabe zufällt, während der Berathung eines Straffalls aus den umfangreichen, in den verschiedenen Abschnitten der GO. von 1869 und vier dieselbe ergänzenden Gesetzen in vier verschiedenen Jahrgängen der Reichsgesetzgebung zerstreut enthaltenen Vorschriften sich ein Urtheil darüber zu bilden, ob die Voraussetzung einer derselben sich in der That des Angekl. vorfinde und ob sie von den erwähnten Abänderungs-Ges. unberührt geblieben ist.

Diesem Uebelstande zu begegnen, empfahl es sich, in dem Handbuche erstens die GO. von 1869 und die erwähnten sie betreffenden späteren Gesetze als ein Ganzes zu behandeln, und zu dem Ende die aufgehobenen oder abgeänderten Bestimmungen gänzlich ausscheiden zu lassen, und nur die nach dem Inkrafttreten des Ges. v. 7. Juli 1878 die Gewerbeordnung bildenden Vorschriften — soweit sie für die Sch. von Interesse sind, also mit Ausschluß der im § 146 bezeichneten Vergehen und der das Verfahren der Verwaltungsbehörden regelnden Bestimmungen — aufzunehmen, sowie zweitens die Strafvorschriften voranzuschicken und an jede derselben diejenigen Bestimmungen unmittelbar anzureihen, deren Nichtbefolgung die in den betreffenden §§ angedrohte Strafe nach sich zieht.

§ 1.

Der Betrieb eines Gewerbes ist Jedermann gestattet, soweit nicht durch dieses Gesetz Ausnahmen oder Beschränkungen vorgeschrieben oder zugelassen sind*.

* Solche Ausnahmen und Beschränkungen sind in den folgenden §§ enthalten.

§ 147.

Mit Geldstrafe bis zu dreihundert Mark und im Unvermögensfalle mit Haft wird bestraft*:

1. wer den selbständigen Betrieb eines stehenden Gewerbes, zu dessen Beginn eine besondere polizeiliche Genehmigung[3] (Konzession, Approbation, Bestallung)[4] erforderlich ist, ohne die vorschriftsmäßige Genehmigung unternimmt oder fortsetzt, oder von den in der Genehmigung festgesetzten Bedingungen abweicht[5];
2. wer eine gewerbliche Anlage, zu der mit Rücksicht auf die Lage oder Beschaffenheit der Betriebsstätte oder des Lokals eine besondere Genehmigung erforderlich ist (§§ 16 und 24) ohne diese Genehmigung errichtet, oder die wesentlichen[6] Bedingungen, unter welchen die Genehmigung ertheilt worden, nicht innehält, oder ohne neue Genehmigung eine wesentliche[7] Veränderung der Betriebsstätte oder eine Verlegung des Lokals oder eine wesentliche[8] Veränderung in dem Betriebe der Anlage vornimmt[9];
3. wer, ohne hierzu approbirt zu sein, sich als Arzt (Wundarzt, Augenarzt, Geburtshelfer, Zahnarzt, Thierarzt) bezeichnet[10], oder sich einen ähnlichen Titel beilegt, durch den der Glaube erweckt wird, der Inhaber desselben sei eine geprüfte Medicinalperson[11];
4. wer der Aufforderung der Behörde ungeachtet den Bestimmungen des § 120 zuwiderhandelt[12].

Enthält die Handlung zugleich eine Zuwiderhandlung gegen die Steuergesetze, so soll nicht außerdem noch auf eine Steuerstrafe erkannt werden, es ist aber darauf bei Zumessung der Strafe Rücksicht zu nehmen.

1. Die Worte: „und im Unvermögensfalle", sind nicht dahin zu verstehen, daß gegen notorisch zur Entrichtung einer Geldstrafe Unvermögende mit Uebergehung derselben sofort auf Haft erkannt werden dürfe. Es ist vielmehr stets zunächst auf Geldstrafe zu erkennen, und nur für den Fall der Uneinziehbarkeit derselben die Dauer der Haft im Urtheil zu bestimmen.

2. Der § 145 (nach dem G. von 1872) enthält die allgemeine Vorschrift: Für das Mindestmaß der Strafen, das Verhältniß von Geldstrafe zu Freiheitsstrafe — sind die Bestimmungen des Strafgesetzbuchs für das Deutsche Reich maßgebend.

3. Die GO. macht, abweichend von dem allgemeinen Grundsatze des § 1, ausnahmsweise die Befugniß zum Betriebe gewisser Gewerbe von der vorgängigen Ertheilung einer polizeilichen Genehmigung abhängig; hinsichtlich anderer verpflichtet sie den Gewerbetreibenden zur Einholung und zum Beisichführen eines Legitimationsscheins (§§ 43. 45. 55). Außerdem verordnet sie theils allgemein bei dem Beginn des selbständigen Betriebes eines

Gewerbes, theils bei eintretenden Veränderungen im Betreff des Betriebes desselben u. s. w: eine der Behörde zu erstattende Anzeige (§§ 14. 27. 35. 138). Die Nichtbefolgung dieser Vorschriften bedroht sie mit Strafen. Bei dem ersterwähnten Erforderniß der polizeilichen Genehmigung ist das Gesetz von zwei wesentlich verschiedenen Gesichtspunkten ausgegangen. Bei einem Theile der betreffenden Gewerbe liegt der Grund dafür in der Rücksicht auf die Gefahren und Uebelstände, welche mit der Art der gewerblichen Anlagen, ihrer Lage und den Einwirkungen ihres Betriebes auf die benachbarten Grundstücke und deren Bewohner verknüpft sind (§§ 16. 24). Bei dem anderen Theile hat das Gesetz darauf Bedacht genommen, daß der Gewerbetreibende sich im Besitze derjenigen Kenntnisse und Geschicklichkeiten befinde, bzhw. die Moralität und Zuverlässigkeit besitze, deren Mangel eine Gefährdung des vom Staate wahrzunehmenden Interesse des bei dem Betriebe solcher Gewerbe betheiligten Publikums, oder der öffentlichen Ordnung und Sittlichkeit befürchten läßt (§§ 29 folg.).

Das Wort: „besondere" vor „Genehmigung" soll nicht den Gegensatz zu „allgemeine", vielmehr zu der oben erwähnten, bei dem Betriebe einzelner Gewerbe erforderlichen bloßen „Legitimation" bilden.

Ob in derjenigen gegen Entgelt geleisteten Handlung, wegen welcher auf Grund der Vorschriften der GO. ein Strafantrag gegen den Angekl. gestellt ist, ein Gewerbebetrieb zu erkennen sei, oder ob es sich nur um einen vereinzelten Fall handle, auf welchen jene Bezeichnung keine Anwendung finde, hat der Richter nach den begleitenden Umständen zu beurtheilen; doch ist davon auszugehen, daß ein Gewerbebetrieb überall da anzunehmen sei, wo nach der Sachlage nicht zu bezweifeln ist, daß der Angeklagte die denuncirte Handlung auf Jedermanns Verlangen gegen Entgelt geleistet haben würde.

4. Zu Nr. 1 des § 147. Die Aufnahme der drei Worte: „Konzession, Approbation, Bestallung" in die zur Erläuterung des Ausdruckes „Genehmigung" beigefügte Parantհese läßt den Schluß zu, daß die Strafe des § 147 nur auf die Nichtbefolgung solcher Vorschriften Anwendung finden solle, in welchen die erforderte Genehmigung durch eins jener Worte bezeichnet ist. Daß dies nicht der Sinn der Paranthese ist, ergiebt sich jedoch z. B. aus dem § 53, Inhalts dessen in den §§ 32. 33 das Wort „Erlaubniß" gleichfalls gleichbedeutend mit „Genehmigung" gebraucht ist. Dasselbe wird auch auf den § 43, welcher auch eine „Erlaubniß" zu dem dort bezeichneten Gewerbe erheischt und auf das Erforderniß eines „Prüfungszeugnisses" im § 30 Anwendung finden. S. die Noten zu den §§ 30 und 31.

5. Zu Nr. 1 des § 147. Die Vorschriften, nach denen es der unter Nr. 1 erwähnten „besonderen polizeilichen Genehmigung" bedarf, sind in folgenden §§ enthalten:

§ 29. Einer Approbation, welche auf Grund eines Nachweises der Befähigung ertheilt wird, bedürfen Apotheker und diejenigen Personen, welche sich als Aerzte[a] (Wundärzte, Augenärzte, Geburtshelfer, Zahnärzte und Thierärzte), oder mit gleichbedeutenden Titeln bezeichnen oder Seitens des Staats oder einer Gemeinde als solche anerkannt oder mit amtlichen Funktionen betraut werden sollen. Es darf die Approbation jedoch von der vorherigen akademischen Doktorpromotion nicht abhängig gemacht werden[b].

a. Der Unterschied zwischen den Vorschriften des § 147 Nr. 1 und Nr. 3 besteht bezüglich der Aerzte darin, daß die erstere einen Seitens des Angekl. bereits ausgeübten Betrieb des ärztlichen Gewerbes voraussetzt, während die letztere auch ohne solchen schon Platz greift, sobald sich derselbe einen der dort bezeichneten Titel beigelegt hat.

b. Die übrigen Bestimmungen des § und der dieselben ergänzenden Ges. v. 25. Septbr. und 9. Decbr. 1869 finden in dem schöffengerichtlichen Verfahren keine Anwendung.

c. Der § 29 ist durch das Ges. v. 15. Juli 1872 RGBl. S. 350 in Elsaß-Lothringen eingeführt worden. Nach dem § 3 dieses Ges. wird mit Geldbuße bis zu 100 Thal. im Unvermögensfalle mit Haft bestraft 1. wer den selbstständigen Betrieb des Apotheker-Gewerbes ohne die vorschriftsmäßige Approbation unternimmt, oder fortsetzt; 2. (wie im § 147 Nr. 3 der GO.)

§ 30. Unternehmer von Privat-Kranken-, Privat-Entbindungs- und Privat-Irrenanstalten bedürfen einer Konzession der höheren Verwaltungsbehörde. Hebeammen bedürfen eines Prüfungszeugnisses* der nach den Landesgesetzen zuständigen Behörde.

* Wiewohl das Erforderniß einer Konzession, Genehmigung, u. s. w. hier nicht ausdrücklich ausgesprochen ist, wird der § 147 Nr. 1 dennoch auf den ohne vorgängige Ertheilung des Prüfungszeugnisses stattgehabten Betrieb des Hebeammengewerbes Anwendung finden, da, wenn derselbe nur auf Grund eines solchen Zeugnisses erlaubt ist, in der Ertheilung desselben der Sache nach die Genehmigung, in der Verweigerung die Versagung der Genehmigung gefunden werden muß.

Eine Frauensperson macht sich dadurch allein „daß sie sich in öffentlichen Anzeigen als Hebeamme bezeichnet", nicht strafbar, da die Strafbestimmung des § 147 Nr. 3 nicht über ihren Wortsinn hinaus ausgedehnt werden darf.

§ 31. Seeschiffer, Seesteuerleute und Lootsen müssen sich über den Besitz der erforderlichen Kenntnisse durch ein Befähigungszeugniß der zuständigen Verwaltungsbehörde ausweisen*.

* Es gilt hier das Eingangs der Note zu § 30 Gesagte.

Die in Bezug auf Steuerleute hier getroffene Bestimmung findet nach dem Ges. v. 11. Juni 1878 RGBl. S. 109 auch auf Maschinisten Anwendung.

§ 32. Schauspielunternehmer* bedürfen zum Betriebe ihres Gewerbes der Erlaubniß.

* Mit Rücksicht auf den Zweck des Gesetzes: den mit dem Betriebe dieses Gewerbes durch unzuverlässige Personen verknüpften Nachtheilen vorzubeugen, könnte angenommen werden, daß der Ausdruck „Schauspielunternehmer" hier im weiteren Sinne aufzufassen, also auch auf die öffentlichen Vorstellungen von Aequilibristen, Reiterkünstlern, Affenkomödien u. dergl. auszudehnen sei. Dieser Auffassung dürfte jedoch der § 59 entgegenstehen, welcher in dem Abs. 1 und 3 zwischen Vorstellungen letztgenannter Art und „Schauspielen" insofern unterscheidet, als er nur in Bezug auf letztere auf den hier in Rede stehenden § 32 hinweist. Im Betreff des für den Betrieb

des Gewerbes im Umherziehen, außer der „Erlaubniß" (§ 32) erforderlichen Legitimationsscheins, sowie, hinsichtlich der Erlaubniß der Behörde des Orts, an welchen theatralische Vorstellungen (Schauspiele) im Umherziehen beabsichtigt werden, vergl. die §§ 55 und 59.

§ 33. Wer Gastwirthschaft[a], Schankwirthschaft oder Kleinhandel[b] mit Branntwein oder Spiritus[c] betreiben will, bedarf dazu der Erlaubniß.

a. Beschränkt sich das Gewerbe auf den Verkauf von Speisen im Lokal des Gewerbetreibenden oder über die Straße (Speisewirthschaft), so fällt es nicht unter den Begriff „Gastwirthschaft". Ist es aber mit der Verabreichung von Getränken gegen Bezahlung — gleichviel, ob Spirituosen, Bier oder Aehnlichem — verbunden, so wird der § Anwendung finden.

Die drei Arten von Gewerben, von denen der § handelt, unterscheiden sich nach dem Umfange der mit ihnen verbundenen Berechtigungen. Die Gastwirthschaft umfaßt zugleich die mit den beiden übrigen Gewerben verbundenen Befugnisse. Die Schankwirthschaft, welche das Recht gewährt, Getränke auch zum Genuß im Lokal des Schankwirths zu verkaufen, schließt zugleich den „Kleinhandel mit Branntwein" d. h. das Recht zum Verkauf geringer Quantitäten von Branntwein oder Spiritus in sich. S. Note b.

b. Ob das Quantum, wegen dessen Verkauf Anklage erhoben ist, für „klein" zu erachten sei, hat das Gericht nach Maßgabe der vorwaltenden Umstände zu beurtheilen. Der Verkauf in Gebinden wird zu dem Kleinhandel nicht zu rechnen sein, wohl aber der Verkauf in Flaschen.

Das vom „Branntwein und Spiritus" Gesagte wird auch auf solche gemischte Getränke, z. B. Liqueur, Anwendung finden, deren wesentliche Bestandtheile der Branntwein oder Spiritus bildet.

c. Es folgt hieraus, daß die GO. den Betrieb des Kleinhandels mit Wein und Bier von einer „besonderen polizeilichen Genehmigung" im Sinne des § 147 nicht abhängig macht.

§ 34. Wer das Geschäft eines Pfandleihers betreiben will, bedarf dazu der Erlaubniß.

Als Pfandleihgewerbe gilt auch der gewerbsmäßige Ankauf beweglicher Sachen mit Gewährung des Rückkaufsrechts*.

Die Landesgesetze können vorschreiben[a], daß zum Handel mit Giften[b] und zum Betriebe des Lootsengewerbes besondere Genehmigung erforderlich ist, ingleichen, daß das Gewerbe der Markscheider nur von Personen betrieben werden darf, welche als solche geprüft und koncessionirt sind.

* Die Abs. 1 und 2 beruhen auf dem Ges. vom 10. Juli 1879. Der § 38 dieses Gesetzes bestimmt zu dem 2. Abs.:

Soweit es sich um diesen Geschäftsbetrieb handelt, gilt die Zahlung des Kaufpreises als Hingabe des Dahrlehns, der Unterschied zwischen dem Kaufpreise und dem verabredeten Rückkaufspreise als bedungene Vergütung für das Darlehn, und die Uebergabe der Sache als Verpfändung derselben für das Dahrlehn.

a. Wo also dergleichen Vorschriften im geordneten Wege der Landesgesetzgebung erlassen sind, findet der § 147 Anwendung.

b. Diese Bestimmung dürfte mit der Vorschrift des § 367 Nr. 3 StGB. nicht im Einklange stehen, da letzterer das Feilhalten und Verkaufen von Giften allgemein, also auch, wenn es im Gewerbebetriebe erfolgt, sofern der Handel mit demselben nicht ausdrücklich freigegeben ist, mit Strafe bedroht, ein neben dieser allgemeinen reichsgesetzlichen Vorschrift auf Grund des § 34 der GO. erlassenes landesgesetzliches Verbot mithin müßig und ohne praktische Folgen sein würde, weil eben der § 367 Nr. 3 ein solches Verbot schon enthält. Die Vorschriften der beiden §§ lassen sich auch nicht in der Weise vereinigen, daß der § 367 Nr. 3 StGB. mit Rücksicht auf den § 34 der GO., als des älteren Gesetzes, auf den gewerbsmäßigen Verkauf von Giften nicht bezogen werden solle. Denn es darf nicht angenommen werden, daß die Gesetzgebung den ungleich leichteren Fall eines einmaligen Verkaufs von Gift unbedingt, den schwereren eines gewerbemäßigen Handels dagegen nur beim Vorhandensein eines diesen Handel von einer besonderen Genehmigung abhängig machenden Landesgesetzes mit Strafe habe bedrohen wollen. Es dürfte deshalb davon auszugehen sein, daß der § 34 der GO. — obwohl er durch die oben erwähnten, dieselbe ergänzenden Gesetze eine Abänderung nicht erfahren hat, doch — durch das StGB. in Bezug auf den Verkauf von Giften insoweit seine Bedeutung verloren habe, als dieser Verkauf ohne polizeiliche Erlaubniß jetzt auch im Gewerbebetriebe unbedingt strafbar ist. Gleichwohl unterscheidet sich der unbefugte gewerbmäßige Verkauf von dem nicht gewerbmäßigen dadurch, daß ersterer auf Grund des § 147 der GO. mit einer Geldstrafe bis zu 300 Mrk., letzterer auf Grund des § 367 Nr. 3 StGB. nur bis zu 150 Mrk. bestraft werden kann.

Wird die in den §§ 29—34 erwähnte „Genehmigung, Erlaubniß u. s. w." von der zuständigen Behörde — wie derselben nach dem § 53 unter besonderen Umständen zusteht — zurückgenommen, so ist ein gleichwohl fortgesetzter Betrieb des betreffenden Gewerbes in gleicher Weise nach dem § 147 strafbar, als wenn dem deshalb Angeklagten die Genehmigung u. s. w. überhaupt niemals ertheilt worden wäre.

6. Zu Nr. 2 des § 147. Es ist davon auszugehen, daß die von der Behörde speciell in der Genehmigungsurkunde aufgeführten Bedingungen von derselben für „wesentlich" erachtet worden sind; ein Nichtinnehalten derselben wird daher nur dann straflos erscheinen, wenn die Abweichung von der Bedingung nach der Ansicht des Gerichts offenbar so geringfügig oder unerheblich ist, daß dadurch der Zweck der Bedingung in keiner Weise gefährdet wird. — Das Pr. Ob.-Tr. führt aus, es sei zur Strafbarkeit nach Nr. 2 nicht erforderlich, daß die Errichtung der Anlage schon vollendet (betriebsfähig) sei. Die Errichtung habe schon dann begonnen, wenn der Zweck der Anlage äußerlich erkennbar werde. Goltd. Arch. B. 26 S. 349.

7. Vergl. § 16 Abs. 1 bei Note 9.

8. Ob die Betriebsveränderung eine wesentliche ist, wird in der Regel durch Sachverständige begutachtet werden müssen. Dasselbe gilt — sofern technische Fragen dabei in Betracht kommen — von der Feststellung, ob eine Verlegung des Lokals, oder nur eine Aenderung in Bezug auf Hülfs- und Nebenräume stattgefunden hat.

9. Auf die unter Nr. 2 des § 147 gedachte Genehmigung haben folgende §§ Bezug:

§ 16. Zur Errichtung von Anlagen, welche durch die örtliche Lage oder die Beschaffenheit der Betriebsstätte für die Besitzer oder Bewohner der benachbarten Grundstücke oder für das Publikum überhaupt erhebliche Nachtheile, Gefahren oder Belästigungen herbeiführen können, ist die Genehmigung der nach den Landesgesetzen zuständigen Behörde erforderlich. Es gehören dahin:

Schießpulver-Fabriken, Anlagen zur Feuerwerkerei und zur Bereitung von Zündstoffen aller Art, Gasbereitungs- und Gasbewahrungs-Anstalten, Anstalten zur Destillation von Erdöl, Anlagen zur Bereitung von Braunkohlentheer, Steinkohlentheer und Koaks, sofern sie außerhalb der Gewinnungsorte des Materials errichtet werden, Glas- und Rußhütten, Kalk-, Ziegel- und Gipsöfen, Anlagen zur Gewinnung roher Metalle, Röstöfen, Metallgießereien, sofern sie nicht bloße Tiegelgießereien sind, Hammerwerke, chemische Fabriken aller Art, Schnellbleichen, Firnißsiedereien, Stärkefabriken mit Ausnahme der Fabriken zur Bereitung von Kartoffelstärke, Stärkesyrups-Fabriken, Wachstuch-, Darmsaiten-, Dachpappen- und Dachfilzfabriken, Leim-, Thran- und Seifensiedereien, Knochenbrennereien, Knochendarren, Knochenkochereien und Knochenbleichen, Zubereitungsanstalten für Thierhaare, Talgschmelzen, Schlächtereien, Gerbereien, Abdeckereien, Poudretten- und Düngpulver-Fabriken, Stauanlagen für Wasserbetriebswerke (§ 23).

Das vorstehende Verzeichniß kann je nach Eintritt oder Wegfall der im Eingang gedachten Voraussetzung, durch Beschluß des Bundesraths, vorbehaltlich der Genehmigung des nächstfolgenden Reichstages, abgeändert werden.

Die Bestimmungen des § 15 haben eine Erweiterung erfahren durch das Ges. v. 2. März 1874 (RGBl. S. 19) welches lautet:

Einziger §. Dem Verzeichniß der einer besonderen Genehmigung bedürfenden Anlagen in § 16 der Gewerbeordnung vom 21. Juni 1869 sind hinzuzufügen: Hopfen- und Schwefeldörren, Asphaltkochereien und Pechsiedereien, soweit sie außerhalb der Gewinnungsorte des Materials errichtet werden, Strohpapierstoff-Fabriken, Darmzubereitungs-Anstalten, Fabriken, in welchen Dampfkessel oder andere Blechgefäße durch Vernieten hergestellt werden.

§ 24. Zur Anlegung von Dampfkesseln, dieselben mögen zum Maschinenbetriebe bestimmt sein oder nicht, ist die Genehmigung der nach den Landesgesetzen zuständigen Behörde erforderlich.

Bevor der Kessel in Betrieb genommen wird, ist zu untersuchen, ob die Ausführung den Bestimmungen der ertheilten Genehmigung entspricht. Wer vor dem Empfange der hierüber auszufertigenden Bescheinigung den Betrieb beginnt, hat die im § 147 angedrohte Strafe verwirkt.

Die vorstehenden Bestimmungen gelten auch für bewegliche Dampfkessel.

Zur Ergänzung der §§ 16 und 24 dient der dahin lautende

§ 25. Die Genehmigung zu einer der in den §§ 16 und 24 bezeichneten Anlagen bleibt so lange in Kraft, als keine Aenderung in der Lage oder Beschaffenheit der Betriebsstätte vorgenommen wird, und bedarf unter dieser Voraussetzung auch dann, wenn die Anlage an einen neuen Erwerber übergeht, einer Erneuerung nicht. Sobald aber eine Veränderung der Betriebsstätte vorgenommen wird, ist dazu die Genehmigung der zuständigen Behörde — nothwendig. Eine gleiche Genehmigung ist erforderlich bei wesentlichen Veränderungen in dem Betriebe einer der im § 16 genannten Anlagen*.

* Ueber die in den §§ 16 und 24 der GO., dem Ges. v. 2. März 1874 und den in später ergehenden Reichsgesetzen ausdrücklich namhaft gemachten Anlagen hinaus liegt dem Gewerbetreibenden, ungeachtet der allgemeinen Fassung des Abs. 1 des § 16 eine Prüfung, ob die von ihm beabsichtigte Anlage „durch ihre Lage u. s. w. Nachtheile, Gefahren oder Belästigungen herbeiführen könne", und deshalb der Genehmigung der Behörde bedürfe, nicht ob.

10. Zu Nr. 2 des § 147. Die Strafe ist verwirkt, auch wenn Handlungen, welche unter den Begriff „Gewerbebetrieb" fallen (vergl. Nr. 1 § 147 und § 29) noch nicht vom Angekl. vorgenommen worden sind.

Das Pr. Ob.-Tr. hält die Vorschrift auf die Bezeichnung als „Naturarzt" für anwendbar. Goltd. Arch. B. 23 S. 570.

11. Wer zur Führung eines der in der Parantheſe aufgeführten Titel berechtigt ist, wird sich nach der Fassung des § nicht strafbar machen, wenn er sich ohne nähere Bezeichnung „Arzt" nennt.

12. Zu Nr. 4 des § 147. Diese dem Gesetzentwurfe der Regierungen von der Reichstagskommission (Stenogr. Ber. v. 1878 B. IV S. 1200) hinzugefügte, in der Reichstags-Sitzung vom 9. Mai 1878 (Bd. II S. 1190) angenommene Vorschrift giebt zu Zweifeln Anlaß. Der darin in Bezug genommene § 120 lautet nach dem Ges. v. 17. Juli 1878:

Die Gewerbeunternehmer sind verpflichtet, bei der Beschäftigung von Arbeitern unter 18 Jahren die durch das

Alter derselben gebotene besondere Rücksicht auf Gesundheit und Sittlichkeit zu nehmen.

Sie haben ihren Arbeitern unter 18 Jahren, welche eine von der Gemeindebehörde oder vom Staate als Fortbildungsschule anerkannte Unterrichtsanstalt besuchen, hierzu die erforderlichen Falls von der zuständigen Behörde festzusetzende Zeit zu gewähren*. Für Arbeiter unter 18 Jahren kann die Verpflichtung zum Besuche einer Fortbildungsschule, soweit die Verpflichtung nicht landesgesetzlich besteht, durch Ortsstatut (§ 142) begründet werden.

Die Gewerbeunternehmer sind endlich verpflichtet, alle diejenigen Einrichtungen herzustellen und zu unterhalten, welche mit Rücksicht auf die besondere Beschaffenheit des Gewerbebetriebes und der Betriebsstätte zu thunlichster Sicherheit gegen Gefahr für Leben und Gesundheit nothwendig sind. Darüber, welche Einrichtungen für alle Anlagen einer bestimmten Art herzustellen sind, können durch Beschluß des Bundesraths Vorschriften erlassen werden. Soweit solche nicht erlassen sind, bleibt es den nach den Landesgesetzen zuständigen Behörden überlassen, die erforderlichen Bestimmungen zu treffen.

Bei der völlig allgemeinen Fassung der Nr. 4 des § 147, insbesondere der Worte: „den Bestimmungen des § 120" würde die darin erwähnte „Behörde" — Mangels näherer Bezeichnung: die Polizeibehörde — an einen Gewerbetreibenden hinsichtlich der im Abs. 1 des § 120 gedachten „besonderen Rücksicht auf Gesundheit und Sittlichkeit" eine ihr zweckmäßig erscheinende, obwohl in die häuslichen und gewerblichen Verhältnisse desselben nachtheiligst einwirkende „Aufforderung" erlassen dürfen, und der von der StAschft. wegen Nichtbefolgung derselben angerufene Richter genöthigt sein, ohne seinerseits die Angemessenheit einer solchen polizeilichen Maßregel prüfen zu dürfen, eine Strafe bis zu 300 Mrk. über den Angekl. zu verhängen. Daß es in der Absicht des Gesetzes gelegen habe, der „Behörde" eine derartige in die Sphäre der Strafgesetzgebung eingreifende Befugniß zu ertheilen, ist nicht anzunehmen. Vielmehr wird davon auszugehen sein, daß es sich lediglich um Aufforderungen in Bezug auf die in den Abs. 2 und 3 des § 120 näher bezeichneten Verpflichtungen des Arbeitgebers handelt.

* Eine entgegenstehende Vertragsbestimmung wird nur so lange wirksam sein, als nicht die im Schlußsatze des Abs. 2 des § 120 bezeichnete landesgesetzliche oder statutarische Verpflichtung eingeführt ist.

§ 148.

Mit Geldstrafe bis zu einhundertfünfzig Mark und im Unvermögensfalle mit Haft bis zu vier Wochen wird bestraft:

1. wer außer den in § 147 vorgesehenen Fällen ein stehendes Gewerbe beginnt, ohne dasselbe vorschriftsmäßig anzuzeigen[1];

2. wer die im § 14 erforderte An- und Abmeldung einer übernommenen Feuerversicherungs-Agentur unterläßt[2];
3. wer die im § 14 erforderten Anzeigen[3] über das Betriebslokal unterläßt;
4. wer der nach § 35[4] gegen ihn ergangenen Untersagung eines Gewerbebetriebs zuwiderhandelt, oder die im § 35 vorgeschriebene Anzeige unterläßt;
5. wer dem § 43[5] zuwiderhandelt;
6. wer bei dem Aufsuchen von Waarenbestellungen den Vorschriften im § 44 zuwiderhandelt[6];
7. wer ein Gewerbe im Umherziehen ohne Legitimationsschein betreibt[7];
8. wer bei dem Betriebe seines Gewerbes die von der Obrigkeit vorgeschriebenen oder genehmigten Taxen überschreitet[8];
9. wer die gesetzlichen Pflichten gegen die ihm anvertrauten Lehrlinge verletzt[9];
10. wer wissentlich der Bestimmung des § 131 Abs. 2 zuwider einen Lehrling beschäftigt[10].

In allen diesen Fällen bleibt die Strafe ausgeschlossen, wenn die strafbare Handlung zugleich eine Zuwiderhandlung gegen die Steuergesetze enthält[11].

1. Zu Nr. 1. Der hierauf bezügliche § 14 Abs. 1 lautet:

Wer den selbstständigen Betrieb eines stehenden Gewerbes anfängt, muß der für den Ort, wo solches geschieht, nach den Landesgesetzen zuständigen Behörde gleichzeitig Anzeige davon machen. Diese Anzeige liegt auch demjenigen ob, welcher zum Betriebe eines Gewerbes im Umherziehen (Titel III) befugt ist.

Außerdem hat, wer Versicherungen für eine Mobiliar- oder Immobiliar-Feuerversicherungs-Anstalt als Agent oder Unteragent vermitteln will, bei Uebernahme der Agentur, und derjenige, welcher dieses Geschäft wieder aufgiebt, oder welchem die Versicherungsanstalt den Auftrag wieder entzieht, innerhalb der nächsten acht Tage der zuständigen Behörde seines Wohnortes davon Anzeige zu machen. Buch- und Steindrucker, Buch- und Kunsthändler, Antiquare, Leihbibliothekare, Inhaber von Lesekabinetten, Verkäufer von Druckschriften, Zeitungen und Bildern haben bei Eröffnung ihres

Gewerbebetriebes das Lokal desselben, sowie jeden späteren Wechsel des letzteren spätestens am Tage seines Eintritts der zuständigen Behörde ihres Wohnortes anzugeben.

Da der § 148 Nr. 1 nur vom „stehenden" Gewerbe spricht, bleibt die, dem § 14 Abs. 1 zuwider unterlassene Anzeige von dem Beginne eines Gewerbes im Umherziehen straflos, obgleich die Behörde von dem Betriebe des im Abs. 2 des § 55 (s. Note 7) bezeichneten Gewerbes ohne eine solche Anzeige ohne Kenntniß bleibt.

Unter die Worte „vorschriftsmäßig anzuzeigen" fällt auch die Vorschrift des § 27:

Die Errichtung oder Verlegung solcher Anlagen, deren Betrieb mit ungewöhnlichem Geräusch verbunden ist, muß, sofern sie nicht schon nach den Vorschriften der §§ 16—25 der Genehmigung bedarf, der Ortspolizei-Behörde angezeigt werden.

Es ist dies daraus zu folgern, daß anderenfalls die Nichtbefolgung dieser Vorschrift ungestraft bleiben könnte.

2. Zu Nr. 2. S. den Abs. 2 des vorstehend bei Nr. 1 aufgenommenen § 14.

3. Zu Nr. 3. S. den Schlußsatz des § 14. Das von „Anzeigen" im § 148 Gesagte findet auch Anwendung auf das „angeben" im § 14.

4. Zu Nr. 4. Der § 35 verordnet:

Die Ertheilung von Tanz-, Turn- und Schwimmunterricht als Gewerbe darf denjenigen untersagt werden, welche wegen Vergehen oder Verbrechen gegen die Sittlichkeit bestraft sind.

Der Handel mit gebrauchten Kleidern, gebrauchten Betten oder gebrauchter Wäsche, der Kleinhandel mit altem Metallgeräth oder Metallbruch (Trödel), oder mit Garnabfällen oder Dräumen von Seide, Wolle, Baumwolle oder Leinen, kann demjenigen untersagt werden, welcher wegen aus Gewinnsucht begangener Vergehen oder Verbrechen gegen das Eigenthum bestraft worden ist.

Das Geschäft eines Gesindevermiethers kann demjenigen untersagt werden, welcher wegen aus Gewinnsucht begangener Vergehen oder Verbrechen gegen das Eigenthum oder wegen Vergehen oder Verbrechen gegen die Sittlichkeit bestraft worden ist.

Personen, welche die in diesem § bezeichneten Gewerbe beginnen, haben bei Eröffnung ihres Gewerbebetriebes der zuständigen Behörde hiervon Anzeige zu machen.

* S. § 14 Abs. 1 und § 148 Nr. 1. S. 208. — Im Betreff der Pfandleiher vergl. § 34 und die Note * das. S. 203.

5. Zu Nr. 5. Der § 43 schreibt vor:

Wer gewerbsmäßig Druckschriften oder andere Schriften oder Bildwerke auf öffentlichen Wegen, Straßen, Plätzen oder an anderen öffentlichen Orten ausrufen, verkaufen, vertheilen[a], anheften oder anschlagen will, bedarf dazu einer Erlaubniß der Ortspolizei-Behörde, und hat den über diese Erlaubniß auszustellenden auf seinen Namen lautenden Legitimationsschein bei sich zu führen[b].

a. Auch wenn das „Vertheilen" an die Empfänger unentgeltlich geschieht, greift die Strafbestimmung des § 148 Nr. 5 Platz, sofern nur der Vertheilende ein Gewerbe damit treibt, d. h. von demjenigen, in dessen Auftrage es erfolgt, Entgelt dafür empfängt.

b. Auch derjenige wird der Strafe verfallen, welcher sich weigert, den Legitimationsschein dem zuständigen Beamten vorzuzeigen. Dasselbe gilt bei den übrigen Vorschriften der GO., welche das Beisichführen des Legitimationsscheins anordnen, ohne die Verpflichtung des Vorzeigens ausdrücklich zu erwähnen. Vergl. die §§ 61. 149.

6. Zu Nr. 6. Der § 44 bestimmt:

Kaufleute, Fabrikanten und andere Personen, welche ein stehendes Gewerbe betreiben, sind befugt, außerhalb des Ortes ihrer gewerblichen Niederlassung persönlich oder durch in ihren Diensten stehende Reisende Waaren aufzukaufen und Bestellungen auf Waaren zu suchen.

Sie bedürfen dazu eines Legitimationsscheins, welcher von der unteren Verwaltungsbehörde ausgestellt wird und für das Kalenderjahr gilt. Dieses Legitimationsscheins bedarf es nicht, wenn die betreffenden Gewerbetreibenden durch die nach den Zollvereinsverträgen erforderliche Gewerbe-Legitimationskarte bereits für das Gesammtgebiet des Zollvereins legitimirt sind.

Der Inhaber eines solchen Legitimationsscheins darf aufgekaufte Waaren nur behufs deren Beförderung nach dem Bestimmungsorte und von den Waaren, auf welche er Bestellungen* sucht, nur Proben oder Muster mit sich führen.

* Unter die Strafvorschrift des § 148 Nr. 6 fällt nur der Abs. 3 des § 44 (vergl. § 149 Nr. 1) und auch nur, soweit dieser sich auf Waaren-Bestellungen bezieht. Sind von dem Reisenden aufgekaufte Waaren auf der Reise, der Vorschrift des Abs. 3 entgegen weiterverkauft worden, und charakterisirt sich dies Verfahren unter den vorwaltenden Umständen als ein Gewerbebetrieb im Umherziehen, so wird die Bestimmung unter Nr. 7 Platz greifen.

7. Zu Nr. 7. Hinsichtlich des „Gewerbebetriebs im Umherziehen" enthält der § 55 folgende Bestimmungen:

Wer außerhalb seines Wohnortes, ohne Begründung einer gewerblichen Niederlassung, und ohne vorgängige Bestellung, in eigener Person:

1. Waaren irgend einer Art feilbieten;
2. Waaren irgend einer Art bei anderen Personen als bei Kaufleuten oder in anderen Orten, als in offenen Verkaufsstellen zum Wiederverkauf ankaufen;
3. Waarenbestellungen aufsuchen, oder
4. gewerbliche oder künstlerische Leistungen oder Schaustellungen, bei welchen ein höheres wissenschaftliches oder Kunst-Interesse nicht obwaltet, feilbieten will,

bedarf, vorbehaltlich der in den §§ 44 und 64* getroffenen Bestimmungen, eines Legitimationsscheins.

Ein Legitimationsschein ist nicht erforderlich zum Verkauf oder Ankauf roher Erzeugnisse der Land- und Forstwirthschaft, des Garten- und Obstbaues.

* S. den § 44 oben bei Nr. 6. Der § 64 bestimmt als Ausnahme von der Regel, wonach der Kauf und Verkauf auf Messen, Jahr- und Wochenmärkten einem Jeden mit gleichen Befugnissen freisteht: daß die höhere Verwaltungsbehörde auswärtige Verkäufer unter bestimmten Voraussetzungen von dem Verkaufe gewisser Handwerkerwaaren auf Wochenmärkten auszuschließen berechtigt sei.

8. Zu Nr. 8 § 148. Die § 76—78 geben den Polizeibehörden das Recht, für Lohndiener und andere Personen, welche auf Straßen u. s. w. ihre Dienste anbieten, für die Benutzung von Wagen, Pferden u. s. w., ferner für Schornsteinfeger, sowie auch für Feldmesser, Auktionatoren und andere im § 36 speciell bezeichnete Gewerbetreibende, endlich für Apotheker, Taxen vorzuschreiben, auf deren Ueberschreitung die Nr. 8 Anwendung findet. Dagegen stehen die Worte: „oder genehmigten Taxen" in Nr. 8 müßig, da in den von „Taxen" handelnden §§ 72—80 von einer „Genehmigung" der von den Gewerbetreibenden selbst für ihren Gewerbebetrieb aufgestellten Taxen durch die Behörden und von einer Befugniß der letzteren zur Versagung einer solchen „Genehmigung" nirgend die Rede ist. Der § 75 bestimmt zwar, daß Gastwirthe durch die Ortspolizeibehörde angehalten werden können, das Verzeichnig der von ihnen gestellten Preise einzureichen und in den Gastzimmern anzuschlagen, und daß die darin aufgeführten Preise so lange in Kraft bleiben, bis deren Abänderung der Polizeibehörde angezeigt, und das abgeänderte Verzeichniß in den Gastzimmern angeschlagen ist. Auf eine Ueberschreitung der Sätze einer solchen Taxe kann aber die Strafbestimmung des § 148, Mangels einer darauf hindeutenden Vorschrift der Nr. 8 desselben, um so weniger Anwendung finden, als der § 75 als Folge einer Ueberschreitung lediglich die Befugniß der Polizeibehörde zur Entscheidung über Beschwerden, unter Vorbehalt des Rechtsweges erwähnt.

9. Zu Nr. 9 § 148. Durch diese Bestimmung hat das Ges. vom 17. Juli 1878 die dahin lautende Vorschrift der GO. v. 1869: „wer als Lehrherr seine Pflichten gegen die ihm anvertrauten Lehrlinge gröblich vernachlässigt", unter Aufhebung derselben ersetzt. Es erhellt aus dieser Fassungs-Verände-

rung, daß nur eine Verletzung der in dem — gleichfalls aus dem Ges. v. 1878 hervorgegangenen — § 126 speziell bezeichneten Pflichten die Strafe des § 148 nach sich ziehen soll. Der § 126 bestimmt:

Der Lehrherr ist verpflichtet, den Lehrling in den bei seinem Betriebe vorkommenden Arbeiten des Gewerbes in der durch den Zweck der Ausbildung gebotenen Reihenfolge und Ausdehnung zu unterweisen. Er muß entweder selbst oder durch einen geeigneten, ausdrücklich dazu bestimmten Vertreter die Ausbildung des Lehrlings leiten. Er darf dem Lehrling die zu seiner Ausbildung und zum Besuche des Gottesdienstes an Sonn= und Festtagen erforderliche Zeit und Gelegenheit durch Verwendung zu anderen Dienstleistungen nicht entziehen. Er hat den Lehrling zur Arbeitsamkeit und zu guten Sitten anzuhalten und vor Ausschweifungen zu bewahren.

Diese Vorschrift findet ihre Ergänzung in den §§ 134 und 154, welche bestimmen, ersterer: daß auf Fabrikarbeiter, welche als Lehrlinge anzusehen sind, die Bestimmungen des § 126 Anwendung finden; letzterer: daß diese Bestimmungen auf Lehrlinge in Apotheken nicht anwendbar sind.

Ungeachtet des Ausscheidens des Wortes „gröblich" aus der Nr. 9 des § 148 ist nicht jede der im § 126 erwähnten Pflichten des Lehrherrn nach dem § 148 strafbar; vielmehr hat das Gericht nach freiem Ermessen — hinsichtlich der Art der Ausbildung des Lehrlings in dem Gewerbe, geeigneten Falls nach Vernehmung von Sachverständigen — zu beurtheilen, ob die Pflichtverletzung von der Art ist, um nach der Absicht des Ges. gerichtliche Strafe zu erheischen.

Andere gegen den Lehrling verübte Vergehen, z. B. körperliche Beschädigung durch Ueberschreitung des dem Lehrherrn im § 127 anvertrauten Rechts der väterlichen Zucht, werden nach den darauf bezüglichen Vorschriften des StGB. geahndet.

10. Zu Nr. 10 § 148. Auch diese Vorschrift ist durch das Ges. v. 17. Juli 1878 eingeführt. Der darin in Bezug genommene § 131 Abs. 2 bestimmt:

Binnen neun Monaten nach der Auflösung (eines Lehrlingsverhältnisses, in welchem sich der Lehrling bei einem anderen Lehrherrn befunden hat) darf der Lehrling in demselben Gewerbe von einem anderen Arbeitgeber ohne Zustimmung des Lehrherrn nicht beschäftigt werden.

Die im § 148 Nr. 10 als Bedingung der Strafbarkeit erforderte „Wissentlichkeit" muß gegen den Angekl. festgestellt werden. Doch ist das Gericht befugt, dieselbe, ohne direkten Beweis, aus den vorliegenden Umständen zu schließen.

11. Zum Schlußsatz des § 148. In Folge dieser Vorschrift kann in Fällen, wo nach dem betreffenden Steuergesetz die höchste zulässige Strafe den Betrag von 150 Mrk. nicht erreicht, ein so hohes Strafmaß selbst dann nicht erkannt werden, wenn dasselbe mit Rücksicht auf die vorwaltenden erschwerenden Umstände allein für die Uebertretung einer Vorschrift des § 148 dem Gericht angemessen erscheint.

Es folgt aus dieser Bestimmung ferner, daß die Zuständigkeit des SchG. ausscheidet, wenn mit der letzterwähnten Uebertretung eine solche Zuwiderhandlung gegen Steuergesetze verbunden ist, deren Strafe dasjenige Maß übersteigt, auf welches, nach den §§ 27 und 75 G. vom SchG. erkannt werden kann.

§ 149.

Mit Geldstrafe bis zu dreißig Mark und im Unvermögensfalle mit Haft bis zu acht Tagen wird bestraft:

1. wer gewerbliche Verrichtungen, zu welchen er nach Vorschrift des § 44[1] einer Legitimation bedarf, vornimmt, ohne dieselbe zu besitzen, beziehungsweise mit sich zu führen;
2. wer bei dem Gewerbebetrieb im Umherziehen den ihm ertheilten Legitimationsschein nicht mit sich führt, oder einem Anderen überläßt[2];
3. wer ein Gewerbe im Umherziehen, für welches ihm ein auf einen bestimmten Bezirk lautender Legitimationsschein (§ 60)[3] ertheilt ist, unbefugt in einem anderen Bezirk betreibt;
4. wer den Vorschriften im § 61[4] zuwiderhandelt;
5. wer bei dem Gewerbebetrieb im Umherziehen unbefugt Begleiter mitführt, und wer einem Gewerbetreibenden im Umherziehen unbefugt als Begleiter dient[5];
6. wer den polizeilichen Anordnungen[6] wegen des Marktverkehrs zuwiderhandelt;
7. wer es unterläßt, den durch §§ 138. 139 b. für ihn begründeten Verpflichtungen nachzukommen[7].

1. S. den § 44 bei § 148 Nr. 6.
2. Vergl. § 55 bei § 148 Nr. 7.
3. Der § 60 und der in demselben in Bezug genommene § 59 lauten, soweit sie hier in Betracht kommen:

§ 59 Abs. 1. Wer auf den Straßen oder sonst im Umherziehen oder an einem Orte vorübergehend und ohne Begründung eines stehenden Gewerbes öffentlich Musik aufführen, Schaustellungen, theatralische Vorstellungen oder sonstige Lustbarkeiten öffentlich darbieten will, ohne daß ein höheres Interesse der Kunst oder Wissenschaft dabei obwaltet, bedarf außer den übrigen Erfordernissen, der vorhergehenden Erlaubniß durch die Behörde des Ortes, an welchem die Leistung beabsichtigt wird.

§ 60 Abs. 2. Der Legitimationsschein für den Betrieb der im § 59 bezeichneten Gewerbe gewährt die Befugniß zum Gewerbebetriebe in einem anderen, als dem Bezirke derjenigen höheren Verwaltungsbehörde, welche ihn ausgestellt hat, nur dann, wenn er auf den anderen Bezirk von der höheren Verwaltungsbehörde des letzteren ausgedehnt ist.

4. Der § 61 verordnet in Bezug auf den im § 60 Abs. 2 (s. Note 3) erwähnten Legitimationsschein:

Der Inhaber des Legitimationsscheins ist verpflichtet, diesen während der thatsächlichen Ausübung des Gewerbebetriebes bei sich zu führen, auf Erfordern der zuständigen Behörde* vorzuzeigen und sofern er hierzu nicht im Stande ist, auf Geheiß der Behörde den Betrieb bis zur Abhülfe des Mangels einzustellen.

* Der Ausdruck: „Behörde" dürfte hier auch den sich als Organ einer aus mehreren Beamten bestehenden Behörde legitimirenden Kontrol-Beamten umfassen, da der Zweck des Gesetzes vielfach vereitelt werden würde, wenn der Gewerbetreibende einem solchen ihn bei dem Gewerbebetriebe betreffenden Beamten die Vorzeigung des Legitimationsscheins verweigern dürfte.

5. Der Bestimmung unter Nr. 5 liegt der Abs. 2 des auf den Gewerbebetrieb im Umherziehen bezüglichen § 62 zum Grunde, welcher verordnet:

Die Mitführung von Begleitern, sei es zur Beförderung der Waaren, zur Wartung des Gespannes oder zu anderen Zwecken, bedarf der in dem Legitimationsschein auszudrückenden Genehmigung derjenigen Behörde, welche den Schein ertheilt hat, oder in deren Bezirk sich der Nachsucher befindet.

Den „Begleiter" wird die Strafe des § 149 nur treffen, wenn ihm der Zweck des von ihm Begleiteten: ein Gewerbe im Umherziehen zu treiben bekannt war, oder nicht verborgen bleiben konnte.

6. Die Vorschrift bezieht sich auf die von der höheren oder der Ortspolizeibehörde erlassenen, in rechtsverbindlicher Weise veröffentlichten Anordnungen, nicht auf solche, die im einzelnen Falle dem Angekl. gegenüber ergangen sind.

Zweifelhaft erscheint, ob die Vorschrift unter Nr. 6 auf die Uebertretung der Bestimmung des § 67 Abs. 2 — wonach auf Jahrmärkten geistige Getränke zum Genuß auf der Stelle nicht ohne Genehmigung der Ortspolizeibehörde verkauft werden dürfen — Anwendung findet. Die Frage dürfte jedoch zu bejahen sein, da die Bestimmung sich auf die Marktpolizei bezieht, und von der entgegengesetzten Ansicht ausgegangen, ein Zuwiderhandeln gegen dieselbe solange straflos bleiben würde, als sie nicht in Gemäßheit des § 69 in die „Marktordnung" des Orts aufgenommen ist.

7. Die Nr. 7 ist in dem Ges. v. 17. Juli 1878 enthalten. Die darin in Bezug genommenen, in demselben Ges. enthaltenen §§ lauten, soweit sie bei der Anwendung der Nr. 7 in Betracht kommen:

§ 138. Sollen jugendliche Arbeiter in Fabriken beschäftigt werden, so hat der Arbeitgeber vor dem Beginn der Beschäftigung der Ortspolizeibehörde eine schriftliche Anzeige zu machen.

In der Anzeige sind die Fabrik, die Wochentage, an welchen die Beschäftigung stattfinden soll, Beginn und Ende der Arbeitszeit und der Pausen, sowie die Art der Beschäftigung anzugeben. Eine Aenderung hierin darf, abgesehen von Verschiebungen, welche durch Ersetzung behinderter Arbeiter für einzelne Arbeitsschichten nothwendig werden, nicht erfolgen, bevor eine entsprechende weitere Anzeige der Behörde gemacht ist.

In jeder Fabrik hat der Arbeitgeber dafür zu sorgen, daß in den Fabrikräumen, in welchen jugendliche Arbeiter beschäftigt werden, an einer in die Augen fallenden Stelle ein Verzeichniß der jugendlichen Arbeiter[a] unter Angabe ihrer Arbeitstage sowie des Beginns und Endes ihrer Arbeitszeit und der Pausen ausgehängt ist. Ebenso hat er dafür zu sorgen, daß in den bezeichneten Räumen eine Tafel ausgehängt ist, welche in der von der Centralbehörde zu bestimmenden Fassung und in deutlicher Schrift einen Auszug aus den Bestimmungen über die Beschäftigung jugendlicher Arbeiter enthält.

§ 139 b. Abs. 5. Die auf Grund der Bestimmungen der §§ 135 bis 139 a.[b] sowie des § 120[c] Abs. 3 in seiner Anwendung auf Fabriken auszuführenden amtlichen Revisionen müssen die Arbeitgeber zu jeder Zeit, namentlich auch in der Nacht, während die Fabriken im Betriebe sind, gestatten.

a. Unter „jugendliche Arbeiter" versteht das Gesetz (§ 135) die im Alter von 12 bis 16 Jahren stehenden.

b. Die §§ 135—137, 139 und 139 a enthalten Vorschriften in Bezug auf die Beschränkung der Beschäftigung jugendlicher Arbeiter und die Kontrolirung derselben.

c. S. die Note 12 zu § 147.

§ 150.

Mit Geldstrafe bis zu zwanzig Mark und im Unvermögensfalle mit Haft bis zu drei Tagen für jeden Fall der Verletzung des Gesetzes wird bestraft:

1. wer den Bestimmungen der §§ 106 — 112 zuwider einen Arbeiter in Beschäftigung nimmt oder behält;

2. wer den Bestimmungen dieses Gesetzes in Ansehung der Arbeitsbücher und Arbeitskarten* zuwiderhandelt;
3. wer vorsätzlich ein auf seinen Namen³ ausgestelltes Arbeitsbuch unbrauchbar macht oder vernichtet.

1. Diese §§ — welche, wie auch der § 150, dem Ges. vom 17. Juli 1878 angehören — enthalten, soweit sie nicht, wie die §§ 108—110 und der § 112 Abs. 1, das von den Behörden zu beobachtende Verfahren, oder, wie der § 112 Abs. 2, Civilansprüche des Arbeiters an den Arbeitgeber betreffen — folgende allgemeine, sowohl auf Gesellen, Gehülfen und Lehrlinge, als auf Fabrikarbeiter — welche das Gesetz sämmtlich als „Arbeiter" bezeichnet — bezügliche Bestimmungen.

§ 106. Gewerbetreibende, welchen die bürgerlichen Ehrenrechte aberkannt sind, dürfen, so lange ihnen diese Rechte entzogen bleiben, mit der Anleitung* von Arbeitern unter 18 Jahren sich nicht befassen.

* Auch auf diese „Anleitung" ist der im § 150 Nr. 1 gebrauchte Ausdruck: „Beschäftigung" zu beziehen.

§ 107. Personen unter 21 Jahren dürfen, soweit reichsgesetzlich nicht ein Anderes zugelassen ist, als Arbeiter nur beschäftigt werden, wenn sie mit einem Arbeitsbuche versehen sind. Bei der Annahme solcher Arbeiter hat der Arbeitgeber das Arbeitsbuch einzufordern. Er ist verpflichtet, dasselbe zu verwahren, auf amtliches Verlangen vorzulegen und nach rechtmäßiger Lösung des Arbeitsverhältnisses dem Arbeiter wieder auszuhändigen.

Auf Kinder, welche zum Besuche der Volksschule verpflichtet sind, finden vorstehende Bestimmungen keine Anwendung.

§ 111. Bei dem Eintritt des Arbeiters in das Arbeitsverhältniß hat der Arbeitgeber an der dafür bestimmten Stelle des Arbeitsbuchs die Zeit des Eintritts und die Art der Beschäftigung, am Ende des Arbeitsverhältnisses die Zeit des Austritts und, wenn die Beschäftigung Aenderungen erfahren hat, die Art der letzten Beschäftigung des Arbeiters einzutragen.

Die Eintragungen sind mit Dinte zu bewirken und von dem Arbeitgeber zu unterzeichnen. Sie dürfen nicht mit einem Merkmal versehen sein, welches den Inhaber des Arbeitsbuchs günstig oder nachtheilig zu kennzeichnen bezweckt.

Die Eintragung eines Urtheils über die Führung oder die Leistungen des Arbeiters und sonstige durch dieses Gesetz nicht vorgesehene Eintragungen oder Vermerke in oder an dem Arbeitsbuche sind unzulässig.

2. Die auf die Arbeitsbücher bezüglichen Vorschriften sind in den, in der Note 1 vorstehend mitgetheilten §§ und im § 131 Abs. 1 enthalten. Letzterer bestimmt, daß, wenn das „Lehrverhältniß" wegen beabsichtigten Uebertritts des Lehrlings zu einem anderen Gewerbe aufgelöst wird, der Lehrherr diesen Grund in dem Arbeitsbuche zu vermerken habe. Hinsichtlich der Arbeitskarten bestimmen die Abs. 1 und 3 des § 137:

Die Beschäftigung eines Kindes* in Fabriken ist nicht gestattet, wenn dem Arbeitgeber nicht zuvor für dasselbe eine Arbeitskarte eingehändigt ist. Eines Arbeitsbuches bedarf es daneben nicht.

Der Arbeitgeber hat die Arbeitskarte zu verwahren, auf amtliches Verlangen jederzeit vorzulegen und am Ende des Arbeitsverhältnisses dem Vater oder Vormund wieder auszuhändigen. Ist die Wohnung des Vaters nicht zu ermitteln, so erfolgt die Zustellung der Arbeitskarte an die Mutter oder den sonstigen nächsten Angehörigen des Kindes.

* Unter „Kinder" versteht die GO. (§ 135) Arbeiter im Alter von 12—14 Jahren.

3. Aus den Worten: „auf seinen Namen" geht hervor, daß das „wer" Eingangs der Nr. 3 nur auf den Arbeiter selbst bezogen, nicht also auf andere Personen (z. B. den Vater oder Vormund desselben), sofern sie als „Thäter" im Sinne des § 47 StGB. erscheinen, auszudehnen ist. Nur wenn dieselben bezüglich des Unbrauchbarmachens oder Vernichtens als „Anstifter" zu betrachten sind, werden sie nach § 48 StGB. zu bestrafen sein.

§ 151.

Sind polizeiliche[1] Vorschriften von dem Stellvertreter[2] eines Gewerbetreibenden bei Ausübung des Gewerbes übertreten worden, so trifft die Strafe den Stellvertreter; ist die Uebertretung mit Vorwissen des verfügungsfähigen[3] Vertretenen begangen worden, so verfallen beide der gesetzlichen Strafe.

1. D. h. gewerbepolizeiliche, wie sie in der GO. und den neben derselben für den Strafrichter verbindlichen, den Gewerbebetrieb betreffenden Landesgesetzen enthalten sind.
2. Im Gegensatze zum Gehülfen.
3. Hiernach bleibt ein minderjähriger Besitzer einer gewerblichen Niederlassung, der auf das straffällige Verfahren seines Stellvertreters nicht eingewirkt (§ 48 StGB.) vielmehr von demselben nur Kenntniß gehabt hat, straflos.

§ 153.

Wer[1] Andere durch Anwendung körperlichen Zwanges, durch Drohungen, durch Ehrverletzung[2] oder durch Verrufserklärung bestimmt oder zu bestimmen versucht, an solchen Verabredungen[3] (§ 152)[4] Theil zu nehmen, oder ihnen Folge zu leisten, oder Andere durch gleiche Mittel hindert oder zu hindern versucht, von solchen Verabredungen zurückzutreten, wird mit Gefängniß bis zu drei Monaten bestraft, sofern nach dem allgemeinen Strafgesetz nicht eine härtere Strafe eintritt[5].

1. Also Jedermann, nicht bloß Gewerbetreibende, gewerbliche Gehülfen u. s. w. Daß im § 152 nur die Verbote und Strafbestimmungen gegen „Gewerbetreibende“ u. s. w. aufgehoben sind, wird zu einer einschränkenden Auslegung des allgemeinen Wortes „wer“ um so weniger führen, als „Andere“ des Schutzes, welchen ihnen das Gesetz durch Strafandrohung gewähren will, in gleichem Maße gegen außerhalb des Gewerbebetriebes stehende Personen, als gegen Gewerbetreibende u. s. w. bedürfen.

Unter „Drohungen“ versteht das Pr. Ob.-Tr. (Goltd. Arch. B. 23 S. 447) auch das Inaussichtstellen eines Vermögensnachtheils.

2. Ob die „Ehrverletzung“ auf den Zweck, den Beleidigten zur Theilnahme an den „Verabredungen“ zu bestimmen schließen läßt, und ob dieselbe geeignet war, diesen Zweck für den Beleidigten erkennbar zu machen, hat der Richter unter Berücksichtigung der begleitenden Umstände zu ermessen.

3. Oder Vereinigungen (§ 152).

4. Der § 152 — soweit er hier in Betracht kommt — schreibt vor:

Alle Verbote und Strafbestimmungen gegen Gewerbetreibende, gewerbliche Gehülfen, Gesellen oder Fabrikarbeiter wegen Verabredungen und Vereinigungen zum Behufe der Erlangung günstiger Lohn- und Arbeitsbedingungen, insbesondere mittelst Einstellung der Arbeit oder Entlassung der Arbeiter, werden aufgehoben.

5. Der hierauf bezügliche § 240 StGB. schreibt vor:

Wer einen Anderen widerrechtlich durch Gewalt oder durch Bedrohung mit einem Verbrechen oder Vergehen zu einer Handlung, Duldung oder Unterlassung nöthigt, wird mit Gefängniß bis zu einem Jahre oder mit Geldstrafe bis zu sechshundert Mark bestraft. Der Versuch ist strafbar.

§ 154.

Die Bestimmungen der §§ 105—133 finden auf Gehülfen und Lehrlinge in Apotheken und Handelsgeschäften keine Anwendung.

Die Bestimmungen der §§ 134—139 b. finden auf Arbeitgeber und Arbeiter in Werkstätten, in deren Betrieb eine regelmäßige Benutzung von Dampfkraft stattfindet, sowie in Hüttenwerken, in Bauhöfen und Werften entsprechende Anwendung.

In gleicher Weise finden Anwendung die Bestimmungen der §§ 135—139 b. auf die Besitzer und Arbeiter von Bergwerken, Salinen, Aufbereitungsanstalten und unterirdisch betriebenen Brüchen oder Gruben.

* Soweit die in dem § 154 in Bezug genommenen §§ auf die schöffengerichtliche Strafjustiz von Einfluß sind, ist ihr Inhalt in den Noten zu den §§ 147—149 mitgetheilt worden.

Gesetz, betreffend das Urheberrecht an Schriftwerken, Abbildungen, musikalischen Kompositionen und dramatischen Werken. Vom 11. Juni 1870. BGBl. S. 339. (Durch das Ges. v. 27. Januar 1873 RGBl. S. 42 auf Elsaß-Lothringen ausgedehnt.)

I. Schriftstücke*.

* Das Wort „Schriftstücke" beruht auf einem Druckfehler. Wie sich aus der Ueberschrift des Ges. und dem § 1 ergiebt, hat es heißen sollen: „Schriftwerke".

§ 1.

Das Recht, ein Schriftwerk auf mechanischem Wege zu vervielfältigen, steht dem Urheber desselben ausschließlich zu.

§ 2.

Dem Urheber wird in Beziehung auf den durch das gegenwärtige Gesetz gewährten Schutz der Herausgeber eines aus Beiträgen Mehrerer bestehenden Werkes gleich geachtet, wenn dieses ein einheitliches Ganzes bildet.

Das Urheberrecht an den einzelnen Beiträgen steht den Urhebern derselben zu.

§ 4.

Jede mechanische Vervielfältigung eines Schriftwerkes, welche ohne Genehmigung des Berechtigten (§§ 1. 2) hergestellt wird, heißt Nachdruck und ist verboten.

Hinsichtlich dieses Verbotes macht es keinen Unterschied, ob das Schriftwerk ganz oder nur theilweise vervielfältigt wird.

Als mechanische Vervielfältigung ist auch das Abschreiben anzusehen, wenn es dazu bestimmt ist, den Druck zu vertreten.

§ 7 lit. a.

Als Nachdruck ist nicht anzusehen[1]:

Das wörtliche Anführen einzelner Stellen oder kleinerer[2] Theile eines bereits veröffentlichten Werkes oder die Aufnahme[3] bereits veröffentlichter Schriften von geringerem Umfang in ein größeres Ganzes, sobald dieses nach seinem Hauptinhalt ein selbstständiges wissenschaftliches Werk ist, sowie in Sammlungen, welche aus Werken mehrerer Schriftsteller zum Kirchen-, Schul- und Unterrichtsgebrauch oder zu einem eigenthümlichen literarischen Zweck[4] veranstaltet werden. Vorausgesetzt ist jedoch, daß der Urheber oder die benutzte Quelle angegeben ist.

1. Diese Vorschrift enthält eine Ausnahme von der in den §§ 1 u. 4 aufgestellten Regel; eine ausdehnende Auslegung derselben würde daher nicht gerechtfertigt sein.

2. Für den Begriff „kleinere" bietet sich hier ein bestimmter Maßstab nicht dar. Es ist in jedem einzelnen Falle nicht nur das Maß-Verhältniß zwischen dem ganzen Werke und dem daraus entnommenen Theile, sondern auch die Absicht des Gesetzes in's Auge zu fassen, daß der Abdruck nur insoweit für strafbaren Nachdruck gelten soll, als durch denselben eine Gefährdung des Urhebers, bzhw. Verlegers zu besorgen ist. Die Mot. (Stenog. Ber. Band III S 132) geben dem Richter anheim, in Zweifelsfällen das Gutachten des Sachverständigen-Vereins einzuholen.

3. Gleich erhebliche Zweifel, wie die in der Note 2 erwähnten treten dem Richter in Fällen stattgehabter Aufnahme ganzer Druckschriften in ein selbständiges Werk eines anderen Urhebers (Autors) entgegen. Auch hier fällt das Urtheil darüber, ob nur „kleinere Theile" eines Werks wörtlich angeführt sind, ob die aufgenommene Schrift „von geringerem Umfange", ob das Werk, in welches die erstere aufgenommen worden, ein „größeres Ganze" ist, ob diesem Werke „nach seinem Hauptinhalte" der Charakter eines „wissenschaftlichen" beizumessen ist, dem durch die vorliegenden Verhältnisse geleiteten freien Ermessen des Gerichts anheim. In den beiden ersten Beziehungen bieten die Gegensätze, welche sich aus den erwähnten vom Gesetz gebrauchten Ausdrücken ergeben, dem Richter einen Anhalt zur richtigen Anwendung der Vorschrift dar. Ist beispielsweise der Umfang der in ein anderes Werk aufgenommenen Schrift nicht wesentlich geringer als jenes Werk, oder besteht dieselbe nicht in einem vereinzelten Geistesprodukt — Gedicht, Schilderung eines Erlebnisses u. dergl. — muß sie vielmehr selbst als ein selbständiges Werk wissenschaftlichen Charakters anerkannt werden, so wird strafbarer Nachdruck anzunehmen und die Sache durch Beschluß des Schöff.-Ger. auf Grund des § 270 St. an das Landgericht abzugeben sein.

4. Die Worte: „eigenthümliche literarische Zwecke" bieten gleichfalls Anlaß zu Bedenken dar. Sie werden vorzugsweise auf solche Sammelwerke zu beziehen sein, in denen aus anderen Büchern ausgewählte Gedichte, Fabeln, Anekdoten u. dergl. an einander gereiht und zu einem Ganzen vereint sind.

§ 24.

Wenn in den Fällen des § 7 lit. a. die Angabe der Quelle oder[1] des Namens des Urhebers vorsätzlich oder aus Fahrlässigkeit[2] unterlassen wird, so haben der Veranstalter und der Veranlasser[3] des Abdrucks eine Geldstrafe bis zu zwanzig Thalern verwirkt.

Eine Umwandlung der Geldstrafe in Freiheitsstrafe findet nicht statt.

1. Hier, wie im § 7 lit. a ist demjenigen, welcher aus einem Werke eines anderen Schriftstellers einzelne Stellen wörtlich anführt u. s. w. durch die — zwischen den verschiedenen Fällen nicht unterscheidenden Worte: „Angabe der Quelle oder des Namens" die Wahl gelassen, ob er (objektiv) das Werk, aus welchem die Entlehnung stattgefunden hat, oder (subjektiv) den Autor desselben bezeichnen will. Die hier angedrohte Strafe kann nur eintreten, wenn weder das Eine noch das Andere geschehen ist. In jedem Falle muß aber die Bezeichnung derartig sein, daß der Richter im Stande ist, das Werk, aus welchem die Entlehnung erfolgt ist, von anderen Werken zu unterscheiden.

2. Die Ueberzeugung des Richters, daß dem auf Grund des § 24 Angeklagten Vorsatz nicht beizumessen sei, hat nicht ohne Weiteres seine Verurtheilung wegen fahrlässigen Unterlassens der vorgeschriebenen Anzeige zur Folge; es müssen vielmehr die Thatsachen oder Umstände, welche den Vorwurf der Fahrlässigkeit begründen, in dem ihn zu Strafe verurtheilenden Erkenntniß besonders festgestellt werden.

3. Dieselben Worte „Veranstalter" und „Veranlasser" kommen auch in den §§ 20. 21 des Gesetzes in Bezug auf den Nachdruck vor. Gewöhnlich wird der „Veranstalter" derjenige sein, welcher den Druck des Werkes im eigenen Namen und Interesse ausführt, der „Veranlasser" derjenige, welcher Jenem die Gelegenheit dazu bietet, ihn gegen oder ohne Entgelt dazu bestimmt, den Auftrag dazu ertheilt; der Regel nach der Schriftsteller. Beide sind zur Vermeidung der Strafe des § 24 für die Angabe der Quelle u. s. w. zu sorgen verpflichtet.

4. S. die Note 2 zu § 47.

§ 43.

Die Bestimmungen in den §§ 1—42[1] finden auch Anwendung auf geographische, topographische, naturwissenschaftliche, architektonische, technische und ähnliche Zeichnungen und Abbildungen welche nach ihrem Hauptzwecke nicht als Kunstwerke zu betrachten sind[2].

1. Die Hinweisung auf sämmtliche in den §§ 1—42 enthaltenen Vorschriften — von denen die vorstehend nicht aufgenommenen §§ für die Schöffen ohne Interesse sind — scheint nicht völlig korrekt zu sein, da zu denselben auch die oben mitgetheilten Bestimmungen des § 7 lit. a gehören, welche hier durch den § 44 ersetzt sind. Es hat wohl nur gesagt werden sollen, daß die auf den „Nachdruck" bezüglichen Vorschriften jener 42 §§

auch auf die im § 43 bezeichneten Zeichnungen und Abbildungen Anwendung finden. Vergl. die Note 1 zu § 44.

2. Sondern der Wissenschaft, Industrie u. s. w. dienen sollen.

§ 44.

Als Nachdruck ist es nicht anzusehen, wenn einem Schriftwerke[1] einzelne Abbildungen aus einem anderen Werke beigefügt werden, vorausgesetzt, daß das Schriftwerk als die Hauptsache erscheint und die Abbildungen nur zur Erläuterung des Textes u. s. w. dienen. Auch muß der Urheber oder die benutzte Quelle angegeben sein, widrigenfalls die Strafbestimmung im § 24 Platz greift[2].

1. Der § braucht hier nicht den im § 7 lit. a gewählten allgemeinen Ausdruck „Werke", beschränkt vielmehr die Ausnahme von der Regel des § 43 auf den Fall, wenn einem Schriftwerke einzelne Abbildungen aus einem anderen Werke beigefügt werden. Die Ausdehnung dieser Ausnahme-Vorschrift auf solche Fälle, wo einzelne Abbildungen aus einem anderen Werke, aus einem Bilderwerke, oder einer Sammlung von Zeichnungen und Abbildungen der im § 43 bezeichneten Art beigefügt werden, dürfte daher unzulässig sein, zumal der § auf den — bei Werken der letzterwähnten Art in der Regel fortfallenden — Text des Schriftwerks hinweist. Die entgegengesetzte Ansicht Dambachs (Urheberrecht S. 217), welche darauf gegründet ist, daß die im § 43 in Bezug genommenen §§ auch den § 7 lit. a umfassen, erscheint bedenklich, da der § 7 lit. a nicht allgemeine auch auf den § 44 anwendbare Bestimmungen enthält, vielmehr vom „wörtlichen Anführen einzelner Stellen oder kleinerer Theile eines Werks und von der Aufnahme von Schriften handelt, mithin ein Sachverhältniß unterstellt, welches von der im § 44 vorausgesetzten Beifügung „einzelner Abbildungen" wesentlich verschieden ist. Auch weicht der § 44 von dem § 7 lit. a darin ab, daß ersterer nicht, gleich dem letzteren, erfordert, daß das „Schriftwerk" ein wissenschaftliches sei, sowie darin, daß die Beschränkung des § 7 lit. a auf „bereits veröffentlichte Werke" hier fortfällt. Aus den Motiven zu dem § (§ 46 des Entw.) ist ein Anhalt zum Verständniß der Vorschrift nicht herzunehmen. Es ist dort nur gesagt: er enthalte eine Anwendung des im § 6 lit. b. des Entw. (§ 7 lit. a des Ges.) ausgesprochenen Princips des Gesetzes (Stenogr. Ber. von 1870 3. Band S. 138). Dasselbe gilt von dem Berichte der Kommission (4. Band S. 543) sowie von der Berathung des § im Reichstage (2. Band S. 858 und 1044).

2. Vergl. die Noten zu § 7 lit. a und § 24 und die Note 2 zu § 47.

§ 46.

Als Nachdruck sind alle ohne Genehmigung des Urhebers einer musikalischen Komposition herausgegebenen Bearbeitungen derselben anzusehen, welche nicht als eigenthümliche Kompositionen betrachtet werden können, insbesondere Auszüge aus einer musikalischen Komposition, Arrangements für einzelne oder mehrere Instrumente oder Stimmen, sowie der Abdruck von einzelnen Motiven oder Melodieen eines und desselben Werkes, die nicht künstlerisch verarbeitet sind.

§ 47.

Als Nachdruck ist nicht anzusehen: das Anführen einzelner Stellen eines bereits veröffentlichten Werkes der Tonkunst, die Aufnahme bereits veröffentlichter kleinerer Kompositionen in ein nach seinem Hauptinhalte selbstständiges wissenschaftliches Werk, sowie in Sammlungen von Werken verschiedener Komponisten zur Benutzung in Schulen, ausschließlich der Musikschulen. Vorausgesetzt ist jedoch, daß der Urheber oder die benutzte Quelle angegeben ist, widrigenfalls die Strafbestimmung des § 24 Platz greift.

1. S. die Note 1 zu § 24.

2. Treten dem SchG. bei der Rechtsprechung Zweifel entgegen, ob in dem zu seiner Entscheidung vorliegenden Falle die Voraussetzungen der der Anklage zum Grunde liegenden §§ 7 lit. a 44. 47 anzutreffen sind, so wird es — zumal wenn es sich um Fragen handelt, deren Beantwortung nicht aus den Erfahrungen des täglichen Lebens und des gewöhnlichen geschäftlichen Verkehrs herzunehmen ist — empfehlen, den in den §§ 30 und 31 des Ges. angedeuteten Weg zu betreten. Selbstverständlich wird es durch das Gutachten des Sachverständigen-Vereins (§ 31) in seinem demnächst zu fällenden Urtheil nicht gebunden. Jene §§ lauten:

§ 30. Sind technische Fragen, von welchen der Thatbestand des Nachdrucks — abhängt, zweifelhaft oder streitig, so ist der Richter befugt, das Gutachten Sachverständiger einzuholen.

§ 31. In allen Staaten des Norddeutschen Bundes sollen aus Gelehrten, Schriftstellern, Buchhändlern und anderen geeigneten Personen Sachverständigen-Vereine gebildet werden, welche, auf Erfordern des Richters, Gutachten über die an sie gerichteten Fragen abzugeben verpflichtet sind.

§ 61.

Das gegenwärtige Gesetz findet Anwendung auf alle Werke inländischer Urheber, gleichviel, ob die Werke im Inlande oder Auslande erschienen, oder überhaupt noch nicht veröffentlicht sind.

Wenn Werke ausländischer Urheber bei Verlegern erscheinen, die im Gebiete des Norddeutschen Bundes ihre Handelsniederlassungen haben, so stehen diese Werke unter dem Schutze des gegenwärtigen Gesetzes*.

* Vergl. das Ges. betreffend das Urheberrecht an Werken der bildenden Künste vom 9. Januar 1876.

Gesetz über das Postwesen des Deutschen Reichs. Vom 28. Oktober 1871. RGBl. S. 347*.

* Im Betreff der auf Post- und Portodefraudationen bezüglichen §§ 27 bis 33, hinsichtlich deren in den §§ 34 bis 46 zunächst ein Strafverfahren vor den Postbehörden angeordnet ist, s. das im „Vorwort zum Handbuche" Gesagte. Für die in den nachstehenden §§ bezeichneten Untersuchungen sind die SchG. ausschließlich zuständig.

§ 17.

In besonderen Fällen, in denen die gewöhnlichen Postwege gar nicht oder schwer zu passiren sind, können die ordentlichen Posten, die Extraposten, Kuriere und Estafetten sich der Neben- und Feldwege sowie der ungehegten Wiesen und Aecker bedienen.

§ 18.

Gegen die ordentlichen Posten, Extraposten, Kuriere und Estafetten ist keine Pfändung erlaubt; auch darf dieselbe gegen einen Postillon nicht geübt werden, welcher mit dem ledigen Gespann[1] zurückkehrt. Bei Zuwiderhandlungen ist eine Geldstrafe von zehn Sgr. bis zu zwanzig Thl. verwirkt[2].

1. Die Worte: „mit ledigem Gespann" lassen zweifelhaft, ob darunter auch die ohne Wagen oder Schlitten zurückkehrenden Pferde zu verstehen seien, zumal der — von der Befreiung der ordentlichen Posten u. s. w. handelnde — § 16, zwischen Fuhrwerk und Pferden unterscheidend, die Fassung: „die von Postbeförderungen zurückkehrenden Postfuhrwerke und Postpferde" erhalten hat. Mit Rücksicht auf die Absicht des Gesetzes, der Hemmung des Postverkehrs durch das Verbot der Pfändungen entgegenzutreten, wird jedoch die obige Frage zu bejahen sein.

Bei der Allgemeinheit des Pfändungsverbots kann sich der auf Grund des § Angeklagte mit dem Beweisantritt, daß der gewöhnliche Postweg leicht passirbar gewesen sei (§ 17), nicht schützen; vielmehr ist in einem solchen Falle der Postillon nur seiner Dienstbehörde verantwortlich.

2. Für den Fall der Uneinziehbarkeit der Geldstrafe ist auf Grund des § 28 Abs. 2 StGB. in Verbindung mit § 491 St. in geeigneten Fällen im Urtheil Haft festzusetzen.

§ 19.

Jedes Fuhrwerk muß den ordentlichen Posten, sowie den Extraposten, Kurieren und Estafetten auf das übliche* Signal ausweichen. Bei Zuwiderhandlungen ist eine Geldstrafe von zehn Sgr. bis zu zehn Thl. verwirkt.

* Die Worte „auf das übliche" sind gleichbedeutend mit „auf ein gegebenes". Der Angekl. wird sich, sofern das Signal verständlich war, nicht darauf berufen dürfen, daß dasselbe für „üblich" nicht habe gelten können.

§ 23.

Die Thorwachen, Thor-Brücken- und Barrierebeamten sind verbunden, die Thore und Schlagbäume schleunigst zu öffnen, sobald der Postillon das übliche Signal giebt. Ebenso müssen auf dasselbe die Fährleute die Ueberfahrt unverzüglich* bewirken. Bei Zuwiderhandlungen ist eine Geldstrafe von zehn Sgr. bis zu zehn Thl. verwirkt.

* Die Angabe der Thatsachen und Umstände, aus denen ein strafbarer Verzug hergeleitet wird, gehört zur Begründung der Anklage.

Gesetz, betreffend die Beschränkungen des Grundeigenthums in der Umgebung von Festungen. Vom 21. Dezember 1871. RGBl. S. 459. (In Elsaß-Lothringen eingeführt durch das Ges. v. 21. Februar 1872. RGBl. S. 56.)

§ 1.

Die Benutzung des Grundeigenthums in der nächsten Umgebung der bereits vorhandenen, sowie der in Zukunft anzulegenden permanenten Befestigungen unterliegt nach Maßgabe dieses Gesetzes dauernden Beschränkungen.

§ 2.

Behufs Feststellung dieser Beschränkungen wird die nächste Umgebung der Festungen in Rayons getheilt, und je nach der Entfernung von der äußersten Vertheidigungslinie ab als erster, zweiter, dritter Rayon bezeichnet.

Wenn bei Festungen mehrere zusammenhängende Befestigungslinien vor einander liegen, so bildet der Raum zwischen denselben die Zwischen-Rayons*.

* Die § 3—7 enthalten die Vorschriften über die Art der Abmessung der Rayons, und über die Begrenzung des zu jedem der drei Rayons gehörigen Terrains und der — in strenge und einfache zerfallenden — Zwischenrayons.

§ 13.

Innerhalb sämmtlicher Rayons sind nicht ohne Genehmigung der Kommandantur zulässig, vorbehaltlich der Bestimmungen in § 30[1]:

1. jede dauernde Veränderung der Höhe der Terrainoberfläche, insbesondere die Anlage und der Betrieb [2] von Lehm- und Sandgruben, Stein- und Kalkbrüchen, die Anlage von Plätzen zur Ablagerung von Ballast, so wie eine jede solche Ablagerung an nicht dazu bestimmten Plätzen;
2. alle Neuanlagen oder Veränderungen von Dämmen, Deichen, Gräben, sowie in den Vorfluthsverhältnissen, Ent- und Bewässerungsanlagen und sonstigen Wasserbauten, desgleichen alle Neuanlagen oder Veränderungen von Chausseen, Wegen und Eisenbahnen;
3. die Anlage von größeren Parkanlagen, Baumschulen und Waldungen;
4. die Errichtung und Veränderung von Kirch- und Glockenthürmen, sowie alle thurmartigen Konstruktionen.

1. Der § 30 handelt von Projekten größerer Anlagen (Chausseen, Deiche, Eisenbahnen u. s. w.).
2. S. die Note 3 zu § 32.

§ 14.

Im dritten Rayon ist bei etwaiger Feststellung von Bebauungsplänen rücksichtlich der Breite und Richtung der Straßen die Genehmigung der Reichs-Rayonkommission (§ 31)* erforderlich.

* Eine durch den Kaiser zu berufende Militärkommission.

§ 15.

Innerhalb des zweiten Rayons sind

B.* nicht ohne Genehmigung der Kommandantur zulässig:
1. die Anlage von Beerdigungsplätzen;
2. die Errichtung von Grabhügeln von mehr als 50 Centim. Höhe, sowie von Denkmälern aus Stein oder Eisen, welche in den mehr als 50 Centim. über der Erdoberfläche liegenden Theilen eine größere Stärke haben, als 15 Centim. für Stein, bezüglich 2 Centim. für Eisen;
3. die Errichtung von Gebäuden, welche nicht schon nach den Bestimmungen von A. unzulässig sind;
4. die Anlage massiver Dampfschornsteine.

Lit. A führt die unzulässigen Bauten und Anlagen auf, hat daher auf die nur die Verabsäumung der Einholung der Genehmigung und die Unterlassung der in den §§ 21. 22 vorgeschriebenen Anzeigen betreffenden Strafbestimmungen des § 32 keinen Bezug.

§ 16.

Für den einfachen Zwischenrayon gelten die im § 15 für den zweiten Rayon gegebenen Vorschriften, jedoch mit folgenden Abweichungen u. s. w.*

Die hier zu § 15 lit. B aufgeführten Abweichungen betreffen diejenigen Voraussetzungen, unter denen die Genehmigung von der Kommandantur nicht versagt werden darf.

§ 17.

Im ersten Rayon ist

B.* nicht ohne Genehmigung der Kommandantur zulässig:

1. die Anlage von Beerdigungsplätzen;
2. die Errichtung von Grabhügeln von mehr als 50 Centim. Höhe, sowie von Denkmälern aus Stein oder Eisen, welche in den mehr als 50 Centim. über der Erdoberfläche liegenden Theilen eine größere Stärke haben, als 15 Centim. für Stein, bezüglich 2 Centim. für Eisen;
3. die Anlage hölzerner Windmühlen;
4. alle vorstehend nicht als unzulässig bezeichneten Baulichkeiten; bewegliche Feuerungsanlagen; hölzerne und eiserne Einfriedigungen, letztere, wenn sie ohne Schwierigkeit beseitigt werden können; Brunnen.

*. Wie in der Note zu § 15.

§ 18.

Das Alignement der im ersten und zweiten Rayon und einfachen Zwischenrayon zu errichtenden Gebäude in Beziehung auf die Festungswerke, insofern dasselbe nicht von der Richtung vorhandener öffentlicher Wege oder Straßen abhängig ist, unterliegt der Genehmigung der Kommandantur.

§ 20.

Im ersten und zweiten Rayon und im einfachen Zwischenrayon ist die Einrichtung von Niederlagen und Plätzen, auf welchen Vorräthe zu gewerblichen Zwecken im Freien oder in Schuppen aufgestapelt werden, nicht ohne Genehmigung der Kommandantur zulässig.

Die Höhe der zulässigen Aufstapelung beträgt:

a. für unverbrennliche Materialien, für Stein- und Braunkohlen, Koaks und dergl.: im ersten Rayon 1½ Meter, im zweiten und einfachen Zwischenrayon 2 Meter,
b. für Torf und Lohkuchen: 3 Meter,
c. für Bau- und Brennholz: im ersten Rayon 4 Meter im zweiten und einfachen Zwischenrayon 5 Meter.

Eine höhere Aufstapelung bedarf der Genehmigung der Kommandantur.

§ 21.

Bei vorübergehenden Veränderungen der Höhe der Terrainoberfläche, wie der Auflagerung von Baumaterialien während der Ausführung eines genehmigten Baues, der Benutzung der Grabenränder zur Auflagerung der bei der Grabenräumung ausgeworfenen Erde und dergl. ähnlichen Benutzungen bedarf es im ersten und zweiten Rayon und einfachen Zwischenrayon nur einer vorgängigen Anzeige an die Kommandantur. Jedoch steht es derselben zu, die Zeit der Wiederbeseitigung der vorübergehenden Erhöhung des Terrains zu bestimmen.

Zur Anlage von Komposthaufen ist die Genehmigung der Kommandantur erforderlich.

§ 22.

Die einmal vorhandenen[1] Baulichkeiten und Anlagen, auf denen nicht die besondere Bedingung des Eingehens durch Verfall, oder der künftigen Reduktion auf eine leichtere Bauart schon haftet, sollen, unbeschadet der Bestimmung des § 43[2], erhalten bleiben, auch wenn sie den Vorschriften dieses Gesetzes nicht entsprechen. Dieselben können, wenn sie ganz oder theilweise zerstört oder baufällig geworden sind, nach vorgängiger Anzeige bei der Kommandantur in den alten Abmessungen und der bisherigen Bauart wiederhergestellt werden.

Ueberschreiten Wiederherstellungsbauten das vorbestimmte Maß, so bedarf es der Genehmigung der Kommandantur.

1. Es sind die zur Zeit des Inkrafttretens dieses Gesetzes schon vorhandenen gemeint.

2. Der § 43 bestimmt, daß, wenn die Armirung permanenter Befestigungen angeordnet wird, die Besitzer der innerhalb der Rayons belegenen Grundstücke verpflichtet sind, der schriftlichen oder öffentlich bekannt gemachten Aufforderung der Kommandantur zur Niederlegung von baulichen und sonstigen Anlagen u. s. w. nachzukommen.

§ 32.

Grundbesitzer¹, welche ohne die gesetzlich erforderliche Genehmigung oder mit eigenmächtiger Abweichung von dem genehmigten Plane eine Anlage², einen Neu- oder Wiederherstellungsbau ausführen oder ausführen lassen, werden mit einer Geldbuße bis zu funfzig Thalern bestraft. Eine gleiche Strafe trifft denjenigen, welcher als Baumeister oder Bauhandwerker die Ausführung geleitet hat.

Wer die in den §§ 21. 22 vorgeschriebene Anzeige unterläßt, wird mit einer Geldbuße bis zu fünf Thalern bestraft.

1. Das Wort: „Grundbesitzer" ist hier in weiterem Sinne, also mit Einschluß eines dem Eigenthümer gegenüber zur Ausführung solcher Baulichkeiten und Anlagen berechtigten Administrators, Pächters u. dergl. aufzufassen.

2. Unter Anlagen versteht hier das Gesetz — abweichend vom gemeinen Sprachgebrauche — auch bloße Veränderungen schon bestehender Anlagen, wie an Dämmen, Deichen, Gräben u. dergl. Vergl. § 13.

3. Die Worte des § 13 Nr. 1 „die Anlage und der Betrieb" geben zu dem Zweifel Anlaß, ob nicht bloß zu den Anlagen von Lehmgruben, Sandgruben u. s. w., sondern auch zu deren Betriebe eine ausdrückliche Genehmigung der Kommandantur erforderlich sei, und — dem entsprechend — ob die Strafe des § 32 auch dann wegen des Betriebes eintrete, wenn zwar zu der Anlage, nicht aber zu dem Betriebe die Genehmigung ertheilt worden sei. Da jedoch der die Grenzen der Strafbarkeit bestimmende § 32 nur von „Anlagen" spricht, und überdies die Einholung der Genehmigung zu der Anlage nur zum Zwecke ihres Betriebes erfolgt, die Ertheilung jener Genehmigung mithin voraussetzlich die des Betriebes in sich schließen soll, so darf angenommen werden, daß den Worten: „und der Betrieb" im § 13 eine besondere Bedeutung nicht hat beigelegt werden sollen, mithin derjenige, welchem die Genehmigung zur Anlage selbst ertheilt ist, dieselbe auch in Betrieb setzen darf.

Seemannsordnung. Vom 27. Dezember 1872. (RGBl. S. 409.)

§ 1.

Die Vorschriften dieses Gesetzes finden auf alle Kauffahrteischiffe (Gesetz vom 25. Oktober 1867 § 1. Bundesgesetzblatt S. 35) Anwendung, welche das Recht, die Reichsflagge zu führen, ausüben dürfen.

§ 2.

Schiffer im Sinne dieses Gesetzes ist der Führer des Schiffs (Schiffs-Kapitän), in Ermangelung oder Verhinderung desselben dessen Stellvertreter*.

* Es wird hierunter nicht nur der nach Maßgabe der Rangverhältnisse ein für alle Mal in voraus ernannte Vertreter, sondern auch derjenige zu verstehen sein, welcher beim Ausscheiden oder in Fällen einstweiliger Verhinderung des Schiffers die Führung des Schiffs thatsächlich übernimmt.

§ 3.

Zur „Schiffsmannschaft" („Mannschaft") werden auch die Schiffsoffiziere mit Ausschluß des Schiffers gerechnet; desgleichen ist unter „Schiffsmann" auch jeder Schiffsoffizier mit Ausnahme des Schiffers zu verstehen.

Personen, welche, ohne zur Schiffsmannschaft zu gehören, auf einem Schiffe als Maschinisten, Aufwärter, oder in anderer Eigenschaft angestellt sind*, haben dieselben Rechte und Pflichten, welche in diesem Gesetze in Ansehung der Schiffsmannschaft festgesetzt sind. Es macht hierbei keinen Unterschied, ob sie von dem Schiffer oder von dem Rheder angenommen worden sind.

* Aus dem Gegensatze zwischen den hier aufgeführten Personen und der im Abs. 1 gedachten „Schiffsmannschaft" ergiebt sich, daß zu letzterer alle Diejenigen gehören, denen der unmittelbare Dienst des zum Transport bestimmten Schiffs obliegt. Der § 41 rechnet dahin auch die Schiffsjungen.

Strafbestimmungen.

(§ 81.

Ein Schiffsmann, welcher nach Abschluß des Heuervertrages sich verborgen hält, um sich dem Antritte des Dienstes zu entziehen, wird mit Geldstrafe bis zu zwanzig Thalern gestraft. Die Verfolgung tritt nur auf Antrag ein[1].

Wenn ein Schiffsmann[2], um sich der Fortsetzung des Dienstes zu entziehen, entläuft oder sich verborgen hält, so tritt Geldstrafe bis zu einhundert Thalern oder Gefängnißstrafe bis zu drei Monaten ein. Die Verfolgung tritt nur auf Antrag[3] ein.

Ein Schiffsmann, welcher mit der Heuer entläuft oder sich verborgen hält, um sich dem übernommenen Dienste zu

entziehen, wird mit der im § 298 des Strafgesetzbuchs angedrohten Gefängnißstrafe bis zu einem Jahre belegt.)

1. Die Untersuchung wegen dieser Uebertretung, sowie der in den §§ 84. 93. 99 mit Strafe bedrohten Delikte sind durch den — nach § 5 Abs. 2 der Einleit. zur Str.=Pr.=Ordn. in Kraft gebliebenen § 101 zunächst der Untersuchung und Entscheidung durch das Seemannsamt überwiesen. Vergl. bezüglich der Nichtaufnahme jener §§ in das Handbuch das in Bezug auf derartige Straffälle im Vorwort Gesagte. Aus dem dort angegebenen Grunde sind auch die Vorschriften des Ges. betreffend die Verpflichtung deutscher Kauffahrteischiffe zur Mitnahme hülfsbedürftiger Seeleute vom 27. Decbr. 1872 RGBl. S. 432 weggelassen, da nach § 8 desselben für die Festsetzung der darin angedrohten Strafe und für das Verfahren der § 101 der Seemannsordnung zur Anwendung kommt.

2. Wie der ganze §, so spricht auch Abs. 2 nur vom „Schiffsmann". Dieser Ausdruck paßt nicht auf die im § 3 Abs. 2 erwähnten Personen; dieselben werden vielmehr dort als nicht zur Schiffsmannschaft gehörig bezeichnet, und nur in Bezug auf „Rechte und Pflichten" der Schiffsmannschaft gleichgestellt. Um Rechte und Pflichten handelt es sich hier aber nicht, sondern um eine Strafe, die nur Denjenigen treffen kann, welchem sie ausdrücklich im Gesetz angedroht ist. Daß im § 82, welcher lautet:

„In den Fällen der beiden letzten Absätze des § 81 verliert der Schiffsmann, wenn er vor Abgang des Schiffes weder zur Fortsetzung des Dienstes freiwillig zurückkehrt, noch zwangsweise zurückgebracht wird, den Anspruch auf die bis dahin verdiente Heuer. Die Heuer und, sofern diese nicht ausreicht, auch die Effekten können zur Deckung der Schadensansprüche des Rheders aus dem Heuer= und Dienstvertrage in Anspruch genommen werden, soweit die Heuer hierzu nicht erforderlich ist, wird mit ihr nach Maßgabe des § 107 verfahren."

des Heuer= oder Dienstvertrages Erwähnung geschieht, dürfte um so weniger genügen, um die Strafbestimmungen des § 81 auch auf die als Maschinisten, Aufwärter u. s. w. (§ 3 Abs. 2) angestellten Personen zur Anwendung zu bringen, als auch der ausschließlich vom Schiffer und von der „Schiffsmannschaft" handelnde § 42 von Dienst= und Heuerverträgen spricht. Eine über den Wortsinn des § 81 Abs. 2 hinausgehende Auslegung desselben erscheint aber auch aus dem Grunde bedenklich, weil die Vorschrift desselben, welche lediglich einen Vertragsbruch mit Strafe bedroht, eine Abweichung von der allgemeinen Rechtstheorie enthält. Die Motive zu dem Entwurf der Seemannsordnung (Stenogr. Ber. über die Verhandl. des Deutschen Reichstages von 1872 3. Band S. 294 (zu § 3) und S. 306 (zu § 85, im Ges. § 81) sprechen sich über die Frage nicht aus, besprechen vielmehr nur die Disciplinarstrafen. Dasselbe gilt von den Reichstagsverhandlungen. B. I S. 430 B. II S. 1115—1117 1121 und 1122). Hierzu kommt, daß, von der Anwendbarkeit des § 81 auf die nicht zur Schiffsmannschaft gehörenden Personen (§ 3 Abs. 2) ausgegangen, auch die Strafbestimmungen der §§ 83. 86. 87. 88. 94. 95. 98 auf dieselben für anwendbar zu erachten sein würden, wiewohl z. B. die Gehorsamsverweigerung eines Schiffsmannes mit ungleich schwereren Folgen für den Schiffsdienst verknüpft sein wird, als die eines Aufwärters, mithin nicht anzunehmen ist, daß das Gesetz die Handlungen Beider mit gleicher Strafe habe bedrohen wollen.

Es wird hiergegen auch nicht geltend gemacht werden können, daß der sich an die Strafvorschriften unmittelbar anschließende § 102 seinem Zwecke nach auch auf die im § 3 Abs. 2 aufgeführten Personen Anwendung finden müsse. Denn dasselbe dürfte von den im § 84 erwähnten „Reisenden" gelten müssen; gleichwohl wird es für zweifellos zu erachten sein, daß keine der Strafbestimmungen auf diese Anwendung findet. Hiernach werden der § 81 sowohl, als die übrigen oben aufgeführten Strafvorschriften auf die im § 3 Abs. 2 bezeichneten Personen außer Anwendung zu lassen sein. Vergl. dagegen Meves S. 447 Nr. 1 in Bezold: Die Gesetzgebung des Deutschen Reichs. Dritter Theil B. I) sowie auch das Urth. des Pr. Ob.-Tr. v. 27. März 1878 (Goltd. Arch. B. 26 S. 221).

§ 83.

Hat der Schiffsmann[1] sich dem Dienste in einem der Fälle des § 61, 1 u. 3[2] ohne Genehmigung des Seemannsamtes (§ 64) entzogen, so tritt Geldstrafe bis zum Betrage einer Monatsheuer ein.

1. Vergl. Note 2 zu § 81 Abs. 2.
2. Die hier in Bezug genommenen §§ lauten:

§ 61, 1 u. 3: Der Schiffsmann kann seine Entlassung fordern:

1. wenn sich der Schiffer einer schweren Verletzung seiner ihm gegen denselben obliegenden Pflichten, insbesondere durch Mißhandlung oder durch grundlose Vorenthaltung von Speise und Trank schuldig macht;
3. wenn nach Beendigung der Ausreise eine Zwischenreise beschlossen, oder, wenn eine Zwischenreise beendigt ist, sofern seit dem Dienstantritt zwei oder drei Jahre, je nachdem das Schiff in einem europäischen (§ 70) oder in einem nichteuropäischen Hafen sich befindet, verflossen sind.

Der Wechsel des Rheders oder Schiffers giebt dem Schiffsmann kein Recht, die Entlassung zu fordern.

§ 64. Im Auslande darf der Schiffsmann, welcher seine Entlassung fordert, außer in dem Falle eines Flaggenwechsels, nicht ohne Genehmigung eines Seemannsamtes (§ 105) den Dienst verlassen.

§ 86.

Ein Schiffsmann[1], welcher den wiederholten Befehlen des Schiffers oder eines anderen Vorgesetzten den schuldigen[2] Gehorsam verweigert, wird mit Gefängniß bis zu drei Monaten oder mit Geldstrafe bis zu Einhundert Thalern bestraft.

1. Vergl. Note 2 zu § 81.
2. Also gegenüber einem Befehl, welchen der Schiffer oder andere Vorgesetzte diesem Schiffsmanne zu ertheilen berechtigt ist. Ob die Verweigerung ausdrücklich ausgesprochen ist oder in der Nichtbefolgung des Befehls besteht, ist unerheblich, sofern letzterer nur wiederholt worden ist.

(§ 87.

Wenn zwei oder mehrere zur Schiffsmannschaft gehörige Personen dem Schiffer oder einem anderen Vorgesetzten den schuldigen Gehorsam auf Verabredung gemeinschaftlich verweigern, so tritt gegen jeden Betheiligten Gefängnißstrafe bis zu einem Jahre ein. Der Rädelsführer wird mit Gefängnißstrafe bis zu drei Jahren bestraft.

Sind mildernde Umstände vorhanden, so kann auf Geldstrafe bis zu zweihundert Thalern erkannt werden.

Der Rädelsführer wird mit Gefängniß bis zu zwei Jahren bestraft.)

§ 88.

Ein Schiffsmann[1], welcher zwei oder mehrere zur Schiffsmannschaft gehörige Personen zur Begehung einer nach den §§ 87 (und 91) strafbaren Handlung auffordert[2], ist gleich dem Anstifter zu bestrafen, wenn die Aufforderung die strafbare Handlung oder einen strafbaren Versuch derselben zur Folge gehabt hat.

Ist die Aufforderung ohne Erfolg geblieben, so tritt im Falle des § 87[3] Geldstrafe bis zu einhundert Thalern (im Falle des § 91 Geldstrafe bis zu zweihundert Thalern oder Gefängnißstrafe bis zu einem Jahre) ein.

1. Vergl. die Note 2 zu § 81. Auch diese Bestimmung wird, ihrem Wortsinne entsprechend, auf die im Abs. 1 § 3 bezeichnete Schiffsmannschaft zu beschränken, nicht aber auf die im Abs. 2 das. erwähnten Personen auszudehnen sein.
2. Diese Vorschrift setzt voraus, daß die Thätigkeit sich auf das Auffordern beschränkt hat.
3. Für alle übrigen in dem § 88 vorgesehenen Fälle scheidet das Strafverfahren vor den SchGer. unbedingt aus.

§ 94.

Wer[1] wider besseres Wissen eine auf unwahre Behauptungen gestützte Beschwerde über Seeuntüchtigkeit des Schiffs oder Mangelhaftigkeit des Proviants bei einem Seemannsamte vorbringt und auf Grund dieser Behauptungen eine Untersuchung veranlaßt[2], wird mit Gefängniß bis zu drei Monaten bestraft.

Wer leichtfertig eine auf unwahre Behauptungen gestützte Beschwerde über Seeuntüchtigkeit des Schiffs oder Mangelhaftigkeit des Proviants bei einem Seemannsamte vorbringt und auf Grund dieser Behauptungen eine Untersuchung veranlaßt, wird mit Geldstrafe bis zu Einhundert Thalern bestraft.

1. Hiernach bezieht sich die Vorschrift nicht nur, wie die vorangegangenen §§, auf die Schiffsmannschaft und die in § 3 Abs. 2 bezeichneten Personen, sondern auf Jeden, der eine den Voraussetzungen des § entsprechende Beschwerde vorbringt, also auch auf die Reisenden. Hierfür spricht auch, daß der — von der Kommission des Reichstages eingeschaltete — § ursprünglich dahin gefaßt war: „Mit Geldstrafe — wird bestraft ein Schiffsmann, welcher u. s. w.“ wonächst derselbe erst in der Reichstagsverhandlung v. 16. Juni 1872 (Stenogr. Ber. Bd. 2 S. 1117) seine jetzige allgemeinere Redaktion erhalten hat.

2. Diese Strafe wird daher, sofern nur die Unwahrheit der Behauptungen und die Wissentlichkeit festgestellt wird, auch dann eintreten, wenn bei der Untersuchung das Schiff aus anderen Gründen untüchtig befunden wird.

§ 95.

Die Verhängung einer in diesem Abschnitte* oder durch sonstige strafrechtliche Bestimmungen angedrohten Strafe wird dadurch nicht ausgeschlossen, daß der Schuldige aus Anlaß der ihm zur Last gelegten That bereits disziplinarisch bestraft worden ist. Jedoch kann eine erlittene Disziplinarstrafe (sowohl in dem Strafbescheide des Seemannsamtes § 101, wie) in dem gerichtlichen Strafurtheil bei Abmessung der Strafe berücksichtigt werden.

* „Strafbestimmungen“. §§ 81 folg.

§ 98.

Mit Geldstrafe bis zu Einhundert Thalern, mit Haft oder mit Gefängniß bis zu drei Monaten wird ein Schiffer bestraft, welcher einen Schiffsmann im Auslande ohne Genehmigung des Seemannsamtes zurückläßt (§ 71)*.

* Der § 71 bestimmt: Der Schiffer darf einen Schiffsmann im Auslande nicht ohne Genehmigung des Seemannsamtes zurücklassen. Wenn für den Fall der Zurücklassung eine Hülfsbedürftigkeit des Schiffsmannes zu besorgen ist, so kann die Ertheilung der Genehmigung davon abhängig gemacht werden, daß der Schiffer gegen den Eintritt der Hülfsbedürftigkeit für einen Zeitraum bis zu drei Monaten Sicherstellung leistet.

§ 100.

Die Bestimmungen der §§ 81—99 finden auch dann Anwendung, wenn die strafbaren Handlungen außerhalb des Bundesgebiets begangen sind.

Gesetz, betreffend die Registrirung und die Bezeichnung der Kauffahrteischiffe. Vom 28. Juni 1873. RGBl. S. 184.

§ 3.

Jedes in das Schiffsregister eingetragene Schiff muß

1. seinen Namen auf jeder Seite des Bugs und
2. seinen Namen und den Namen des Heimathshafens am Heck

an den festen Theilen in gut sichtbaren und fest angebrachten Schriftzeichen führen.

§ 4.

Im Falle einer Zuwiderhandlung gegen die Vorschriften des § 3 hat der Führer des Schiffs Geldstrafe bis zu einhundert und funfzig Mark oder Haft verwirkt*.

* Im § 74 des Ger.-Verf.-Ges. sind nur die Zuwiderhandlungen gegen das, die Nationalität der Kauffahrteischiffe betreffende Gesetz vom 25. Okt. 1867, nicht auch die in vorstehendem § 3 des dasselbe ergänzenden Ges. v. 28. Juni 1873 bezeichneten Uebertretungen der Zuständigkeit der SchGer. entzogen.

Münzgesetz. Vom 9. Juli 1873. RGBl. S. 233.

Das Münzgesetz, welches an Stelle der in Deutschland giltig gewesenen Landeswährungen die Reichsgoldwährung eingeführt und zugleich im Betreff der auszuprägenden Gold-, Silber-, Nickel- und Kupfermünzen als Reichsmünzen sowie über die Außerkurssetzung der Landesmünzen Bestimmungen getroffen hat, verordnet im

Art. 13.

Der Bundesrath ist befugt:

1. den Werth zu bestimmen, über welchen hinaus fremde Gold- und Silbermünzen nicht in Zahlung ange-

boten und gegeben werden dürfen, sowie den Umlauf fremder Münzen gänzlich zu untersagen;

2. zu bestimmen, ob ausländische Münzen von Reichs- oder Landeskassen zu einem öffentlich bekannt zu machenden Kurse im inländischen Verkehr in Zahlung genommen werden dürfen, auch in solchem Falle den Kurs festzusetzen.

Gewohnheitsmäßige oder gewerbsmäßige Zuwiderhandlungen gegen die vom Bundesrathe in Gemäßheit der Bestimmungen unter 1 getroffenen Anordnungen[2] werden bestraft mit Geldstrafe bis zu 150 Mrk. oder mit Haft bis zu sechs Wochen[3].

1. Gleichbedeutend mit dem unter Nr. 2 gebrauchten Worte: „ausländisch", also aus Ländern, welche nicht zum Deutschen Reiche gehören.

2. Um die angedrohte Strafe eintreten zu lassen, werden die „Anordnungen" durch das Reichsgesetzblatt veröffentlicht sein müssen.

3. Die Worte: „bis zu u. s. w." stehen wegen der Vorschrift des § 18 StGB. müßig.

Impfgesetz. Vom 8. April 1874. RGBl. S. 31.

§ 1.

Der Impfung mit Schutzpocken soll unterzogen werden:

1. jedes Kind vor dem Ablaufe des auf sein Geburtsjahr folgenden Kalenderjahres, sofern es nicht nach ärztlichem[1] Zeugniß (§ 10) die natürlichen Blattern überstanden hat;
2. jeder Zögling einer öffentlichen Lehranstalt oder einer Privatschule, mit Ausnahme der Sonntags- und Abendschulen, innerhalb des Jahres, in welchem der Zögling das zwölfte Lebensjahr zurücklegt, sofern er nicht nach ärztlichem Zeugniß in den letzten fünf Jahren die natürlichen Blattern überstanden hat, oder mit Erfolg geimpft worden ist.

1. In der Reichsgesetzgebung ist der Ausdruck „Arzt" sowohl im weiteren, auch die Wundärzte, Augenärzte, Zahn- und Thierärzte umfassenden, als auch — wie im § 43 der Bekanntmachung vom 25. Sept. 1869. BGBl. S. 635 — im engeren, selbst die Wundärzte ausschließenden Sinne gebraucht. Hier wird mit Rücksicht auf die Vorschrift des § 2, welcher

gleichfalls ohne nähere Bezeichnung von einem solchen „ärztlichen Zeugniß" spricht, welches offenbar die Kenntnisse eines inneren Arztes voraussetzt, ein von einem inneren Arzte oder einem nach Inhalt seiner Approbation zur Impfung berechtigten Wundarzte ausgestelltes darunter zu verstehen sein. Dasselbe gilt von den in den §§ 3. 8 und 15 erwähnten Aerzten.

2. Daß das Wort „Zögling" hier gleichbedeutend mit „Schüler" steht, ergiebt sich aus § 13 Abs. 2.

§ 2.

Ein Impfpflichtiger (§ 1), welcher nach ärztlichem Zeugniß[1] ohne Gefahr für sein Leben oder für seine Gesundheit nicht geimpft werden kann, ist binnen Jahresfrist nach Aufhören des diese Gefahr begründenden Zustandes der Impfung zu unterziehen.

Ob diese Gefahr noch fortbesteht, hat in zweifelhaften[2] Fällen der zuständige Impfarzt (§ 6) endgiltig zu entscheiden.

1. Dasselbe werden die „Eltern, Pflegeeltern, Vormünder" zu beschaffen haben.

2. Wer darüber befinden soll, ob ein „zweifelhafter Fall" vorliege und demzufolge die Entscheidung des zuständigen Impfarztes einzutreten habe, sagt das Gesetz nicht. Daß das Urtheil darüber den zur Herbeiführung der Impfung verpflichteten „Eltern, Pflegeeltern und Vormündern" (§§ 12. 14) anheimfallen solle, ist nicht anzunehmen; es dürfte vielmehr davon auszugehen sein, daß dasselbe der für die Kontrolirung der Impfungen zuständigen Behörde (§ 3 Abs. 2 § 4 § 7 Abs. 3) gebühre, und daß diese, wenn sie die Richtigkeit des Attestes eines anderen Arztes bezweifelt, die Entscheidung des Impfarztes zu veranlassen habe.

§ 3.

Ist eine Impfung nach dem Urtheil des Arztes (§ 5) erfolglos geblieben, so muß sie spätestens im nächsten Jahre[1] und, falls sie auch dann erfolglos bleibt, im dritten Jahre[2] wiederholt werden.

Die zuständige Behörde kann anordnen, daß die letzte Wiederholung der Impfung durch den Impfarzt (§ 6) vorgenommen werde.

1. Mit Rücksicht auf § 1 Abs. 1 wird hierunter dasjenige Kalenderjahr zu verstehen sein, welches dem auf das Geburtsjahr des Impfpflichtigen folgenden Kalenderjahre zunächst folgt.

2. Im dritten Kalenderjahre nach dem Geburtsjahre des Impfpflichtigen.

3. Hat die erfolglos gebliebene Impfung entweder gegen die Vorschrift des § 1 (vergl. § 4) oder auf Grund des § 2 nicht schon im ersten Kalenderjahre nach dem Geburtsjahre des Impfpflichtigen stattgefunden, so werden die Wiederholungen spätestens im ersten, bzhw. zweiten Kalenderjahre nach dem Jahre der Impfung erfolgen müssen. S. § 4.

§ 4.

Ist die Impfung ohne gesetzlichen Grund (§§ 1. 2) unterblieben, so ist sie binnen einer von der zuständigen Behörde zu setzenden Frist nachzuholen.

§ 5.

Jeder Impfling muß frühestens am sechsten, spätestens am achten Tage nach der Impfung dem impfenden* Arzte vorgestellt werden.

* Falls dies wegen Ortsveränderung oder aus anderen Gründen unausführbar ist, wird ein anderer Arzt gewählt werden müssen.

§ 6.

In jedem Bundesstaate werden Impfbezirke gebildet, deren jeder einem Impfarzte unterstellt wird.

§ 7.

Für jeden Impfbezirk wird vor Beginn der Impfzeit eine Liste der nach § 1 Ziffer 1 der Impfung unterliegenden Kinder von der zuständigen Behörde aufgestellt. Ueber die auf Grund des § 1 Ziffer 2 zur Impfung gelangenden[1] Kinder haben die Vorsteher der betreffenden Lehranstalten eine Liste anzufertigen.

Die Impfärzte vermerken in den Listen, ob die Impfung mit oder ohne Erfolg vollzogen, oder ob und weshalb sie ganz oder vorläufig unterblieben ist.

Nach dem Schlusse des Kalenderjahres sind die Listen[2] der Behörde einzureichen.

1. Nach § 13 sollen die Vorsteher derjenigen Schulanstalten, deren Zöglinge dem Impfzwange unterliegen,

1. feststellen, ob dieselben in Gemäßheit der Vorschriften des § 1 Ziffer 1, bzhw. des § 3 Abs. 1, geimpft worden sind; (vergl. die Note 1 zu § 13)
2. dafür sorgen, daß die nach § 1 Ziffer 2 Impfpflichtigen dieser Verpflichtung genügen,
3. der Behörde alljährlich ein Verzeichniß derjenigen Schüler vorlegen, für welche der Nachweis der Impfung nicht erbracht ist.

Um diesen Verpflichtungen behufs Vermeidung der Strafe des § 15 nachkommen zu können, werden sie nicht bloß über die auf Grund des § 1 Ziffer 2 „zur Impfung gelangenden" d. h. geimpften, sondern auch über die impfpflichtigen eine Liste anzufertigen haben.

2. Da sich diese Bestimmung nicht an den 2. Abs. anschließt, vielmehr einen besonderen Abs. bildet, so müßte sie auch auf die im Abs. 1 erwähnte Liste bezogen werden. Dies scheint jedoch nicht beabsichtigt zu sein, da nach § 13 Abs. 4 die Vorsteher der Schulanstalten vier Wochen vor dem Schlusse

des Schuljahres ein Verzeichniß der Schüler vorzulegen haben, für welche der Nachweis der Impfung nicht erbracht ist, mit dieser Bestimmung aber die Beziehbarkeit der Vorschrift des § 7 Abs. 3 auf die in Abs. 1 das. bezeichneten Listen nicht im Einklange stehen würde, und überdies im Abs. 1 auch von den durch die Behörde selbst anzufertigenden Listen die Rede ist.

§ 8.

Außer den Impfärzten sind ausschließlich Aerzte* befugt, Impfungen vorzunehmen.

* Vergl. die Note 1 zu § 1.

§ 10.

Ueber jede Impfung wird nach Feststellung ihrer Wirkung (§ 5) von dem Arzte ein Impfschein ausgestellt*. In dem Impfschein wird, unter Angabe des Vor- und Zunamens des Impflings, sowie des Jahres und Tages seiner Geburt, bescheinigt, entweder,

daß durch die Impfung der gesetzlichen Pflicht genügt ist,

oder,

daß die Impfung im nächsten Jahre wiederholt werden muß.

In den ärztlichen Zeugnissen, durch welche die gänzliche oder vorläufige Befreiung von der Impfung (§§ 1, 2) nachgewiesen werden soll, wird, unter der für den Impfschein vorgeschriebenen Bezeichnung der Person, bescheinigt, aus welchem Grunde und auf wie lange die Impfung unterbleiben darf.

* Und den Eltern, Pflegeeltern, bzhw. Vormündern (§ 12) behändigt.

§ 12.

Eltern, Pflegeeltern[1] und Vormünder sind gehalten, auf amtliches[2] Erfordern mittelst der vorgeschriebenen Bescheinigungen (§ 10) den Nachweis zu führen, daß die Impfung ihrer Kinder und Pflegebefohlenen erfolgt oder aus einem gesetzlichen Grunde unterblieben ist.

1. Die in der Note 2 zu § 52 StGB. befürwortete Begriffsbestimmung des Wortes „Pflegeeltern" dürfte auch hier zutreffen, da es einer ausdrücklichen Vorschrift bedurft hätte, wenn die zunächst den Eltern des Impfpflichtigen obliegende Verpflichtung, für die Impfung desselben zu sorgen, auf solche Personen übergehen sollte, denen sie außerhalb ihres Hauses die Erziehung ihrer Kinder anvertrauen.

2. Es wird die in den §§ 7 und 13 bezeichnete Behörde gemeint sein.

§ 13.

Die Vorsteher derjenigen Schulanstalten, deren Zöglinge dem Impfzwange unterliegen (§ 1 Ziffer 2), haben bei der

Aufnahme von Schülern durch Einfordern der vorgeschriebenen[1] Bescheinigungen festzustellen, ob die gesetzliche Impfung erfolgt ist.

Sie haben dafür zu sorgen, daß Zöglinge, welche während des Besuchs der Anstalt nach § 1 Ziffer 2 impfpflichtig werden, dieser Verpflichtung genügen.

Ist eine Impfung[2] ohne gesetzlichen Grund unterblieben, so haben sie auf deren Nachholung zu dringen.

Sie sind verpflichtet, vier Wochen vor Schluß des Schuljahres der zuständigen Behörde ein Verzeichniß derjenigen Schüler vorzulegen, für welche der Nachweis der Impfung nicht erbracht ist.

1. Im § 10.

2. Hier sowohl, als im Abs. 4 bezieht sich „Impfung" auf die in beiden ersten Abs. bezeichneten Impfungen.

3. S. die Note 2 zu § 15.

§ 14.

Eltern, Pflegeeltern[1] und Vormünder, welche den nach § 12 ihnen obliegenden Nachweis zu führen unterlassen, werden mit einer Geldstrafe bis zu zwanzig Mark bestraft[2].

Eltern, Pflegeeltern und Vormünder, deren Kinder und Pflegebefohlene ohne gesetzlichen Grund und trotz erfolgter amtlicher Aufforderung der Impfung oder der ihr folgenden Gestellung[3] (§ 5) entzogen geblieben sind, werden mit Geldstrafe bis zu funfzig Mark oder mit Haft bis zu drei Tagen bestraft[4].

1. S. die Note 1 zu § 12.

2. Um diese Strafe eintreten lassen zu können, wird ihnen in der amtlichen Aufforderung (§ 12) eine Frist bestimmt werden müssen, binnen welcher sie der Aufforderung zu genügen haben. Vergl. § 4.

3. Die im § 5 vorgeschriebene achttägige Frist wird zu der Zeit, wo die Aufforderung zu der der Impfung nachfolgenden „Gestellung" (§ 5: „Vorstellung") amtlich — also nicht durch den „impfenden Arzt" — an die Eltern u. s. w. ergeht, stets verstrichen sein. Es scheint daher hier eine nachträgliche Prüfung, ob die Impfung von Erfolg gewesen sei, gemeint zu sein.

4. Der erste Abs. des § steht so, wie er gefaßt ist, mit dem zweiten nicht im Einklange. Nach letzterem in Verbindung mit § 4 sind die Eltern u. s. w. nicht schon wegen der unterlassenen Herbeiführung der Impfung für sich allein, sondern nur dann strafbar, wenn sie eine an sie ergangene amtliche Aufforderung unbeachtet gelassen haben. Hiervon ausgegangen, können sie auch nicht lediglich deshalb straffällig sein, weil sie den Nachweis der erfolgten oder aus gesetzlichem Grunde unterbliebenen Impfung unterlassen haben. Denn, trifft sie wegen des Unterlassens der Impfung selbst keine Strafe, so kann auch ihr aus dieser Unterlassung folgendes Unvermögen zur Führung des Nachweises stattgehabter, oder rechtmäßig unterbliebener Impfung ihre Bestrafung nicht nach sich ziehen. Gleichwohl ver-

hängt der § 14 Abs. 1 nach seinem unzweideutigem Wortsinne eine Strafe wegen Unterlassens des Nachweises **unbedingt** über sie. Anscheinend setzt der Abs. 1 voraus, daß die Impfung in der That erfolgt, oder doch auf ärztliche Anordnung (§ 2) unterblieben ist, und die Eltern, obgleich sie demzufolge den Nachweis (Abs. 1) zu führen vermochten, ihn dennoch verabsäumt haben.

Die „amtliche Aufforderung" kann nach dem Urth. des Pr. Ob.-Tr. v. 20. Febr. 1878 (Goltd. Arch. Bnd. 26 S. 142) auch durch öffentliche Bekanntmachung erfolgen; doch tritt Freisprechung des Angekl. ein, wenn festgestellt ist, daß er von derselben keine Kenntniß erlangt hat.

§ 15.

Aerzte[1] und Schulvorsteher, welche den durch § 8 Abs. 2, § 7 und durch § 13[2] ihnen auferlegten Verpflichtungen nicht nachkommen, werden mit Geldstrafe bis zu einhundert Mark bestraft.

1. Daß sich das Wort „Arzt" in gleicher Weise auf Impfärzte wie auf andere Aerzte (§ 8) bezieht, ergiebt sich aus der Hinweisung auf den § 7.

2. Der § 13 legt den Schulvorstehern die Verpflichtungen auf:

a. „durch Einfordern der vorgeschriebenen Bescheinigungen" festzustellen, ob die gesetzliche Impfung erfolgt ist. Zu weiteren Schritten nach vergeblichem Einfordern verpflichtet sie das Gesetz nicht; vergl. § 13 Abs. 4.

b. „zu sorgen", daß Zöglinge, welche während des Besuchs der Anstalt nach § 1 Ziffer 2 impfpflichtig werden, dieser Verpflichtung genügen. Zunächst liegt aber den „**Zöglingen**" nach den §§ 1. 12. 14 eine Verpflichtung bezüglich ihrer Impfung überhaupt nicht ob, vielmehr nur ihren Eltern bzw. Vormündern; für die Erfüllung einer nicht existirenden Pflicht kann der Schulvorsteher nicht sorgen, sich also auch nicht durch Verabsäumung dieses „Sorgens" strafbar machen. Wird aber auch unterstellt, daß es sich um die Verpflichtung der Eltern und Vormünder handele, so fehlt es doch an jeder näheren Bezeichnung derjenigen auf Erfüllung dieser Verpflichtung abzielenden Handlungen, an deren Verabsäumung sich die Strafe des § 15 für den Schulvorsteher knüpfen soll. An gleicher Unbestimmtheit leidet die Vorschrift im Abs. 3 des § 13, wonach er

c. auf Nachholung der unterbliebenen Impfung „dringen" soll.

Die Strafe wird hiernach nur verhängt werden dürfen, wenn bei a das „Erfordern" unterblieben ist und bei b und c der Schulvorstand Schritte, in denen ein „sorgen", bzhw. „dringen" erkennbar ist, überhaupt nicht gethan hat, sowie, wenn derselbe

d. die ihm im Abs. 4 des § 13 auferlegte Pflicht zur Vorlegung des dort erwähnten Verzeichnisses verabsäumt hat.

§ 16.

Wer unbefugterweise (§ 8) Impfungen vornimmt, wird mit Geldstrafe bis zu einhundertfunfzig Mark oder mit Haft bis zu vierzehn Tagen bestraft*.

* Note 1 zu § 1.

§ 17.

Wer bei der Ausführung einer Impfung fahrlässig handelt*, wird mit Geldstrafe bis zu fünfhundert Mark oder mit Gefängnißstrafe bis zu drei Monaten bestraft, sofern nicht nach dem Strafgesetzbuch eine härtere Strafe eintritt.

* Nach den Vorschriften des hier in Bezug genommenen StGB. — §§ 121. 222. 230. 302. 314. 318. 326. 329. 345. 347 — wird, abgesehen von dem fahrlässigen Meineide, die Fahrlässigkeit nur gestraft, wenn dieselbe mit schädlichen Folgen verknüpft gewesen ist. Von diesem Grundsatze ist hier abgewichen. Es ergiebt sich dies nicht nur daraus, daß das höchste Strafmaß des § niedriger ist, als das des § 230 Abs. 2 StGB., sondern wird auch durch die Bemerkung der Mot. zu dem § 19 des Entwurfs (S. 23 Bd. 3 der Stenographischen Berichte über die Reichstags-Verhandlungen von 1874) — § 17 des Ges. — unterstützt, welche bemerken: „Das allgemeine Strafgesetz biete gegen die besonderen Gefahren, welche sich an eine unachtsame Vollziehung der Impfung knüpfen, keinen genügenden Schutz. Nach demselben würde eine strafrechtliche Verantwortung des Arztes erst dann eintreten, wenn durch Fahrlässigkeit bei der Impfung nachweisbar eine Körperverletzung verursacht sei — ein Nachweis der nur selten zu erbringen sein werde". (S. 26 a. a. O.). Bei den Berathungen des § im Reichstage ist diese Frage nicht ausdrücklich zur Sprache gekommen; dieselben ergeben jedoch nirgend einen Widerspruch gegen die erwähnte Bemerkung der Mot. (S. 266. 267 Bd. 1 a. a. O.). Die Strafe des § wird daher, auch wenn ein Nachtheil für den Impfling nicht eingetreten ist, z. B. dann Platz greifen, wenn erweislich ungesunde Lymphe zum Impfen verwandt, oder bei der Ausführung des letzteren gegen die in der medicinischen Wissenschaft allgemein anerkannten Regeln verstoßen ist.

Reichs-Militärgesetz. Vom 2. Mai 1874. RGBl. S. 45.

§ 10.

Alle Wehrpflichtigen sind, wenn sie nicht freiwillig in den Heeresdienst eintreten (§§ 10 und 11 des Ges. vom 9. November 1867, Bundes-Gesetzblatt S. 131) vom 1. Januar des Kalenderjahres an, in welchem sie das zwanzigste Lebensjahr vollenden, der Aushebung unterworfen (militärpflichtig). Sie haben sich zu diesem Zwecke vor den Ersatzbehörden zu gestellen, bis über ihre Dienstverpflichtung den Bestimmungen dieses Gesetzes gemäß endgültig entschieden ist, jedoch höchstens zweimal jährlich.

§ 31.

Die Gemeinden oder gleichartigen Verbände haben unter Kontrole der Ersatzbehörden Stammrollen über alle Militärpflichtigen zu führen. Die Militärpflichtigen und deren Angehörige[1] haben die Anmeldungen zur Stammrolle nach Maßgabe der gegenwärtig bestehenden[2] Vorschriften zu bewirken.

1. S. die Note 1 zu § 33.

2. Der Entwurf (§ 25 S. 342 Bd. 3 der Verhandlungen des Deutschen Reichstags) enthielt hinter „bestehenden" die Worte: „bzhw. noch zu erlassenden". Dieselben hat der Reichstag in Fortfall gebracht. (Bd. 2 S. 868 a. a. O.). Die Gründe für diese Aenderung sind nicht ersichtlich, da der derselben zum Grunde liegende Kommissionsbericht mündlich erstattet worden ist und eine Diskussion über den § bei der Berathung desselben nicht stattgefunden hat.

§ 33.

Wer[1] die nach Maßgabe des § 31 vorgeschriebenen Meldungen zur Berichtigung von Stammrollen unterläßt, sowie Militärpflichtige, welche in den von den Ersatzbehörden abgehaltenen Terminen nicht pünktlich erscheinen[2], sind, sofern sie nicht dadurch zugleich eine härtere Strafe verwirkt haben, mit Geldstrafe bis zu dreißig Mark, oder Haft bis zu drei Tagen zu bestrafen[3].

Ist die Versäumniß durch Umstände herbeigeführt, deren Beseitigung nicht in dem Willen des betreffenden Anmeldungs- oder Gestellungspflichtigen lag (Abs. 1), so treten die vorerwähnten Folgen nicht ein.

1. Der § 31 legt die Verpflichtung zur Anmeldung des Militärpflichtigen zur Stammrolle in gleicher Weise diesem selbst und seinen Angehörigen auf; die Strafe für die unterbliebene Anmeldung trifft daher die Letzteren nicht erst eventuell, wenn der Militärpflichtige — wegen seines inzwischen eingetretenen Todes oder aus anderen Gründen — nicht zur Untersuchung gezogen und bestraft werden kann, sondern die Anklage kann gleichzeitig gegen Jene und gegen Diesen erhoben werden.

Welche „Angehörige" des Militärpflichtigen wegen unterlassener Anmeldung desselben strafbar seien, sagt das Gesetz nicht. Auch die Mot. zu demselben und die Reichstagsverhandlungen sprechen sich nicht darüber aus. Daß die im § 52 des StGB. gegebene Begriffsbestimmung des Wortes „Angehörige" hier nicht maßgebend sein soll, ist zweifellos; da es nicht in der Absicht des Gesetzes liegen kann, eine Verlobte — die jener § zu den „Angehörigen" zählt — dafür zu strafen, daß sie die Anmeldung ihres Verlobten zur Stammrolle zu bewirken unterlassen hat. Da es sich um eine — nach allgemeinen Rechtsgrundsätzen im Zweifelsfalle einschränkend auszulegende — Strafvorschrift handelt, dürfte dieselbe auf den Vater und bei dessen Ausscheiden oder dauernder Verhinderung auf die Mutter zu beschränken sein. Die Anwendung des § auf den Vormund des Militärpflichtigen ist unzulässig, da dieser so wenig nach der allgemeinen als nach der Gerichtssprache zu den Angehörigen gehört.

2. In Bezug auf die Gestellungspflicht bestimmt der § 12 des Ges.: Jeder Militärpflichtige ist in dem Aushebungsbezirke, in welchem er seinen dauernden Aufenthalt, oder, in Ermangelung eines solchen, seinen Wohnsitz

hat, gestellungspflichtig. Wer innerhalb des Bundesgebiets weder einen dauernden Aufenthaltsort, noch einen Wohnsitz hat, ist in dem Aushebungsbezirke seines Geburtsortes gestellungspflichtig, und wenn der Geburtsort im Auslande liegt, in demjenigen Aushebungsbezirke des Inlandes, in welchem die Eltern oder Familienhäupter ihren letzten Wohnsitz hatten.

3. Daß diese und die im § 69 angedrohten Strafen auch gegen die Militärpflichtigen von den Civil-Strafgerichten zu erkennen sind, beruht darauf, daß die betreffenden Personen in den Militärdienst noch nicht eingetreten sind, wie dies auch bei der Berathung des Ges. im Reichstage (Sten. Ber. von 1874 Bd. II S. 869 und 897) hervorgehoben wurde.

§ 69.

Die Mannschaften der Ersatzreserve erster Klasse werden den nachfolgenden Bestimmungen unterworfen:

2. Sie haben der Militärbehörde den Wechsel ihrer Wohnung anzuzeigen und geeignete Vorkehrungen zu treffen, daß ihnen eine etwaige Einberufungsordre jederzeit richtig zugehen kann[1].

4. Bei eintretender allgemeiner Mobilmachung haben die im Auslande befindlichen Ersatzreservisten erster Klasse sich unverzüglich in das Inland zurück zu begeben.

6. Mannschaften der Ersatzreserve erster Klasse, welche sich der ihnen auf Grund des Gesetzes auferlegten Kontrole entziehen, werden mit Geldstrafe bis zu sechzig Mark oder Haft bis zu acht Tagen bestraft.

8. Außer dem Falle einer besonderen Anordnung für die Zeit eines Krieges oder einer Kriegsgefahr (§ 17 des Ges. vom 1. Juni 1870, Bundesgesetzbl. S. 355) bedürfen sie keiner Erlaubniß zur Auswanderung. Sie sind jedoch verpflichtet, von ihrer bevorstehenden Auswanderung der Militärbehörde Anzeige zu machen. Die Unterlassung dieser Anzeige unterliegt der im § 360[2] des Strafgesetzbuchs für das Deutsche Reich angedrohten Strafe.

1. Müssen die von ihnen getroffenen Vorkehrungen als zur Erreichung des Zweckes des Gesetzes „geeignet" anerkannt werden, so bleiben sie von der Strafe (Nr. 6) befreit, wenn ihnen gleichwohl die Einberufungsordre ohne ihr Verschulden nicht zugegangen ist.

2. Nr. 3 daselbst.

Gesetz über die Presse. Vom 7. Mai 1874. RGBl. S. 65.

Zu dem wichtigsten der seit dem Inkrafttreten des Reichsstrafgesetzbuchs erschienenen Reichsgesetze gehört das „Gesetz über die Presse".

Vor demselben bestanden in den einzelnen früher zum Deutschen Bunde, jetzt zum Deutschen Reiche gehörenden Ländern in Bezug auf das Recht der Staatsbürger, ihre Gedanken mittels der Druckerpresse und den damit in Verbindung stehenden ähnlichen Vervielfältigungsarten zur Kenntniß des Publikums zu bringen, die verschiedenartigsten, dies Recht mehr oder weniger beschränkende Einrichtungen.

Die Regel bildete die „Censur" — der Gegensatz zur Preßfreiheit. Dieselbe bestand im Wesentlichen in einer Aufsicht, welche der Staat über die Presse in der Weise ausübte, daß die zum Drucke bestimmte Handschrift (Manuscript), bevor sie zur Druckerei gelangte, einer dazu eingesetzten Behörde, bzhw. einem damit beauftragten Beamten behufs der Prüfung, ob die Veröffentlichung mit Rücksicht auf ausdrückliche gesetzliche Vorschriften oder das allgemeine staatliche Interesse zu verbieten sei, zur Einsicht vorzulegen war.

Ein Bundesbeschluß vom J. 1848 beseitigte zwar die Censur als Bundespflicht der Einzelstaaten; doch erfuhr derselbe durch einen späteren Beschluß vom J. 1854 Einschränkungen mittels wesentlicher Erschwerungen der Presse.

Der Art. 4 der Verfassung des Deutschen Reichs vom 16. April 1871 zählte die Bestimmungen über die Presse zu denjenigen Angelegenheiten, welche der Gesetzgebung des Reichs — im Gegensatz zu der der Einzelstaaten — unterliegen sollten. In Folge dessen wurde dem Reichstage des J. 1874 von dem Bundesrathe der Entwurf eines auf Freigebung der Presse und Beseitigung von Präventivmaßregeln abzielenden Preßgesetzes vorgelegt. Nach Berathung bzhw. Abänderung desselben durch eine Kommission des Reichstags, und nachdem es gelungen war, die zwischen derselben und den Vertretern des Bundesraths in Betreff einiger Punkte vorwaltende Differenz im Wege der Vereinbarung zu beseitigen, wurde der so modificirte Entwurf in der Reichstagssitzung vom 25. April 1874 angenommen und demnächst als Reichsgesetz publicirt.

§ 2.

Das gegenwärtige Gesetz findet Anwendung auf alle Erzeugnisse der Buchdruckerpresse, so wie auf alle anderen, durch mechanische oder chemische Mittel bewirkten[1], zur Verbreitung bestimmten[2] Vervielfältigungen von Schriften und bildlichen Darstellungen mit oder ohne Schrift, und von Musikalien mit Text oder Erläuterungen[3].

Was im Folgenden von „Druckschriften" verordnet ist, gilt für alle vorstehend bezeichneten Erzeugnisse.

1. Im Betreff der Photographien s. das Ges. v. 10. Januar 1876. Vergl. auch das Ges. v. 9. Januar 1876 betr. das Urheberrecht an Werken der bildenden Künste.

2. Daß sich das Erzeugniß nach der Zahl der angefertigten Exemplare zur „Verbreitung eignet", genügt nicht; es muß aus den Umständen hervorgehen, daß es dazu bestimmt sei. Strafbarkeit tritt erst mit der wirklich stattgehabten Verbreitung ein.

3. Mit Ausschluß solcher Anweisungen des Komponisten, welche ausschließlich die Art der Ausführung zum Gegenstande haben.

§ 3.

Als Verbreitung[1] einer Druckschrift im Sinne dieses Gesetzes gilt auch das Anschlagen, Ausstellen oder Auslegen derselben an Orten, wo sie der Kenntnißnahme durch das Publikum zugänglich ist.

Daß das Publikum von dem Inhalte der Druckschrift bereits Kenntniß genommen habe, ist nicht erforderlich. Es genügen solche Handlungen, welche dem Publikum unmittelbar die Möglichkeit eröffnen, sich Kenntniß desselben zu verschaffen. Die Frage, ob solche Handlungen vorliegen, ist meist thatsächlicher Natur. Um sie zu bejahen, muß die Absicht, die Druckschrift weiteren Kreisen zugänglich zu machen — im Gegensatz zu vertraulichen Mittheilungen an Einzelne — erkennbar sein. Ob zur Erreichung dieses Zweckes öffentliche Orte gewählt werden, oder die Verbreitung mittelst Vertheilung, Zusendung u. s. w. an Privatpersonen erfolgt, um eine Verallgemeinerung der Kenntniß von ihrem Inhalte herbeizuführen, ist unerheblich; ebenso, ob zu diesem Zwecke eine größere oder geringere Zahl von Exemplaren abgeführt wird, so wie ferner, ob die Verbreitung im gewerbsmäßigen Betriebe oder außerhalb eines solchen, überhaupt, ob sie gegen oder ohne Entgelt erfolgt.

2. Vergl. § 21 Abs. 1.

§ 6.

Auf jeder im Geltungsbereich dieses Gesetzes erscheinenden[1] Druckschrift muß der Name und Wohnort des Druckers[2] und, wenn sie für den Buchhandel, oder sonst zur Verbreitung bestimmt ist, der Name und Wohnort des Verlegers[3], oder — beim Selbstvertriebe der Druckschrift — des Verfassers oder Herausgebers[4] genannt sein. An Stelle des Namens des Druckers oder Verlegers genügt die Angabe der in das Handelsregister eingetragenen Firma.

Ausgenommen von dieser Vorschrift sind die nur zu den Zwecken des Gewerbes und Verkehrs, des häuslichen und geselligen Lebens dienenden Druckschriften, als: Formulare, Preiszettel, Visitenkarten und dergleichen, sowie Stimmzettel für öffentliche Wahlen, sofern sie nichts weiter als Zweck, Zeit und Ort der Wahl und die Bezeichnung der zu wählenden Personen enthalten[5].

1. D. h. bei dem Drucker, Verleger u. s. w. herauskommenden.

2. Im Sinne des Gesetzes ist hierunter der Inhaber der Druckerei — gleichviel ob er Eigenthümer derselben ist oder nicht — bzhw. sein Stellvertreter zu verstehen.

3. Hierunter ist diejenige Person, Gesellschaft oder Anstalt zu verstehen, welche auf Grund der ihr von dem Verfasser (Autor) ertheilten Be-

fugniß die Schrift vervielfältigt und auf eigene Rechnung unmittelbar oder durch andere Buchhändler absetzt. Uebernimmt der Verfasser den Vertrieb der Druckschrift selbst, bewirkt ihn also nicht durch einen Dritten als Verleger, so wird er als Selbstverleger bezeichnet, und ist als solcher „Verleger". Es wird genügen, wenn er sich auf der Druckschrift entweder als Verfasser oder als Selbstverleger nennt.

4. Die Bezeichnung „Herausgeber" greift insbesondere dann Platz, wenn die das Erscheinen einer Druckschrift vermittelnde Person (gewöhnlich selbst Schriftsteller) nicht ihr eigenes Geistesprodukt verbreitet, also nicht im gewöhnlichen Sinne Autor ist, sondern Arbeiten anderer Schriftsteller, z. B. Sammlungen solcher Produkte oder Auszüge aus ihnen veröffentlicht.

5. Es kommt nicht darauf an, wie die Druckschrift äußerlich bezeichnet ist, vielmehr ist entscheidend, ob ihr Inhalt der Art ist, um die im Abs. 2 angeordnete Ausnahme auf sie Anwendung finden zu lassen, oder ob, nach der aus dem Abs. 1 hervorgehenden Absicht des Gesetzes, die dort vorgeschriebene Nennung des Namens u. s. w. nöthig erscheine.

6. Vergl. die Strafbestimmungen der §§ 18 und 19.

§ 7.

Zeitungen und Zeitschriften[1], welche in monatlichen oder kürzeren, wenn auch unregelmäßigen Fristen erscheinen (periodische Druckschriften im Sinne dieses Gesetzes) müssen außerdem auf jeder Nummer, jedem Stücke oder Hefte den Namen und Wohnort des verantwortlichen Redakteurs enthalten[2].

Die Benennung mehrerer Personen als verantwortliche Redakteure ist nur dann zulässig, wenn aus Form und Inhalt der Benennung mit Bestimmtheit zu ersehen ist, für welchen Theil der Druckschrift jede der benannten Personen die Redaktion besorgt.

1. Unter „Zeitschriften" im Gegensatze zu „Zeitungen" pflegen die in Heften — nicht in einzelnen Blättern — erscheinenden periodischen Schriften verstanden zu werden. Welchen Inhalts dieselben sind, ist in Bezug auf die Vorschrift dieses § gleichgiltig.

2. Die dieser Vorschrift gemäß namhaft gemachte Person haftet den zuständigen Behörden gegenüber für den Inhalt der Druckschrift, ohne sich darauf berufen zu dürfen, daß sie in Wirklichkeit nicht als Redakteur fungire, vielmehr nur als solcher vorgeschoben sei.

Daß der Name einer einzelnen physischen Person genannt sein muß, ergiebt sich aus dem § 8.

3. Ueber die Stelle, wo der Name u. s. w. auf der Nummer, dem Stück oder Hefte der Zeitung oder Zeitschrift stehen soll, spricht sich das Gesetz nicht aus. Die Wahl derselben fällt daher dem zur Angabe Verpflichteten anheim.

§ 8.

Verantwortliche Redakteure periodischer Druckschriften dürfen nur Personen sein, welche verfügungsfähig, im Besitze der bürgerlichen Ehrenrechte sind, und im Deutschen Reiche ihren Wohnsitz oder gewöhnlichen Aufenthalt haben.

* Bezieht sich auf die durch persönliche Eigenschaften — Alter, Geschlecht — bedingte Verfügungsfähigkeit. Die durch die Eröffnung des Konkurses über das Vermögen der Person herbeigeführte Verwaltungs-Beschränkung steht der Funktion als Redakteur nicht entgegen.

§ 9.

Von jeder Nummer (Heft, Stück) einer periodischen Druckschrift muß der Verleger, sobald die Austheilung oder Versendung beginnt[1], ein Exemplar gegen eine ihm sofort zu ertheilende Bescheinigung an die Polizeibehörde des Ausgabeorts unentgeltlich abliefern.

Diese Vorschrift findet keine Anwendung auf Druckschriften, welche ausschließlich[2] Zwecken der Wissenschaft[3], der Kunst, des Gewerbes oder der Industrie dienen.

1. Die Ablieferung kann gleichzeitig mit dem Beginne der Austheilung stattfinden. Daß mit letzterer gewartet werde, bis erstere erfolgt ist, ist nicht erforderlich.

2. Bespricht die Druckschrift auch andere Gegenstände — worüber richterliches Ermessen entscheidet — so tritt die Regel des Abs. 1 ein.

3. Im Gegensatze zu der s. g. schönen Literatur.

§ 10.

Der verantwortliche Redakteur einer periodischen Druckschrift, welche Anzeigen aufnimmt, ist verpflichtet, die ihm von öffentlichen[1] Behörden mitgetheilten amtlichen Bekanntmachungen[2] auf deren Verlangen gegen Zahlung der üblichen Einrückungsgebühren in eine der beiden nächsten Nummern des Blattes aufzunehmen.

1. Bei der Allgemeinheit des Ausdrucks „öffentliche" ist die Vorschrift auch auf Kommunalbehörden zu beziehen.

2. Dahin gehören auch die vom Strafrichter auf Grund des § 200 StGB. angeordneten.

§ 11.

Der verantwortliche Redakteur einer periodischen Druckschrift ist verpflichtet, eine Berichtigung der in letzterer mitgetheilten Thatsachen auf Verlangen einer betheiligten[1] öffentlichen Behörde oder Privatperson[1] ohne Einschaltungen oder Weglassungen aufzunehmen, sofern die Berichtigung von dem Einsender unterzeichnet ist[2], keinen strafbaren[3] Inhalt hat und sich auf thatsächliche Angaben beschränkt.

Der Abdruck muß in der nach Empfang der Einsendung nächstfolgenden, für den Druck nicht bereits abgeschlossenen, Nummer und zwar in demselben Theile der Druckschrift und mit derselben Schrift, wie der Abdruck des zu berichtigenden Artikels geschehen.

Die Aufnahme erfolgt kostenfrei, soweit nicht die Entgegnung den Raum der zu berichtigenden Mittheilung überschreitet; für die über dieses Maß hinausgehenden Zeilen sind die üblichen Einrückungsgebühren zu entrichten.

1. Behörden werden das Interesse ihrer Beamten; Väter, Vormünder, Ehemänner das ihrer Kinder, Mündel, Ehefrauen wahrzunehmen berechtigt sein. Im Uebrigen wird die Betheiligung eine direkte sein müssen.

Ueber die Form des „Verlangens" spricht sich das Gesetz nicht aus; doch wird aus dem Worte „Einsendung" im Abs. 2 zu folgern sein, daß der Redakteur die Schriftform zu beanspruchen hat.

2. Hierüber wird der Redakteur, wenn ihm die Handschrift nicht bekannt ist, Vergewisserung verlangen können.

3. Dies hat der Redakteur unter seiner Verantwortung sowohl für den Fall der Aufnahme der Berichtigung als ihrer Verweigerung zu beurtheilen. Vergl. jedoch § 19 Abs. 2.

§ 14.

Ist gegen eine Nummer (Stück, Heft) einer im Auslande erscheinenden periodischen Druckschrift binnen Jahresfrist zwei Mal eine Verurtheilung auf Grund der §§ 41 und 42 des Strafgesetzbuchs erfolgt, so kann der Reichskanzler innerhalb zwei Monaten nach Eintritt der Rechtskraft des letzten Erkenntnisses das Verbot der ferneren Verbreitung dieser Druckschrift bis auf zwei Jahre durch öffentliche Bekanntmachung aussprechen.

Die in den einzelnen Bundesstaaten auf Grund der Landesgesetzgebung bisher erlassenen Verbote ausländischer periodischer Druckschriften treten außer Wirksamkeit.

S. § 18 und den § 11 des Sozialistenges. v. 21. Oktobr. 1878.

§ 15.

In Zeiten der Kriegsgefahr oder des Krieges können Veröffentlichungen über Truppenbewegungen oder Vertheidigungsmittel durch den Reichskanzler mittelst öffentlicher Bekanntmachung verboten werden.

S. § 18.

§ 16.

Oeffentliche Aufforderungen mittelst der Presse zur Aufbringung der wegen einer strafbaren Handlung erkannten Geldstrafen und Kosten, sowie öffentliche Bescheinigungen mittelst der Presse über den Empfang der zu solchen Zwecken gezahlten Beiträge sind verboten.

Das zufolge solcher Aufforderungen Empfangene oder der Werth* desselben ist der Armenkasse des Orts der Sammlung für verfallen zu erklären.

* In Fällen, wo der Angekl. in Folge der Aufforderung etwas empfangen hat, würde nach § 27 Nr. 2 G. das SchG. für zuständig nur erachtet werden können, wenn die Bestimmung des Strafurtheils, daß „der Werth des Empfangenen" der Armenkasse des Orts verfallen sei, für eine „Einziehung" im Sinne des § 40 des StGB. gelten könnte. Dem steht jedoch — selbst wenn auf das „Empfangene" der Ausdruck jenes §: „hervorgebracht" für anwendbar zu erachten wäre — entgegen, daß eine „Einziehung" nur an dem durch das Vergehen hervorgebrachten Gegenstande selbst, nicht aber an dem an die Stelle desselben tretenden Werthe ausführbar ist. Im Einklange hiermit bedient sich auch so wenig dieser § als die analogen §§ 335 StGB. und 20 des Ges. v. 21. Oktober 1878 des Ausdrucks „Einziehung". Siehe auch § 18.

§ 17.

Die Anklageschrift oder andere amtliche Schriftstücke* eines Strafprozesses dürfen durch die Presse nicht eher veröffentlicht werden, als bis dieselben in öffentlicher Verhandlung kund gegeben worden sind oder das Verfahren sein Ende erreicht hat.

* Die Worte „amtliche Schriftstücke" sind undeutlich. Nach dem Sprachgebrauche würden darunter von einer Behörde oder einem Beamten in dieser Eigenschaft verfaßte Schriftstücke zu verstehen sein. Mit Rücksicht auf die Absicht der Vorschrift dürften die Worte jedoch für gleichbedeutend mit: „Theile der amtlichen Akten" zu erachten, also auch auf Eingaben des Angekl. und seines Vertheidigers zu beziehen sein.

Im Betreff der Berichte über Verhandlungen eines Landtags oder einer Kammer vergl. § 12 StGB.

S. auch § 18.

§ 18.

Mit Geldstrafe bis zu eintausend Mark oder mit Haft oder mit Gefängniß bis zu sechs Monaten werden bestraft[1]:

1. Zuwiderhandlungen[2] gegen die in den §§ 14. 15[3]. 16 und 17 enthaltenen Verbote;
2. Zuwiderhandlungen gegen die Bestimmungen der §§ 6. 7 und 8[4], welche durch falsche Angaben mit Kenntniß[5] der Unrichtigkeit begangen werden.

Dieselbe Strafe trifft den Verleger einer periodischen Druckschrift auch dann, wenn er wissentlich geschehen läßt, daß auf derselben eine Person fälschlich als Redakteur benannt wird.

1. Die in diesem und dem § 19 angedrohten Strafen haben die Natur von Ordnungsstrafen wegen Nichtbefolgung der in den §§ 6 folg. enthaltenen die Ordnung der Presse betreffenden Vorschriften. Enthält dagegen der Inhalt der Druckschrift ein Delikt, so wird dasselbe nach den Strafbestimmungen des StGB. und der neben demselben bestehenden Strafgesetze geahndet. Vergl. § 20.

2. Wer hier und im § 19 als „Zuwiderhandelnder" straffällig sei, hat der Richter danach zu bestimmen, welcher von den bei der Entstehung bzhw. Verbreitung der Druckschrift betheiligten Personen der betreffende § diejenige Verpflichtung auflegt, in deren Nichtbefolgung die „Zuwiderhandlung" gefunden wird. In den im § 19 Nr. 2 und 3 in Bezug genommenen §§ 9 bis 11 sind der Verleger, bzhw. der verantwortliche Redakteur ausdrücklich als die Verpflichteten bezeichnet, während die übrigen in den §§ 18 und 19 angeführten §§ ohne Namhaftmachung der event. straffälligen Person, eine objektive Fassung erhalten haben, und auf die §§ 14 und 15 der Ausdruck „Zuwiderhandlung" überhaupt nicht paßt, da dieselben nach ihrer Fassung weder Gebote noch Verbote enthalten, vielmehr nur die Voraussetzungen angeben, unter welchen der Reichskanzler gewisse Befugnisse soll ausüben können.

In Erwägung, daß es sich um Strafvorschriften handelt, welche nicht ausdehnend ausgelegt werden dürfen, ist die Anwendung derselben auf diejenigen Personen zu beschränken, welchen nach den in Bezug auf die Entstehung und Verbreitung von Druckschriften gerichtskundig bestehenden Einrichtungen und Geschäftsverhältnissen die Ausführung der in Rede stehenden gesetzlichen Anordnungen oder doch deren Ueberwachung möglich ist, nicht aber auf solche bei dem Zustandekommen der Druckschrift thätig gewesene Personen zu erstrecken, denen der ihnen überwiesene Geschäftszweig eine Einwirkung auf die Befolgung der betreffenden Vorschrift nicht gestattet. Hiervon ausgegangen, wird z. B. der Druckereigehülfe für die Nichtbefolgung der den Namen und Wohnort des Druckers betreffenden Vorschrift des § 6 Abs. 1 nicht verantwortlich gemacht werden können. Ebensowenig der Drucker (Inhaber der Druckerei) bei Verlagsartikeln, wenn der Verleger, bzhw. der Verfasser oder Herausgeber nicht genannt ist, es sei denn, daß er Auftrag zur Namhaftmachung gehabt hat. So hat auch das Pr. Ob.-Tr. erkannt. Urth. v. 27. Juni 1876. Goltd. Arch. B. 24 S. 630. Die bloße Verbreitung mit derartigen Mängeln behafteter Druckschriften dürfte den Strafen der §§ 18 und 19 nicht verfallen, da die Verbreitung für einzelne Fälle in den §§ 14 und 28 besonders unter Strafe gestellt, woraus zu schließen ist, daß jene §§ auf dieselbe keine Anwendung finden sollen.

3. Die Hinweisung des § 18 Nr. 1 auf die §§ 14 und 15 ist dahin aufzufassen, daß der Strafe derjenige verfallen soll, welcher, dem Verbote zuwider die Druckschrift verbreitet, bzhw. sich der untersagten Veröffentlichung schuldig macht.

4. Der Zweck der in der Nr. 2 enthaltenen Hinweisung auf den § 8 ist nicht erkennbar, da „Angaben" über die Verfügungsfähigkeit 2c. des Redakteurs nicht gemacht zu werden brauchen.

5. Selbst grobe Fahrlässigkeit reicht hier und im Schlußsatz nicht aus. Auf sie findet der § 19 Nr. 1 Anwendung.

§ 19.

Mit Geldstrafe bis zu einhundert und funfzig Mark oder mit Haft werden bestraft:

1. Zuwiderhandlungen gegen die §§ 6, 7-und 8, welche nicht durch § 18 Ziffer 2 getroffen sind;

2. Zuwiderhandlungen gegen den § 9;
3. Zuwiderhandlungen gegen die §§ 10 und 11.

In den Fällen der Ziffer 3 tritt die Verfolgung nur auf Antrag ein und hat das Strafurtheil zugleich die Aufnahme des eingesandten Artikels in die nächstfolgende Nummer anzuordnen. Ist die unberechtigte Verweigerung im guten Glauben geschehen, so ist unter Freisprechung von Strafe und Kosten lediglich die nachträgliche Aufnahme anzuordnen.

Vergl. die Note 1 zu § 11 und die Noten zu § 18.

Verantwortlichkeit für die durch die Presse begangenen strafbaren Handlungen.

§ 20.

Die Verantwortlichkeit für Handlungen, deren Strafbarkeit durch den Inhalt einer Druckschrift begründet wird, bestimmt sich nach den bestehenden allgemeinen Strafgesetzen[1].

Ist die Druckschrift eine periodische, so ist der verantwortliche Redakteur als Thäter zu bestrafen[2], wenn nicht durch besondere Umstände[3] die Annahme seiner Thäterschaft ausgeschlossen wird.

1. Mithin nach dem StGB. und den neben demselben giltigen Reichs- und Landes-Strafgesetzen.

2. Diese Vorschrift, welche durch die häufig eintretende Unmöglichkeit, den Verfasser eines strafbaren Artikels zu ermitteln und durch die sich zum Nachtheile der Strafrechtspflege daran knüpfende Unverfolgbarkeit durch die Presse verübter strafbarer Handlungen veranlaßt ist, findet ihre Rechtfertigung in der Verpflichtung des Redakteurs einer periodischen Druckschrift, sich mit dem Inhalte eines Artikels, bevor er ihn zum Drucke bestimmt, vertraut zu machen und ihn gegenüber den Strafgesetzen einer Prüfung zu unterwerfen. Hat er diese Pflicht vernachlässigt, so befreit ihn auch nicht die Namhaftmachung des Verfassers von der Strafe; letzterer ist vielmehr — Mangels einer ausdrücklichen entgegenstehenden Vorschrift — neben dem Redakteur strafbar. Ueberhaupt wird die Strafbarkeit des Redakteurs nicht dadurch ausgeschlossen, daß ein Anderer als Mitthäter verurtheilt wird. Vergl. das Urth. des Pr. Ob.-Tr. v. 29. Mai 1877 Goltd. Arch. B. 25 S. 462. Doch bezieht sich der § nur auf den „verantwortlichen Redakteur" des § 7, nicht auf Mitredakteure.

In dem Ob.-Tr.-Urth. vom 16. Mai 1876 Goltd. Arch. B. 24 S. 477 ist ausgeführt, daß der § 20 auch auf Denjenigen Anwendung finde, welcher thatsächlich die Redaktion einer periodischen Druckschrift führt, ohne auf derselben als Redakteur bezeichnet zu sein.

3. Es sind hierunter solche Umstände zu verstehen, welche dem Richter die Ueberzeugung verschaffen, daß dem Redakteur ohne jede eigne Verschuldung der Inhalt der Druckschrift unbekannt geblieben ist, z. B. seine Kenntnißnahme von demselben böswillig von seinen Mitarbeitern hintertrieben worden ist.

(§ 21.

Begründet der Inhalt einer Druckschrift den Thatbestand einer strafbaren Handlung, so sind

der verantwortliche Redakteur,

der Verleger,

der Drucker,

derjenige, welcher die Druckschrift gewerbsmäßig vertrieben oder sonst öffentlich verbreitet hat (Verbreiter),

soweit sie nicht nach § 20 als Thäter oder Theilnehmer zu bestrafen sind, wegen Fahrlässigkeit mit Geldstrafe bis zu eintausend Mark oder mit Haft oder mit Festungshaft oder Gefängniß bis zu einem Jahre zu belegen, wenn sie nicht die Anwendung der pflichtmäßigen Sorgfalt oder Umstände nachweisen, welche diese Anwendung unmöglich gemacht haben.

Die Bestrafung bleibt jedoch für jede der benannten Personen ausgeschlossen, wenn sie als den Verfasser oder den Einsender, mit dessen Einwilligung die Veröffentlichung geschehen ist, oder, wenn es sich um eine nichtperiodische Druckschrift handelt, als den Herausgeber derselben, oder als einen der in obiger Reihenfolge vor ihr benannten eine Person bis zur Verkündigung des ersten Urtheils nachweist, welche in dem Bereich der richterlichen Gewalt eines deutschen Bundesstaats sich befindet, oder falls sie verstorben ist, sich zur Zeit der Veröffentlichung befunden hat; hinsichtlich des Verbreiters ausländischer Druckschriften außerdem, wenn ihm dieselben im Wege des Buchhandels zugekommen sind.)

Beschlagnahme.

§ 23.

Eine Beschlagnahme von Druckschriften ohne richterliche Anordnung findet nur statt:

1. wenn eine Druckschrift den Vorschriften der §§ 6 und 7 nicht entspricht, oder den Vorschriften des § 14 zuwider verbreitet wird;
2. wenn durch eine Druckschrift einem auf Grund des § 15 dieses Gesetzes erlassenen Verbot zuwider gehandelt wird;
3. wenn der Inhalt einer Druckschrift den Thatbestand einer der in den §§ 85. 95. 111. 130 oder

184 des Deutschen Strafgesetzbuchs mit Strafe bedrohten Handlungen begründet, in den Fällen der §§ 111 und 130 jedoch nur dann, wenn dringende Gefahr besteht, daß bei Verzögerung der Beschlagnahme die Aufforderung oder Anreizung ein Verbrechen oder Vergehen unmittelbar zur Folge haben werde.

§ 28.

Während der Dauer der Beschlagnahme[1] ist die Verbreitung der von derselben betroffenen Druckschrift oder der Wiederabdruck der die Beschlagnahme veranlassenden Stellen[2] unstatthaft.

Wer mit Kenntniß[3] der verfügten Beschlagnahme dieser Bestimmung entgegenhandelt, wird mit Geldstrafe bis zu fünfhundert Mark oder mit Gefängniß bis zu sechs Monaten bestraft.

1. Ohne Unterschied, ob dieselbe nur eine außergerichtliche oder eine gerichtliche ist.

2. Hieraus geht hervor, daß der Wiederabdruck der Druckschrift mit Weglassung der Stellen, welche nach Ausweis der Beschlagnahme-Verfügung die Beschlagnahme veranlaßt haben, zulässig ist.

3. Diese Kenntniß hat die Anklageschrift unter Beweis zu stellen. Die Ansicht, daß dieselbe, wenn die Beschlagnahme öffentlich bekannt gemacht worden, zu vermuthen sei, muß, da das Gesetz auf eine solche Abweichung von der allgemeinen strafrechtlichen Beweistheorie hier nicht hindeutet, für bedenklich erachtet werden.

§ 31.

Dieses Gesetz tritt am 1. Juli 1874 in Kraft. Seine Einführung in Elsaß-Lothringen bleibt einem besonderen Gesetze vorbehalten.

Strandungsordnung. Vom 17. Mai 1874 (Reichsgesetzblatt S. 73).

§ 1.

Die Verwaltung der Strandungsangelegenheiten* wird durch Strandämter geführt.

Den Strandämtern werden Strandvögte untergeordnet. Letztere haben insbesondere diejenigen Maßregeln zu leiten, welche zum Zwecke der Bergung oder Hülfsleistung zu ergreifen sind.

* Im Gegensatze zu dem den ordentlichen Gerichten in Fällen des § 43 anheimfallenden Strafverfahren.

Von dem Verfahren bei Bergung und Hülfsleistung in Seenoth.

§ 4.

Wer ein auf den Strand gerathenes oder sonst unweit* desselben in Seenoth befindliches Schiff wahrnimmt, hat hiervon sofort* dem zuständigen Strandvogt oder der nächsten Gemeindebehörde Anzeige zu machen. Der Ueberbringer der ersten Anzeige hat Anspruch auf eine angemessene Vergütung.

* Die Worte „unweit", „sofort" sind unbestimmt. Der Richter hat nach Maßgabe der sachlich vorwaltenden Umstände sowohl, als der Persönlichkeit des Angekl. — sein Alter, seine Fähigkeit zur Beurtheilung der Sachlage u. s. w. — zu ermessen, ob eine Verhängung der im § 43 angedrohten Strafe im einzelnen Falle der Absicht des Gesetzes entspricht. Dasselbe gilt von der Prüfung, ob dem Angekl., welcher, ungeachtet seiner Ueberzeugung von der Strandung bzhw. Seenoth eines Schiffs, die Anzeige unterlassen hat, zur Abwendung der Strafe geeignete Entschuldigungsgründe zur Seite stehen. Einem hinfälligen Greise wird, wenn der Strandvogt oder die nächste Gemeindebehörde weit entfernt ist, die Strafe unterlassener Anzeige ungeachtet der Allgemeinheit der Eingangsworte des §: Wer ein u. s. w., mindestens dann nicht treffen, wenn er nicht zu unterscheiden vermochte, ob sich noch Menschen auf dem Schiffe befänden (vergl. § 7) oder wenn der Nothstand gleichzeitig auch von anderen Personen wahrgenommen worden ist.

§ 7.

Wider den Willen[1] des Schiffers dürfen Maßregeln zum Zweck der Bergung oder Hülfsleistung nicht ergriffen werden. Insbesondere darf wider den Willen des Schiffers weder an das Schiff angelegt, noch dasselbe betreten werden. Ist das Schiff von der Schiffsbesatzung[2] verlassen, so bedarf es zum Anlegen an dasselbe oder zum Betreten desselben, sofern nicht dringende Gefahr[3] im Verzuge liegt, der Erlaubniß des Strandvogts.

Auf die Thätigkeit der Vereine zur Rettung Schiffbrüchiger finden diese Bestimmungen keine Anwendung.

1. Der Widerspruch muß ausdrücklich und bestimmt ausgesprochen sein.
2. Es sind hierunter nicht bloß die Schiffsmannschaft (§ 3 der Seemannsordnung v. 27. Decbr. 1872), sondern sämmtliche auf dem Schiff befindliche Personen zu verstehen. — „Schiffer" ist nach § 42 im Sinne dieses

Gesetzes der Führer des Schiffs (Schiffskapitän), in Ermangelung oder Verhinderung desselben dessen Stellvertreter.

3. Gleichviel ob für die Ladung oder für den Schiffskörper.

4. Vergl. § 43.

§ 9.

Die Verpflichtung, den polizeilichen Aufforderungen zur Hülfe Folge zu leisten, bestimmt sich nach § 360 Nr. 10 des Strafgesetzbuchs[1] mit der Maßgabe, daß als „Polizeibehörde“ im Sinne dieser Vorschrift auch der Strandvogt gilt.

Während der Seenoth ist der Strandvogt befugt, zur Rettung von Menschenleben die erforderlichen Fahrzeuge und Geräthschaften, sowie jeden außerhalb der öffentlichen Wege zum Strande führenden Zugang auch ohne Einwilligung der Verfügungsberechtigten in Anspruch zu nehmen. Der hieraus entstehende wirkliche Schaden ist zu vergüten. Wer der Anordnung des Strandvogts nicht Folge leistet[2], wird mit der im § 360 Nr. 10 a. a. O. angedrohten Strafe belegt.

Die Fahrzeuge und Geräthschaften der Vereine zur Rettung Schiffbrüchiger dürfen nur, insoweit die Vereinsmannschaft nicht selbst einschreitet, zur Rettung von Menschenleben in Anspruch genommen werden.

1. Der von dem zuständigen Beamten erfolglos zur Hülfe aufgeforderte Angekl. wird, wenn er einwendet, daß „gemeine Gefahr oder Noth“ (§ 360 Nr. 10 StGB.) nicht vorgewaltet habe, oder, daß die Hülfsleistung „mit erheblicher eigner Gefahr für ihn verknüpft gewesen sei“, seinerseits den Beweis zu führen haben.

2. Auch hinsichtlich der Gewährung der von demselben in Anspruch genommenen Fahrzeuge und Geräthschaften. Im Betreff einer Widerstandsleistung vergl. § 113 StGB.

§ 12.

Ohne Genehmigung des Schiffers darf nichts aus dem Schiffe fortgeschafft werden. Auch hat zunächst der Schiffer darüber Bestimmung zu treffen, wohin die fortgeschafften Gegenstände sowie das Schiff selbst zu bringen sind. Sowohl jene Genehmigung als auch diese Bestimmung steht dem Strandvogt zu, wenn derselbe die Leitung des Verfahrens übernommen hatte. In Ermangelung einer Bestimmnng des Schiffers oder des Strandvogts muß das Geborgene, sofern keine Hindernisse entgegenstehen*, bei Verlust des Anspruchs auf Berge- oder Hülfslohn nach dem zunächst erreichbaren Deutschen Hafen oder Landungsplatze gebracht und sofort der nächsten Polizeibehörde oder dem Strandvogt angezeigt werden.

Die aus dem Schiffe fortgeschafften Gegenstände sind, sobald dies thunlich, zu verzeichnen.

* Vergl. die Strafbestimmung des § 43. Während der im § 9 in Bezug genommene § 360 Nr. 10 StGB. die Strafe nur beim Vorhandensein „erheblicher eigner Gefahr" fortfallen läßt, genügt hier das Entgegenstehen von „Hindernissen". Der Angekl. wird daher von Strafe freizusprechen sein, wenn er dem Richter die Ueberzeugung gewährt, daß ihm unter den vorwaltenden Umständen die Mittel zum Transport des Geborgenen nach dem Hafen oder Landungsplatze nicht zu Gebote gestanden haben.

§ 13.

Werden einzelne Stücke der Ladung oder des Schiffs oder sonstige Gegenstände, welche auf dem Schiffe sich befunden, oder zu denselben gehört haben, an das Land getrieben, so hat derjenige, welcher dieselben birgt, dies sofort einem der mitwirkenden Beamten¹ anzuzeigen und auf Erfordern die Sachen abzuliefern.

1. Der § setzt, wie die Erwähnung des „mitwirkenden Beamten" zu erkennen giebt, den Fall voraus, daß die „einzelnen Stücke der Ladung" u. s. w. während des Bergungsgeschäfts, oder nach dessen Beendigung von Jemand geborgen werden. Die Vorschrift wird aber auch Anwendung finden, wenn diese Bergung vor dem Einschreiten der Beamten erfolgt. Die Anzeige wird dann dem Strandvogt zu erstatten sein. — Daß hier nur von einem bestimmten in Seenoth befindlichen Schiffe die Rede ist, ergiebt der § 20.

2. Vergl. die Strafvorschrift des § 43.

Vom Seeauswurf und strandtriftigen Gegenständen, so wie von versunkenen und seetriftigen Gegenständen.

§ 20.

Wenn außer dem Falle der Seenoth eines Schiffes besitzlos gewordene Gegenstände von der See auf den Strand geworfen oder gegen denselben getrieben und vom Strande aus geborgen werden, so haben auch in diesen Fällen die Berger Anspruch auf Bergelohn, nach den Vorschriften des Allgemeinen Deutschen Handelsgesetzbuchs, Buch V Titel 9. Sie sind verpflichtet, bei Verlust des Anspruchs auf Bergelohn von den geborgenen Gegenständen der nächsten Polizeibehörde oder dem Strandvogt sofort* Anzeige zu machen und dieselben zur Verfügung zu stellen.

* Vergl. die Note zu § 4, und im Betreff der event. Strafe den § 43.

§ 21.

Denselben Anspruch und dieselbe Verpflichtung¹ haben die Berger, wenn versunkene Schiffstrümmer oder sonstige

Gegenstände vom Meeresgrunde heraufgebracht, oder wenn ein verlassenes Schiff oder sonstige besitzlos gewordene Gegenstände, in offener See treibend, von einem Fahrzeuge geborgen werden.

Die Verpflichtung tritt in diesem Falle ein, sobald das bergende Fahrzeug nach der Bergung an der Deutschen Küste anlegt oder vor Anker geht, fällt aber fort, wenn das Fahrzeug inzwischen an einer fremden Küste angelegt hat, oder vor Anker gegangen ist, und die Berger dort die geborgenen Gegenstände dem Eigenthümer oder einer Behörde zur Verfügung gestellt haben.

1. Die Frage, ob sich an die Verabsäumung dieser Verpflichtung auch die im § 20 angedrohte Folge des Verlusts des Anspruchs auf Bergelohn knüpft, hat für das Strafverfahren und somit für das SchG. keine Bedeutung, da jener Verlust für eine Strafe im gesetzlichen Sinne (§§ 13 folg. StGB.) nicht zu erachten, auf denselben daher im Strafurtheil nicht zu erkennen ist, die Entscheidung darüber vielmehr event. im Wege des Civilprocesses ergehen muß.

2. Hinsichtlich der Strafen s. § 43.

§ 22.

Welche Gewässer bei Anwendung der §§ 20 und 21 der See gleichzustellen sind, bestimmen die Landesregierungen.

§ 43.

Wer den Vorschriften der §§ 4, 7 Abs. 1. 12 Abs. 1. 13. 20. 21 zuwiderhandelt, wird, sofern nicht nach allgemeinen Strafgesetzen eine höhere Strafe verwirkt ist*, mit Geldstrafe bis zu einhundertfünfzig Mark oder mit Haft bestraft.

* Wenn z B. im Falle des § 12 dem Strandvogt Widerstand geleistet ist, oder das Gericht die Ueberzeugung gewinnt, daß der Angekl. bei der Fortschaffung von Sachen aus dem Schiffe einen Diebstahl zu verüben beabsichtigt hat. Vergl. die §§ 73 folg. StGB.

Bahnpolizei-Reglement für die Eisenbahnen Deutschlands. Vom 4. Januar 1875. Central-Blatt für das Deutsche Reich S. 57.

(Beschlossen vom Bundesrath in Gemäßheit der Art. 42 und 43 der Reichsverfassung.)

Bestimmungen für das Publikum.

§ 53*.

Die Eisenbahn-Reisenden müssen den allgemeinen Anordnungen nachkommen[1], welche von der Bahnverwaltung behufs

Aufrechthaltung der Ordnung beim Transport der Personen und Effekten getroffen werden und haben den dienstlichen Anordnungen der in Uniform befindlichen oder mit einem Dienstabzeichen oder mit einer besonderen Legitimation[2] versehenen Bahnpolizei-Beamten (§ 66)[3] Folge zu leisten.

* Die §§ 1—52 enthalten die Vorschriften über „Zustand, Unterhaltung und Bewachung der Bahn", „Einrichtung und Zustand der Betriebsmittel" und „Einrichtung und Maßregeln für die Handhabung des Betriebes".

1. Die im § 62 für das Zuwiderhandeln gegen solche allgemeine Anordnungen angedrohte Strafe kann nur eintreten, wenn dieselben in ortsüblicher Weise veröffentlicht worden sind.

2. Von dem sich nur auf eine solche Legitimation berufenden Beamten wird der Eisenbahn-Reisende, welchen die „dienstliche Anordnung" betrifft, deren Vorzeigung verlangen dürfen.

3. Der hier in Bezug genommene § 66 bestimmt:

Zur Ausübung der Bahnpolizei sind zunächst verpflichtet folgende Eisenbahnbeamte:

1. der Betriebsdirektor und der Ober-Ingenieur,
2. der Ober-Betriebs-Inspektor,
3. die Betriebs-Inspektoren, Betriebs-Bauinspektoren, Betriebs-Kontrolöre und Ober-Zugmeister,
4. die Eisenbahn-Baumeister und Abtheilungs-Baumeister und Ingenieure,
5. die Bahnmeister und die Oberbahnwärter,
6. die Bahn- und Hülfsbahnwärter,
7. der Bahnkontrolör,
8. die Stationsvorsteher beziehungsweise Bahnhofs-Inspektoren und Bahnhofs-Verwalter,
9. die Stations-Aufseher und Bahnhofs-Aufseher,
10. die Assistenten und Bahnhofs-Inspektions-Assistenten,
11. die Weichensteller, Weichenwärter, Stationswärter und Hülfsweichenwärter,
12. die Zugführer, Packmeister, Schaffner, Zugmeister, Kondukteure und Wagenwärter,
13. die Portiers und Nachtwächter.

§ 54.

Das Betreten des Planums der Bahn, der dazu gehörigen Böschungen, Dämme, Gräben, Brücken und sonstigen Anlagen ist ohne Erlaubnißkarte nur der Aufsichtsbehörde und deren Organen, den in der Ausübung ihres Dienstes befindlichen Forstschutz-, Zoll-, Steuer-, Telegraphen-, Polizeibeamten, den Beamten der Staatsanwaltschaften[1] und den zur Rekognoscirung dienstlich entsendeten Offizieren gestattet; dabei ist jedoch die Bewegung wie der Aufenthalt innerhalb der Fahr- und Rangirgeleise zu vermeiden. Das Publikum darf die Bahn nur an den zu Ueberfahrten oder Uebergängen bestimmten Stellen überschreiten und zwar nur so lange, als die letzteren nicht durch Barrieren verschlossen sind. Es ist dabei jeder unnöthige Verzug[2] zu vermeiden.

Die Gewährung von Erlaubnißkarten zum Betreten der vorstehend bezeichneten Bahnanlagen bedarf der Genehmigung der Aufsichtsbehörde.

Es ist untersagt, die Barrieren oder sonstigen Einfriedigungen eigenmächtig zu öffnen, zu überschreiten oder zu übersteigen, oder etwas darauf zu legen oder zu hängen.

1. Auch bei diesen ist dienstlicher Zweck vorausgesetzt. Vergl. auch § 55.
2. Strafbar (§ 62) wird ein „unnöthiger Verzug", bei der Unbestimmtheit des Ausdrucks, nur erscheinen, wenn der Angeklagte von einem Bahnpolizei-Beamten zur Beeilung des Ueberschreitens vergebens aufgefordert worden ist.

§ 55.

Außerhalb der bestimmungsmäßigen dem Publikum für immer oder zeitweise geöffneten Räumen darf Niemand den Bahnhof ohne Erlaubnißkarte betreten, mit Ausnahme der in Ausübung ihres Dienstes befindlichen Chefs der Militär- und Polizeibehörde, sowie der im § 54 gedachten und der Postbeamten.

Den Festungs-Kommandanten, Fortifikations-Offizieren und den durch ihre Uniform als solche kenntlichen Fortifikations-Beamten ist gestattet, auch den Bahnkörper wie die Bahnhöfe innerhalb des Festungsrayons zu betreten.

Die Wagen, welche Reisende zur Bahn bringen oder daher abholen, müssen an den Vorplätzen der Bahnhöfe* an den dazu bestimmten Stellen auffahren.

Die Ueberwachung der Ordnung auf den für diese Wagen bestimmten Vorplätzen, soweit dies den Verkehr mit Reisenden oder deren Gepäck betrifft, steht den Bahnpolizei-Beamten zu, insofern in dieser Beziehung nicht besondere Vorschriften ein Anderes bestimmen.

* Es wird zur Abwendung der Strafe des § 62 genügen, wenn die Wagen „an den dazu bestimmten Stellen" auffahren, auch wenn diese außerhalb der „Vorplätze der Bahnhöfe" belegen sind.

§ 56.

Das Hinüberschaffen von Pflügen, Eggen und anderen Geräthen, sowie von Baumstämmen und anderen schweren Gegenständen über die Bahn darf, sofern solche nicht getragen werden, nur auf Wagen oder untergelegten Schleifen erfolgen.

§ 57.

Für das Betreten der Bahn und der dazu gehörigen Anlagen[1] durch Vieh bleibt derjenige verantwortlich[2], welchem die Aufsicht über dasselbe obliegt.

Das Treiben von größeren Viehheerden über die Bahnübergänge ist innerhalb zehn Minuten vor dem erwarteten Eintreffen eines Zuges nicht mehr gestattet.[3]

1. Mit Rücksicht auf den Eingang des § 54 wird unter „Bahn und dazu gehörige Anlagen" das Planum der Bahn nebst den dazu gehörigen Böschungen, Dämmen u. s. w. zu verstehen sein.

2. D. h. es trifft ihn die Strafe des § 62, wenn er durch — ihm nachzuweisende — Verabsäumung der Aufsicht über das Vieh das Betreten der Bahn u. s. w. durch dasselbe verschuldet.

3. Da der Treiber der Viehheerde die bis zum Eintreffen des nächsten Bahnzuges noch freie Zeit in der Regel nicht zu berechnen vermag, überdies auch der Ausdruck „größere Viehheerde" unbestimmt ist, dürfte derselbe der Strafe des § 62 nur verfallen, wenn ihm das Treiben über die Bahn von einem Bahnpolizeibeamten (§ 66) rechtzeitig untersagt worden ist.

§ 58.

Privatübergänge dürfen nur von dem Berechtigten unter den von der Aufsichtsbehörde genehmigten Bedingungen benutzt werden*.

* Nach der Fassung des § wird nur derjenige, welcher den Privatübergang — gleichviel ob mit oder ohne Erlaubniß des zum Gebrauche desselben Berechtigten — benutzt, nicht aber letzterer wegen unbefugter Ertheilung der Erlaubniß zu dieser Benutzung der Strafe des § 62 unterliegen.

§ 59.

So lange die Uebergänge geschlossen sind, müssen Fuhrwerke, Reiter, Treiber von Viehheerden und Führer von Lastthieren bei den aufgestellten Warnungstafeln halten. Das Gleiche gilt, sobald die Glocken an den mit Zugbarrieren versehenen Uebergängen ertönen. Fußgänger dürfen sich den geschlossenen Barrieren nähern, dieselben aber nicht öffnen.

§ 60.

Alle Beschädigungen[1] der Bahn und der dazu gehörigen Anlagen[2], mit Einschluß der Telegraphen[3], sowie der Betriebsmittel nebst Zubehör, ingleichen das Auflegen von Steinen, Holz und sonstigen Sachen auf das Planum, oder das Anbringen sonstiger Fahrhindernisse sind verboten, ebenso die Erregung falschen Alarms, die Nachahmung von Signalen, die Verstellung von Ausweiche-Vorrichtungen und überhaupt die Vornahme aller, den Betrieb störender Handlungen*.

1. Dadurch, daß der § 62 auch auf den § 60 hinweist, ist zu erkennen gegeben, daß die in demselben angedrohte Geldstrafe bis zu 30 Mk. — nur mit der in den Schlußworten ausgesprochenen Beschränkung — auch auf die im § 60 bezeichneten „Beschädigungen" Anwendung finden soll. Nun bedrohen aber die §§ 303 und 304 StGB. jede Art von vorsätzlichen und rechtswidrigen Beschädigungen, bzhw. solche Beschädigungen, welche (wie Eisenbahnen) zum öffentlichen Nutzen dienen, mit höheren Strafen; desgleichen die §§ 305. 315 u. 316 StGB. denjenigen, welcher eine Eisenbahn ganz oder theilweise zerstört, bzhw. vorsätzlich oder fahrlässiger Weise Eisenbahnen, Beförderungsmittel oder sonstiges Zubehör derselben dergestalt beschädigt, oder auf der Fahrbahn durch falsche Zeichen u. s. w. solche Hindernisse bereitet, daß dadurch der Transport in Gefahr gesetzt wird. Hiernach, und da der § 62 nicht, wie die §§ 303. 304. 315 StGB. nur vorsätzliche sondern „alle" Beschädigungen zum Gegenstande hat, dürfte anzunehmen sein, daß die Strafe desselben auf fahrlässige Beschädigung, aber auch auf diese nur beim Ausscheiden der im § 316 StGB. vorausgesetzten Gefährdung eines Transports, Anwendung findet. Dasselbe gilt im Betreff des im § 60 verbotenen Auflegens von Steinen u. s. w. auf das Planum. Da aber in demselben diese Handlungen als „Fahrhindernisse" charakterisirt sind, wird die geringe Strafe des § nur Platz greifen, wenn unter den vorwaltenden Umständen die Möglichkeit einer Gefahr für den Transport unbedingt fortfiel, beispielsweise die auf das Planum gelegten Gegenstände nur ein so geringfügiges Hinderniß zu verursachen geeignet waren, daß die sofortige Beseitigung desselben durch den Transport außer Zweifel stand.

2. Vergl. § 54 Abs. 1.

3. Die §§ 317. 318 StGB. bedrohen vorsätzliche bzhw. fahrlässige gegen eine zu öffentlichen Zwecken dienende Telegraphenanstalt begangene Handlungen, welche die Benutzung dieser Anstalt verhindern oder stören, mit höheren Strafen als 30 Mk. Demzufolge wird, wenn die Handlung in einer im § 60 verbotenen „Beschädigung" eines Telegraphen besteht, die mildere Strafe dieses § nur zulässig sein, wenn die Handlung die Benutzung des Telegraphen zu verhindern oder zu stören nicht geeignet war.

§ 61.

Das Einsteigen in einen bereits in Gang gesetzten Zug, der Versuch sowie die Hülfeleistung dazu, ingleichen das eigenmächtige Oeffnen der Wagenthüren oder Aussteigen, während der Zug sich noch in Bewegung befindet, ist verboten.

§ 62.

Wer den Bestimmungen der §§ 53—61 und den nachfolgenden Bestimmungen des Betriebsreglements für die Eisenbahnen Deutschlands vom 11. Mai 1874[1] zuwiderhandelt, welche also lauten:

Feuergefährliche Gegenstände, sowie alles Gepäck, welches Flüssigkeiten und andere Gegenstände enthält, die auf irgend eine Weise[2] Schaden verursachen können, insbesondere geladene Gewehre, Schießpulver, leicht entzündbare Präparate und andere Sachen gleicher Eigenschaft, dürfen in den Personenwagen nicht mitgenommen werden. Das Eisenbahn-Dienstpersonal ist berechtigt, sich in dieser Beziehung die nöthige Ueberzeugung zu verschaffen. Jägern und im öffentlichen Dienste stehenden Personen ist jedoch die Mitführung von Handmunition gestattet.

wird mit einer Geldstrafe bis zu dreißig Mark[3] bestraft, sofern nicht nach den allgemeinen Strafbestimmungen eine härtere Strafe verwirkt ist.

1. ReichsGBl. v. 1874 S. 84.

2. Die Worte „auf irgend eine Weise" sind nicht günstig gewählt. Wie die angereihten Beispiele zeigen, sind solche Gegenstände gemeint, welche auch ohne absichtliche Einwirkung durch Menschenhände leicht Beschädigungen von Personen oder Sachen herbeiführen können.

3. Vergl. die §§ 27 bis 29 und 78 StGB.

4. Im „öffentlichen Dienste" stehen alle Staats- und Kommunal-Beamte. Es sind aber wohl nur solche gemeint, deren Amtsverwaltung die Mitführung von Handmunition erheischt.

§ 70.

Die Amtswirksamkeit der Bahnhofs-Polizeibeamten erstreckt sich ohne Rücksicht auf den ihnen angewiesenen Wohnsitz auf die ganze Bahn, die dazu gehörigen Anlagen, und so weit, als solches zur Handhabung und Aufrechthaltung der für den Eisenbahnbetrieb erlassenen oder noch zu erlassenden Polizei-Verordnungen erforderlich ist.

§ 74.

Dieses Reglement — findet Anwendung auf allen Eisenbahnen Deutschlands. Ausgenommen von demselben sind diejenigen Eisenbahnen, welche mit schmalerer als der Normalspur gebaut sind, so wie diejenigen, bei welchen vermöge ihrer untergeordneten Bedeutung von der zuständigen Landesbehörde mit Zustimmung des Reichs-Eisenbahn-Amts eine Abweichung für zulässig erkannt wird.

Gesetz über die Beurkundung des Personenstandes und die Eheschließungen. Vom 6. Februar 1875. RGBl. S. 23.

§ 1.

Die Beurkundung der Geburten, Heirathen und Sterbefälle erfolgt ausschließlich durch die vom Staate bestellten Standesbeamten mittelst Eintragung in die dazu bestimmten Register.

§ 68.

Wer den in den §§ 17 bis 20, 22 bis 24, 56 bis 58 vorgeschriebenen Anzeigepflichten nicht nachkommt[1], wird mit Geldstrafe bis zu einhundertfünfzig Mark oder mit Haft[2] bestraft. Die Strafverfolgung tritt nicht ein, wenn die Anzeige, obwohl nicht von dem zunächst Verpflichteten, doch rechtzeitig[3] gemacht worden ist.

Die bezeichnete Strafe trifft auch den Schiffer oder Steuermann, welcher den Vorschriften der §§ 61 bis 64 zuwiderhandelt.

Die vorstehend in Bezug genommenen §§ enthalten folgende Bestimmungen:

Beurkundung der Geburten.

§ 17. Jede Geburt eines Kindes ist innerhalb einer Woche dem Standesbeamten des Bezirks, in welchem die Niederkunft stattgehabt hat, anzuzeigen.

§ 18. Zur Anzeige sind verpflichtet:

1. der eheliche Vater;
2. die bei der Niederkunft zugegen gewesene Hebamme;
3. der dabei zugegen gewesene Arzt;
4. jede andere dabei zugegen gewesene[4] Person;
5. die Mutter, sobald sie dazu im Stande ist.

Jedoch tritt die Verpflichtung der in der vorstehenden Reihenfolge später genannten Personen nur dann ein, wenn ein früher genannter Verpflichteter nicht vorhanden[5], oder derselbe an der Erstattung der Anzeige verhindert ist[6].

§ 19. Die Anzeige ist mündlich[7] von dem Verpflichteten selbst, oder durch eine andere aus eigener Wissenschaft unterrichtete Person zu machen.

§ 20. Bei Geburten, welche sich in öffentlichen[8] Entbindungs-, Hebammen-, Kranken-, Gefangen- und ähnlichen[9] Anstalten, sowie in Kasernen ereignen, trifft die Verpflichtung zur Anzeige ausschließlich den Vorsteher der Anstalt oder den von der zuständigen Behörde ermächtigten Beamten. Es genügt eine schriftliche Anzeige in amtlicher Form[10].

§ 22. Die Eintragung des Geburtsfalles soll enthalten:

1. Vor- und Familiennamen, Stand oder Gewerbe und Wohnort des Anzeigenden;
2. Ort, Tag und Stunde der Geburt;
3. Geschlecht des Kindes;
4. Vornamen des Kindes;
5. Vor- und Familiennamen, Religion, Stand oder Gewerbe und Wohnort der Eltern.

Bei Zwillings- oder Mehrgeburten ist die Eintragung für jedes Kind besonders und so genau zu bewirken, daß die Zeitfolge der verschiedenen Geburten ersichtlich ist.

Standen die Vornamen des Kindes zur Zeit der Anzeige noch nicht fest, so sind dieselben nachträglich und längstens binnen zwei Monaten nach der Geburt anzuzeigen[11].

§ 23. Wenn ein Kind todtgeboren oder in der Geburt verstorben ist, so muß die Anzeige spätestens am nächstfolgenden Tage geschehen.

§ 24. Wer ein neugeborenes Kind findet, ist verpflichtet, hiervon spätestens am nächstfolgenden Tage Anzeige bei der Ortspolizeibehörde zu machen. Die Letztere hat die erforderlichen Ermittelungen vorzunehmen und dem Standesbeamten des Bezirks von deren Ergebniß behufs Eintragung in das Geburtsregister Anzeige[12] zu machen.

Beurkundung der Sterbefälle.

§ 56. Jeder Sterbefall ist spätestens am nächstfolgenden Wochentage dem Standesbeamten des Bezirks, in welchem der Tod erfolgt ist, anzuzeigen.

§ 57. Zu der Anzeige verpflichtet ist das Familienhaupt und wenn ein solches nicht vorhanden oder an der Anzeige behindert[13] ist, derjenige, in dessen Wohnung oder Behausung[14] der Sterbefall sich ereignet hat.

§ 58. Die §§ 19 und 20[15] kommen auch in Beziehung auf die Anzeige der Sterbefälle zur Anwendung.

§ 59. Die Eintragung des Sterbefalls soll enthalten:

1. Vor- und Familiennamen, Stand oder Gewerbe und Wohnort des Anzeigenden;
2. Ort, Tag und Stunde des erfolgten Todes;
3. Vor- und Familiennamen, Religion, Alter, Stand oder Gewerbe, Wohnort und Geburtsort des Verstorbenen;
4. Vor- und Familiennamen seines Ehegatten, oder Vermerk, daß der Verstorbene ledig gewesen sei;
5. Vor- und Familiennamen, Stand oder Gewerbe und Wohnort der Eltern des Verstorbenen.

Soweit diese Verhältnisse unbekannt sind, ist dies bei der Eintragung zu vermerken.

Beurkundung des Personenstandes der auf der See befindlichen Personen.

§ 61. Geburten und Sterbefälle, welche sich auf Seeschiffen während der Reise ereignen, sind nach den Vorschriften dieses Gesetzes spätestens am nächstfolgenden Tage nach der Geburt oder dem Todesfall von dem Schiffer, unter Zuziehung von zwei Schiffsoffizieren oder anderen glaubhaften Personen, in dem Tagebuch zu beurkunden. Bei Sterbefällen ist zugleich die muthmaßliche[16] Ursache des Todes zu vermerken.

§ 62. Der Schiffer hat zwei von ihm beglaubigte Abschriften der Urkunden demjenigen Seemannsamte, bei dem es zuerst geschehen kann, zu übergeben.

§ 63. Ist der Schiffer verstorben oder verhindert, so hat der Steuermann die in den §§ 61 u. 62 dem Schiffer auferlegten Verpflichtungen zu erfüllen.

§ 64. Sobald das Schiff in den inländischen Hafen eingelaufen ist, in welchem es seine Fahrt beendet, ist das Tagebuch der für den Standesbeamten des Hafenorts zuständigen Aufsichtsbehörde vorzulegen[17].

1. Nach allgemeinen strafrechtlichen Grundsätzen ist die Strafbarkeit durch die rechtzeitige Kenntniß des zur Anzeige Verpflichteten von der stattgehabten Geburt bedingt. Der Vater des Kindes (§ 18 Nr. 1) ist daher nicht strafbar, wenn er von derselben innerhalb der einwöchigen Frist überhaupt nicht, oder doch so spät Kenntniß erlangt, daß ihm eine Verschuldung an der unterbliebenen rechtzeitigen Anzeige nicht beigemessen werden kann.

2. Vergl. § 18 StGB.

3. Hiernach verfällt z. B. der Vater des Kindes (vergl. § 17) der Strafe auch dann, wenn sich die Hebamme ihm gegenüber zur Anzeige verpflichtet, dieselbe auch erstattet, aber um einen Tag verzögert hat.

4. Unter den „zugegen gewesenen Personen" sind nicht alle diejenigen, welche sich zeitweise — wie z. B. Dienstboten — in dem Geburtszimmer aufgehalten haben, sondern nur solche zu verstehen, welche in Veranlassung der bevorstehenden Geburt anwesend gewesen sind und derselben beigewohnt haben, wie Krankenpflegerinnen, nahe Verwandte der Wöchnerin, bei plötzlich eingetretener Geburt herbeigerufene Nachbarinnen u. dergl. Es muß dies aus den Nrn. 2 und 3 des § gefolgert werden, wo dieselben Worte gebraucht sind.

Nach der allgemeinen Fassung der Nr. 4, und da zwischen den verschiedenen zugegen gewesenen Personen dort nicht unterschieden ist, werden, wenn die rechtzeitige Anzeige unterblieben ist, beim Fortfall der unter Nr. 1 bis 3 genannten Verpflichteten, alle zugegen gewesenen Personen der Strafe des § 68 verfallen.

5. Hiernach tritt z. B. die Verpflichtung der unter Nr. 4 erwähnten Personen erst ein, wenn der Vater des Kindes nicht mehr lebt oder sein Aufenthalt unbekannt ist, und eine Hebamme oder ein Arzt nicht zugegen gewesen ist.

6. Da das Gesetz sich nicht darüber ausspricht, welche Art von Hindernissen als solche anzuerkennen seien, so tritt das freie, durch die vorwaltenden Umstände geleitete Ermessen des Gerichts ein. Beispielsweise wird ärztlich bescheinigte andauernde schwere Krankheit des Vaters dafür gelten müssen, während eine, wenngleich sofort nach der Geburt des Kindes angetretene Reise ihn der Regel nach mit Rücksicht auf die 2. Alternative des § 19 nicht entschuldigen dürfte.

Es wird ferner, um im Falle der Verhinderung eines in der Reihenfolge des § 18 früher genannten, den später genannten Verpflichteten wegen unterlassener rechtzeitiger Anzeige straffällig erscheinen zu lassen, demselben nachgewiesen sein müssen, daß er von jener Verhinderung Kenntniß gehabt habe, oder dieselbe ihm doch unter den vorwaltenden Umständen nicht ohne seine grobe Fahrlässigkeit hätte verborgen bleiben können.

7. Eine, selbst öffentlich beglaubigte, ihrem Inhalte nach vollständige (§ 22) schriftliche Anzeige schützt daher nicht gegen die Strafe des § 68. Vergl. die Schlußbestimmung des § 20.

8. Umfaßt auch die Kommunalanstalten.

9. Dahin dürften Hospitäler und solche Irrenanstalten gehören, auf welche der Begriff „Krankenanstalten" nicht Anwendung findet.

10. Ungeachtet des Mangels einer ausdrücklichen Vorschrift wird die Anzeige doch, um gegen die Strafe des § 68 zu schützen, den Erfordernissen des § 22 entsprechen müssen, da anderenfalls der Standesbeamte außer Stande ist, die Eintragung in das betreffende Standesregister vorschriftsmäßig auszuführen, der Zweck der Anzeige mithin verfehlt sein würde.

11. Bei der allgemeinen Fassung des § 68 liegt auch diese Pflicht nicht bloß derjenigen im § 18 aufgeführten anzeigepflichtigen Person, welche die Geburtsanzeige der Vorschrift des § 17 gemäß den Standesbeamten rechtzeitig erstattet hat, sondern, falls dieser die im Schlußsatz des § 22 angeordnete nachträgliche Anzeige über die Vornamen des Kindes innerhalb der zweimonatlichen Frist, in Folge seines inzwischen erfolgten Todes oder einer Verhinderung im Sinne des Schlußsatzes des § 18, nicht erstattete, auch den im § 18 nach ihm genannten Personen ob. Nach dieser — bedenklichen — Bestimmung ist daher der anstatt einer Hebamme bei der Geburt

zugezogene Arzt, um sich gegen die Strafe des § 68 völlig zu sichern, genöthigt, sich zu vergewissern, nicht nur, daß der Vater des Kindes Anzeige (§§ 18 und 22 Abs. 1) geleistet habe, sondern auch, daß derselbe, wenn er sich die Angabe der Vornamen des Kindes vorbehalten hatte, nicht an der späteren Anzeige derselben innerhalb der zweimonatlichen Frist nach der Geburt verhindert gewesen sei (Schlußsatz des § 18).

12. Der § 68 spricht, ohne zu unterscheiden, von den „im § 24 vorgeschriebenen Anzeigepflichten". Danach würde auch die Verabsäumung der in dem letztgedachten § der Ortspolizeibehörde auferlegten Verpflichtung zur Benachrichtigung des Standesbeamten die Strafe nach sich ziehen. Dies ist jedoch nicht beabsichtigt, da nur ein einzelner Beamter, nicht eine „Behörde" zur Untersuchung und Strafe gezogen werden kann.

13. Vergl. die Note 6.

14. „Wohnung" ist der engere, „Behausung" der weitere Begriff. Der letztere Ausdruck giebt zu erkennen, daß die Anzeigepflicht sich nicht auf Sterbefälle, welche sich in den zur Wohnung des Inhabers bestimmten Räumen ereignet haben, beschränkt, sondern auch auf solche erstreckt, die in Lokalen desselben, welche anderen Zwecken desselben dienen, erfolgt sind. Die Anzeige ist daher auch nöthig, wenn ein Arbeiter in einem Fabrikgebäude seinen Tod gefunden hat. Dagegen wird, da Strafvorschriften nicht ausdehnend erklärt werden dürfen, der § 68 außer Anwendung bleiben müßen, wenn der Eigenthümer eines Waldes oder Ackers einen dort eingetretenen Sterbefall nicht angezeigt hat. Die Mot. (S. 1053 Bd. 4 der Reichstags-Verhandl. v. 1875) und die Reichstags-Verhandl. (S. 1068 u. 1249 Bd. 2 a. a. O.) berühren diese Frage nicht.

15. Vergl. die Note 10. Das dort vom § 22 Gesagte gilt hier vom § 59.

16. Selbstverständlich auch die feststehende, wie Ertrinken, Selbstmord u. dergl.

17. Aus der Vorschrift des § 63, welcher nur die in den §§ 61 und 62 erwähnten Pflichten event. auf den Steuermann überträgt, könnte gefolgert werden, daß die hier ohne Erwähnung des Verpflichteten gedachte Verpflichtung zur Vorlegung des Tagebuchs für den Fall des Todes oder der Verhinderung des Schiffers nicht auf den Steuermann übergehe. Da es jedoch an einem erkennbaren Grunde hierfür fehlen würde, der § 68 Abs. 2 auch bezüglich sämmtlicher §§ 61—64 vom Schiffer oder Steuermann spricht, und überdies das Tagebuch nach § 486 des Handels-GB. von dem Steuermann geführt wird, und die Eintragungen in dasselbe von ihm und dem Schiffer zu unterschreiben sind (§ 487 das.), dürfte anzunehmen sein, daß auch die Verpflichtung des § 64 auf den Steuermann habe event. übertragen werden sollen. Die Mot. zu dem Gesetz und die Reichstags-Verhandlungen enthalten nichts dem Entgegenstehendes. Sten. Ber. von 1874/75 S. 1075 1251 und Anlagen S. 1053.

§ 83.

Die zur Ausführung dieses Gesetzes erforderlichen Bestimmungen werden, soweit dieselben nicht durch eine vom Bundesrathe erlassene Ausführungsverordnung getroffen werden, von den einzelnen Landesregierungen erlassen*.

* Die in den §§ 67 und 69 des Ges. enthaltenen Strafbestimmungen sind durch den § 74 Nr. 4 des G. von der Anwendung durch die SchG. ausgeschlossen.

Bankgesetz. Vom 14. März 1875. RGBl. S. 177.

Strafbestimmungen.

§ 56.

Mit Geldstrafe bis zu einhundertfünfzig Mark wird bestraft, wer der Verbotsbestimmung des § 43[1] zuwider, Noten inländischer Banken, oder Noten oder sonstige Geldzeichen inländischer Korporationen außerhalb desjenigen Landesgebiets, für welches dieselben zugelassen sind, zur Leistung von Zahlungen verwendet*.

1. Der § 43 bestimmt: Die Noten einer Bank, welche sich bei Erlaß dieses Gesetzes im Besitze der Befugniß zur Notenausgabe befindet, dürfen außerhalb desjenigen Staates, welcher derselben diese Befugniß ertheilt hat, zu Zahlungen nicht gebraucht werden.

Der Umtausch solcher Noten gegen andere Banknoten, Papiergeld oder Münzen unterliegt diesem Verbot nicht.

2. Die übrigen Strafvorschriften des „Bankgesetzes" unterliegen theils wegen der Höhe der angedrohten Strafen, theils nach § 74 Nr. 5 G. der Anwendung durch die SchG. nicht.

3. In Verbindung mit dem „Bankgesetz" steht das

Gesetz, betreffend die Ausgabe von Banknoten. Vom 21. Dezember 1874. RGBl. S. 193.

§ 1.

Eine Bank, welche zur Ausgabe von Banknoten befugt ist, darf vom 1. Juli 1875 ab Banknoten, welche auf Beträge von fünfzig Mark oder darunter lauten, wenn dieselben von ihr ausgestellt sind, nicht ausgeben, und wenn sie von einer anderen Bank ausgestellt sind, nur an die letztere in Zahlung geben oder bei derselben zur Einlösung präsentiren.

§ 2.

Die Mitglieder des Vorstandes einer Bank werden, wenn die Bank den Vorschriften des § 1 zuwider Noten ausgiebt, mit einer Geldstrafe bestraft, welche dem Vierfachen des gesetzwidrig ausgegebenen Betrages gleichkommt, mindestens aber eintausend Mark beträgt*.

* Vergl. § 75 Nr. 14 G., wonach die Ueberweisung des Straffalls an die SchG. zulässig sein wird, wenn nach Maßgabe des Betrages der ausgegebenen Noten die Strafe von 1000 bis 1500 Mk. zu bemessen ist.

Gesetz, betreffend das Urheberrecht an Werken der bildenden Künste. Vom 9. Januar 1876. RGBl. S. 4.

§ 1[1].

Das Recht, ein Werk der bildenden Künste[2] ganz oder theilweise nachzubilden, steht dem Urheber desselben ausschließlich zu.

1. Dies Gesetz steht mit den Gesetzen betreffend a. das Urheberrecht an Schriftwerken, Abbildungen, musikalischen Kompositionen und dramatischen Werken vom 11. Juni 1870 (Handbuch S. 219) b. den Schutz der Photographieen gegen unbefugte Nachbildung, vom 10. Januar 1876 (RGBl. S. 8) c. das Urheberrecht an Mustern und Modellen vom 11. Januar 1876 (RGBl. S. 11) in Verbindung und verfolgt gleiche Zwecke mit denselben.

Die Strafbestimmungen dieses letztgedachten Gesetzes waren in das „Handbuch" nicht aufzunehmen. Dasselbe verordnet im § 14, daß „die Bestimmungen in den §§ 18—36. 38 des Ges. vom 11. Juni 1870, betreffend das Urheberrecht an Schriftwerken u. s. w. auch auf das Urheberrecht an Mustern und Modellen entsprechende Anwendung finden sollen. Bezüglich der §§ 18. 20. 25 jenes Ges. scheidet die Zuständigkeit der SchG. mit Rücksicht auf die Höhe der darin angedrohten Strafen aus. Nun umfassen zwar die angeführten §§ desselben auch den § 24, dessen höchstes Strafmaß in einer Geldstrafe bis zu 60 Mark besteht. Allein zunächst hat das Ges. v. 11. Januar 1876 schon dadurch, daß es den § 37 des Ges. vom 11. Juni 1870, welcher von den durch Zuwiderhandeln gegen die Vorschrift des Schlußsatzes des § 7 lit. a des Ges. v. 11. Juni 1870 begangenen „Uebertretungen" handelt, nicht mit aufgenommen hat, zu erkennen gegeben, daß jene „Uebertretung" hier ausscheide, woraus weiter folgt, daß auch der § 24 des Ges. vom 11. Juni 1870 hier keine Anwendung finden soll, da die Verhängung der Strafe dieses § erfordert, daß gegen die Vorschrift jenes § 7 lit. a daselbst verstoßen sei. Es scheiden aber auch die Voraussetzungen des § 7 lit. a des Ges. vom 11. Juni 1870: daß „einzelne Stellen oder kleinere Theile eines bereits veröffentlichten Werkes in einem anderen Werke wörtlich angeführt, oder bereits veröffentlichte Schriften von geringerem Umfange in ein größeres Ganzes aufgenommen worden seien", bei den den Gegenstand des Ges. v. 11. Januar 1876 bildenden „Mustern und Modellen" gänzlich aus, so daß selbst die analoge Anwendung des § 7 a und des damit in Verbindung stehenden § 24 des Ges. vom 11. Juni 1870 unausführbar erscheint.

Die Mot. zu dem Ges. und die Reichstagsverhandlungen geben über die Gründe, aus denen der § 24 des Ges. v. 11. Juni 1870 nicht von den im § 14 des Ges. v. 11. Januar 1876 in Bezug genommenen §§ jenes Ges. ausgeschlossen worden ist, keine Auskunft. Die ersteren (S. 79 Bd. 3 der Reichstags-Verhandl. von 1875/6) enthalten zum § 13 des Entw. (§ 14 des Ges.) nur die allgemeine Bemerkung: es herrschte hinsichtlich der strafrechtlichen Folgen der unerlaubten Vervielfältigung volle Uebereinstimmung zwischen dem Nachdruck eines Schriftstücks und der Nachbildung von Mustern und Modellen. — Die Reichstagsverhandl. haben sich mit der vorliegenden Frage überhaupt nicht beschäftigt. (B. I S. 96 folg. 606. 743 a. a. O.) Dambach „Das Musterschutz-Gesetz" (S. 108) ist gleichfalls der Ansicht, daß der § 24 des Ges. v. 11. Juni 1870 auf das Ges. v. 11. Januar 1876 keine Anwendung finde.

2. Eine Definition des Begriffs „Werke der bildenden Künste“ giebt das Gesetz nicht; auch läßt sich eine solche Feststellung desselben, welche die Grenze zwischen Gegenstände der bildenden Künste einerseits, und solchen industriellen Produkten, welche gleichfalls künstlerische Zwecke verfolgen und künstlerischen Werth besitzen, streng zu fixiren vermöchte, nicht erreichen. Der Richter wird in jedem einzelnen Falle sein Urtheil darüber, ob ein Werk zur ersten oder zur zweiten Kategorie gehöre, davon abhängig zu machen haben, ob dasselbe nach seiner Erscheinung und seinen in die Augen tretenden Zwecken, so wie auch nach der Persönlichkeit des Urhebers ausschließlich — mindestens vorzugsweise — der Förderung und Befriedigung des Schönheitssinns gewidmet ist, oder ob überwiegend industrielle Zwecke mit demselben verfolgt werden. Selbstverständlich wird einem Werke die erstere Eigenschaft nicht dadurch entzogen, daß mit der Herstellung desselben zugleich Erwerb erzielt wird. Wie bei der Anwendung des erwähnten Ges. vom 11. Juni 1870, bietet auch hier der § 16 des Ges. dem Richter Gelegenheit dar, behufs Behebung von Zweifeln über die Kategorisirung des Werkes ein Gutachten des „Sachverständigen-Vereins“ einzuholen.

§ 5.

Jede Nachbildung eines Werkes der bildenden Künste, welche in der Absicht dieselbe zu verbreiten, ohne Genehmigung des Berechtigten hergestellt wird, ist verboten. Als verbotene Nachbildung ist es auch anzusehen:

1. wenn bei Hervorbringung derselben ein anderes Verfahren angewendet worden ist, als bei dem Originalwerk;
2. wenn die Nachbildung nicht unmittelbar nach dem Originalwerke, sondern mittelbar nach einer Nachbildung desselben geschaffen ist;
3. wenn die Nachbildung eines Werkes der bildenden Künste sich an einem Werke der Baukunst, der Industrie, der Fabriken, Handwerke oder Manufakturen befindet;
4. wenn der Urheber oder Verleger dem unter ihnen bestehenden Vertrage zuwider eine neue Vervielfältigung des Werkes veranstalten;
5. wenn der Verleger eine größere Anzahl von Exemplaren eines Werkes anfertigen läßt, als ihm vertragsmäßig oder gesetzlich gestattet ist.

* Die für verbotwidrige Nachbildungen im § 16 des Ges. durch Hinweisung auf die §§ 18. 20. 25 des Ges. vom 11. Juni 1870, betreffend das Urheberrecht an Schriftwerken u. s. w., angedrohte Strafe ist in ihrem höchsten Maße auf 3000 Mark bestimmt. Untersuchungen wegen dieser Vergehen können daher nach den §§ 27 und 75 des Ger.-Verf.-Ges. vor dem SchG. nicht anhängig gemacht werden. Dagegen tritt die Zuständig-

keit derselben nach § 6 des Ges. in Fällen ein, wo eine verbotwidrige Nachbildung im Sinne des Ges. zwar nicht vorliegt, der Verfertiger der Nachbildung aber gegen diejenigen Vorschriften verstoßen hat, welche das Gesetz gleichwohl auch für solche Fälle der Ausnahme von der Regel des § 5, im Interesse des Urhebers des Werkes gegeben hat.

§ 6.

Als verbotene Nachbildung ist nicht anzusehen:

1. die Einzelkopie eines Werkes der bildenden Künste, sofern dieselbe ohne die Absicht der Verwerthung angefertigt wird. Es ist jedoch verboten, den Namen oder das Monogramm des Urhebers des Werkes in irgend einer Weise auf der Einzelkopie anzubringen, widrigenfalls eine Geldstrafe bis zu fünfhundert Mark verwirkt ist;

4. die Aufnahme von Nachbildungen einzelner Werke der bildenden Künste in ein Schriftwerk, vorausgesetzt, daß das letztere als die Hauptsache erscheint, und die Abbildungen nur zur Erläuterung des Textes dienen. Jedoch muß der Urheber des Originals oder die benutzte Quelle[1] angegeben werden, widrigenfalls die Strafbestimmung[2] im § 24 des Ges. vom 11. Juli 1870, betreffend das Urheberrecht an Schriftwerken u. s. w. (Bundes-Gesetzbl. S. 339) Platz greift.

1. Vergl. die Note 1 zu § 24 des Ges. v. 11. Juni 1870.
2. 60 Mark. Das Wort „Strafbestimmung" wird dahin aufzufassen sein, daß darunter auch die Vorschrift des Abs. 2 des § 24 des Ges. vom 11. Juni 1870 zu verstehen ist, nach welcher die Umwandlung der Geldstrafe in Freiheitsstrafe nicht stattfindet. Die von der Reichstags-Kommission für jene Vorschrift geltend gemachten Gründe (S. 542 Bd. IV der Stenogr. Ber. der Session 1870) greifen auch bei dem hier vorliegenden Ges. Platz.

§ 16.

Die Bestimmungen in den §§ 18—42* des Gesetzes vom 11. Juni 1870, betreffend das Urheberrecht an Schriftwerken u. s. w. (Bundes-Gesetzbl. 1870 S. 339) finden auch auf die Nachbildung von Werken der bildenden Künste entsprechende Anwendung.

* Für die SchG. kommen nur der § 24, (vergl. oben § 6 Nr. 4) und die §§ 30. 31 in Betracht.

§ 20.

Das gegenwärtige Gesetz findet Anwendung auf alle Werke inländischer Urheber, gleichviel ob die Werke im Inlande oder Auslande erschienen oder überhaupt noch nicht veröffentlicht sind.

Wenn Werke ausländischer Urheber bei inländischen Verlegern erscheinen, so stehen diese Werke unter dem Schutze des gegenwärtigen Gesetzes.

Gesetz, betreffend den Schutz der Photographieen gegen unbefugte Nachbildung. Vom 10. Januar 1876. RGBl. S. 8.

§ 1.

Das Recht, ein durch Photographie hergestelltes Werk ganz oder theilweise auf mechanischem Wege nachzubilden, steht dem Verfertiger der photographischen Aufnahme ausschließlich zu.

Auf Photographieen von solchen Werken, welche gesetzlich gegen Nachdruck und Nachbildung noch geschützt sind, findet das gegenwärtige Gesetz keine Anwendung.

§ 2.

Als Nachbildung ist nicht anzusehen die freie* Benutzung eines durch Photographie hergestellten Werkes zur Hervorbringung eines neuen Werkes.

* Die Worte „freie Benutzung" bilden nach den Mot. (Reichstags-Verhandl. v. 1875/6 S. 81 Bd. 3) den Gegensatz zur eigentlichen Nachbildung, d. h. Reproduktion des photographischen Werkes. Es soll die freie Benutzung des photographischen Bildes zu einem neuen Werke gestattet sein. Im Reichstage ist das Ges. einschließlich des unverändert gebliebenen § 2 en bloc angenommen (B. 1 S. 604 a. a. O.)

§ 3.

Die mechanische Nachbildung eines photographischen Werkes, welches in der Absicht, dieselbe zu verbreiten, ohne Genehmigung des Berechtigten (§§ 1 und 7)* hergestellt wird, ist verboten.

* Der § 7 bestimmt, daß das Recht des Verfertigers (§ 1) auf dessen Erben übergeht, auch auf Andere übertragen werden kann.

§ 4.

Die Nachbildung eines photographischen Werkes, wenn sie sich an einem Werke der Industrie, der Fabriken, Handwerke oder Manufakturen befindet, ist als eine verbotene nicht anzusehen.

§ 9.

Die Bestimmungen in den §§ 18 bis 38[1] 44[2] 61 Abs. 1 des Gesetzes vom 11. Juni 1870, betreffend das Urheberrecht an Schriftwerken u. s. w. finden auch Anwendung auf das ausschließliche Nachbildungs- und Vervielfältigungsrecht des Verfertigers photographischer Werke.

1. Im Betreff der in den §§ 18. 20. 25 des Ges. v. 11. Juni 1870 angedrohten Strafen vergl. die Note zu § 5 des Ges. v. 9. Januar 1876 S. 271. Hinsichtlich des § 24 gilt das in der Note 1 zum § 1 desselben Ges. S. 270 in Bezug auf die Unanwendbarkeit jenes § und des damit in Verbindung stehenden § 7 lit. a des Ges. vom 11. Juni 1870 auf die in dem Ges. v. 11. Januar 1876 behandelten „Muster und Modelle" Gesagte auch für die hier in Rede stehenden Photographieen. Die Mot. des Ges. vom 10. Januar 1876 und die auf den § 9 desselben bezüglichen Reichstagsverhandlungen sprechen sich nicht darüber aus, in welcher Beziehung der § 24 des Ges. v. 11. Juni 1870 hier direkt oder analog zur Anwendung kommen könnte. In ersteren ist nur allgemein bemerkt, es griffen in Bezug auf die Strafen hier gleiche Erwägungen wie bei den Schriftwerken Platz (Reichst-Verhandl. Bnd. 3 S. 82).

2. S. diesen § des Ges. v. 11. Juni 1870 S. 221. Die Bezugnahme auf denselben besagt, daß es als eine dem § 3 des Ges. v. 10. Januar 1876 entsprechende verbotene „mechanische Nachbildung eines photographischen Werkes" zwar nicht gelten soll, wenn unter den Voraussetzungen des § 44 des Ges. v. 11. Juni 1870 einem Schriftwerke einzelne Nachbildungen von Photographieen beigefügt werden, daß jedoch die Strafe bis zu 60 Mark verwirkt ist, wenn der Verfertiger der photographischen Aufnahme nicht angegeben ist.

Gesetz, betreffend die Beseitigung von Ansteckungsstoffen bei Viehbeförderungen auf Eisenbahnen. Vom 25. Februar 1876. RGBl. S. 163.

§ 1.

Die Eisenbahnverwaltungen sind verpflichtet, Eisenbahnwagen, in welchen Pferde, Maulthiere, Esel, Rindvieh, Schafe, Ziegen oder Schweine befördert worden sind, nach jedesmaligem Gebrauche einem Reinigungsverfahren (Desinfektion) zu unterwerfen, welches geeignet ist, die den Wagen etwa anhaftenden Ansteckungsstoffe vollständig zu tilgen.

Gleicherweise sind die bei Beförderung der Thiere zum Füttern, Tränken, Befestigen oder zu sonstigen Zwecken benutzten Geräthschaften zu desinfiziren.

Auch kann angeordnet werden, daß die Rampen, welche die Thiere beim Ein- und Ausladen betreten haben, sowie die Vieh-Ein- und Ausladeplätze und die Viehhöfe der Eisenbahnverwaltungen nach jeder Benutzung zu desinfiziren sind.

§ 2.

Die Verpflichtung zur Desinfektion liegt in Bezug auf die Eisenbahnwagen und die zu denselben gehörigen Geräthschaften (§ 1 Abs. 1 u. 2) derjenigen Eisenbahnverwaltung ob, in deren Bereich die Entladung der Wagen stattfindet. Erfolgt die letztere im Auslande, so ist zur Desinfektion diejenige deutsche Eisenbahnverwaltung verpflichtet, deren Bahn von den Wagen bei der Rückkehr in das Reichsgebiet zuerst berührt wird.

§ 4.

Die näheren Bestimmungen über das anzuordnende Verfahren, über Ort und Zeit der zu bewirkenden Desinfektionen — werden auf Grund der von dem Bundesrath aufzustellenden Normen von den Landesregierungen getroffen.

§ 5.

Im Eisenbahndienste beschäftigte* Personen, welche die ihnen nach den auf Grund dieses Gesetzes erlassenen Bestimmungen vermöge ihrer dienstlichen Stellung oder eines ihnen ertheilten Auftrages obliegende Pflicht der Anordnung, Ausführung oder Ueberwachung einer Desinfektion vernachlässigen, werden mit Geldstrafe bis zu eintausend Mark (und wenn in Folge dieser Vernachlässigung Vieh von einer Seuche ergriffen worden, mit Geldstrafe bis zu dreitausend Mark oder Gefängniß bis zu einem Jahre) bestraft, sofern nicht durch die Vorschriften des Strafgesetzbuches eine der Art oder dem Maße nach schwerere Strafe angedroht ist.

* Bei der Allgemeinheit der Worte „beschäftigte Personen", und in Erwägung, daß solche, denen „ein Auftrag" ertheilt ist, neben den in dienstlicher Stellung sich befindenden genannt sind, wird die Vorschrift nicht auf die letzteren zu beschränken, vielmehr auch auf solche Personen anzuwenden sein, welche zur Verrichtung einzelner Geschäfte von einem Eisenbahnbeamten in Ausübung seines Amtes zur Verrichtung einzelner Geschäfte gedungen worden sind.

Gesetz über die eingeschriebenen Hülfskassen. Vom 7. April 1876. RGBl. S. 125.

§ 1.

Kassen, welche die gegenseitige Unterstützung ihrer Mitglieder für den Fall der Krankheit bezwecken, erhalten die Rechte einer eingeschriebenen Hülfskasse unter den nachstehend angegebenen Bedingungen.

§ 2.

Die Kasse hat einen Namen anzunehmen, welcher von dem aller anderen, an demselben Orte oder in derselben Gemeinde befindlichen Hülfskassen verschieden ist und die zusätzliche Bezeichnung „eingeschriebene Hülfskasse" enthält.

§ 3.

Das Statut — darf keine Bestimmung enthalten, welche mit dem Zwecke der Kasse nicht in Verbindung steht oder den Vorschriften dieses Gesetzes zuwiderläuft.

§ 6.

Zum Beitritt der Mitglieder ist eine schriftliche Erklärung oder die Unterzeichnung des Statuts erforderlich. Handzeichen Schreibensunkundiger bedürfen der Beglaubigung durch ein Mitglied des Vorstandes.

Der Beitritt darf von der Betheiligung an anderen Gesellschaften oder Vereinen nur dann abhängig gemacht werden, wenn eine solche Betheiligung für sämmtliche Mitglieder bei Errichtung der Kasse durch das Statut vorgesehen ist. Im Uebrigen darf den Mitgliedern die Verpflichtung zu Handlungen oder Unterlassungen, welche mit dem Kassenzwecke in keiner Verbindung stehen, nicht auferlegt werden.

§ 7.

Das Recht auf Unterstützung aus der Kasse beginnt für sämmtliche Mitglieder spätestens mit dem Ablauf der dreizehnten auf den Beitritt folgenden Woche.

Der Ausschluß der Unterstützung in Fällen bestimmter Krankheiten ist unzulässig.

§ 8.

Die Mitglieder sind der Kasse gegenüber lediglich zu den auf Grund dieses Gesetzes und des Statuts festgestellten Beiträgen verpflichtet.

Nach Maßgabe des Geschlechts, des Gesundheitszustandes, des Lebensalters oder der Beschäftigung der Mitglieder darf die Höhe der Beiträge verschieden bemessen werden.

Die Einrichtung von Mitgliederklassen mit verschiedenen Beitrags- und Unterstützungssätzen ist zulässig.

Im Uebrigen müssen die Beiträge und Unterstützungen für alle Mitglieder nach gleichen Grundsätzen abgemessen sein.

§ 11.

Die Unterstützungen müssen im Falle der Arbeitsunfähigkeit des Unterstützungsberechtigten auf die Dauer von mindestens dreizehn Wochen gewährt werden, sofern die Arbeitsunfähigkeit nicht früher ihr Ende erreicht. Sie müssen während dieser Zeit täglich für Männer mindestens die Hälfte, für Frauen mindestens ein Drittel des Lohnbetrages erreichen, welcher zur Zeit der Feststellung des Statuts der Kasse an dem Orte ihres Sitzes nach dem Urtheil der dortigen Gemeindebehörde gewöhnlichen Tagarbeitern im Jahresdurchschnitt gezahlt wird.

Auf den Betrag der Unterstützungen, jedoch höchstens bis zu zwei Drittheilen desselben, darf die Gewährung der ärztlichen Behandlung und der Arzeneien angerechnet werden.

§ 12.

Die täglichen Unterstützungen dürfen das Fünffache des gesetzlichen Mindestbetrages (§ 11) nicht überschreiten.

Neben diesen Unterstützungen können den Mitgliedern die geeigneten Mittel zur Erleichterung der ihnen nach der Genesung verbliebenen körperlichen Mängel gewährt werden.

Auch kann die Gewährung ärztlicher Behandlung auf die Familienangehörigen der Mitglieder ausgedehnt werden.

Den Hinterbliebenen verstorbener Mitglieder kann ferner eine Beihülfe gewährt werden, welche das Zehnfache der wöchentlichen Unterstützung, auf welche das verstorbene Mitglied Anspruch hatte, nicht überschreitet.

§ 13.

Zu anderen Zwecken als den in den §§ 11 und 12 bezeichneten Unterstützungen und der Deckung der Verwaltungskosten dürfen weder Beiträge von den Mitgliedern erhoben werden, noch Verwendungen aus dem Vermögen der Kasse erfolgen.

§ 14.

Eine Ermäßigung der Beiträge oder eine Erhöhung der Unterstützungen bedarf für Kassen, in Ansehung deren eine Beitrittspflicht der Arbeiter begründet ist, der Genehmigung des Vorstandes der Gemeinde oder des größeren Kommunal-Verbandes, auf deren Anordnung die Beitrittspflicht beruht.

§ 15.

Der Ausschluß von Mitgliedern aus der Kasse kann nur unter den durch das Statut bestimmten Formen und aus den darin bezeichneten Gründen erfolgen. Er ist nur zulässig bei dem Wegfall einer die Aufnahme bedingenden Voraussetzung, für den Fall einer Zahlungssäumniß oder einer solchen strafbaren Handlung*, welche eine Verletzung der Bestimmungen des Statuts in sich schließt. Wegen des Austritts oder Ausschlusses aus einer Gesellschaft oder einem Vereine können Mitglieder nicht ausgeschlossen werden, wenn sie der Kasse bereits zwei Jahre angehört haben. Erfolgt ihre Ausschließung vor Ablauf dieser Zeit, so haben sie Anspruch auf Ersatz des von ihnen bezahlten Eintrittsgeldes.

* Im Falle des Bestreitens wird der Ausschluß nur erfolgen dürfen, wenn gegen das Mitglied die „strafbare Handlung" durch rechtskräftiges Erkenntniß des Strafrichters festgestellt ist.

§ 16.

Die Kasse muß einen von der Generalversammlung gewählten Vorstand haben*, durch welchen sie gerichtlich und außergerichtlich vertreten wird.

* Vergl. § 34.

§ 19.

Dem Vorstande kann zur Ueberwachung der Geschäftsleitung ein Ausschuß* zur Seite gesetzt werden, welcher durch die Generalversammlung zu wählen ist.

* Vergl. § 34.

§ 22.

Wird von dem Ausschuß oder von dem zehnten Theile der stimmfähigen Mitglieder die Berufung der Generalversammlung beantragt, so muß der Vorstand die letztere berufen.

§ 24.

Die Einnahmen und Ausgaben der Kasse sind von allen den Zwecken der Kasse fremden Vereinnahmungen und Verausgabungen getrennt festzustellen und zu verrechnen; ebenso sind Bestände gesondert zu verwahren.

Verfügbare Gelder dürfen außer in öffentlichen Sparkassen, nur ebenso wie die Gelder Bevormundeter angelegt werden.

§ 25.

In jedem fünften Jahre hat die Kasse die wahrscheinliche Höhe ihrer Verpflichtungen und der ihnen gegenüberstehenden Einnahmen durch einen Sachverständigen, welcher bei der Verwaltung der Kasse nicht betheiligt ist, abschätzen zu lassen, das Ergebniß nach dem vorgeschriebenen Formulare der Aufsichtsbehörde mitzutheilen und der Kenntnißnahme aller Mitglieder zugänglich zu machen.

§ 26.

Wenn nach dem Ergebnisse der Abschätzung die Verpflichtungen der Kasse die ihnen gegenüberstehenden Einnahmen übersteigen, so muß, Mangels anderer Deckungsmittel, entweder eine Ermäßigung der Unterstützungen bis auf den gesetzlichen Mindestbetrag, oder eine Erhöhung der Beiträge eintreten, derart, daß nach dem Gutachten des Sachverständigen die Herstellung des Gleichgewichts zwischen den Verpflichtungen und Einnahmen der Kasse bis zur nächsten Abschätzung zu erwarten ist.

§ 34.

Mitglieder des Vorstandes oder des Ausschusses, welche den Bestimmungen dieses Gesetzes zuwiderhandeln[1], werden mit Geldstrafe bis zu dreihundert Mark gerichtlich[2] bestraft. (Haben sie absichtlich zum Nachtheil der Kasse gehandelt, so unterliegen sie der Strafbestimmung des § 266 des Strafgesetzbuchs.)

1. Die Worte: „welche zuwider handeln" lassen bei ihrer Allgemeinheit, die Fälle, in denen die Strafe eintreten soll, um so weniger mit genügender Bestimmtheit erkennen, als auch der Wirkungskreis der in dem § mit Strafe bedrohten Mitglieder des Vorstandes und des Ausschusses und die Grenzen ihrer Verpflichtungen und Befugnisse in dem Gesetz nicht näher bezeichnet sind. Aus dem § 19 geht nur hervor, daß den Ersteren „die Geschäftsleitung", den Letzteren deren „Ueberwachung" zugewiesen ist. Die Vorschrift des § 33 Abs. 3, nach welcher die von den Landesregierungen zu bestimmende Aufsichtsbehörde befugt ist, die Mitglieder des Vorstandes zur Erfüllung gewisser im § 27 angegebenen Pflichten (zur Einsendung von Uebersichten über die Mitglieder, über die Krankheits- und Sterbefälle u. s. w. an die höhere Verwaltungsbehörde) durch Ordnungsstrafen anzuhalten, berechtigt jedoch in Verbindung mit dem Schlußsatze des § 34 zu der Annahme, daß die Strafe dieses § nicht schon als eine Folge von Vernachlässigungen der mit der Geschäftsleitung, bzhw. deren Ueberwachung für die Mitglieder des Vorstandes und des Ausschusses verknüpften Verpflichtungen, sondern nur bei einem positiven Zuwiderhandeln gegen ausdrückliche Bestimmungen des Gesetzes eintreten soll.

Es sind deshalb hier nur die §§, bzhw. Theile derselben, welche derartige Vorschriften enthalten, aufgenommen, und dagegen — außer den die Organisation und die geschäftlichen Einrichtungen der „Hülfskassen", die Befugnisse der Aufsichtsbehörden u. dergl. betreffenden Vorschriften — auch solche Bestimmungen ausgeschieden, welche sich, ohne die Rechte der Interessenten der Hülfskassen zu berühren, auf die Geschäftsführung des „Vorstandes" beziehen.

Die Mitglieder des „Ausschusses" kann die Strafe des § nur treffen, wenn sie bei der ihnen nach dem § 19 obliegenden Ueberwachung der Geschäftsleitung des „Vorstandes" ein gesetzwidriges Verfahren des letzteren im Sinne des § 34 wahrgenommen haben, ohne demselben entgegenzutreten.

2. Im Gegensatz zur Verhängung von Ordnungsstrafen Seitens der Aufsichtsbehörden.

§ 35.

Eine Vereinigung mehrerer Kassen zu einem Verbande behufs gegenseitiger Aushülfe kann unter Zustimmung der Generalversammlungen der einzelnen Kassen und auf Grund eines schriftlichen Statuts erfolgen. Der Verband ist durch einen aus der Wahl der Vorstände oder Ausschüsse der betheiligten Kassen hervorgegangenen Vorstand zu verwalten. Seine Pflichten und Befugnisse bestimmt das Statut.

Auf die Mitglieder der Vorstandes und die sonstigen Organe des Verbandes finden die Bestimmungen des § 34* Anwendung.

* Der § 34 bedroht ausschließlich ein Zuwiderhandeln gegen die Bestimmungen des Gesetzes — nicht des Statuts — mit Strafe. Es muß daher — zumal es sich um ein Strafgesetz handelt — davon ausgegangen werden, daß auch der Schlußsatz des § 35 nur solche Zuwiderhandlungen ins Auge gefaßt habe, auf welche der darin in Bezug genommene § 34 sich bezieht. Daß nach dem Abs. 2 des § 35 die „Pflichten und Befugnisse" des Vorstandes durch das Statut bestimmt

werden, steht jener Auslegung des Schlußsatzes dieses § nicht entgegen, da lediglich im Betreff der auf Grund landesrechtlicher Vorschriften errichteten Hülfskassen im § 36 ausgesprochen ist, daß sie durch das Gesetz nicht berührt werden, beim Mangel eines die mehreren vereinigten Hülfskassen des § 35 betreffenden Ausspruchs des Ges. mithin anzunehmen ist, daß auch auf diese Kassen — neben dem in dem § erwähnten Statut — die Vorschriften des Gesetzes Anwendung finden sollen.

§ 36.

Die Verfassung und die Rechte der auf Grund landesrechtlicher Vorschriften errichteten Hülfskassen werden durch dieses Gesetz nicht berührt.

Patentgesetz. Vom 25. Mai 1877. RGBl. S. 501.

§ 1.

Patente werden ertheilt für neue Erfindungen, welche eine gewerbliche Verwerthung gestatten.

Ausgenommen sind:

1. Erfindungen, deren Verwerthung den Gesetzen oder guten Sitten zuwiderlaufen würde;
2. Erfindungen von Nahrungs-, Genuß- und Arzneimitteln, sowie von Stoffen, welche auf chemischem Wege hergestellt werden, soweit die Erfindungen nicht ein bestimmtes Verfahren zur Herstellung der Gegenstände betreffen*.

* Das Verfahren des Patentamts regelt sich nach der Verordn. vom 18. Juni 1877 RGBl. S. 533.

§ 4.

Das Patent hat die Wirkung, daß niemand befugt ist, ohne Erlaubniß des Patentinhabers den Gegenstand der Erfindung gewerbsmäßig herzustellen, in Verkehr zu bringen oder feilzuhalten.

Bildet ein Verfahren, eine Maschine oder eine sonstige Betriebsvorrichtung, ein Werkzeug oder ein sonstiges Arbeitsgeräth den Gegenstand der Erfindung, so hat das Patent außerdem die Wirkung, daß niemand befugt ist, ohne Erlaubniß des Patentinhabers das Verfahren anzuwenden oder den Gegenstand der Erfindung zu gebrauchen.

(§ 34.

Wer wissentlich den Bestimmungen der §§ 4 und 5* zuwider eine Erfindung in Benutzung nimmt, wird mit Geldstrafe bis zu fünftausend Mark oder mit Gefängniß bis zu einem Jahre bestraft, und ist dem Verletzten zur Entschädigung verpflichtet.

Die Strafverfolgung tritt nur auf Antrag ein.)

* Der § 5 enthält Beschränkungen der Vorschriften des § 4.

§ 40.

Mit Geldstrafe bis zu einhundertundfünfzig Mark oder mit Haft wird bestraft:

1. wer Gegenstände oder deren Verpackung mit einer Bezeichnung versieht, welche geeignet ist[1], den Irrthum zu erregen, daß die Gegenstände durch ein Patent nach Maßgabe dieses Gesetzes[2] geschützt seien;
2. wer in öffentlichen Anzeigen, auf Aushängeschildern, auf Empfehlungskarten oder in ähnlichen Kundgebungen eine Bezeichnung anwendet, welche geeignet ist, den Irrthum zu erregen, daß die darin erwähnten Gegenstände durch ein Patent nach Maßgabe dieses Gesetzes geschützt seien[3].

1. Das Gesetz erfordert zu seiner Anwendbarkeit nicht die Absicht der Irrthumserregung; die Strafe wird daher auch eintreten, wenn die „Bezeichnung" auf Fahrlässigkeit — z. B. Verwechselung bei der Verpackung — beruht. Doch wird der Eigenthümer der Gegenstände (z. B. Kaufmann) wenn er die „Bezeichnung" nicht selbst vorgenommen, oder so, wie sie ausgeführt worden, angeordnet hat, der Strafe nur verfallen, wenn er die Bezeichnung wissentlich hat geschehen lassen.

Es ist ferner nicht erforderlich, daß eine Irrthumserregung bereits stattgefunden habe; es dürfte vielmehr genügen, wenn die mit einer der Voraussetzung des § entsprechenden Bezeichnung versehenen Gegenstände in dem Geschäftslokal des Angekl. vorgefunden worden sind.

2. Zum Thatbestande reicht daher — zumal nach § 41 die auf Grund landesgesetzlicher Bestimmungen zur Zeit der Inkrafttretung des Ges. 1. Juli 1877) bestandenen Patente bis zu ihrem Ablaufe in Kraft gelassen sind — nicht aus, daß der Gegenstand oder die Verpackung überhaupt als patentirt bezeichnet sind, die Bezeichnung muß vielmehr der Art sein, daß auf eine Patentirung *nach diesem Gesetze* — sei es durch Angabe des Datums desselben, oder durch die Worte: „Deutsches Patent" oder durch Abkürzung derselben — genügend hingedeutet ist.

3. Das in den Not. 1 und 2 Gesagte findet auch auf den Abs. 2 Anwendung.

Die Mot. zum Ges., der Kommissionsbericht und die Reichstagsverhandlungen beschäftigen sich mit dem § 40 (§ 34 des Entw.) nicht. „Verhandl. des Reichstags" v. 1877 B. II S. 943. B. III S. 26. 414. 549.

Gesetz, betreffend Zuwiderhandlungen gegen die zur Abwehr der Rinderpest erlassenen Vieh-Einfuhrverbote. Vom 21. Mai 1878. RGBl. S. 95[1].

(§ 1.

Wer den auf Grund des Gesetzes vom 7. April 1869 (Bundes-Gesetzbl. S. 105)[1] zur Verhütung der Einschleppung[2] der Rinderpest erlassenen Beschränkungen oder Verboten der Einfuhr lebender Wiederkäuer vorsätzlich zuwiderhandelt, wird mit Gefängniß von Einem Monat bis zu zwei Jahren bestraft.)

1. Die Vorschriften des — für den Norddeutschen Bund gegebenen, demnächst aber durch die Ges. vom 2. November und 11. December 1871 (RGBl. S. 372 und 471) in Baiern und Württemberg bzhw. in Elsaß-Lothringen als Reichsgesetz eingeführten — Ges. v. 7. Apr. 1869, soweit sie hier in Betracht kommen, lauten:

§ 1. Wenn die Rinderpest (Löserdürre) in einem Bundesstaate oder in einem an das Gebiet des Norddeutschen Bundes angrenzenden oder mit demselben im direkten Verkehr stehenden Lande ausbricht, so sind die zuständigen Verwaltungsbehörden der betreffenden Bundesstaaten verpflichtet und ermächtigt, alle Maßregeln zu ergreifen, welche geeignet sind, die Einschleppung und beziehentlich die Weiterverbreitung der Seuche zu verhüten und die im Lande selbst ausgebrochene Seuche zu unterdrücken.

§ 2. Die Maßregeln, auf welche sich die im § 1 ausgesprochene Verpflichtung und Ermächtigung je nach den Umständen zu erstrecken hat, sind folgende:

1. Beschränkungen und Verbote der Einfuhr, des Transports und des Handels in Bezug auf lebendes oder todtes Rindvieh, Schaafe und Ziegen, Häute, Haare und sonstige thierische Rohstoffe in frischem oder trockenem Zustande, Rauchfutter, Streumaterialien, Lumpen, gebrauchte Kleider, Geschirre und Stallgeräthe; endlich Einführung einer Rindviehkontrole im Grenzbezirke;
2. Absperrung einzelner Gehöfte, Ortstheile, Orte, Bezirke, gegen den Verkehr mit der Umgebung;
3. Tödtung selbst gesunder Thiere und Vernichtung von giftfangenden Sachen, ingleichen, wenn die Desinfektion nicht als ausreichend befunden wird,

von Transportmitteln, Geräthschaften und dergl. im erforderlichen Umfange;

4. Desinfizirung der Gebäude, Transportmittel und sonstigen Gegenstände, sowie der Personen, welche mit seuchekranken oder verdächtigen Thieren in Berührung gekommen sind.

5. Enteignung des Grund und Bodens für die zum Verscharren getödteter Thiere und giftfangenden Dinge nöthigen Gruben.

§ 4. Jeder, der zuverlässige Kunde davon erlangt, daß ein Stück Vieh an der Rinderpest krank oder gefallen ist, oder daß auch nur der Verdacht einer solchen Krankheit vorliegt, hat ohne Verzug der Ortspolizeibehörde Anzeige davon zu erstatten. Die Unterlassung schleunigster Anzeige hat für den Viehbesitzer selbst, welcher sich dieselbe zu Schulden kommen läßt, jedenfalls den Verlust des Anspruchs auf Entschädigung für die ihm gefallenen oder getödteten Thiere zur Folge.

§ 5. Die Einwohner von der Rinderpest betroffener Orte sind verpflichtet, die Behörden bei Ausführung der polizeilichen Maßregeln entweder selbst oder durch geeignete Personen zu unterstützen.

§ 7. Die näheren Bestimmungen über die Ausführung der vorstehenden Vorschriften und deren Ueberwachung durch die geeigneten Organe, über die Bestreitung der entstehenden Kosten und die Bestrafung der Zuwiderhandlungen sind von den Einzelstaaten zu treffen.

Der Bestimmung des § 8 dieses Ges. entsprechend ist vom Bundespräsidium über die Anwendung der Vorschriften des Ges. zunächst unter dem 7. April 1869 (BGBl. S. 150) eine Instruktion ergangen, an deren Stelle demnächst die durch den „Allerhöchsten Erlaß vom 9. Juni 1873“ genehmigte „Revidirte Instruktion von demselben Datum (RGBl. S. 147) getreten ist, welche bezweckt, „den Behörden eine allgemeine Anleitung zu geben“.

2. Das im § 1 in Bezug genommene Ges. v. 7. April 1869 handelt allgemein von den Seitens der Verwaltungsbehörden der betreffenden Bundesstaaten gegen die Rinderpest zu ergreifenden Maßregeln, und der § 7 desselben überläßt die Androhung von Strafen für das Zuwiderhandeln gegen dieselben den Einzelstaaten. Der § 328 des Reichs-StGB. bedroht die wissentliche Verletzung der zur Verhütung des Einführens oder Verbreitens von Viehseuchen angeordneten Absperrungs- oder Aufsichtsmaßregeln oder Einfuhrverbote überhaupt mit Gefängniß bis zu einem Jahre. Er umfaßt daher auch die Maßregeln gegen die Rinderpest, woraus folgt, daß ein Zuwiderhandeln gegen die auf diese Seuche bezüglichen Anord-

nungen und Verbote mit der höheren Strafe dieses Gesetzes nur geahndet werden darf, wenn der Thatbestand des hier in Rede stehenden specielleren Reichsgesetzes vorliegt.

Die Vorschriften dieses Gesetzes bewegen sich in engeren Grenzen als das vorerwähnte Gesetz v. 7. Apr. 1869. Denn letzteres Ges. handelt allgemein von den zur Verhütung der „Einschleppung und bzhw. der Weiterverbreitung" der Rinderpest erlassenen Einschränkungen oder Verboten, und der § 2 desselben erwähnt als Gegenstände der Einfuhr nicht nur das lebende oder todte Vieh, sondern auch Häute, Haare, sonstige thierische Rohstoffe, Rauchfutter u. s w. Dagegen betreffen die Strafbestimmungen des Ges. v. 21. Mai 1878 ausschließlich das Zuwiderhandeln gegen die Beschränkungen oder Verbote der Einfuhr lebender Wiederkäuer. Hierüber hinaus, also auf die Einfuhr todten Viehs, darf dasselbe nicht angewendet werden. Daß das Ges. nicht wie der § 2 des Ges. von 1869 — auch des „Transports" des Viehs erwähnt, hat nach den Motiven (Reichstagsverhandl. v. 1878. 2. Sess. Bd. 3 S. 740) seinen Grund darin, daß jede Durchfuhr mit einer Einfuhr beginne.

Während § 1 des Ges. vom 7. Apr. 1869 von der „Einschleppung, beziehentlich Weiterverbreitung" der Seuche spricht, geschieht hier nur der Einschleppung Erwähnung. Aus dieser — voraussetzlich nicht auf Absichtlichkeit beruhenden — Verschiedenheit in der Redaktion, dürfte jedoch nicht zu folgern sein, daß die Strafvorschriften dieses Gesetzes außer Anwendung bleiben sollen, wenn die Beschränkungen oder Verbote der Einfuhr von Wiederkäuern zu einer Zeit erlassen sind, wo die Einschleppung der Rinderpest in den betreffenden Bundesstaat bereits stattgefunden hatte, es sich mithin nur noch um Verhinderung der Weiterverbreitung handelte. Vielmehr werden die Strafen des Zuwiderhandelns gegen die Anordnungen einzutreten haben, gleichviel, ob nur noch die Besorgniß einer Einschleppung vorwaltete, oder ob diese bereits im geringeren oder höheren Grade stattgehabt hatte.

§ 3.

Wer den im § 1 bezeichneten Beschränkungen oder Verboten aus Fahrlässigkeit zuwiderhandelt, wird mit Geldstrafe bis zu sechshundert Mark oder mit Gefängniß bis zu drei Monaten bestraft. Bei Personen, welche nicht weiter als fünfzehn Kilometer von der Grenze[1] entfernt ihren Wohnsitz oder gewöhnlichen Aufenthalt haben, imgleichen bei Personen, welche mit den durch die Beschränkungen oder Verbote betroffenen Thieren gewerbsmäßig Handel treiben, insbesondere Fleischern und Viehhändlern, sowie den Gehülfen dieser Personen, ist die Unkenntniß dieser Beschränkungen oder Verbote als durch Fahrlässigkeit verschuldet anzunehmen, wenn sie nicht den Nachweis führen[2], daß sie ohne ihr Verschulden durch besondere Umstände verhindert waren, von denselben Kenntniß zu erlangen.

1. Es wird hierunter die Grenze desjenigen Bundesstaats, von welchem die Beschränkungen oder Verbote ausgegangen sind, soweit sie den von letzteren betroffenen Bezirk berührt, zu verstehen sein.

2. Gleichbedeutend mit: Dem Gericht die Ueberzeugung verschaffen.

(§ 4.

Ist in Folge der Zuwiderhandlung Vieh von der Seuche ergriffen worden, so ist in dem Falle des § 1 auf Gefängniß nicht unter drei Monaten, in dem Falle des § 3 auf Geldstrafe bis zu zweitausend Mark oder auf Gefängniß bis zu Einem Jahre zu erkennen.)

Gesetz gegen die gemeingefährlichen Bestrebungen der Sozialdemokratie. Vom 21. Oktober 1878. RGBl. S. 351.

§ 1.

Vereine, welche durch sozialdemokratische, sozialistische oder kommunistische Bestrebungen den Umsturz der bestehenden Staats- oder Gesellschaftsordnung bezwecken, sind zu verbieten.

Dasselbe gilt von Vereinen, in welchen sozialdemokratische, sozialistische oder kommunistische auf den Umsturz der bestehenden Staats- oder Gesellschaftsordnung gerichtete Bestrebungen in einer den öffentlichen Frieden, insbesondere die Eintracht der Bevölkerungsklassen gefährdenden Weise zu Tage treten.

Den Vereinen stehen gleich Verbindungen jeder Art.

§ 6.

Zuständig für das Verbot — ist die Landespolizeibehörde. Das Verbot ausländischer Vereine steht dem Reichskanzler zu.

Das Verbot ist in allen Fällen durch den Reichsanzeiger, das von der Landespolizeibehörde erlassene Verbot überdies durch das für amtliche Bekanntmachungen der Behörde bestimmte Blatt des Ortes oder des Bezirkes bekannt zu machen*.

Das Verbot ist für das ganze Bundesgebiet wirksam und umfaßt alle Verzweigungen des Vereins, sowie jeden vorgeblich neuen Verein, welcher sachlich als der alte sich darstellt.

* Vergl. die Note 1 zu § 21.

§ 9.

Versammlungen, in denen sozialdemokratische, sozialistische oder kommunistische auf den Umsturz der bestehenden Staats-

oder Gesellschaftsordnung gerichtete Bestrebungen zu Tage treten, sind aufzulösen.

Versammlungen, von denen durch Thatsachen die Annahme gerechtfertigt ist, daß sie zur Förderung der im ersten Absatze bezeichneten Bestrebungen bestimmt sind, sind zu verbieten.

Den Versammlungen werden öffentliche Festlichkeiten und Aufzüge gleichgestellt.

§ 10.

Zuständig für das Verbot und die Auflösung ist die Polizeibehörde.

Die Beschwerde findet nur an die Aufsichtsbehörden statt.

§ 11.

Druckschriften, in welchen sozialdemokratische, sozialistische oder kommunistische auf den Umsturz der bestehenden Staats- oder Gesellschaftsordnung gerichtete Bestrebungen in einer den öffentlichen Frieden, insbesondere die Eintracht der Bevölkerungsklassen gefährdenden Weise zu Tage treten, sind zu verbieten.

Bei periodischen Druckschriften kann das Verbot sich auch auf das fernere Erscheinen erstrecken, sobald auf Grund dieses Gesetzes das Verbot einer einzelnen Nummer erfolgt.

§ 12.

Zuständig für das Verbot ist die Landespolizeibehörde, bei periodischen im Inlande erscheinenden Druckschriften die Landespolizeibehörde des Bezirks, in welchem die Druckschrift erscheint. Das Verbot der ferneren Verbreitung einer im Auslande erscheinenden periodischen Druckschrift steht dem Reichskanzler zu.

Das Verbot ist in der im § 6 Abs. 2 vorgeschriebenen Weise bekannt zu machen und ist für das ganze Bundesgebiet wirksam.

§ 15.

Die Polizeibehörde ist befugt, Druckschriften der im § 11 bezeichneten Art, sowie die zu ihrer Vervielfältigung dienenden Platten und Formen schon vor Erlaß eines Verbots vorläufig in Beschlag zu nehmen.

§ 16.

Das Einsammeln von Beiträgen zur Förderung von sozialdemokratischen, sozialistischen oder kommunistischen auf den Umsturz der bestehenden Staats- oder Gesellschaftsordnung gerichteten Bestrebungen, sowie die öffentliche Aufforderung zur Leistung solcher Beiträge sind polizeilich zu verbieten. Das Verbot ist öffentlich bekannt zu machen*.

* Vergl. §§ 20 u. 21 Abs. 2.

(Strafbestimmungen.)

§ 17.

Wer an einem verbotenen[1] Vereine (§ 6)[2] als Mitglied sich betheiligt, oder eine Thätigkeit im Interesse[3] eines solchen Vereins ausübt, wird mit Geldstrafe bis zu fünfhundert Mark oder mit Gefängniß bis zu drei Monaten bestraft. Eine gleiche Strafe trifft denjenigen, welcher an einer verbotenen Versammlung (§ 9) sich betheiligt, oder welcher nach polizeilicher Auflösung einer Versammlung (§ 9)[4] sich nicht sofort entfernt[5].

(Gegen Diejenigen, welche sich an dem Vereine oder an der Versammlung als Vorsteher, Leiter, Ordner, Agenten, Redner oder Kassirer betheiligen, oder welche zu der Versammlung auffordern, ist auf Gefängniß von Einem Monat bis zu Einem Jahre zu erkennen.)

1. Ob die im § 1 angegebenen Voraussetzungen bei dem Erlaß des Verbots vorgelegen haben, ob also letzteres für gerechtfertigt zu erachten sei, hat der Strafrichter nicht zu beurtheilen. Seine Prüfung beschränkt sich in Bezug auf das Verbot darauf: ob es von der nach § 6 Abs. 1 zuständigen Behörde ausgegangen und nach Vorschrift des Abs. 2 bekannt gemacht worden ist.

2. Der Ausdruck im Abs. 3 des § 6 „umfaßt" ist gleichbedeutend mit: „äußert seine Wirkung". Danach kann eine Anklage auf die Behauptung gegründet werden: daß der Angekl. sich an einer — in dem Verbot nicht erwähnten — „Verzweigung des Vereins" oder an einem Vereine betheiligt habe, der zwar einen anderen Namen führe, als der verbotene, der Sache nach aber lediglich eine Fortsetzung desselben sei, und es fällt dann den Schöffen die Aufgabe zu, zu entscheiden, ob auf die von der StAschft erbrachten Thatsachen der unbestimmte Begriff „Verzweigungen des Vereins" Anwendung finde, bzhw. ob es sich um einen neuen oder um den bereits verbotenen Verein handle. Voraussichtlich wird der Häufung in der angegebenen Weise begründeter Anklagen, soweit möglich, dadurch vorgebeugt werden, daß in dem auf den § 1 gegründeten Verbot die der Behörde bekannten „Verzweigungen", um den Richter der vorgedachten Entscheidung

zu überheben, speciell bezeichnet werden, bzhw., daß der „vorgeblich neue, sachlich als der alte sich darstellende" Verein ohne Verzug von einem neuen Verbot betroffen wird.

3. Dahin werden auch solche Bestrebungen zu rechnen sein, welche auf Verheimlichung des Fortbestehens des Vereins abzielen.

4. Der § 10 bezeichnet die Polizeibehörde für zuständig, sowohl für das im § 9 bezeichnete „Verbot" als für die „Auflösung" der Versammlung. In letzterer Beziehung sind unter jenem Ausdruck auch die Organe der Behörde, d. h. die mit der Ueberwachung der Versammlungen — sei es durch allgemeinen oder speciellen Auftrag — betrauten Polizeibeamten zu verstehen.

Daß auch in Bezug auf die Auflösung und das Verbot von Versammlungen dem Strafrichter ein Urtheil darüber nicht zusteht, ob die Polizeibehörde zu der Maßregel eine dem § 9 entsprechende Veranlassung hatte, sowie ferner, ob die verbotenen oder aufgelösten Festlichkeiten und Aufzüge (§ 9 Abs. 3) für „öffentliche" zu erachten gewesen seien, ergiebt sich aus dem § 10 Abs. 2.

5. In Bezug auf „Aufzüge" (§ 9 Abs. 3) werden die Worte: „sich nicht sofort entfernt" auf diejenigen bei dem Aufzuge betheiligten Personen Anwendung finden, welche der Anweisung, auseinanderzugehen, den Aufzug aufzulösen, nicht sofort Folge leisten.

6. Ueber die Art, wie das Verbot einer Versammlung (§ 9 Abs. 2) zur Kenntniß des Publikums zu bringen sei, enthält das Gesetz keine Bestimmung. Es gehört daher zur Begründung einer auf den zweiten Satz des Abs. 1 § 17 gestützten Anklage der Beweisantritt, daß das Verbot dem Angekl. bekannt gewesen, oder in einer Weise von der Polizeibehörde veröffentlicht worden sei, daß die Unkenntniß desselben dem Angekl. nicht zur Entschuldigung gereichen könne. Insbesondere wird dieser sich nicht darauf berufen können, daß ein am Eingang des Versammlungs-Lokals ausgehängtes Verbot nicht von ihm gelesen worden sei. — Die Vorschrift des § 21 hat, da dieser nur von der in den §§ 6 und 12 angeordneten Bekanntmachung durch den Reichsanzeiger spricht, auf den § 9 keinen Bezug.

7. Vergl. die Noten zu § 21.

§ 18.

(Wer für einen verbotenen Verein, oder für eine verbotene Versammlung Räumlichkeiten hergiebt, wird mit Gefängniß von Einem Monat bis zu Einem Jahre bestraft.)

§ 19.

Wer eine verbotene Druckschrift (§§ 11. 12) oder wer eine von der vorläufigen Beschlagnahme betroffene Druckschrift (§ 15) verbreitet, fortsetzt* oder wieder abdruckt, wird mit Geldstrafe bis zu eintausend Mark oder mit Gefängniß bis zu sechs Monaten bestraft.

* Ob eine „Fortsetzung" der verbotenen, bzhw. mit Beschlag belegten, oder eine neue selbständige Druckschrift vorliegt, hat das Gericht auf Grund des Inhalts beider, geeigneten Falls nach Einholung des Gutachtens von Sachverständigen festzustellen.

§ 20.

Wer einem nach § 16 erlassenen Verbote zuwiderhandelt, wird mit Geldstrafe bis zu fünfhundert Mark oder mit Gefängniß bis zu drei Monaten bestraft. Außerdem ist das zufolge der verbotenen Sammlung oder Aufforderung Empfangene oder der Werth desselben der Armenkasse des Orts der Sammlung für verfallen zu erklären*.

* Vergl. die Note zu § 16 des Ges. über die Presse. S. 250. Das dort in Bezug auf den § 75 Nr. 14 G. Gesagte gilt hier für die Zuständigkeit des SchG. nach § 27 Nr. 2 das.

§ 21.

Wer ohne Kenntniß, jedoch nach erfolgter Bekanntmachung des Verbots durch den Reichsanzeiger* (§§ 6. 12) eine der in den §§ 17. 18. 19 verbotenen Handlungen begeht, ist mit Geldstrafe bis zu einhundertfünfzig Mark oder mit Haft zu bestrafen.

Gleiche Strafe trifft den, welcher nach erfolgter Bekanntmachung des Verbots einem nach § 16 erlassenen Verbote zuwiderhandelt. Die Schlußbestimmung des § 20 findet Anwendung*.

* Hieraus ergiebt sich, daß die Wirkung des Verbots nicht erst eintritt, wenn die im § 6 Abs. 2 angeordneten Bekanntmachungen sämmtlich erfolgt sind, vielmehr die Feststellung genügt, daß der Angekl. durch eine jener Bekanntmachungen selbst, oder in sonst zuverlässiger Weise von dem Verbot und der erfolgten Bekanntmachung desselben vor der That Kenntniß erlangt habe; ferner, daß es eines Beweises für diese Kenntnißnahme dann nicht bedarf, wenn die strafbare Handlung begangen worden, nachdem das Verbot bereits im Reichsanzeiger bekannt gemacht worden war, daß dagegen eine nur durch „das für amtliche Bekanntmachungen der Behörde bestimmte Blatt des Orts oder des Bezirks" (§ 6 Abs. 2) für sich allein jenen Beweis bei Anwendung der §§ 17—19 nicht entbehrlich macht; endlich, daß bei stattgehabter Bekanntmachung des Verbots durch den Reichsanzeiger ein vom Angekl. seinerseits darüber angetretener Beweis, daß ihm zur Zeit der That Kenntniß von dem Verbot nicht beigewohnt habe, wirkungslos ist.

§ 22.

(Gegen Personen, welche sich die Agitation für die im § 1 Abs. 2 bezeichneten Bestrebungen zum Geschäfte machen, kann im Falle einer Verurtheilung wegen Zuwiderhandlungen gegen die §§ 17 bis 20 neben der Freiheitsstrafe auf die Zulässigkeit der Einschränkung ihres Aufenthaltes erkannt werden.)

Auf Grund dieses Erkenntnisses kann dem Verurtheilten der Aufenthalt in bestimmten Bezirken oder Ortschaften durch die Landespolizeibehörde versagt werden, jedoch in seinem Wohnsitze nur dann, wenn er denselben nicht bereits seit sechs Monaten inne hat. Ausländer können von der Landespolizeibehörde aus dem Bundesgebiete ausgewiesen werden.

Zuwiderhandlungen werden mit Gefängniß von einem Monat bis zu einem Jahre bestraft.

§ 23.

(Unter den im § 22 Abs. 1 bezeichneten Voraussetzungen kann gegen Gastwirthe, Schankwirthe, mit Branntwein oder Spiritus-Kleinhandel treibende Personen, Buchdrucker, Buchhändler, Leihbibliothekare und Inhaber von Lesekabinetten neben der Freiheitsstrafe auf Untersagung ihres Gewerbebetriebes erkannt werden.)

§ 24.

Personen, welche es sich zum Geschäft machen, die im § 1 Abs. 2 bezeichneten Bestrebungen zu fördern, oder welche auf Grund einer Bestimmung dieses Gesetzes rechtskräftig zu einer Strafe verurtheilt worden sind, kann von der Landespolizeibehörde die Befugniß zur gewerbsmäßigen oder nichtgewerbsmäßigen öffentlichen Verbreitung von Druckschriften, sowie die Befugniß zum Handel mit Druckschriften im Umherziehen entzogen werden.

§ 25.

Wer einem auf Grund des § 23 ergangenen Urtheil oder einer auf Grund des § 24 erlassenen Verfügung zuwiderhandelt, wird mit Geldstrafe bis zu eintausend Mark oder mit Haft oder mit Gefängniß bis zu sechs Monaten bestraft*.

* Eine Beurtheilung, ob der Angekl. es sich „zum Geschäft" gemacht habe u. s. w. (§ 24) steht dem Gericht nicht zu.

§ 28.

Für Bezirke oder Ortschaften, welche durch die im § 1 Abs. 2 bezeichneten Bestrebungen mit Gefahr für die öffentliche Sicherheit bedroht sind, können von den Zentralbehörden der Bundesstaaten die folgenden Anordnungen, soweit sie nicht bereits landesgesetzlich zulässig sind, mit Genehmigung des Bundesraths für die Dauer von längstens Einem Jahre getroffen werden:

1. daß Versammlungen nur mit vorgängiger Genehmigung der Polizeibehörde stattfinden dürfen; auf Versammlungen zum Zweck einer ausgeschriebenen Wahl zum Reichstag oder zur Landesvertretung erstreckt sich diese Beschränkung nicht;
2. daß die Verbreitung von Druckschriften auf öffentlichen Wegen, Straßen, Plätzen oder an anderen öffentlichen Orten nicht stattfinden darf;
3. daß Personen, von denen eine Gefährdung der öffentlichen Sicherheit oder Ordnung zu besorgen ist, der Aufenthalt in den Bezirken oder Ortschaften versagt werden kann[1];
4. daß der Besitz, das Tragen, die Einführung und der Verkauf von Waffen verboten, beschränkt oder an bestimmte Voraussetzungen geknüpft wird.

Ueber jede auf Grund der vorstehenden Bestimmungen getroffene Anordnung muß dem Reichstag sofort beziehungsweise bei seinem nächsten Zusammentreffen Rechenschaft gegeben werden.

Die getroffenen Anordnungen sind durch den Reichsanzeiger und auf die für landespolizeiliche Verfügungen vorgeschriebene Weise bekannt zu machen[2].

Wer diesen Anordnungen oder den auf Grund derselben erlassenen Verfügungen mit Kenntniß oder nach erfolgter öffentlicher Bekanntmachung* zuwiderhandelt, wird mit Geldstrafe bis zu eintausend Mark oder mit Haft oder mit Gefängniß bis zu sechs Monaten bestraft.

1. Die Worte: „Anordnungen — daß versagt werden kann" können nur dahin aufgefaßt werden, daß durch die Anordnung der Centralbehörde andere Behörden ermächtigt werden, bestimmten Personen den Aufenthalt innerhalb eines Bezirks oder einer Ortschaft zu versagen. Welchen Behörden diese Ermächtigung ertheilt werden dürfe, ist nicht angegeben; die Bestimmung, daß die Bekanntmachung der Anordnung auf die für landespolizeiliche Verfügungen vorgeschriebene Weise zu erfolgen habe, giebt jedoch zu erkennen, daß jene Befugniß nur der Landespolizeibehörde habe eingeräumt werden sollen. Diese — nicht die Zentralbehörden — werden auch die „Personen" zu bezeichnen und die „Verfügungen" (Abs. 4) an dieselben zu erlassen haben.

2. Da hier, abweichend von der Bestimmung des § 21 Abs. 1, der Mangel der „Kenntniß" nicht durch die Bekanntmachung der „Anordnung" durch den Reichsanzeiger allein, sondern durch „erfolgte öffentliche Bekanntmachung" — worunter die im Abs. 3 vorgeschriebenen beiden Arten der Bekanntmachung zu verstehen sind — ersetzt wird, so wird, wenn über die Kenntniß des Angekl. von dem Verbot zur Zeit seiner That Beweis nicht angetreten ist, nachzuweisen sein, daß zu jener Zeit die Bekanntmachung

sowohl im Reichsanzeiger als auch auf die für landespolizeiliche Verfügungen vorgeschriebene Weise bekannt gemacht gewesen sei.

§ 29.

Welche Behörden in jedem Bundesstaat unter der Bezeichnung Landespolizeibehörde, Polizeibehörde zu verstehen sind, wird von der Zentralbehörde des Bundesstaates bekannt gemacht.

§ 30.

Dieses Gesetz — gilt* bis zum 31. März 1881.

* Das Wort „gilt" dürfte in Bezug auf die Strafvorschriften dahin aufzufassen sein, daß alle bis zum 31. März 1881 einschließlich verübten Zuwiderhandlungen gegen dieselben nach den §§ 17 folg. zu bestrafen seien, auch wenn die Untersuchung erst später eröffnet wird, die Strafvorschriften des Gesetzes mithin erst nach dem bezeichneten Termin zur Anwendung kommen.

Gesetz, betreffend den Verkehr mit Nahrungsmitteln, Genußmitteln und Gebrauchsgegenständen. Vom 14. Mai 1879. RGBl. S. 145*.

* Es tritt zunächst die Frage entgegen, ob die in diesem Gesetz unter Strafe gestellten Vergehen und Uebertretungen auch in solchen Fällen, wo die angedrohte Geld- oder Freiheitsstrafe die in den §§ 27 und 75 G. bezeichneten Grenzen nicht überschreitet, vor die SchG. zur Verhandlung und Entscheidung kommen können.

Der § 16 gestattet in Bezug auf alle §§ des Gesetzes, in welchen sich Strafvorschriften befinden: daß in dem Urtheil oder dem Strafbefehl die Verurtheilung des Schuldigen öffentlich bekannt gemacht werde. Wäre diese Bekanntmachung als ein Theil der Strafe des Angekl. anzusehen, so schiede sowohl die Zuständigkeit des SchG. als die Zulässigkeit der Ueberweisung des Straffalls an dasselbe Seitens des Landgerichts aus, da auf eine derartige Strafe nach den vorerwähnten beiden Gesetzen von dem SchG. nicht würde erkannt werden dürfen. Allein die rechtliche Natur einer Strafe ist jener Bekanntmachung nicht beizumessen. Ihr Zweck ist nicht darauf gerichtet, dem Angekl. dadurch, als Ahndung seines unerlaubten Gebahrens, ein Uebel zuzufügen, vielmehr erfolgt dieselbe im Interesse des Publikums als Warnung für dasselbe. Daß die Maßregel gleichwohl für den Verurtheilten empfindlich ist, läßt sich nicht verkennen, ist aber nicht entscheidend. Denn auch die Publikation des Strafurtheils am Schlusse der Hauptverhandlung in Gegenwart des anwesenden Publikums hat — wenngleich im verringerten Maße — den Erfolg der Veröffentlichung seines unlauteren Verfahrens; gleichwohl kann sie nicht für eine Strafe gelten.

Im Einklange mit dieser Ansicht bemerken auch die Motive zu dem Ges. (Deutscher Reichstag v. 1879 Aktenstück Nr. 7 S. 182) — ohne indeß die hier in Rede stehende Frage ausdrücklich anzuregen: „wie in den in §§ 165 und 200 StGB. vorgesehenen Fällen habe die Veröffentlichung der Verurtheilung nicht den Charakter einer Nebenstrafe im eigentlichen Sinne; sie stelle sich vielmehr ihrem Wesen nach als eine besondere verstärkte Bekanntmachung des ohnehin für die öffentliche Verkündung bestimmten Strafurtheils dar". Auch hat das Pr. Ob.-Tr. im Urth. v. 3. Okt. 1876 Goltd. Arch. B. 24 S. 578 sich dahin ausgesprochen, daß die in dem letztgedachten § gestattete Publikation des Strafurtheils nicht als eine im öffentlichen Interesse erkannte Strafe anzusehen sei.

Hiernach wird der § 16 der Anwendung der Vorschriften des Ges. durch die SchG. nicht entgegenstehen.

§ 1.

Der Verkehr mit Nahrungs- und Genußmitteln, sowie mit Spielwaaren, Tapeten, Farben, Eß-, Trink- und Kochgeschirr und mit Petroleum unterliegt der Beaufsichtigung nach Maßgabe dieses Gesetzes.

§ 2.

Die Beamten der Polizei sind befugt, in die Räumlichkeiten, in welchen Gegenstände der in § 1 bezeichneten Art feilgehalten werden, während der üblichen Geschäftsstunden oder während die Räumlichkeiten dem Verkehr geöffnet sind, einzutreten.

Sie sind befugt, von den Gegenständen der in § 1 bezeichneten Art, welche in den angegebenen Räumlichkeiten sich befinden, oder welche an öffentlichen Orten, auf Märkten, Plätzen, Straßen oder im Umherziehen verkauft oder feilgehalten werden, nach ihrer Wahl Proben zum Zwecke der Untersuchung gegen Empfangsbescheinigung zu entnehmen. Auf Verlangen ist dem Besitzer ein Theil der Probe amtlich verschlossen oder versiegelt zurückzulassen. Für die entnommene Probe ist Entschädigung in Höhe des üblichen Kaufpreises zu leisten.

§ 3.

Die Beamten der Polizei sind befugt, bei Personen, welche auf Grund der §§ 10, 12, 13 dieses Gesetzes zu einer Freiheitsstrafe verurtheilt sind, in den Räumlichkeiten, in welchen Gegenstände der in § 1 bezeichneten Art feilgehalten werden, oder welche zur Aufbewahrung oder Herstellung solcher zum Verkaufe bestimmter Gegenstände dienen, während der in § 2 angegebenen Zeit Revisionen vorzunehmen.

§ 4.

Die Zuständigkeit der Behörden und Beamten zu den in §§ 2 und 3 bezeichneten Maßnahmen richtet sich nach den einschlägigen landesrechtlichen Bestimmungen.

Landesrechtliche Bestimmungen, welche der Polizei weitergehende Befugnisse als die in §§ 2 und 3 bezeichneten geben, bleiben unberührt.

§ 5.

Für das Reich können durch Kaiserliche Verordnung mit Zustimmung des Bundesraths zum Schutze der Gesundheit Vorschriften erlassen werden, welche verbieten:

1. bestimmte Arten der Herstellung, Aufbewahrung und Verpackung von Nahrungs- und Genußmitteln, die zum Verkaufe bestimmt sind;
2. das gewerbsmäßige Verkaufen und Feilhalten von Nahrungs- und Genußmitteln von einer bestimmten Beschaffenheit oder unter einer der wirklichen Beschaffenheit nicht entsprechenden Bezeichnung;
3. das Verkaufen und Feilhalten von Thieren, welche an bestimmten Krankheiten leiden, zum Zwecke des Schlachtens, sowie das Verkaufen und Feilhalten des Fleisches von Thieren, welche mit bestimmten Krankheiten behaftet waren*;
4. die Verwendung bestimmter Stoffe und Farben zur Herstellung von Bekleidungsgegenständen, Spielwaaren, Tapeten, Eß-, Trink- und Kochgeschirr, sowie das gewerbsmäßige Verkaufen und Feilhalten von Gegenständen, welche diesem Verbote zuwider hergestellt sind;
5. das gewerbsmäßige Verkaufen und Feilhalten von Petroleum von einer bestimmten Beschaffenheit.

* Vergl. im Betreff des trichinenhaltigen Fleisches den § 367 Nr. 7 StGB. und die Note zu § 10.

§ 6.

Für das Reich kann durch Kaiserliche Verordnung mit Zustimmung des Bundesraths das gewerbsmäßige Herstellen, Verkaufen und Feilhalten von Gegenständen, welche zur Fälschung von Nahrungs- und Genußmitteln bestimmt sind, verboten oder beschränkt werden.

§ 8.

Wer den auf Grund der §§ 5, 6 erlassenen Verordnungen zuwiderhandelt, wird mit Geldstrafe bis zu einhundertfünfzig Mark oder mit Haft bestraft.

Landesrechtliche Vorschriften dürfen eine höhere Strafe nicht androhen.

§ 9.

Wer den Vorschriften der §§ 2 bis 4 zuwider den Eintritt in die Räumlichkeiten, die Entnahme einer Probe oder die Revision verweigert*, wird mit Geldstrafe von fünfzig bis zu einhundertfünfzig Mark oder mit Haft bestraft.

* Der Ausdruck: „verweigert" ist nicht genügend bezeichnend. Die §§ 113 und 117 des StGB. brauchen die Worte: „Wer einem Beamten, bzhw. Forst- oder Jagdbeamten — durch Gewalt oder Bedrohung mit Gewalt Widerstand leistet". In dem § 161 des Vereinszollgesetzes vom 1. Juli 1869 heißt es: Wer sich Handlungen oder Unterlassungen zu Schulden kommen läßt, wodurch ein (zur Wahrung des Zoll-Interesse verpflichteter) Beamter in der rechtmäßigen Ausübung seines Amtes verhindert wird, hat, insofern damit keine Beleidigung oder thätliche Widersetzlichkeit gegen die Person des Beamten verbunden ist, eine Geldbuße bis zu 50 Thalern verwirkt. Beleidigungen und thätliche Widersetzlichkeiten u. s. w. Ferner in den §§ 37 bzhw. 68 der Ges. wegen „Besteuerung des Braumalzes" v. 4. Juli 1868 und wegen „Besteuerung des Branntweins" v. 8. Juli 1868; wegen Widersetzlichkeit gegen Beamte, zu welcher auch die Versagung der — den Gewerbtreibenden zur Pflicht gemachten Hülfsleistung gerechnet wird u. s. w." Hiernach findet sich der im § 9 gebrauchte Ausdruck „verweigern" so wenig im StGB., als in anderen diesem § analogen Strafvorschriften. Mit Rücksicht auf das geringe Strafmaß wird jedoch davon auszugehen sein, daß der § nur beim Ausscheiden eines dem Beamten entgegengesetzten thätlichen, also in Fällen des sg. passiven Widerstandes Anwendung finde. Die Strafe desselben wird daher denjenigen treffen, welcher der Aufforderung des Beamten zur Beseitigung des Verschlusses von Räumen und Behältnissen nicht nachkommt, oder sich unter Umständen, wo die Absicht des Beamten, eine Revision vorzunehmen, klar vorliegt, mit den Schlüsseln entfernt, oder sich der Angabe des Ortes der Aufbewahrung von Gegenständen, auf welche die Revision Bezug hat, weigert, u. dergl. Dagegen tritt in Fällen stattgehabter Thätlichkeiten, wie sie der § 113 StGB. bezeichnet, die Strafe dieses letzteren § ein. In ähnlicher Weise hat sich die vom Reichstage zur Vorberathung des Ges. eingesetzte Kommission ausgesprochen. (Aktenstück 59 S. 542) Die Mot. zu diesem § berühren jene Frage nicht. S. 178 a. a. O. Im Reichstage ist der § ohne Besprechung angenommen worden. Prot. S. 795 und 869.

Vergl. auch die Noten zu § 113 StGB.

§ 10.

Mit Gefängniß bis zu sechs Monaten und mit Geldstrafe bis zu eintausendfünfhundert Mark oder mit einer dieser Strafen wird bestraft:

1. wer zum Zwecke der Täuschung im Handel und Verkehr Nahrungs- oder Genußmittel nachmacht oder verfälscht;
2. wer wissentlich Nahrungs- oder Genußmittel, welche verdorben oder nachgemacht oder verfälscht sind, unter Verschweigung dieses Umstandes verkauft oder unter einer zur Täuschung geeigneten Bezeichnung feilhält.

Die Strafvorschrift dieses §, welche darauf abzielt, der Unredlichkeit, Untreue und Unlauterkeit im Handel und Wandel mit Nahrungs- und Genußmitteln entgegenzutreten, unterscheidet sich von dem mit schwererer Strafe bedrohten Vergehen des Betruges, § 263 StGB. dadurch, daß zu seiner Anwendbarkeit *nicht* erforderlich ist, 1. daß festgestellt werde, der Angekl. habe sich oder einem Dritten einen rechtswidrigen Vortheil zu verschaffen beabsichtigt, 2. daß eine Vermögensbeschädigung stattgefunden habe, 3. daß die Irrthumserregung in dem Kauflustigen durch Vorspiegelung falscher oder durch Entstellung oder Unterdrückung wahrer Thatsachen erregt oder unterhalten worden sei. Treten diese Voraussetzungen der Anwendbarkeit des § 263 StGB. zu den vorstehend im § 10 angegebenen Thatsachen hinzu, so wird den Angekl. die *Betrugsstrafe* treffen. Dagegen verfällt derselbe der ungleich geringeren Strafe des § 10 schon dann, wenn er die durch Treue und Glauben gebotene Verpflichtung vernachlässigt, den Käufer eines unter den Begriff von Nahrungs- und Genußmittel fallenden Gegenstandes von den *ihm bekannten*, dem Kauflustigen aber nicht in die Augen fallenden Fehlern und Mängeln in Kenntniß zu setzen. (Verfälschung, z. B. Verminderung ihres Werths mittels Zusätze geringeren Werthes, Verdorbenheit, unrichtige äußere Bezeichnung oder Benennung u. dergl.)

Ob diese Fehler und Mängel und die sich darauf gründende Verringerung desjenigen Werthes, welchen der Kauflustige unter den vorwaltenden Umständen bei *ehrlichem* Geschäftsverkehr mit Recht voraussetzen durfte, durch *Handlungen* (§ 10 Nr. 1) z. B. Verdünnen von Milch und Bier durch Wasser, herbeigeführt oder durch die Einwirkung der Zeit und Temperatur verursacht ist, wie bei Fleisch, Früchten u. dergl., ist auf die Anwendbarkeit des § ohne Einfluß. Von dem § 367 Nr. 7 StGB. unterscheidet sich der § 10 Nr. 2 dadurch, daß seine höhere Strafe eintritt, wenn der Verkäufer *weiß*, daß die Waare, welche er verkauft, „verdorben u. s. w." ist, während der § 367 Nr. 7 die Feststellung einer solchen Kenntniß nicht (wohl aber der Fahrlässigkeit) erfordert; so wie ferner dadurch, daß dieser letztere § zwischen Verkaufen und Feilbieten nicht unterscheidet, der § 10 dagegen das wissentliche Feilbieten einer solchen Waare nur dann mit seiner härteren Strafe rügt, wenn die Waare, mit einer zur Täuschung geeigneten Bezeichnung z. B. mit der Etiquette „Wein" versehen ist, obgleich in dem betreffenden Gefäß Rebensaft nicht enthalten ist.

§ 11.

Ist die im § 10 Nr. 2 bezeichnete Handlung aus Fahrlässigkeit begangen worden, so tritt Geldstrafe bis zu einhundertfünfzig Mark oder Haft ein.

* Daß dem Angekl. Fahrlässigkeit beizumessen sei, muß ausdrücklich festgestellt werden.

(§ 12.

Mit Gefängniß, neben welchem auf Verlust der bürgerlichen Ehrenrechte erkannt werden kann, wird bestraft:

1. wer vorsätzlich Gegenstände, welche bestimmt sind, Anderen als Nahrungs- oder Genußmittel zu dienen, derart herstellt, daß der Genuß derselben die menschliche Gesundheit zu beschädigen geeignet ist, ingleichen wer wissentlich Gegenstände, deren Genuß die menschliche Gesundheit zu beschädigen geeignet ist, als Nahrungs- oder Genußmittel verkauft, feilhält oder sonst in Verkehr bringt;
2. wer vorsätzlich Bekleidungsgegenstände, Spielwaaren, Tapeten, Eß-, Trink- oder Kochgeschirr oder Petroleum derart herstellt, daß der bestimmungsgemäße oder vorauszusehende Gebrauch dieser Gegenstände die menschliche Gesundheit zu beschädigen geeignet ist, ingleichen wer wissentlich solche Gegenstände verkauft, feilhält oder sonst in Verkehr bringt.

Der Versuch ist strafbar.

Ist durch die Handlung eine schwere Körperverletzung oder der Tod eines Menschen verursacht worden, so tritt Zuchthausstrafe bis zu fünf Jahren ein.)

(§ 13.

War in den Fällen des § 12 der Genuß oder Gebrauch des Gegenstandes die menschliche Gesundheit zu zerstören geeignet und war diese Eigenschaft dem Thäter bekannt, so tritt Zuchthausstrafe bis zu zehn Jahren, und wenn durch die Handlung der Tod eines Menschen verursacht worden ist, Zuchthausstrafe nicht unter zehn Jahren oder lebenslängliche Zuchthausstrafe ein.

Neben der Strafe kann auf Zulässigkeit von Polizeiaufsicht erkannt werden.)

§ 14.

Ist eine der in den §§ 12, 13 bezeichneten Handlungen aus Fahrlässigkeit begangen worden, so ist auf Geldstrafe bis zu eintausend Mark oder Gefängnißstrafe bis zu sechs Monaten* und, wenn durch die Handlung ein Schaden an der Gesundheit eines Menschen verursacht worden ist, auf Gefängnißstrafe bis zu einem Jahre, wenn aber der Tod eines

Menschen verursacht worden ist, auf Gefängnißstrafe von einem Monat bis zu drei Jahren zu erkennen.

* Nur dieser erste Theil der Strafvorschrift des § kann auf Grund des § 75 G. vor dem SchG. zur Anwendung kommen. Derselbe setzt voraus, daß dem Angekl. weder der in den §§ 12 und 13 erwähnte „Vorsatz" noch Wissentlichkeit hinsichtlich der Schädlichkeit der dort bezeichneten Gegenstände beigewohnt hat. Dagegen tritt — abweichend von den allgemeinen Grundsätzen des StGB. — die Fahrlässigkeitsstrafe hier auch ein, wenn ein Schaden nicht entstanden ist.

§ 15.

In den Fällen der §§ 12 bis 14 ist neben der Strafe auf Einziehung der Gegenstände zu erkennen, welche den bezeichneten Vorschriften zuwider hergestellt, verkauft, feilgehalten oder sonst in Verkehr gebracht sind, ohne Unterschied, ob sie dem Verurtheilten gehören oder nicht; in den Fällen der §§ 8, 10, 11 kann auf die Einziehung erkannt werden.

Ist in den Fällen der §§ 12 bis 14 die Verfolgung oder die Verurtheilung einer bestimmten Person nicht ausführbar, so kann auf die Einziehung selbständig erkannt werden.

§ 16.

In dem Urtheil oder dem Strafbefehl kann angeordnet werden, daß die Verurtheilung auf Kosten des Schuldigen öffentlich bekannt zu machen sei*.

Auf Antrag des freigesprochenen Angeschuldigten hat das Gericht die öffentliche Bekanntmachung der Freisprechung anzuordnen; die Staatskasse trägt die Kosten, insofern dieselben nicht dem Anzeigenden auferlegt worden sind.

In der Anordnung ist die Art der Bekanntmachung zu bestimmen.

* Vergl. die Eingangsnote.

§ 17.

Besteht für den Ort der That eine öffentliche Anstalt zur technischen Untersuchung von Nahrungs- und Genußmitteln, so fallen die auf Grund dieses Gesetzes auferlegten Geldstrafen, soweit dieselben dem Staate zustehen, der Kasse zu, welche die Kosten der Unterhaltung der Anstalt trägt.

Sachregister.

I. Strafprozeßordnung.

A.

B.

F.

G.

H.

J.

K.

L.

M.

N.

O.

P.

R.

T.

U.

W.

Z.

II. Strafgesetzbuch und die neben demselben bestehenden Reichs=Strafgesetze.

(Wo die Paragraphen nicht unter Hinweisung auf ein specielles Gesetz angeführt sind, beziehen sie sich auf das StGB.)

A.

B.

D.

E.

F.

G.

H.

J.

K.

L.

M.

Q.

R.

S.

T.

U.

V.

W.

Z.

FSC
www.fsc.org
MIX
Papier | Fördert gute Waldnutzung
FSC® C083411

Kolibri 360 GmbH
Ferdinand-Jühlke-Straße 7
99095 Erfurt, Deutschland
produktsicherheit@kolibri360.de